¡En marcha!

A Complete Grammar Review with Web Site

José M. Díaz

Hunter College High School

María F. Nadel

Hunter College High School

Prentice Hall

Glenview, Illinois
Needham, Massachusetts
Upper Saddle River, New Jersey

ISBN 0-8384-0294-1

13   09

Contents

Contents ▾

Preface

¡En marcha! A Complete Grammar Review with Web Site has been designed to bridge the gap between foundation and advanced courses. It solidifies the base students have acquired in the previous two or three years of studying Spanish, and takes them further by introducing new material needed for a higher level of proficiency. It is based on the idea that students have previously covered most of the Spanish grammar, and that at this point they need to review it, "put it all together," and take it to the next step of mastery.

¡En marcha! A Complete Grammar Review with Web Site can be used

- as a main text, accompanied by a good reader.
- to complement a level III book.
- as a reference book in the upper levels.

Rather than requiring students to study the structures in isolation, the authors have grouped the structures in such a way that they complement one another. These groupings should make the learning of grammar more meaningful and be useful in developing the students' functional language skills.

The authors believe that the bulk of class time should be used for communication, rather than for explanation of grammar, and have tried to make it possible for students to work on the grammar points on their own. To this end *¡En marcha! A Complete Grammar Review with Web Site* offers the following features.

The explanations

- treat the students in a friendly, yet respectful manner, making them feel at ease even when the material is challenging.
- are tied logically to one another and to the linguistic tasks that the students are expected to carry out.
- are in English in order to facilitate comprehension.
- are given in simple and direct language.
- are illustrated with sample sentences.

The vocabulary

- is simple enough to encourage comprehension of the grammatical point and mastery of the structures.
- combines that which is typical of the basal series with vocabulary that the students will need to express themselves in their present-day environment (relationships, technology, hobbies, careers, sports, and so on).
- includes translation of "key" words in the exercises in order to facilitate the comprehension and execution of the task at hand.

The exercises

- are numerous and varied.
- have models and an answer key.
- are contextualized and deal with everyday situations so as to enhance the students' real-life communication in the classroom.

The authors believe that practice using a variety of activities is essential to internalizing the grammatical points that are learned. Numerous and varied exercises of the following types are included.

- Mechanical exercises appear immediately after a particular explanation, and are used to reinforce the specific point of structure and familiarize the students with its use.
- Meaningful exercises, placed at the end of each lesson, incorporate the structures learned in the unit and are meant to strengthen the students' comprehension and application of those structures (*Ejercicios de resumen*).
- Open-ended exercises at the end of each unit provide the students with the opportunity to "put it all together" and become more involved in the creation of language (*Ejercicios creativos*). These are activities meant for discussion / writing, which require personal reaction to the topics. They are meant to encourage communication by providing an opportunity to apply the themes to their own experience. Enough guidance is provided for students to succeed in incorporating learned structures in an original way, both orally and in writing.

With the number of exercises provided, there will need to be some selection. Not all students or all classes will need to complete all the exercises provided for each grammatical point. Depending on the topic, some students will need the additional practice while others will not. The teacher is the best source of guidance in this area.

Estructuras básicas

Take special note: Although the *Estructuras básicas* unit appears at the end of the book, it is not meant to be completed in the same manner as the other units. The topics in the *Estructuras básicas* are general, isolated topics that have probably been mastered before this level. It is suggested that, when it appears to be necessary, they be interwoven within the curriculum or assigned to particular students who are still experiencing difficulty with one or more of the topics.

Web site (http://www.phschool.com)

Note that beginning with Unit 2, in addition to the exercises that appear in the text, both teachers and students can access a *Repaso* section for the previous unit on the Web site. Each review gives students a concise summary of the main points of the previous unit and provides additional exercises. The exercises can be used as further practice, to review for a test, or to evaluate mastery. There is an answer key for the exercises, which provides the teacher (and more importantly the students) with an opportunity to assess the degree of understanding that each learner has achieved as well as his or her readiness to go on. (Some exercises are open ended, and at your discretion, you may wish to check students' responses.) Thus, the *Repaso* sections give the student options that empower him or her to determine the course of his or her own learning process.

In summary, *¡En marcha! A Complete Grammar Review with Web Site* calls for active student participation in the learning process. It offers the opportunity for students to master the grammar, and then use it creatively.

Its approach to the organization, explanation, and practice of grammar, and the opportunities it provides for students to apply their knowledge in connected oral and written discourse, go beyond that offered in other grammar review books of this type.

Acknowledgments

The road to the publication of *¡En marcha! A Complete Grammar Review with Web Site* has been a long one. We have been very fortunate to receive the warm support of Cathy Wilson, Marketing Director at Prentice Hall. Her conviction that this book is a welcome addition to the high school curriculum is greatly appreciated. Her perceptive comments and suggestions have been of great help to us.

It has been a joy to work with Matthew Shimkus, Project Editor. His genuine interest in the project was evident in his hard work and his many contributions throughout the process.

A special thank you to Marie Deer who copyedited the manuscript and prepared the Answer Key. Her insightful suggestions and careful handling of the manuscript allowed us to make revisions that improved the final manuscript. Her outstanding work is deeply appreciated.

We would be remiss if we did not thank our students who, throughout the years, have inspired us and helped us to become better teachers as we endeavor to meet the needs of a new generation of students of Spanish. Among these students, there is one to whom we are especially grateful. As a college freshman, Daniel Morgenroth reviewed the original manuscript and enriched it with his keen observations. His insightful comments helped us shape many aspects of this book.

The patience, support, and encouragement of our family and friends are also deeply appreciated.

J.M.D.
M.F.N.

Unit 1

The Sentence: Subject and Predicate

Objectives
In this unit you will be able to:
- Talk about everyday activities, ongoing situations, and actions in the present
- Talk about specific events or actions that took place in the past
- Talk about unintentional actions
- Make impersonal statements

All complete sentences are composed of a subject and a predicate. The subject is the person or thing about which we are saying something.

The predicate is everything we say about the subject. The predicate can express a quality of the subject, as in *The house is white*. It can also express an action performed by the subject, as in *John is washing his face*.

Look at the following Spanish sentences:

Mi amigo Pedro está muy contento.
My friend Pedro is very happy.

Los jóvenes bailan en la sala.
The young people are dancing in the living room.

La hermana de Juan es inteligente.
Juan's sister is intelligent.

Take a minute to identify the subject and the predicate of each of the above sentences. As you can see, a subject or a predicate can consist of more than one word each. In the above sentences, the subjects are *mi amigo Pedro*, *los jóvenes*, and *la hermana de Juan*. The predicates are *está muy contento*, *bailan en la sala*, and *es inteligente*.

When the subject of a sentence is a person or a pet, it can be replaced in the sentence by one of the following personal pronouns:

Singular		**Plural**	
yo	*I*	nosotros, -as	*we*
tú	*you (familiar)*	vosotros, -as	*you (familiar)*
usted (Ud.)	*you (formal)*	ustedes (Uds.)	*you (formal)*
él	*he*	ellos	*they*
ella	*she*	ellas	*they (female)*

In the following examples, note how the subject is replaced by a pronoun:

Mi amigo Pedro está muy contento. Él va a una fiesta.
My friend Pedro is very happy. He is going to a party.

Los jóvenes bailan en la sala. Ellos bailan bien.
The young people are dancing in the living room. They dance well.

La hermana de Juan es inteligente. Ella es seria y aplicada.
Juan's sister is intelligent. She is serious and diligent.

Now look at the following sentences:

La casa es blanca. Está cerca de aquí.
The house is white. It is near here.

Notice that when the subject pronoun *it* or *they* is used in English to refer to things rather than people, there is no equivalent subject pronoun in Spanish. In Spanish, the subject is simply left out. Here is another example:

Las computadoras de la escuela no funcionan bien. Son muy viejas.
The school computers don't work well. They are very old.

In Spanish, each verb tense has specific endings that agree with the subject in person (*yo*, *tú*, *él*, etc.) and in number (singular or plural). There are six possible personal endings (three singular and three plural) for each verb tense.

Remember that the predicate is everything we say about the subject. The predicate must have at least one word: a verb that agrees with the subject in person and number. In Spanish, a verb with a personal ending includes within itself the two concepts, both subject and predicate, and can therefore be, by itself, a complete sentence.

¿Qué haces (tú) por la noche?
What do you do in the evening?

(Yo) Estudio.
I study.

¿A dónde va tu familia los sábados?
Where does your family go on Saturdays?

(Nosotros) Vamos a un restaurante mexicano.
We go to a Mexican restaurant.

Since the verb ending usually makes clear who the subject is, Spanish subject pronouns are often omitted even when they refer to a person. Subject pronouns are generally used for emphasis, for clarification, and, in the case of *Ud.* and *Uds.*, for politeness.

Yo voy pero mi hermano no va.
I am going but my brother is not (going).

Señor Gómez, es Ud. muy amable.
Mr. Gómez, you are very kind.

A. Lee las siguientes frases sobre Eduardo y sus perros. Luego, para cada frase subraya *(underline)* el sujeto con una línea y el predicado con dos.

> **Modelo:** Eduardo y Jacinta son hermanos.
> <u>Eduardo y Jacinta</u> <u>son hermanos.</u>
>   (sujeto)   (predicado)

1. Eduardo y yo somos buenos amigos.
2. Eduardo tiene dos perros.
3. Los perros se llaman Júpiter y Diana.
4. Júpiter y Diana duermen en el cuarto de Eduardo.
5. Diana no come mucho.
6. La comida no está fresca.

B. Ahora, escribe las frases del ejercicio A otra vez pero sustituye *(replace)* el sujeto de cada frase con un pronombre. Si no es posible, escribe una X.

> **Modelo:** Eduardo y Jacinta son hermanos.
> *Ellos son hermanos.*

1. _____
2. _____
3. _____
4. _____
5. _____
6. _____

C. Lee las siguientes preguntas. Luego, identifica el pronombre personal que corresponde al sujeto de cada una.

> **Modelo:** ¿Trabajan mucho tus padres? <u>*Ellos*</u>

1. ¿Tienes hambre? _____
2. ¿A dónde van tú y Celia? _____
3. ¿Compramos el regalo ahora? _____
4. ¿Tengo razón? _____
5. ¿Visita Pedro a sus tíos? _____
6. ¿Por qué no están Sara y Eva aquí? _____

The Present Tense

Present tense of regular verbs

The present tense of regular verbs is formed by dropping the infinitive ending (*-ar*, *-er*, *-ir*) and adding the following endings to the stem:

For **-ar** verbs, add **-o, -as, -a, -amos, -áis, -an.**

bailar	
(yo) bail**o**	(nosotros, nosotras) bail**amos**
(tú) bail**as**	(vosotros, vosotras) bail**áis**
(él, ella, Ud.) bail**a**	(ellos, ellas, Uds.) bail**an**

For **-er** verbs, add **-o, -es, -e, -emos, -éis, -en.**

aprender	
(yo) aprend**o**	(nosotros, nosotras) aprend**emos**
(tú) aprend**es**	(vosotros, vosotras) aprend**éis**
(él, ella, Ud.) aprend**e**	(ellos, ellas, Uds.) aprend**en**

For **-ir** verbs, add **-o, -es, -e, -imos, -ís, -en.**

escribir	
(yo) escrib**o**	(nosotros, nosotras) escrib**imos**
(tú) escrib**es**	(vosotros, vosotras) escrib**ís**
(él, ella, Ud.) escrib**e**	(ellos, ellas, Uds.) escrib**en**

Ejercicios

A. En tu clase de español, cada persona tiene algo que hacer todos los días. Escribe lo que cada persona hace.

Modelo: un alumno / abrir la puerta
Un alumno abre la puerta.

1. la profesora / pasar lista (*to take attendance*) _la profesora pasa lista_
2. yo / abrir las ventanas _yo abrio las ventanas_
3. nosotros / sacar los libros del armario _nosotros sacamos los libros del armario_
4. Luisa y yo / repartir (*to distribute*) los libros _Luisa y yo repartimos los libros_
5. Esperanza / leer las frases en voz alta _Esperanza lee las frases en voz alta_
6. María y Elena / escribir la tarea en la pizarra _María y Elena escriben la tarea en la pizarra_

7. Tomás y Pedro / borrar la pizarra _Tomás y Pedro borran la pizarra_

8. yo / organizar los libros de ejercicios _Yo organizo los libros de ejercicios_

9. el señor Gómez / limpiar los pupitres *(school desks)* _El señor Gómez limpia los pupitres_

10. tú / apagar *(to turn off)* la luz _Tú apagas la luz_

B. Gerardo es un nuevo alumno en tu escuela. Él está en el octavo grado. Tú le haces preguntas sobre su vida diaria. Completa lo que Gerardo dice con el presente del verbo entre paréntesis.

Mis amigos y yo _vivimos_ ¹ (vivir) cerca de la escuela. Nosotros _llegamos_ ² (llegar) a la escuela a las ocho. Ellos _comen_ ³ (comer) antes de salir de su casa pero yo no. Al llegar, ellos _suben_ ⁴ (subir) al cuarto piso en seguida pero yo _bajo_ ⁵ (bajar) a la cafetería para desayunar. Cuando yo _entro_ ⁶ (entrar) en la clase, el profesor y los otros alumnos me _saluda_ ⁷ (saludar). Yo les _contesto_ ⁸ (contestar) y me _preparo_ ⁹ (preparar) para la clase. Después de sentarme, yo _leo_ ¹⁰ (leer) la tarea que el profesor ha escrito *(has written)* en la pizarra y _escribe_ ¹¹ (escribir) la tarea en el cuaderno. Mi amigo Pedro nunca _comprenda_ ¹² (comprender) las lecturas *(readings)*. Él siempre me _pregunto_ ¹³ (preguntar) «¿Tú _comprendas_ ¹⁴ (comprender)?» Él siempre _deja_ ¹⁵ (dejar) su libro en casa. Cuando las clases _termina_ ¹⁶ (terminar) nosotros _regresamos_ ¹⁷ (regresar) a casa. Antes de hacer la tarea mis hermanos y yo _comemos_ ¹⁸ (comer) algo. Entonces, nosotros _buscamos_ ¹⁹ (buscar) los ejercicios en el libro y _estudia_ ²⁰ (estudiar) la lección. Después de estudiar, nosotros _escribimos_ ²¹ (escribir) los ejercicios en el cuaderno. Si nosotros no _estudiamos_ ²² (estudiar) no _aprendo_ ²³ (aprender) nada.

C. A tu mejor amiga le encanta organizar las cosas. Ella dice lo que va a hacer cada persona durante un día de verano. Escribe frases completas. Usa el modelo como guía. No tienes que escribir el sujeto otra vez.

Modelo: (María) primero / visitar / a sus parientes
después / escribir / tarjetas postales
Primero visita a sus parientes. Después escribe tarjetas postales.

1. (nosotras) primero / correr / en el parque
después / tomar / el sol

_____

2. (tú) primero / sacar / fotos / de todos
después / leer / el periódico

_____

3. (yo) primero / alquilar / un bote
después / comer / pescado

_____

4. (Juan y Elena) primero / vender / limonada fría
después / asistir / a un concierto

_____

5. (mi hermano) primero / abrir / la correspondencia
después / contestar las cartas

_____

Present tense of stem-changing verbs

Some Spanish verbs have a change in the stem when the stress is on the stem (which occurs in all forms except _nosotros_ and _vosotros_). The endings of stem-changing verbs are regular; only the stems themselves change.

Stem-changing verbs ending in -ar and -er

1. _e_ to _ie_

cerrar   _(to close, to shut)_

cierro	cerramos
cierras	cerráis
cierra	cierran

perder   _(to lose)_

pierdo	perdemos
pierdes	perdéis
pierde	pierden

Verbs like _cerrar:_

atravesar	_to cross_	negar	_to deny_
comenzar	_to begin_	nevar	_to snow_
confesar	_to confess_	pensar	_to think, to plan_
despertar	_to awaken_	recomendar	_to recommend_
despertarse*	_to wake up_	sentar	_to seat_
empezar	_to begin_	sentarse*	_to sit down_
encerrar	_to enclose, to lock in_	temblar	_to tremble_

Verbs like _perder:_

defender	_to defend_	entender	_to understand_
encender	_to light, to ignite_		
querer	_to want, to wish, to love (a person)_		

*Note that _despertarse_ and _sentarse_ have _se_ after the infinitive ending. These verbs are reflexive. You will study reflexive verbs in Lesson 2.

Ejercicio

Ofelia vive en un pequeño pueblo de Alaska. Ella le escribe una carta a su amiga Susana. Completa el siguiente párrafo con el presente del verbo entre paréntesis para saber cómo es la vida allí.

En esta región, el invierno _____ [1] (empezar) muy temprano. En septiembre _____ [2] (comenzar) a nevar. Muchas veces _____ [3] (nevar) por dos o tres días. Nosotros _____ [4] (pensar) que sólo vamos a estar aquí por unos meses más. Las personas que viven aquí por muchos años nos _____ [5] (recomendar) tener paciencia. Ellos _____ [6] (confesar) que a veces no les gustan los largos inviernos. A Alfredo no le gusta salir mucho después de las nevadas (*snowfalls*). No _____ [7] (atravesar) el río porque tiene miedo. Cuando llega a casa de la escuela hace mucho frío y _____ [8] (temblar) mucho aunque lleva un abrigo muy bueno. A veces, yo _____ [9] (despertar) a Juan porque el viento es muy fuerte y hace mucho ruido. Él _____ [10] (encender) el fuego todas las mañanas. Yo no _____ [11] (entender) por qué vivimos aquí. Juan siempre _____ [12] (defender) la decisión de vivir en este pueblo porque _____ [13] (pensar) que las montañas _____ [14] (encerrar) mucho misterio. ¿_____ [15] (Querer) Uds. venir a pasar unos días con nosotros?

Stem-changing verbs ending in *-ar* and *-er* (continued)

---

2. *o* to *ue*

contar (*to count, to tell*)

cuento	contamos
cuentas	contáis
cuenta	**cue**ntan

volver (*to return, to go back*)

vuelvo	volvemos
vuelves	volvéis
vuelve	**vue**lven

Verbs like *contar:*

acordarse (de) *to remember*	mostrar *to show*
acostar *to put to bed*	probar *to try, to taste*
acostarse *to go to bed*	probarse *to try on*
almorzar *to have lunch*	recordar *to remember*
costar *to cost*	rogar *to beg, to ask, to request*
demostrar *to demonstrate, to show*	sonar *to ring, to sound*

---

encontrar	*to find*	soñar (con)	*to dream (about)*
encontrarse	*to find oneself* (be somewhere)	volar	*to fly*
encontrarse (con)	*to meet, run across (into)*		
jugar (*u* to *ue*)	*to play*		

Verbs like *volver:*

devolver	*to return, to give back*	mover	*to move*
doler	*to pain, to ache*	poder	*to be able*
envolver	*to wrap*	resolver	*to solve, to resolve*
llover	*to rain*	soler	*to be in the habit of, to be accustomed to*

Ejercicios

En el pasillo de la escuela se escuchan muchas conversaciones. Completa los siguientes diálogos con el presente del verbo entre paréntesis. Así vas a saber lo que dicen tus compañeros.

A. Los planes para el almuerzo

—¿A qué hora _____ [1] (almorzar) tú hoy?

—No sé. Antonio y yo _____ [2] (almorzar) en la cafetería porque el

almuerzo _____ [3] (costar) menos. Generalmente él se

_____ [4] (encontrar) conmigo a la una.

—Yo no _____ [5] (recordar) si tengo clases a esa hora. Si no tengo

clases, ¿_____ [6] (poder) yo ir con Uds.?

—Claro. Si tú _____ [7] (poder) venir, te esperamos en la entrada.

Nosotros casi _____ [8] (volar) cuando _____ [9] (sonar) el

timbre (*bell*) porque siempre hay muchos estudiantes allí.

—Sí, especialmente cuando _____ [10] (llover). ¡Qué tontería construir

la cafetería en otro edificio!

B. La comida en la cafetería

—¿_____ [1] (Jugar [tú]) al tenis con nosotros hoy?

—Hoy, yo no _____ [2] (poder), me _____ [3] (doler) el estó-

mago. Siempre que yo _____ [4] (probar) la comida de la cafetería me

enfermo.

—¿_____ [5] (Recordar) tú lo que me pasó la semana pasada?

—Sí, también tuviste problemas con la comida de la cafetería. Eso

_____ [6] (mostrar) que no debemos comer allí.

—El director _____ [7] (soler) hablar con los cocineros todas las semanas, pero el problema no se _____ [8] (resolver).

—Es verdad. El problema es tan serio que ahora hay un cartel que dice: «Nosotros le _____ [9] (devolver) el dinero si no está satisfecho».

—¿Satisfecho? ¡Nunca! Si un estudiante se _____ [10] (acostar) después de comer en esta cafetería, él _____ [11] (soñar) cosas muy raras.

Stem-changing verbs ending in *-ir*

1. *e* to *ie*

preferir *(to prefer)*

pref**ie**ro	preferimos
pref**ie**res	preferís
pref**ie**re	pref**ie**ren

Verbs like *preferir:*

advertir *to notify, to warn*	divertirse *to have a good time*
convertir *to convert*	mentir *to lie*
convertirse en *to turn into, become*	sentir *to regret, to feel (be) sorry*
divertir *to amuse*	sentirse *to feel (well, sick, etc.)*

2. *o* to *ue*

dormir *(to sleep)*

d**ue**rmo	dormimos
d**ue**rmes	dormís
d**ue**rme	d**ue**rmen

Verbs like *dormir:*

dormirse *to fall asleep*
morir *to die*

3. *e* to *i*

repetir *(to repeat)*

repito	repetimos
repites	repetís
repite	repiten

Verbs like *repetir:*

conseguir* *to get, to obtain*	seguir* *to follow, to continue*
despedir *to fire (let go)*	servir *to serve*
despedirse (de) *to say goodbye to*	sonreír(se) *to smile*
medir *to measure*	vestir *to dress*
pedir *to request, to ask for*	vestirse *to get dressed*
reír(se) *to laugh*	

*Note that the first person singular *(yo)* of *conseguir* is *consigo*, and of *seguir* is *sigo*.

Ejercicios

A. ¿Qué hacen las siguientes personas para mejorar o cambiar la situación? Completa las frases siguientes con el presente de uno de los verbos en la lista.

despedir   pedir

divertir   repetir

dormir   seguir

medir   servir

1. Cuando Eduardo no quiere olvidar las palabras nuevas él _____ las palabras varias veces.

2. Mi papá cocina muy poco, por eso él _____ todos los ingredientes.

3. Los estudiantes quieren más miembros en el club. Ellos _____ comida en todas las reuniones *(meetings)*.

4. Estamos muy cansados; si nosotros _____ un poco, vamos a sentirnos mejor.

5. Si no puedes hacer los ejercicios de álgebra, ¿por qué no _____ (tú) ayuda?

6. Cuando tengo mucha tarea yo _____ trabajando hasta terminar.

7. Mis tíos están muy cansados, por eso mi hermana_____ a mis primos con sus juguetes *(toys)*.

8. El jefe _____ a todos los trabajadores que siempre llegan tarde a la oficina.

B. Piensa en tu restaurante elegante favorito y termina las siguientes frases con una explicación de por qué vas allí.

Modelo: En mi restaurante favorito, el cocinero (conseguir)
En mi restaurante favorito el cocinero consigue frutas y vegetales frescos todos los días.

1. En mi restaurante favorito (servir [ellos]) _____

2. Yo (preferir) _____

3. Mis padres (preferir) _____

4. Nosotros siempre (pedir) _____

5. Todas las guías (advertir) _____

al público hacer reservaciones antes de ir.

Verbs ending in *-iar* and *-uar*

> Some verbs ending in *-iar* or *-uar* stress the *i* or the *u* in the singular and the third person plural.
>
> confiar en *(to trust, to confide in, to rely on):*
>
> | confío | confiamos |
> |--------|-----------|
> | confías | confiáis |
> | confía | confían |
>
> continuar *(to continue):*
>
> | continúo | continuamos |
> |----------|-------------|
> | continúas | continuáis |
> | continúa | continúan |
>
> Verbs like *confiar:*
>
> | enviar | *to send* | resfriarse | *to catch a cold* |
> |--------|-----------|------------|-------------------|
> | esquiar | *to ski* | variar | *to vary* |
> | guiar | *to guide* | | |
>
> Verbs like *continuar:*
>
> | actuar | *to act* | graduarse | *to graduate* |
> |--------|----------|-----------|---------------|

Ejercicio

Muchas personas no tienen una buena opinión ni de los políticos ni de la política en general. Completa el siguiente diálogo en el tiempo presente.

—¿_____ [1] (Confiar) tú en los políticos?

—No, yo no _____ [2] (confiar) en ellos.

—Siempre dicen que van a ayudar a los ciudadanos, pero _____ [3] (continuar [ellos]) con sus mentiras.

—Es verdad. Nosotros _____ [4] (esquiar) en las montañas y siempre vemos a algunos congresistas que_____ [5] (actuar) como millonarios.

—Si la situación _____ [6] (continuar) así, nadie va a votar en las próximas elecciones.

—Es posible. Mis padres no _____ [7] (confiar) en ellos, pero siempre nos dicen que si nosotros _____ [8] (confiar) en el proceso, podemos cambiar la situación.

—¡Qué buena filosofía!

Verbs ending in *-uir*

A *y* is inserted after the *u* in the first, second, and third person singular and the third person plural (that is, all forms except *nosotros* and *vosotros*) for all verbs which end in *-uir* (with the exception of those ending in *-guir*).

construir *(to construct, build)*

construyo	construimos
construyes	construís
construye	construyen

En esa ciudad construyen muchos edificios cada año.
In that city they build many buildings each year.

Verbs like *construir:*

concluir	*to conclude, to end*	incluir	*to include*
contribuir	*to contribute*	influir	*to influence*
destruir	*to destroy*	sustituir	*to substitute*
distribuir	*to distribute*		

Ejercicio

Adelita tiene problemas con su hermanito. ¿Qué debe hacer? Completa el diálogo con la forma correcta del verbo en el presente.

—¿Qué _____ ¹ (construir) Uds.?

—_____ ² (Construir [nosotros]) un puente para la clase de física.

—¡Qué interesante! Yo nunca puedo hacer nada en mi casa. Mi hermanito lo _____ ³ (destruir) todo.

—Bueno, si él _____ ⁴ (contribuir) a la construcción, no va a querer destruirlo.

—Tienes razón. Si lo _____ ⁵ (incluir [yo]) en mis proyectos va a ser más amable.

—Claro. El buen ejemplo siempre _____ ⁶ (influir).

Uses of the present tense

The present tense is used when the verb expresses:

1. actions that are habitual, that is, they are not presently in progress but have happened before and will happen again.

El cartero trae la correspondencia por la tarde.
The mailman brings the mail in the afternoon.

Antonio siempre llega a eso de las dos.
Antonio always arrives at about two o'clock.

2. actions or conditions that are presently in progress.

En este momento yo armo una tienda y Juan duerme en un saco para dormir.
At this moment I am putting up a tent and John is sleeping in a sleeping bag.

The present tense is also used:

1. to express the future, as is commonly done in English.

Salgo para Boston el viernes porque Teresa y Jorge se casan el sábado.
I am leaving for Boston on Friday because Teresa and Jorge are getting married on Saturday.

2. in a special construction to refer to actions or conditions that began in the past and which are still going on in the present. There are two equivalent forms to express this:

hace + expression of time + *que* + present tense

or

present tense + *hace* + expression of time

Hace cinco años que vivo en los Estados Unidos.

or

Vivo en los Estados Unidos hace cinco años.
I have been living in the United States for five years.
(I arrived five years ago and I am still living here)

Hace dos horas que los actores ensayan.

or

Los actores ensayan hace dos horas.
The actors have been rehearsing for two hours.

Notice the constructions used for questions:

¿Cuánto [tiempo] hace que + present tense?

or

¿Hace cuánto [tiempo] que + present tense?

¿Cuánto [tiempo] hace que vives en los Estados Unidos?
How long have you been living in the United States?

¿Hace cuánto [tiempo] que los actores ensayan?
How long have the actors been rehearsing?

In these questions the word *tiempo* appears in brackets because it is optional. You can construct the question with or without it.

A. ¿Cuánto tiempo hace que estas personas no hacen el trabajo de la casa? Expresa la respuesta de dos maneras diferentes. Sigue el modelo.

Modelo: tú / no barrer / una semana
Hace una semana que no barres.
No barres hace una semana.

1. Juan / no limpiar su cuarto / dos semanas _____

_____

2. Uds. / no lavar los platos / un mes _____

_____

3. yo / no cocinar / tres días _____

_____

4. tú / no planchar / una semana _____

_____

5. mi hermana / no arreglar la cocina / dos días _____

_____

B. Cuando oyes las siguientes frases quieres saber cuánto tiempo hace que las personas hacen esas actividades. Escribe una pregunta para obtener la información.

Modelo: Duermo muy mal.
¿Cuánto tiempo hace que duermes muy mal?

1. Mis padres juegan al tenis todas las mañanas.

_____

2. Mi mejor amigo y yo soñamos con jugar en las Olimpiadas algún día.

_____

3. También esquiamos en el invierno.

_____

4. Por la tarde mis amigos y yo actuamos con una compañía de teatro.

_____

5. Sigo mis estudios durante el verano.

_____

C. Ahora responde a las preguntas del ejercicio B. Usa la información entre paréntesis en tus respuestas.

Modelo: ¿Cuánto tiempo hace que duermes muy mal?
(dos semanas) *Hace dos semanas que duermo muy mal.*

1. (seis meses) _____

2. (muchos años) _____

3. (cuatro años) _____

4. (tres semanas) _____

5. (poco tiempo) _____

More uses of the present tense

Another way to use the present tense to refer to actions or conditions which began in the past and are still going on in the present is by using the construction:

present tense + *desde hace* + expression of time

or

desde hace + expression of time + present tense

Vivo en los Estados Unidos desde hace cinco años.

or

Desde hace cinco años vivo en los Estados Unidos.
I have been living in the United States for five years.

Los actores ensayan desde hace dos horas.

or

Desde hace dos horas los actores ensayan.
The actors have been rehearsing for two hours.

Notice the construction used in the corresponding question:

¿Desde cuándo + present tense?
¿Desde cuándo (vives en los Estados Unidos / ensayan los actores...)?
Since when (have you been living in the U.S. / have the actors been rehearsing...)?

Ejercicios

A. Usa la siguiente lista para escribir frases completas y expresar desde cuándo haces las siguientes actividades.

> **Modelo:** pasar el verano en un campamento
> *Paso el verano en un campamento desde hace tres años.*

1. escribir en la computadora _____

2. viajar a la escuela solo(a) _____

3. ayudar a tus compañeros de clase _____

4. correr todos los fines de semana _____

5. vivir en esta ciudad (este pueblo) _____

6. nadar en la piscina pública _____

B. Ahora escribe dos preguntas para tus compañeros de clase para obtener más información sobre sus actividades.

1. _____

_____

2. _____

_____

Ejercicios de resumen

A. ¿Recuerdas el infinitivo de los siguientes verbos? Primero, escribe el infinitivo y luego escribe la forma de cada verbo en la primera persona del plural (nosotros). Esta práctica va a ayudarte a recordar los verbos que cambian la raíz *(stem)*.

	infinitivo	nosotros
Modelo: sirvo	*servir*	*servimos*
1. muere	_____	_____
2. atraviesa	_____	_____
3. enciendes	_____	_____
4. recuerda	_____	_____
5. envuelvo	_____	_____
6. recomiendan	_____	_____
7. convierte	_____	_____
8. sueño	_____	_____

B. Situaciones. Completa las siguientes situaciones con el presente de los verbos entre paréntesis.

1. Las recetas *(recipes)*

En mi familia, nosotros siempre _____ ᵃ (variar) las recetas. Para hacer pastel de queso mi hermana _____ ᵇ (sustituir) la crema por leche. Luego, ella _____ ᶜ (medir) todos los ingredientes e _____ ᵈ (incluir) un queso sin grasa.

2. El jardinero *(gardener)*

Mis padres van a despedir al jardinero. Las rosas _____ ᵃ (costar) mucho y él siempre _____ ᵇ (destruir) las plantas cuando usa el cortacésped *(lawnmower)*. Él _____ ᶜ (mentir) mucho y dice que hay animales que _____ ᵈ (soler) comer las rosas. Ellos _____ ᵉ (confesar) que _____ ᶠ (sentir) despedirlo, pero ya no _____ ᵍ (poder) confiar en él.

3. Mi amigo Jacinto

Jacinto _____ ^a (actuar) como un tonto. Él no _____ ^b (confiar) en nadie. Nosotros _____ ^c (pensar) que él _____ ^d (demostrar) las características de un chico que no tiene muchos amigos. Los profesores no _____ ^e (entender) por qué nosotros no _____ ^f (mostrar) más compasión. Si él _____ ^g (seguir) actuando así, va a estar siempre muy solo.

4. La escuela de mi hermanito

Mi hermanito está en la escuela primaria. Todos los estudiantes _____ ^a (almorzar) a las doce. Luego, la profesora _____ ^b (acostar) a los chicos en el gimnasio y a las chicas en la sala de clase. Ellos _____ ^c (dormir) por una hora. Por la tarde, la asistente de la profesora _____ ^d (divertir) a los estudiantes con cuentos interesantes. Mi mejor amiga y yo _____ ^e (jugar) con ellos a veces. Yo _____ ^f (querer) ser profesora y también me gusta ir a la clase. Cuando estoy allí yo _____ ^g (recordar) mis días en la escuela primaria.

5. El esquí

Este verano yo _____ ^a (pensar) ir a la Argentina para esquiar. Aerolíneas Argentinas es una de las compañías que _____ ^b (volar) a Buenos Aires. Dicen que en julio _____ ^c (nevar) mucho en las montañas. Aquí en Minnesota yo _____ ^d (esquiar) cuando yo _____ ^e (poder). Muchas veces yo no _____ ^f (encontrar) a nadie para ir a esquiar, pero yo _____ ^g (continuar) practicando por lo menos una vez al mes. Mi mejor amiga _____ ^h (empezar) a interesarse en este deporte. Nosotras _____ ⁱ (soñar) con ir a las montañas de Europa algún día.

C. Una encuesta *(A survey)*. Completa las siguientes preguntas con el presente del verbo entre paréntesis.

1. ¿_____ (Influir) las supersticiones en tu vida?

2. Si un gato negro _____ (atravesar) la calle, ¿qué _____ (pensar) tú?

3. ¿_____ (Recomendar) tú leer el horóscopo todos los días?

4. ¿Cómo reaccionas cuando _____ (llover) mucho?

5. ¿Cuándo _____ (temblar) tú?

6. ¿Qué clase de películas _____ (preferir) tú?

7. ¿Qué haces cuando la alarma _____ (sonar)?

8. ¿Cuándo _____ (encender) tú las luces?

D. Usa las preguntas del ejercicio C para saber un poco más sobre la personalidad de tus compañeros de clase. Y entonces, presenta a la clase los resultados de la encuesta. ¿Qué te parecen? *(What do you think about them?)* ¿Interesantes?

_____

_____

_____

_____

_____

E. Contesta a las siguientes preguntas según tu experiencia.

1. ¿Cuánto tiempo hace que asistes a esta escuela?

_____

2. ¿Hace cuánto tiempo que aprendes español?

_____

3. ¿Cuánto tiempo hace que no compras un par de zapatos nuevo?

_____

4. ¿Desde cuándo no faltas a la escuela *(miss school)*?

_____

5. ¿Desde cuándo sacas la basura?

_____

6. ¿Hace cuánto tiempo que ahorras dinero?

_____

7. ¿Desde cuándo no les escribes una carta a tus parientes *(relatives)*?

_____

8. ¿Cuánto tiempo hace que no duermes en un saco para dormir *(sleeping bag)*?

_____

Lesson 2 | Reflexive Verbs

Reflexive verbs

Before we take a look at reflexive verbs, it will help to review direct and indirect objects.

A. The direct object of a verb is the person or thing that directly receives the action of the verb. One simple way to recognize the direct object is to look for the answer to the question, "Who or what is directly affected by the action expressed by the verb?" In other words, who or what is seen, looked at, looked for, bought, etc.?

He buys the backpack.
Q: What does he buy?   A: The backpack.
I give money.
Q: What do I give?   A: Money.

In the sentences above, *the backpack* and *money* are the direct objects.

B. The indirect object of a verb expresses the person (or thing) that in some way benefits from or is harmed by the action of the verb. The indirect object is the answer to the question, "To whom or for whom (or to what or for what) is the action being done?"

He buys the backpack for his sister.
Q: For whom does he buy the backpack?   A: For his sister.
I give money to the university.
Q: To whom do I give money?   A: To the university.

In the sentences above, *his sister* and *the university* are the indirect objects.

When either the direct or the indirect object of a sentence is the same person (or thing) as the subject, the sentence is called *reflexive.*

I dress myself every morning.
Q: Whom do I dress?   A: Myself (direct object).
I also brush my teeth.
Q: What do I brush?   A: My teeth (direct object).
Q: For whom?   A: For myself (indirect object).

There is a set of specifically refexive pronouns that must be used in reflexive sentences in Spanish:

me	nos
te	os
se	se

Notice that the third person pronoun *se* is both singular and plural. These pronouns represent the same person (or thing) as the subject. The reflexive pronouns immediately precede a conjugated verb except in the case of the affirmative commands.

Me levanto a las seis.
I get up at six.
BUT
¡Levántate!
Get up!

In the infinitive, the reflexive pronouns are attached at the end: *lavarse* (to wash up).

The present tense is as follows:

lavarse

me lavo	nos lavamos
te lavas	os laváis
se lava	se lavan

Although the Spanish reflexive pronouns are at times the equivalent of the English pronouns (*myself, yourself, ourselves*, etc.), in most cases the pronouns would be understood, but not stated, in an English sentence.

Todas las mañanas me afeito.
Every morning I shave.

Te miras mucho en el espejo.
You look in the mirror a lot.

Nos despertamos temprano.
We wake up early.

Notice that in the above sentences, a more literal translation of the Spanish would yield: *I shave* **myself**. *You look at* **yourself** *in the mirror. We wake* **ourselves** *up.*

Remember that in Spanish, unlike English, the possessive pronouns are not used with parts of the body.

Juan se lava la cara todas las mañanas.
Juan washes his face every morning.

Take a minute to identify the direct and indirect objects in the Spanish sentence above. Remember, you can use the following questions to help you to recognize them:

What is being washed? For whom is it being washed?

The direct object (what is being washed) is *la cara*. The indirect object (for whom it is being washed) is *se*.

These are some common reflexive verbs you can use to talk about your daily routine:

acostarse (ue) *to go to bed*	ducharse *to take a shower*
afeitarse *to shave*	lavarse *to wash oneself*
bañarse *to bathe, take a bath*	levantarse *to get up*
cansarse *to become tired*	maquillarse *to put makeup on*
cepillarse (el pelo, los dientes)	peinarse *to comb one's hair*
to brush one's (hair, teeth)	pintarse los labios *to put lipstick on*

desayunarse	*to have breakfast*	ponerse	*to put (something) on*
despedirse de (i)	*to say goodbye to*	prepararse	*to get ready*
despertarse (ie)	*to wake up*	quitarse (la ropa)	*to take off (clothing)*
dormirse (ue)	*to fall asleep*	vestirse (i)	*to get dressed*

Ejercicios

A. ¿Qué se compran? ¿Dónde? Di lo que se compran estas personas y dónde lo compran.

Modelo: (mi amiga y yo) una botella de champú / la farmacia
Nos compramos una botella de champú en la farmacia.

1. (yo) unos zapatos negros / la zapatería

_____

2. (tú) una docena de huevos / el mercado

_____

3. (Carlos y Gustavo) una piña / la frutería

_____

4. (María) una falda y una blusa / la tienda

_____

5. (mis abuelos) unos anteojos / el centro comercial

_____

B. Hace cuatro años que tú y tus compañeros están en la misma clase. Uds. se conocen *(know each other)* muy bien. Completa las siguientes frases con el presente del verbo entre paréntesis.

1. Esa chica _____ (maquillarse) en la clase todas las mañanas.

2. Aquellos chicos _____ (bañarse) en la piscina pública.

3. El profesor _____ (afeitarse) dos veces al día.

4. Algunos chicos en la clase _____ (levantarse) a las 5:00 de la mañana todos los días.

5. Mi mejor amigo nunca _____ (quitarse) la gorra.

6. Esa chica y yo _____ (cepillarse) los dientes tres veces al día.

7. Ese chico y tú nunca _____ (callarse).

8. Tú _____ (desayunarse) antes de venir a la escuela.

9. Yo _____ (peinarse) antes de cada clase.

10. Nosotros nunca _____ (quitarse) la camiseta en el gimnasio.

C. Usa los verbos entre paréntesis para completar las siguientes situaciones de una manera lógica. Usa otras palabras además de los verbos.

1. Si tenemos un examen difícil nosotros (prepararse) _____

2. Cuando mi novia va a una fiesta elegante ella (maquillarse) _____

3. Cuando hace mucho viento, yo (peinarse) _____

4. A mis padres no les gusta salir con mi hermana, ella (quejarse) _____

5. Si no te gustan los hoteles, tú (quedarse) _____

Stem-changing reflexive verbs

Many important reflexive verbs are also stem-changing verbs. Look at the verb lists in Lesson 1 of this unit, on pages 6 to 11, and see how many reflexive verbs you can find. (Remember that when reflexive verbs are given in the infinitive form, they will appear with *se* attached to the infinitive ending.)

Ejercicios

A. ¿Recuerdas el significado *(meaning)* de los verbos reflexivos a continuación? Escribe el significado al lado de cada verbo.

1. acordarse (ue) _____   6. sentarse (ie) _____

2. acostarse (ue) _____   7. sentirse (ie) _____

3. despedirse (i) _____   8. sonreírse (í) _____

4. despertarse (ie) _____   9. vestirse (i) _____

5. divertirse (ie) _____

B. Escribe el presente de los siguientes verbos para los pronombres *yo* y *nosotros*.

	yo	nosotros
1. acordarse (ue)	_____	_____
2. acostarse (ue)	_____	_____
3. despedirse (i)	_____	_____
4. despertarse (ie)	_____	_____
5. divertirse (ie)	_____	_____
6. sentarse (ie)	_____	_____
7. sentirse (ie)	_____	_____
8. sonreírse (í)	_____	_____
9. vestirse (i)	_____	_____

C. Las personas que tú conoces siempre hacen las cosas en el mismo orden. Lee la lista de actividades, luego decide el orden lógico en que la persona o las personas las hacen y escribe una frase usando el modelo como guía.

> **Modelo:** (mi hermano y yo) llenar el crucigrama / acostarse / cenar
> *Primero mi hermano y yo cenamos, después llenamos un crucigrama y finalmente nos acostamos.*

1. (mi hermana) escribir la tarea / acostarse / leer el periódico

_____

_____

2. (mis primos) desvestirse / ducharse / afeitarse

_____

_____

3. (mi abuela) encontrarse con unos amigos / almorzar en un restaurante / vestirse

_____

_____

4. (mis hermanos) mirar una telenovela / encerrarse en su cuarto / encender el televisor

_____

_____

5. (mi mejor amigo) visitar a un amigo / volver a casa / prepararse la ropa para el día siguiente

_____

_____

6. (tú) sentarse / repetir las palabras en voz alta / escribir los ejercicios

_____

_____

7. (yo) preparar la cena / mirar las noticias / dormirse

_____

_____

More about reflexive verbs

Reflexive verbs are often used in Spanish to express a mental, social or physical change. In English this is often expressed by *to get* or *to become*. Some Spanish verbs of this type are:

aburrirse	*to get bored*	enfadarse	*to get angry*
alegrarse	*to become happy*	enojarse	*to get angry*
asustarse	*to become afraid, get scared*	entristecerse	*to become sad*
cansarse	*to get tired*	mojarse	*to get wet*
casarse	*to get married*	resfriarse	*to become cold, get a cold*
desmayarse	*to faint (become faint)*		

You will review this use of the reflexive verbs further in Lesson 2 of Unit 2.

Ejercicios

A. Usa los siguientes verbos para expresar cuándo a ti y a tus amigos les pasan estas cosas.

> **Modelo:** (enfadarse) Elena… cuando…
> *Elena se enfada cuando sus amigos no la invitan a una fiesta.*

1. (resfriarse) yo… cuando… _____

2. (asustarse) tú… cuando… _____

3. (mojarse) nosotros… cuando… _____

4. (enojarse) mi mejor amigo(a)… cuando… _____

5. (aburrirse) mis padres… cuando… _____

6. (desmayarse) yo… cuando… _____

B. ¿Cuál es el resultado de las siguientes acciones? Lee las frases a continuación y complétalas de una manera lógica con el presente de un verbo de la lista.

aburrirse	desmayarse
asustarse	enojarse
cansarse	mojarse
casarse	resfriarse

1. Si Ernesto ve un tigre, él _____.

2. Juan y Dolores se quieren mucho, ellos _____ en diciembre.

3. Cuando yo salgo sin abrigo, _____.

4. Cada vez que riegas *(water)* las plantas, todo el patio _____.

5. No puedes ver sangre *(blood)* porque _____.

6. Cuando el profesor habla de su vida personal, nosotros _____.

7. Por la mañana yo camino a la escuela pero _____ mucho.

8. Cuando Rosa no llega a tiempo a la clase, la profesora _____.

C. Otras consecuencias. Lee las siguientes frases, luego usa uno de los verbos de la lista para expresar el resultado de la acción de una manera lógica.

asustarse	enfadarse
cansarse	mojarse
desmayarse	resfriarse

1. Si llego tarde a una cita, mis amigos _____.

2. Está lloviendo mucho, si salimos ahora _____.

3. Cuando hablo demasiado de mis vacaciones, tú _____.

4. Si voy a ver una película de misterio solo, yo _____.

5. En invierno cuando Alejandro corre por la mañana sin abrigo, él _____.

6. Si Ud. recibe una cuenta de teléfono tan alta, estoy seguro de que Ud.

_____ .

7. El nuevo profesor de educación física nos obliga a hacer muchos ejercicios. Por

eso nosotros _____ .

Idiomatic uses of the reflexive verbs

Some reflexive verbs have an idiomatic meaning. In such cases, they are always used reflexively in Spanish, but not in English. The most common verb of this type is _irse_ (to leave, go away).

Other common verbs of this type are:

acordarse (ue) de _to remember_	olvidarse de _to forget_
apresurarse _to hurry_	parecerse a _to resemble, look like_
arrepentirse (ie) de _to repent, be sorry_	quejarse _to complain_
atreverse a _to dare_	reírse (í) _to laugh at_
burlarse de _to make fun of_	tratarse de _to be concerned with;_
negarse (ie) a _to refuse to_	_to be about (a question of)_

Ejercicio

Completa la siguiente conversación entre Bárbara y Alberto traduciendo (_translating_) las expresiones entre paréntesis.

—¿Por qué _____ [1] (_you complain_) siempre?

—No siempre. _____ [2] (_I don't dare_) quejarme delante de ti.

—_____ [3] (_You forget_) que _____ [4] (_you complain_) siempre.

—Oye, Alberto. _____ [5] (_You remember_) todo.

—Solamente _____ [6] (_I make fun of_) ti.

—¡Qué malo eres! Siempre _____ [7] (_you laugh_) mí.

—Bueno. Bárbara, _____ [8] (_I'm leaving_) porque si _____ [9]

(_I hurry_), puedo tomar el autobús de las cuatro.

—Adiós, Alberto.

—Hasta pronto.

Reciprocal sentences

Reciprocal sentences are those in which two or more subjects both perform an action and mutually receive it. They correspond to the English _each other_ or _one another_. The plural forms of reflexive verbs are used to express reciprocal actions in Spanish.

> **Nos abrazamos cuando nos vemos.**
> *We hug each other when we see each other.*
>
> **Ellos se besan cuando se ven.**
> *They kiss each other when they see each other.*

To avoid ambiguity, Spanish sometimes adds expressions such as *uno a otro* (each other), *mutuamente* (mutually), etc.

> **Se aman uno al otro.**
> *They love each other.*

The passive voice

Another use of the reflexive pronoun *se* is in the formation of passive sentences. In the active voice, the subject acts (often upon an object): *The man opens the door*. In the passive voice, the subject is acted upon: *The door is opened by the man*. In Unit 4, you will learn how to use passive sentences, in which the agent (doer) of the action is stated, but for now, you will learn how to use passive sentences with *se*, where the agent is not stated.

If the subject of a passive sentence is a thing and the agent is not expressed in the sentence, then the third person singular or plural of the reflexive verb is used to express a passive act in Spanish.

You may have seen signs in your neighborhood that say:

> **Se habla español aquí.**
> *Spanish is spoken here.*
>
> **Se venden coches de segunda mano.**
> *Secondhand cars are sold.*

In each of these sentences the subject (Spanish; secondhand cars) is a thing, and the agent (those speaking Spanish or those selling cars) is not expressed. Therefore the third person of the reflexive verb is used. Notice that in these sentences the subject usually follows the verb and that, as always, the verb agrees with the subject.

In general, the active voice is preferred in Spanish. This is especially true if the subject of a passive sentence is a person. The English sentence *the man was severely punished* would probably be translated as *Castigaron al hombre con severidad*. (They severely punished the man.) It is possible, however, to say:

> **Se necesitan personas bilingües.**
> *Bilingual people are needed.*
>
> **Se busca una profesora de matemáticas.**
> *A math teacher is sought.*

Ejercicios

A. Lee las siguientes frases. Luego escribe *una* frase expresando la idea recíproca.

> **Modelo:** Marcos visita a Felipe. Felipe visita a Marcos.
> *Marcos y Felipe se visitan.*

1. Marta quiere a Pedro. Pedro quiere a Marta. _____

2. Tomás saluda al Sr. Juárez. El Sr. Juárez saluda a Tomás. _____

3. Yo ayudo a Susana. Susana me ayuda. _____

4. Pablo mira a Rita. Rita mira a Pablo. _____

5. Manolo me abraza. Yo abrazo a Manolo. _____

B. Imagina que lees los siguientes anuncios *(ads)*. En tu opinión las ideas pueden expresarse de una forma más auténtica. Usa una frase en la voz pasiva *(passive voice)* para expresar las ideas.

> **Modelo:** Aceptamos tarjetas de crédito.
> *Se aceptan tarjetas de crédito.*

1. Aquí hablan español. _____

2. Buscamos un mecánico con experiencia. _____

3. Vendo unas plantas tropicales. _____

4. Aceptamos ropa para los pobres. _____

5. Compramos computadoras de segunda mano. _____

Other uses of *se*

In addition to being the reflexive pronoun for the third person singular and plural, *se* has other important uses:

1. It is used with the third person singular of the verb in order to express an indefinite subject *(one, people, we, they, you,* etc.).

> **Se come bien en este restaurante.**
> *One eats (You eat) well in this restaurant.*

The third person plural of the verb may also be used, as in English, to make this kind of impersonal statement.

> **Dicen que la Universidad de Valencia es una de las mejores universidades.**
> *or*
> **Se dice que la Universidad de Valencia es una de las mejores universidades.**
> *They say that the University of Valencia is one of the best universities.*

At times, the word *uno* is used in addition to *se*. This is often the case with reflexive verbs, where not stating the indefinite subject might lead to confusion.

Uno se prepara muy bien para los exámenes.
One prepares very well for exams.

2. It is used to express an action that occurred or occurs unintentionally, especially if the doer would prefer not to be responsible. In all such cases, the Spanish construction stresses the fact that the action was unintentional or accidental.

The construction used is:

se + indirect object pronoun + verb + subject
Se me perdió el libro.
My book got lost.

Se le rompieron los anteojos.
His glasses broke.

Se te olvidó la respuesta.
You forgot the answer.

Se nos quedó el libro en casa.
We left the book at home.

Se les cae la pelota.
They drop the ball.

Notice that English does not always have as effective a way of disclaiming responsibility. Only the first two translations above do this effectively.

Ejercicios

A. Una compañía de construcción necesita terminar varios edificios inmediatamente a causa del mal tiempo. Todos están trabajando al máximo. Cambia las siguientes frases para expresar la idea sin definir el sujeto. Usa el modelo como guía.

Modelo: almorzar a las dos
Se almuerza a las dos. o
Dicen que almuerzan a las dos.

1. esperar muchos huracanes este año _____

2. trabajar hasta las seis _____

3. terminar los edificios a tiempo _____

4. mantener el costo bajo *(low)* _____

5. pagar doble los fines de semana _____

6. emplear a otros diez trabajadores _____

B. Daniel no es un chico muy serio. No se puede confiar mucho en él. Lee las siguientes frases y luego escribe lo que le pasa cada vez que tiene que hacer algo. Usa el presente de los verbos entre paréntesis.

> **Modelo:** Nunca tiene dinero. (quedarse en casa)
> *Se le queda en casa.*

1. Nunca llega a las citas. (olvidarse) _____

2. Nunca encuentra las direcciones. (perderse) _____

3. Nunca sabe mi número de teléfono. (olvidarse) _____

4. Nunca trae los libros para estudiar. (quedarse en casa) _____

5. Nunca le da la tarea al profesor a tiempo. (perderse) _____

Ejercicios de resumen

A. Usa las siguientes expresiones para describir lo que hacen algunas personas que conoces bien (tú, tu mejor amigo, tus padres…). Si no sabes, adivina o le(s) puedes preguntar a esa(s) persona(s).

> **Modelo:** no probarse la ropa antes de comprarla
> *Mi amiga no se prueba la ropa antes de comprarla.*

1. sonreír mucho cuando ve a un bebé _____

2. reírse de todos los chistes _____

3. perder los libros de vez en cuando _____

4. empezar la tarea a las once de la noche _____

5. sentirse mal cuando hay un examen _____

6. nunca mentir _____

7. nunca devolver los libros a tiempo _____

8. vestirse elegantemente cuando va a una fiesta _____

B. Juan describe un día típico. Completa la descripción con el presente de los verbos entre paréntesis:

Para mí, el día _____ [1] (comenzar) a las seis de la mañana cuando

_____ [2] (sonar) el despertador. Yo _____ [3] (encender) la luz,

_____ [4] (levantarse) y _____ [5] (vestirse) en seguida. Si

_____ [6] (nevar), mis hermanos y yo _____ [7] (llevar) botas y

abrigo. Después de cepillarme los dientes, yo _____ [8] (bajar) al comedor

donde toda la familia _____ [9] (desayunarse). Mi madre siempre

_____ [10] (encargarse) de preparar un buen desayuno. Nosotros no

_____ [11] (llevar) comida porque nosotros _____ [12] (almorzar) en la cafetería de la escuela y mis padres _____ 13 (almorzar) cerca del trabajo.

En el autobús nosotros _____ 14 (sentarse) con nuestros amigos y

_____ 15 (contar [nosotros]) chistes. Yo _____ 16 (preferir)

sentarme cerca de la ventanilla pero mi hermano Juan _____ 17 (preferir)

sentarse al lado de María. Nosotros _____ 18 (divertirse) mucho. El viaje

_____ 19 (soler) ser demasiado corto y nosotros _____ 20

(despedirse) con mucha tristeza.

C. Para las siguientes actividades contesta a la pregunta *¿Desde cuándo…?* o *¿Cuánto tiempo hace que…?* según la información entre paréntesis.

1. nosotros / jugar / al básquetbol en el patio (tres horas) _____

_____

2. yo / sentarse / cerca de la ventana (dos meses) _____

_____

3. mi hermano y yo / acostarse después de las noticias (cinco años) _____

_____

4. mi hermanito / repetir el mismo cuento (cuatro días) _____

_____

5. mi mejor amigo / dormirse en clase todos los días (una semana) _____

_____

D. ¿Qué venden en esas tiendas? Tú y un amigo caminan por las calles de un barrio *(neighborhood)* hispano. Él te pregunta el significado de ciertas palabras y tú tratas de explicárselas en español. Usa el pronombre reflexivo *se* para expresar lo que venden en estas tiendas.

> **Modelo:** florería
> *Se venden flores en la florería.*

1. pescadería _____

2. carnicería _____

3. dulcería _____

4. zapatería _____

5. papelería _____

E. Usa el pronombre reflexivo *se* con los siguientes verbos para expresar cinco cosas que se hacen en tu escuela. Escribe frases completas.

aprender   jugar
discutir   trabajar
hacer

Modelo: comer
En esta escuela se come muy bien en la cafetería.

1. _____

2. _____

3. _____

4. _____

5. _____

F. Traduce las expresiones entre paréntesis para completar el siguiente párrafo sobre Héctor y su escuela.

Por la mañana _____ [1] *(I hurry)* para llegar a tiempo a la escuela. Tú

nunca llegas a tiempo, pero _____ [2] *(you are sorry)* de llegar tarde.

Nosotros _____ [3] *(make fun)* de ti porque _____ [4] *(you refuse)* a

aceptar tus locuras. Si la profesora se enoja, _____ [5] *(you dare)* a pedir

excusas. Todo esto _____ [6] de *(is about)* ser responsable.

G. Escribe tres cosas sobre cada uno de los temas. Usa *se* para expresar las ideas de una manera impersonal.

En los Estados Unidos…

1. _____

2. _____

3. _____

En México…

4. _____

5. _____

6. _____

En las islas del Caribe…

7. _____

8. _____

9. _____

Preterite tense of regular verbs

The preterite of regular verbs is formed by dropping the infinitive ending and adding the following endings:

For *-ar* verbs, add *-é, -aste, -ó, -amos, -asteis, -aron.*

cantar	
cant**é**	cant**amos**
cant**aste**	cant**asteis**
cant**ó**	cant**aron**

For *-er* and *-ir* verbs, add *-í, -iste, -ió, -imos, -isteis, -ieron.*

correr	
corr**í**	corr**imos**
corr**iste**	corr**isteis**
corr**ió**	corr**ieron**

subir	
sub**í**	sub**imos**
sub**iste**	sub**isteis**
sub**ió**	sub**ieron**

Ejercicio

Javier le está diciendo a Carmen lo que pasó la semana pasada. Completa cada frase con el pretérito del verbo entre paréntesis.

1. (cenar) Mis padres y yo _____ en el patio.

2. (comer) Mis primos _____ con nosotros.

3. (bajar) Ellos _____ al patio muy tarde.

4. (beber) Yo _____ demasiado café y no dormí bien.

5. (nadar) El lunes mi padre _____ en la piscina municipal.

6. (abrir) El martes él _____ una cuenta en el banco.

7. (preguntar) La empleada del banco me _____ mi dirección.

8. (pasar) Mis tíos _____ varios días en las montañas.

9. (vender) Mi amigo Carlos _____ su coche.

10. (escribir) Yo _____ varias tarjetas postales.

11. (descubrir) Nosotros _____ una tienda baratísima.

12. (ver) ¿Y tú? ¿_____ la blusa que yo (comprar) _____?

Uses of the preterite

Read the following examples of sentences using the preterite.

> **Compré un diccionario ayer.**
> *I bought a dictionary yesterday.*
>
> **Escribimos la composición tres veces.**
> *We wrote the composition three times.*
>
> **Juan se sintió enfermo anoche.**
> *Juan felt sick last night.*

Looking at these sentences, take a minute to think about what circumstances require the preterite. The following questions might help you formulate your thoughts: Can you say how many times each activity occurred? Were the activities finished, or are they still going on?

The preterite tense is used to express:

1. simple or isolated actions or events that occurred during or at a specific time in the past.

> **Compré un diccionario (ayer / antes de escribir la composición...)**
> *I bought a dictionary (yesterday / before writing the composition...)*

2. actions or events that were repeated a specific number of times in the past.

> **Escribimos la composición tres veces.**
> *We wrote the composition three times.*

3. a quality or state of being of the subject that was completed within a definite period of time.

> **Juan se sintió enfermo anoche.**
> *Juan felt sick last night.*

Ejercicios de resumen

A. ¿Qué sucedió la última vez? Usa la información a continuación para expresar lo que hicieron las siguientes personas y lo que sucedió la última vez que hicieron las actividades.

> **Modelo:** La última vez que yo (asistir) *asistí* a un concierto al aire libre, (llover) *llovió* mucho.

1. La última vez que yo (salir) _____ con mis padres, nosotros (comer)

_____

2. La última vez que Elena (visitar) _____ a sus abuelos, ella (preparar)

_____

3. La última vez que Juan (mirar) _____ la televisión, él (mirar)

_____

4. La última vez que tú (llamar) _____ a tus amigos, tú (hablar de)

_____

5. La última vez que nosotros (pasar) _____ tiempo en las montañas,

nosotros (caminar) _____

6. La última vez que yo (estudiar) _____ en la biblioteca, yo (escribir)

_____

Ahora escribe dos frases sobre otras actividades que tú o tus amigos hicieron y lo que sucedió.

La última vez que...

1. _____

2. _____

B. Escoge tres de los eventos a continuación. Para cada uno de los tres, di cuándo, dónde o cómo ocurrió.

> **Modelo:** *Los Dallas Cowboys ganaron el Super Bowl muy fácilmente.* o
> *Los Dallas Cowboys ganaron el Super Bowl el año pasado.*

¿Cuándo ocurrió? ¿Dónde ocurrió? o ¿Cómo ocurrió?

a. Benjamin Franklin   descubrir el pararrayos (*lightning rod*)...

b. Los hermanos Wright   volar...

c. Amelia Earhart   desaparecer...

d. El Titanic   hundirse...

e. Los Dallas Cowboys   ganar...

f. Los Beatles   llegar...

1. _____

2. _____

3. _____

C. Victoria está muy sorprendida porque todo el mundo hizo algo diferente a lo que normalmente hace. Completa las siguientes frases de una manera original usando el tiempo pretérito. Escribe las respuestas en tu cuaderno.

1. Siempre estudio por la tarde pero ayer...

2. Mis amigos generalmente salen de la biblioteca a las tres pero la semana pasada...

3. Mis profesores escriben la tarea en la pizarra pero esta mañana...

4. Mis amigos y yo a menudo comemos en la cafetería pero anteayer…

5. Mi profesora de español visita un país hispano todos los veranos pero el año pasado…

6. Juan, tú siempre me ayudas con las tareas pero esta semana…

Resumen de la unidad

Ejercicios creativos para escribir y para conversar

Los siguientes ejercicios van a ayudarte a poner en práctica los conceptos de esta unidad. Es buena idea que uses el espacio después de cada ejercicio para hacer apuntes (listas de palabras, expresiones, etc.) que te ayuden a expresar las ideas. Debes escribir la versión final de los ejercicios para escribir en tu cuaderno.

A. Escoge a una persona que conoces bien. Describe un día típico de esta persona. Puede ser un pariente, un amigo, un profesor, etc. Describe lo que esta persona hace…

- en su casa antes de salir
- en la escuela o en su trabajo
- por la tarde
- por la noche

_____

_____

_____

_____

_____

B. Imagina que trabajas para un periódico. Hay varias personas que quieren poner anuncios en el periódico. Tú las ayudas a comenzar el anuncio.

a. Usa las ideas a continuación para escribir el titular (*the headline*) de cada anuncio. Usa la construcción con *se*.

b. Luego, escribe otra frase para cada anuncio describiendo el artículo, el animal o a las personas.

> **Modelo:** regalar / un perro cariñoso
> *Se regala un perro cariñoso.*
> *Tiene un año y está entrenado.*

1. vender / un coche del año _____

_____

2. comprar / libros usados _____

_____

3. buscar / secretarias bilingües _____

4. arreglar *(to fix)* / computadoras _____

_____

5. limpiar / abrigos de cuero _____

_____

C. Escribe un párrafo comparando las costumbres de los jóvenes con las costumbres de las personas mayores que conoces. En tu párrafo incluye la siguiente información:

- la ropa que llevan

- el tipo de trabajo que hacen

- lo que hacen en su tiempo libre

- los programas que miran

Añade dos temas de tu parte.

_____

_____

_____

_____

_____

_____

D. Imagina que estás de vacaciones. Escríbele una tarjeta postal a un amigo o amiga explicando lo que haces durante el día y la noche.

_____

_____

_____

E. Quieres escribirle una carta a un amigo que vive en Chile. Usa las frases a continuación para escribir un párrafo narrando lo que tú, tus amigos o tu profesor(a) hicieron o no hicieron la semana pasada. Usa la imaginación y añade cualquier información necesaria.

caminar por el centro	hablar con los amigos
cantar	mirar la televisión
contestar cartas	recibir cartas
correr en el parque	salir con los padres
dar una fiesta	terminar las tareas, etc.

La semana pasada…

_____

_____

_____

_____

_____

F. Biografía. Ahora tienes que escribir el primer párrafo de la biografía de alguna persona famosa. Escoge a una persona que conoces lo suficiente para hablar de su vida. Aquí tienes algunas preguntas que te van a ayudar pero puedes añadir cualquier otra información. Como estos eventos tuvieron un principio y un final, o sea son acciones completas en el pasado, tienes que usar el tiempo pretérito.

1. ¿Dónde nació? ¿En qué año?

2. ¿Dónde creció esta persona?

3. ¿Qué eventos importantes ocurrieron en su niñez?

4. ¿Qué cosas importantes hizo esta persona?

5. Añade uno o dos datos importantes.

6. Explica por qué escogiste a esta persona (puedes usar el tiempo presente).

_____

_____

_____

_____

_____

_____

_____

G. Actividades favoritas. Haz una lista de actividades que has hecho en el pasado y que te gustan mucho, por ejemplo: patinar en la nieve, caminar por la playa, etc. Comparte la lista con un(a) compañero(a) de clase. Él o ella te va a preguntar cuánto tiempo hace que no haces cada una de esas actividades o desde cuándo no las haces. Tú le vas a explicar también por qué no la haces más a menudo.

1. _____

2. _____

3. _____

4. _____

5. _____

6. _____

H. Las noticias. A tus amigos y a ti les gustan mucho las noticias sobre las personas famosas (los actores, los políticos, los diseñadores, etc.). Usa los verbos a continuación u otros para describir una noticia sobre un actor, una actriz, etc. Cuéntale la noticia a otro estudiante. Él o ella te va a hacer preguntas. Una vez que (*Once*) le hayas contado tu noticia, él o ella te dirá la suya y tú tendrás la oportunidad de hacerle preguntas.

actuar	dormirse	olvidarse
atreverse	gritar	reírse
confesar	influir	robar
continuar	mentir	temblar
destruir	mostrar	vestirse

_____

_____

_____

_____

_____

I. Ya viene la luna llena (*full moon*). Muchas personas dicen que la gente actúa de manera diferente cuando hay luna llena. Escoge a una persona que en tu opinión cambia su comportamiento (*behavior*) de vez en cuando. Describe lo que hace generalmente y cómo cambia cuando hay luna llena. Comparte tus ideas con un(a) compañero(a) de clase. Él o ella te va a hacer preguntas sobre la persona. Recuerda que tu descripción debe ser un poco misteriosa. Usa la imaginación; también puedes exagerar un poco.

_____

_____

_____

_____

_____

J. Otras culturas. Descríbele a un(a) compañero(a) de clase algunas costumbres que tú conoces de otros países o culturas. También puedes hablar sobre las costumbres en otra ciudad o estado de los Estados Unidos. Usa la construcción *se* y preséntale tus ideas a tu compañero(a). Él o ella te va a hacer preguntas para comprender mejor la costumbre. Recuerda que debes hablar sobre temas que conoces muy bien. Describe por lo menos tres costumbres.

Modelo: *En los países hispanos se dan regalos el seis de enero.*
En muchos países de Latinoamérica todavía se duerme la siesta.

_____

_____

_____

_____

K. Cambios. Los verbos a continuación reflejan cambios físicos o mentales. Úsalos como guía para hacerle preguntas a uno(a) de tus compañeros de clase sobre cuándo, por qué o dónde ocurren esos cambios en él / ella. Luego tu compañero(a) va a hacerte el mismo tipo de preguntas a ti.

aburrirse	desmayarse
alegrarse	enojarse
asustarse	entristecerse
cansarse	

_____

_____

_____

_____

_____

_____

L. Mi día. Dile a uno(a) de tus compañeros de clase lo que hiciste hoy. Él o ella te va a hacer preguntas y luego va a decirte lo que él o ella hizo. Traten de averiguar más información haciendo preguntas como: *¿quién? ¿cuándo? ¿dónde? ¿por qué? ¿con quién?*, etc.

_____

_____

_____

_____

_____

_____

Unit 2

Repaso

To find out how well you remember the present and preterite tenses, visit http://www.phschool.com for a review of Unit 1. Once you get to the Foreign Languages section, follow the instructions on the Web page.

Unit 2 Table of Contents

Objectives

In this unit you will be able to:
- Narrate and describe in the past and present
- Talk about what you and others did and used to do
- Give background and circumstances of an action in the past and present
- Describe people, places, and things in the past and present
- Talk about how long ago an action or condition took place

The following grammar points will help you accomplish these objectives:

Present tense of irregular verbs

The following verbs are irregular only in the first person singular of the present tense:

caer *(to fall)*

caigo	caemos
caes	caéis
cae	caen

conocer *(to know)*

conozco	conocemos
conoces	conocéis
conoce	conocen

Verbs like *conocer:*

aborrecer	*to hate, loathe*	merecer	*to deserve, merit*
agradecer	*to thank, be grateful for*	nacer	*to be born*
aparecer	*to appear*	obedecer	*to obey*
complacer	*to please*	ofrecer	*to offer*
crecer	*to grow*	parecer	*to seem, appear*
desaparecer	*to disappear*	parecerse a	*to resemble, look like*
desconocer	*to be ignorant of*	permanecer	*to stay*
enorgullecerse de	*to take pride in*	pertenecer	*to belong*
entristecerse	*to become sad*	reconocer	*to recognize*
establecer	*to establish*		

dar *(to give)*

doy	damos
das	dais
da	dan

hacer *(to do, make)*

hago	hacemos
haces	hacéis
hace	hacen

poner *(to put, place)*

pongo	ponemos
pones	ponéis
pone	ponen

Verbs like *poner:*

componer *to fix, repair*	oponerse a *to be against, opposed to*
disponer *to dispose*	ponerse *to put on; (+ adjective) to become*
exponer *to expose, explain*	proponer *to propose*
imponer *to impose*	suponer *to suppose*

conducir *(to drive, to lead, to conduct)*

conduzco	conducimos
conduces	conducís
conduce	conducen

Verbs like *conducir:*

producir *to produce*

reducir *to reduce*

traducir *to translate*

saber *(to know)*

sé	sabemos
sabes	sabéis
sabe	saben

salir *(to go out, leave)*

salgo	salimos
sales	salís
sale	salen

traer *(to bring)*

traigo	traemos
traes	traéis
trae	traen

Like *traer:*

atraer *to attract*

valer *(to be worth)*

valgo	valemos
vales	valéis
vale	valen

ver *(to see)*

veo	vemos
ves	veis
ve	ven

Ejercicios

A. Completa las siguientes frases con el presente del verbo entre paréntesis.

1. Yo _____ (desconocer) la respuesta, pero Antonio sí _____ (saber) la respuesta.

2. Anita y Genaro _____ (pertenecer) al Club de Ecología; yo _____ (pertenecer) al Club de Español.

3. Yo _____ (conocer) a ese reportero, él _____ (parecerse) a mi tío Enrique.

4. Carmen no _____ (disponer) de tiempo durante la semana, pero yo _____ (disponer) de mucho tiempo.

5. Hace tres días que yo no _____ (ver) a Ricardo, él _____ (desaparecerse) a veces.

6. Si tú _____ (traer) el helado, yo _____ (traer) el pastel.

7. Yo siempre le _____ (dar) mis apuntes a Jorge pero él nunca me _____ (dar) los apuntes a mí.

8. En las montañas siempre _____ (caer) mucha nieve pero aquí no _____ (caer) mucha.

B. Responde con frases completas según tu experiencia personal.

1. ¿A qué hora sales de tu casa por la mañana?

_____

2. ¿Conduces un coche a la escuela?

_____

3. ¿Cuándo haces la tarea?

_____

4. ¿Mereces una buena nota en la clase de español?

_____

5. Cuando escuchas a una persona hablar español, ¿traduces las frases al inglés?

_____

C. Tus compañeros de clase están interesados en ti y en la relación que tienes con tu familia. Responde a las siguientes preguntas por frases completas según tu experiencia personal.

1. ¿A quién te pareces tú? ¿a tu madre? ¿a tu padre?

_____

2. ¿Obedeces a tus padres siempre?

_____

3. ¿Complaces a tus padres? ¿Qué haces?

_____

4. En tu casa, ¿te opones a hacer ciertos quehaceres _(chores)_? ¿A cuáles?

_____

D. Usa los siguientes verbos para expresar tus opinones.

Modelo: (obedecer)
Yo siempre obedezco la ley.

1. (aborrecer) _____

2. (agradecer) _____

3. (saber) _____

4. (reconocer) _____

5. (entristecerse) _____

6. (oponerse) _____

Present tense of irregular verbs (continued)

The following verbs have irregular forms in the present tense:

decir _(to say, tell)_

digo	decimos
dices	decís
dice	dicen

estar _(to be)_

estoy	estamos
estás	estáis
está	están

ir _(to go)_

voy	vamos
vas	vais
va	van

oír _(to hear)_

oigo	oímos
oyes	oís
oye	oyen

ser *(to be)*

soy	somos
eres	sois
es	son

tener *(to have)*

tengo	tenemos
tienes	tenéis
tiene	tienen

Verbs like *tener:*

contener	*to contain*	mantener	*to maintain, support*
detener	*to detain*	obtener	*to obtain, get*
detenerse	*to stop*	sostener	*to sustain*
entretener	*to entertain*		

venir *(to come)*

vengo	venimos
vienes	venís
viene	vienen

Verbs like *venir:*

convenir *to agree, be suitable, (good for)*
intervenir *to intervene*

The verb *haber* (to have) is also irregular. It is used:

1. impersonally (without a subject) *hay*, meaning *there is, there are.*

2. as an auxiliary verb in the compound tenses. You will learn the auxiliary form when you study the compound tenses in Lesson 3 of Units 4, 8, and 9.

Ejercicios

A. María habla de sus actividades una mañana en la escuela. Completa las frases con el presente del verbo entre paréntesis.

Cada día yo _____ ¹ (venir) a la escuela en autobús. Yo _____

² (hacer) la tarea en el autobús. Cuando _____ ³ (llegar) _____

⁴ (ir) a la cafetería para desayunarme. Yo _____ ⁵ (traer) el almuerzo todos

los días. Yo siempre _____ ⁶ (tener) hambre pero _____ ⁷ (ser)

muy delgada. Desde la cafetería _____ ⁸ (oír) el timbre para la primera

clase. La clase de español _____ ⁹ (estar) bastante lejos de la cafetería.

Cuando _____ 10 (llegar) a la clase _____ 11 (poner) mis libros en el pupitre y _____ 12 (mirar) por la ventana. Yo _____ 13 (entretenerse) mucho. En la primavera, las flores _____ 14 (crecer). Cuando es otoño, las hojas _____ 15 (caer) de los árboles y las flores _____ 16 (desaparecer). Cuando _____ 17 (llover) mucho, no _____ 18 (ver) nada y _____ 19 (entristecerse). Por fin la profesora _____ 20 (decir): «_____ 21 (ir-nosotros) a comenzar».

B. Ramona y Claudia asisten a una conferencia. Completa el siguiente diálogo con el presente del verbo entre paréntesis para saber el problema que tienen.

—¿Qué _____ 1 (decir) la profesora? Yo no _____ 2 (oír) nada desde aquí.

—Yo tampoco. Yo _____ 3 (ir) a sentarme allí. Sus conferencias siempre _____ 4 (entretener) mucho. ¿_____ 5 (Venir) conmigo?

—Sí, claro. Mis amigos _____ 6 (decir) que cuando ellos _____ 7 (estar) en su clase, nunca se aburren.

—Oye, _____ 8 (haber) mucha gente aquí.

—Yo _____ 9 (tener) que encontrarme con Mateo. Nosotros _____ 10 (ir) a la piscina después de la conferencia.

—De acuerdo. Aquí nosotros _____ 11 (estar) cerca de la puerta y también _____ 12 (oír) todo lo que ella _____ 13 (decir).

C. Tú y los estudios. Contesta a las siguientes preguntas sobre tu vida escolar.

1. ¿Eres un(a) buen(a) estudiante?

_____

2. ¿Mantienes tus cuadernos en orden?

_____

3. ¿Haces la tarea todos los días?

_____

4. ¿Obtienes buenas notas en tus clases?

_____

5. ¿Te enorgulleces de tus notas?

_____

6. ¿Intervienen tus padres en tus estudios?

_____

7. ¿Intervienes en los estudios de tus amigos?

_____

8. ¿Hay mucha competencia entre tus amigos?

_____

Present tense of irregular verbs (continued)
Verbs with spelling changes in the present tense

Changes in spelling are required in certain verbs in order to maintain the sound of the final consonant of the stem. In the present tense these changes occur only in the _yo_ form.

1. Verbs ending in -_ger_ or -_gir_ change _g_ to _j_ before _a_ and _o_:

coger _(to seize, catch, take)_

cojo	cogemos
coges	cogéis
coge	cogen

dirigir _(to direct)_

dirijo	dirigimos
diriges	dirigís
dirige	dirigen

Verbs like _coger:_

escoger   _to choose_

proteger   _to protect_

recoger   _to gather, pick up, collect_

Verbs like _dirigir:_

exigir   _to demand_

fingir   _to pretend_

Some -_gir_ verbs with spelling changes also have stem changes. Two verbs of this type are:

corregir (i, i)   _to correct_

elegir (i, i)   _to elect_

2. Verbs ending in -_guir_ change from _gu_ to _g_ before _a_ and _o_:

distinguir _(to distinguish)_

distingo	distinguimos
distingues	distinguís
distingue	distinguen

Like *distinguir:*

extinguir   *to extinguish*

Some *-guir* verbs with spelling changes that also have stem changes are:

seguir (i, i)   *to continue, follow*

conseguir (i, i)   *to obtain, get*

perseguir (i, i)   *to pursue, persecute*

proseguir (i, i)   *to continue, proceed*

2. Verbs ending in *-cer* or *-cir* preceded by a consonant change *c* to *z* before *a* and *o:*

vencer (*to overcome, conquer*)

venzo	vencemos
vences	vencéis
vence	vencen

Verbs like *vencer:*

convencer   *to convince*

ejercer   *to practice a profession, to exercise, to exert*

Some *-cer* verbs with spelling changes that also have stem changes are *torcer:* torcer (ue) *(to twist)* and torcerse (ue) *to sprain*

tuerzo	torcemos
tuerces	torcéis
tuerce	**tue**rcen

Ejercicios

A. Completa las siguientes frases con el presente del verbo entre paréntesis.

1. (exigir) Yo _____ mucho a mis hermanos, pero mis padres no _____ nada.

2. (seguir) Yo _____ las instrucciones pero Paquita no las _____.

3. (torcerse) Si no tengo cuidado cuando corro yo _____ el tobillo pero Adela puede correr sin dificultad.

4. (corregir) Yo siempre _____ los ejercicios en la clase pero los otros estudiantes los _____ en su casa.

5. (escoger) Mi madre _____ las frutas cuidadosamente pero yo no las _____ con cuidado.

6. (distinguir) Yo _____ bien la diferencia entre los verbos *ser* y *estar* pero Isabel no la _____.

7. (convencer) El profesor no _____ a los estudiantes pero yo los _____ inmediatamente.

8. (vencer) Yo _____ la gripe con vitamina C pero mis amigos se ríen de mí.

B. Responde a las siguientes preguntas según tu experiencia personal.

1. ¿Recoges la ropa en tu cuarto regularmente?

_____

2. ¿Consigues todo lo que quieres de tus padres?

_____

3. ¿Qué profesiones ejercen tus padres?

_____

4. ¿Proteges a tus amigos cuando lo necesitan?

_____

5. ¿Finges estar enfermo(a) de vez en cuando?

_____

Ejercicios de resumen

A. ¿Cuál es la diferencia entre tú y tus amigos? Usa el modelo como guía para expresar cómo son ustedes diferentes.

> **Modelo:** (entristecer)
> *Yo me entristezco cuando llueve, pero mis amigos no se entristecen.*

1. merecer buenas notas _____

2. hacer la cama de mis padres _____

3. ofrecer ayuda a mis padres _____

4. oponerse a decir mentiras _____

5. obedecer a mis padres _____

6. oír las noticias todos los días _____

7. entretenerse con cosas simples _____

8. escoger cuidadosamente la ropa _____

9. salir de mi casa temprano por la mañana _____

10. vencer los obstáculos que se presentan _____

B. Responde a las siguientes preguntas según tu experiencia personal.

1. ¿Cuándo te entristeces?

   _____

2. ¿Das dinero a las personas que piden *(beg)* en las calles?

   _____

3. ¿Permaneces en tu casa cuando tus padres te prohíben salir?

   _____

4. ¿Conoces a alguien famoso(a)? ¿A quién?

   _____

5. ¿Te pones sombrero cuando hace frío?

   _____

6. ¿Sabes bailar muchos bailes étnicos?

   _____

7. ¿Cómo te entretienes cuando estás aburrido(a)?

   _____

8. ¿Intervienes en las peleas de tus amigos?

   _____

9. ¿Corriges tus tareas siempre? ¿Por qué?

   _____

10. ¿Siempre consigues todo lo que quieres?

    _____

Irregular Verbs in the Preterite Tense

Preterite of irregular verbs

The following verbs have an irregular stem in the preterite and share common endings.

1. The endings for the verbs listed below are:

-e	-imos
-iste	-isteis
-o	-ieron

andar: (anduv-)

anduve	anduvimos
anduviste	anduvisteis
anduvo	anduvieron

tener: (tuv-)

tuve	tuvimos
tuviste	tuvisteis
tuvo	tuvieron

estar: (estuv-)

estuve	estuvimos
estuviste	estuvisteis
estuvo	estuvieron

poder: (pud-)

pude	pudimos
pudiste	pudisteis
pudo	pudieron

poner: (pus-)

puse	pusimos
pusiste	pusisteis
puso	pusieron

saber: (sup-)

supe	supimos
supiste	supisteis
supo	supieron

caber: (cup-)

cupe	cupimos
cupiste	cupisteis
cupo	cupieron

hacer: (hic-)

hice	hicimos
hiciste	hicisteis
hizo	hicieron

(Note the spelling of *hizo*.)

querer: (quis-)

quise	quisimos
quisiste	quisisteis
quiso	quisieron

venir: (vin-)

vine	vinimos
viniste	vinisteis
vino	vinieron

2. The following verbs have an irregular stem in the preterite that ends in the letter *j*. When the last letter in the stem is a *j* then the endings are:

-e	-imos
-iste	-isteis
-o	-eron

conducir	*to drive*	(conduj-)	(condujeron)
decir	*to say, tell*	(dij-)	(dijeron)
producir	*to produce*	(produj-)	(produjeron)
traducir	*to translate*	(traduj-)	(tradujeron)
traer	*to bring*	(traj-)	(trajeron)

Ejercicios

A. Generalmente tú y tus amigos hacen lo mismo cada día pero ayer fue diferente. Usa el presente en la primera parte de la frase y el pretérito en la segunda parte.

1. (hacer) Generalmente yo _____ la tarea solo pero ayer

   _____ la tarea con Miguel.

2. (ponerse) Casi nunca yo _____ un suéter pero ayer _____ un

   suéter de lana.

3. (venir) Por lo general yo _____ a la escuela en autobús pero ayer

_____ a pie.

4. (decir) Generalmente yo _____ que sí pero ayer, cuando me invitaron

a salir, _____ que no.

5. (traer) Casi nunca yo _____ dinero a la escuela pero ayer

_____ veinte dólares.

6. (ver) Generalmente yo _____ a Juan en la cafetería pero ayer lo

_____ en el pasillo.

7. (venir) Generalmente yo _____ a la escuela a las ocho pero ayer

_____ a las nueve.

8. (poner) Generalmente Tomás _____ la bicicleta en la oficina del

director pero ayer _____ la bicicleta en el pasillo.

9. (hacer) Generalmente nosotros _____ un pastel para la reunión del

club pero ayer _____ empanadas.

10. (traer) Generalmente Cristóbal _____ los refrescos pero ayer Soledad

y Carmen _____ los refrescos.

11. (caber) Generalmente todos mis amigos _____ en el coche pero ayer

no _____ porque llevaban muchas mochilas.

12. (traducir) Generalmente Luis _____ las instrucciones pero ayer no las

_____ .

B. La experiencia escolar. Completa las siguientes frases sobre la experiencia escolar de varios chicos. Usa el presente en la primera parte de la frase y el pretérito en la segunda parte.

1. (estar) Ahora yo no _____ nervioso, pero ayer yo _____

nerviosísimo todo el día.

2. (traducir) Ahora yo _____ las frases bien, pero en el examen de ayer

yo _____ las frases mal.

3. (poder) Ahora tú _____ contestar a las preguntas, pero en el examen

yo ayer no _____ .

4. (decir / traducir) Ahora ellos _____ que no _____ las frases

al inglés, pero ayer ellos _____ que _____ todas las frases al

inglés.

5. (tener) Este año Rafael _____ mucho éxito en sus clases, pero el año

pasado _____ muchos problemas.

Verbs with special meaning in the preterite

When used in the preterite, the following verbs have special meanings:

- poder *(to be able)*   special meaning in the preterite: *succeeded*
  Por fin pude hacer la tarea.
  I finally succeeded in doing the homework.

- no poder *(to not be able)*   special meaning in the preterite: *did not succeed, failed to*
  No pude terminar todo el trabajo.
  I failed to finish all the work.

- querer *(to want)*   special meaning in the preterite: *tried*
  Quise abrir la ventana pero no pude.
  I tried to open the window but did not succeed.

- no querer *(to not want)*   special meaning in the preterite: *refused*
  No quisimos ir.
  We refused to go.

- saber *(to know)*   special meaning in the preterite: *found out*
  Supe eso anoche.
  I found out last night.

- tener *(to have)* special meaning in the preterite: *received, got*
  Tuve dos cartas la semana pasada.
  I got two letters last week.

- tener que *(to have to)*   special meaning in the preterite: *was/were compelled, forced*
  Tuve que ayudar a mi compañero de clase.
  I was compelled to help my classmate.

Ejercicios

A. Responde a las siguientes situaciones en español usando la guía en inglés. Recuerda que estos verbos cambian de significado en el pretérito.

poder   saber

querer   tener

no querer   tener que

1. Tengo una buena noticia. Rosario recibió el primer premio en el concurso de poesía. *(A: We already found out the news last week.)*

_____

2. Anoche nos divertimos muchísimo. ¿Por qué no vinieron Uds.? *(A: We refused to go.)*

_____

3. Pepe tiene muchos problemas en la clase de álgebra. Parece que nadie lo ayuda. (*A. Carmen tried to help him but he refused.*)

_____

4. ¡Qué película tan complicada! Tuve que explicarle todo a Emilia. (*A. Did she finally succeed in understanding?*)

_____

5. Ayer llamé al abogado por teléfono. Le pedí el contrato. (*A. Did you get a letter today?*)

_____

6. Mis padres llegaron a casa tarde. (*A. Were you compelled to cook?*)

_____

B. Ayer Ángel estuvo muy ocupado. Fue de compras y también ayudó a su amigo Guillermo. Completa la narración con el pretérito del verbo entre paréntesis.

Ayer yo _____ ¹ (andar) por el centro. Yo _____ ² (estar) en tres tiendas diferentes. No _____ ³ (poder) encontrar ningún zapato cómodo. Guillermo no _____ ⁴ (querer) ir conmigo. Él _____ ⁵ (tener) que ir con su tía al médico y después ellos _____ ⁶ (tener) que ir a visitar a unos parientes. Yo _____ ⁷ (hacer) todo lo posible por ayudar a Guillermo. Él y yo _____ ⁸ (conducir) el coche de su madre. Nosotros _____ ⁹ (tener) que buscar a su tía en su casa. Yo _____ ¹⁰ (estar) allí por unos minutos, pero entonces yo _____ ¹¹ (tener) que irme y regresar más tarde. Luego, nosotros _____ ¹² (traer) a su tía a la oficina del médico.

Other irregular verbs in the preterite

The verbs *dar* (to give) and *ver* (to see) take regular *-er* endings, but there are no accents in the *yo* and *él* forms.

dar *(to give)*

di	dimos
diste	disteis
dio	dieron

ver *(to see)*

vi	vimos
viste	visteis
vio	vieron

The verbs *ir* and *ser* share the same irregular form in the preterite.

ir / ser

fui	fuimos
fuiste	fuisteis
fue	fueron

Usually the context clarifies the meaning:

Fui campeón de tenis el año pasado.
I was a tennis champion last year.

Fui al estadio para recibir el premio.
I went to the stadium to receive the prize.

Note that there are no written accents on any of the preterite forms listed so far in this lesson.

Ejercicios

A. Escribe frases expresando quién o quiénes fueron tus cantantes o actores favoritos y cuáles fueron tus películas favoritas el año pasado.

1. Mi cantante favorito… _____

2. Mi actor favorito… _____

3. Mi actriz favorita… _____

4. Mis películas favoritas… _____

Ahora pregúntale a un amigo o a una amiga y escribe sus respuestas.

_____

_____

_____

_____

B. Cosas del pasado. Usa las listas a continuación para escribir frases completas en el pretérito.

Modelo: *Yo fui al zoológico el verano pasado.*

		una película de horror	ayer
yo	ser	un accidente en la carretera	anteayer
él	dar	mi compañero(a) de cuarto	anoche
nosotros	ver	mi profesor de inglés	el sábado pasado
Uds.	ir	al zoológico	el año pasado
tú		un regalo a la profesora	el verano pasado
		a un concierto de jazz	el mes pasado

Preterite of verbs with spelling changes

A. *-aer, -eer, -uir,* and the verb *oír*

Verbs that end in *-aer, -eer,* and *-uir,* as well as the the verb *oír,* change the *i* to *y* in the third person singular and the third person plural of the preterite. With the exception of the verbs ending in *-uir,* these verbs have a written accent on the *i* of all the preterite forms.

caer *(to fall)*

caí	caímos
caíste	caísteis
cayó	cayeron

leer *(to read)*

leí	leímos
leíste	leísteis
leyó	leyeron

oír *(to hear)*

oí	oímos
oíste	oísteis
oyó	oyeron

construir *(to build)*

construí	construimos
construiste	construisteis
construyó	construyeron

Verbs like *construir:*

contribuir   *to contribute*
distribuir   *to distribute*
huir   *to flee*
incluir   *to include*

Exceptions: all the verbs ending in *-guir*

1. *distinguir* (to distinguish) and *extinguir* (to extinguish) are regular in the preterite

2. *seguir* (to follow, continue), *conseguir* (to obtain, get, succeed in), and *perseguir* (to pursue, persecute) are irregular in the third person singular and plural (see pages 65–66)

Remember also that the preterite forms of the verbs *traer* (to bring), which you reviewed on p. 53, and *atraer* (to attract) are irregular.

Mini diálogos. Completa los siguientes mini diálogos con la forma correcta del pretérito del verbo entre paréntesis.

1. —Alicia lee mucho.

   —Sí, ella _____ (leer) dos novelas la semana pasada.

2. —¿De quién es esa foto?

   —Es la foto del ladrón que _____ (huir) de la cárcel el mes pasado.

3. —¿Vienes del centro?

   —Sí, pero yo no _____ (conseguir) un vestido para la fiesta.

4. —¿Por qué se levantó Santiago?

   —Él _____ (oír) un ruido extraño en la sala.

5. —Cae mucha nieve.

   —Sí, ya _____ (caer) dos pulgadas.

6. —¿Ya todos tienen la invitación?

   —Sí, nosotros _____ (distribuir) todas las invitaciones ayer.

7. —¡Qué puente más alto!

   —Claro, el arquitecto Almagro _____ (construir) ése y otro en San Mateo.

8. —¿Tiene mucho dinero la Sra. Contreras?

   —Sí, su esposo y ella _____ (contribuir) más de un millón de dólares para construir la escuela.

Preterite of verbs with spelling changes (continued)

B. *-car*, *-gar*, and *-zar*
Verbs ending in *-car*, *-gar*, and *-zar* have spelling changes in the first person singular of the preterite in order to keep the sound of the last consonant. First we will look at verbs ending in *-car* and *-gar*.

1. verbs ending in *-car* change *c* to *qu*.

   tocar   *(to touch; to play [music])*

toqué	tocamos
tocaste	tocasteis
tocó	tocaron

Verbs like *tocar*:

   acercarse   *to come near, approach*

   arrancar   *to pull out, to start (a motor)*

buscar   *to look for*

chocar   *to crash*

colocar   *to place, put*

complicar   *to complicate*

comunicar   *to communicate*

criticar   *to criticize, critique*

dedicar   *to dedicate, devote*

educar   *to educate*

embarcarse   *to board, go aboard*

equivocarse   *to make a mistake*

explicar   *to explain*

fabricar   *to make, manufacture*

justificar   *to justify, give a reason for*

marcar   *to designate, score (a point)*

masticar   *to chew*

pescar   *to fish*

platicar   *to chat*

practicar   *to practice*

sacar   *to take out; to receive (grades)*

secar   *to dry*

2. Verbs ending in *-gar* change *g* to *gu*

pagar *(to pay)*

pagué	pagamos
pagaste	pagasteis
pagó	pagaron

Verbs like *pagar:*

agregar   *to add*

ahogarse   *to drown*

apagar   *to turn off*

cargar   *to carry, load*

castigar   *to punish*

despegar   *to take off*

encargar   *to put in charge, to order (goods)*

encargarse de   *to take charge of*

entregar   *to hand over; deliver*

llegar   *to arrive*

pegar   *to hit*

tragar   *to swallow*

3. The following verbs ending in *-gar* have a stem change in the present tense (see pages 6–8). In the preterite, they do not have a stem change, but they do have the spelling change from *g* to *gu* in the first person singular.

colgar (ue)   *(to hang up)*

colgué	colgamos
colgaste	colgasteis
colgó	colgaron

fregar (ie)	*to wash dishes*	(fregué…)
jugar (ue)	*to play (a game, sports)*	(jugué…)
negar (ie)	*to deny*	(negué…)
regar (ie)	*to water (plants)*	(regué…)
rogar (ue)	*to beg*	(rogué…)

Ejercicios

A. Completa el siguiente cuadro con el pretérito de los verbos. Luego, escribe el significado del infinitivo.

Modelo: tragar

tragué   *tragamos*   *to swallow*
yo   nosotros   en inglés

1. fabricar   _____   _____   _____

2. negar   _____   _____   _____

3. masticar   _____   _____   _____

4. castigar   _____   _____   _____

5. rogar   _____   _____   _____

B. De vez en cuando ayudas a tus padres después de la cena o juegas con tus amigos. Usa frases completas a continuación para expresar si hiciste o no las siguientes actividades anoche.

1. fregar los platos _____

2. sacar la basura _____

3. platicar con tus amigos _____

4. secar los cubiertos *(silverware)* _____

5. jugar con tus amigos _____

6. regar las plantas _____

C. Humberto actúa sin pensar. Completa el siguiente párrafo para saber lo que le sucedió a él ayer en la escuela.

Ayer yo _____ [1] (llegar) a la escuela a las siete. _____ [2] (colocar) mis libros en el armario. _____ [3] (Ir) al laboratorio de lenguas y _____ [4] (practicar) con las cintas de comprensión auditiva de la clase de español. No _____ [5] (equivocarse) mucho. A las ocho _____ [6] (apagar) las luces y _____ [7] (salir) del laboratorio. ¡Qué tonto soy! Después de apagar las luces, _____ [8] (chocar) con varias sillas. _____ [9] (Acercarse) a la pared y poco a poco _____ [10] (llegar) hasta la puerta sin problema.

Preterite of verbs with spelling changes *(continued)*

B. *-zar*

Verbs ending in *-zar* change *z* to *c* in order to keep the sound of the last consonant.

cruzar (*to cross*)

crucé	cruzamos
cruzaste	cruzasteis
cruzó	cruzaron

Verbs like *cruzar*:

abrazar   *to hug*

alcanzar   *to reach, catch up with*

aterrizar   *to land*

especializarse en   *to specialize (in), major (in)*

garantizar   *to guarantee*

gozar (de)   *to enjoy*

lanzar   *to throw*

realizar   *to carry out, attain, realize*

rezar   *to pray*

tranquilizar   *to calm down*

tropezar   *to trip, stumble*

utilizar   *to use, make use of*

The following verbs ending in *-zar* have a stem change in the present tense (see pages 6–8). In the preterite they do not have a stem change, but they do have the spelling change from *z* to *c* in the first person singular.

```
almorzar (ue)
    almorcé        almorzamos
    almorzaste     almorzasteis
    almorzó        almorzaron
comenzar (ie)      (comencé…)
empezar (ie)       (empecé…)
```

Ejercicio

Responde a las siguientes preguntas según tu experiencia personal.

1. ¿Dónde almorzaste ayer?

_____

_____

2. ¿Cuándo almorzaron tú y tus amigos ayer?

_____

_____

3. ¿En qué mes empezaron las clases este año?

_____

_____

4. ¿Abrazaste a tus padres anoche?

_____

_____

5. ¿Gozaste mucho en la última fiesta?

_____

_____

6. ¿En qué se especializó tu profesor en la universidad?

_____

_____

7. ¿Realizaron tus abuelos todos sus sueños el año pasado?

_____

_____

8. ¿A qué hora empezaste a mirar la tele anoche?

_____

_____

9. ¿Cuántas calles cruzaste esta mañana?

_____

_____

10. ¿A qué hora comenzaste la tarea anoche?

_____

_____

Preterite of stem-changing verbs

A. All stem-changing -*ar* verbs have regular stems in the preterite.

B. Stem-changing verbs ending in -*ir* in the present also have a stem change in the preterite. The stem vowel changes in the third person singular and plural from:

1. *e* to *i* [*e* to *ie* in the present tense]
-*ir* verbs that have a stem change from *e* to *ie* in the present tense also have a stem change, but from *e* to *i*, in the third person singular and plural of the preterite.

preferir (ie, i)

preferí	preferimos
preferiste	preferisteis
prefirió	prefirieron

Verbs like *preferir*:

advertir (ie, i)

convertir (ie, i)

convertirse en (ie, i)

divertir (ie, i)

divertirse (ie, i)

mentir (ie, i)

sentir (ie, i)

sentirse (ie, i)

(See page 9 for the present tense and meanings of these stem-changing verbs.)

Ejercicios

A. Como parte de su clase de estudios sociales, Armando y sus amigos asistieron a un juicio. Completa el párrafo con el pretérito del verbo entre paréntesis para saber lo que sucedió.

El acusado _____ ¹ (mentir) durante el juicio. El abogado _____

² (advertir) al jurado que no se debe formar una opinión hasta el final del juicio. El

acusado _____ ³ (preferir) ir a la cárcel en lugar de decir la verdad. Este juicio fue muy deprimente. Nosotros no _____ ⁴ (divertirse) mucho. Yo _____ ⁵ (sentirse) mal después.

B. Completa las siguientes frases con los verbos entre paréntesis. Usa el tiempo presente en la primera parte de la frase y el pretérito en la segunda parte.

1. (preferir) Yo siempre _____ ir al cine por la tarde, pero ayer _____ ir por la noche.

2. (sentirse) Generalmente Juan no _____ mal cuando no puede salir con sus amigos pero el fin de semana pasado _____ muy mal porque no pudo ir a la playa con ellos.

3. (divertirse) De costumbre nosotros _____ cuando hablamos con Clemente pero cuando él no vino a la reunión ayer no _____ mucho.

4. (convertir) Teresa siempre _____ todas las medidas *(measurements)* de centímetros a pulgadas *(inches)* pero como Felipe no comprende la diferencia ayer no las _____.

5. (mentir) Ellos _____ a sus padres cuando no salen bien en la escuela pero después de que el profesor habló con ellos no les _____ más.

Preterite of stem-changing verbs *(continued)*

2. *o* to *u* [*o* to *ue* in the present tense]

-ir verbs that have a stem change from *o* to *ue* in the present tense also have a stem change from *o* to *u* in the third person singular and plural of the preterite.

dormir (ue, u)

dormí	dormimos
dormiste	dormisteis
d**u**rmió	d**u**rmieron

Like *dormir:*

morir (ue, u)

3. *e* to *i* [*e* to *i* in the present tense]

-ir verbs that have a stem change from *e* to *i* in the present tense also have a stem change from *e* to *i* in the third person singular and plural of the preterite.

repetir (i, i)

repetí	repetimos
repetiste	repetisteis
repitió	repitieron

Verbs like *repetir:*

conseguir (i, i)	seguir (i, i)
despedir (i, i)	servir (i, i)
despedirse (i, i)	vestir (i, i)
medir (i, i)	vestirse (i, i)
pedir (i, i)	

4. The verbs *reír (i, i)* and *sonreír (i, i)* have accents on the second person singular and plural as well as on the first person plural.

reír (i, i)

reí	reímos
reíste	reísteis
rió	rieron

sonreír (i, i)

sonreí	sonreímos
sonreíste	sonreísteis
sonrió	sonrieron

Ejercicios

A. Tus padres te preguntan lo que tú y tu hermana Teresa hicieron anoche. Completa el siguiente párrafo con el pretérito del verbo entre paréntesis.

Anoche, Teresa _____ ¹ (hablar) con su amiga, Elena, por teléfono.

Después, ella _____ ² (vestirse) y _____ ³ (mirarse) en el espejo.

Ella _____ ⁴ (ponerse) un vestido negro, y _____ ⁵ (irse) de casa temprano.

Yo _____ ⁶ (salir) también. Mi amiga Dolores y yo _____ ⁷ (conducir) a un restaurante mexicano. Allí comimos enchiladas de queso. Nosotros

_____ ⁸ (reírse) y _____ ⁹ (divertirse) mucho. Después de cenar,

_____ ¹⁰ (volver) a casa y _____ ¹¹ (prepararse) para el examen de historia. Nosotras _____ ¹² (leer) mucho. María _____ ¹³ (aprender) bien la lección. Yo _____ ¹⁴ (escribir) una composición. Nosotras

_____ ¹⁵ (hacer) la tarea de matemáticas también. Finalmente, Dolores

_____ ¹⁶ (volver) a su casa. Yo _____ ¹⁷ (apagar) la luz,

_____ ¹⁸ (acostarse) y _____ ¹⁹ (dormirse).

B. Juan asistió a una fiesta y ahora habla con sus amigos. Tú no puedes oír todo, pero tienes una idea de lo que dice. Completa las frases siguientes de una manera original.

1. Un chico (vestir) _____

2. La chica que dio la fiesta (servir) _____

3. Nosotros (reírse) _____

4. Los padres (dormirse) _____

5. Yo (despedirse) _____

Other uses of the preterite

In Unit 1 you reviewed the following uses of the preterite.

The preterite tense is used to express:

1. simple or isolated actions or events that occurred during or at a specific time in the past.

> **Compré un diccionario (ayer / antes de escribir la composición...)**
> *I bought a dictionary (yesterday / before writing the composition...)*

2. actions or events that were repeated a specific number of times in the past.

> **Escribimos la composición tres veces.**
> *We wrote the composition three times.*

3. a quality or state of being of the subject that was completed within a definite period of time.

> **Juan se sintió enfermo anoche.**
> *Juan felt sick last night.*

The preterite is also used to express the time that has passed since an action took place or a condition was in effect. There are two interchangeable constructions that can be used to express this.

> *hace* + expression of time + *que* + preterite
>
> *or*
>
> preterite + *hace* + expression of time
> **Hace tres semanas que escribí la carta.**
>
> *or*
>
> **Escribí la carta hace tres semanas.**
> *I wrote the letter three weeks ago.*

> **Hace dos días que me sentí mal.**
>
> *or*
>
> **Me sentí mal hace dos días.**
> *I felt sick two days ago.*
>
> In this construction, *hace* expresses the same thing as the word *ago* does in English.
>
> Notice the constructions used for asking the question, *How long ago?*
>
> *¿Cuánto [tiempo] hace que + preterite?*
>
> *or*
>
> *¿Hace cuánto [tiempo] que + preterite?*
>
> **¿Cuánto tiempo hace que escribiste la carta?**
>
> *or*
>
> **¿Hace cuánto tiempo que escribiste la carta?**
> *How long ago did you write the letter?*

Ejercicios

A. Imagina que uno de tus primos te hace muchas preguntas sobre lo que hicieron tú y tus amigos. Responde a sus preguntas usando la información entre paréntesis.

Modelo: ¿Cuándo llegaste a la escuela? (dos horas)
Hace dos horas que llegué.

1. ¿Cuándo te desayunaste? (tres horas)

   _____

2. ¿Cuándo te vestiste? (cuatro horas)

   _____

3. ¿Cuándo recogiste a Pedro? (dos horas)

   _____

4. ¿Cuándo llegaron Uds. a la escuela? (una hora)

   _____

5. ¿Cuándo tuvieron Uds. un examen? (una semana)

   _____

6. ¿Cuándo consiguieron ellos el libro? (dos días)

   _____

B. Tu abuelita no oye muy bien. Cada vez que alguien dice algo, ella tiene que hacer la pregunta de nuevo. Aquí tienes las respuestas a varias preguntas. Escribe las preguntas que tu abuelita hace.

1. Hace dos años que mi familia llegó a los Estados Unidos.

_____

2. Hace un año y medio que yo encontré trabajo.

_____

3. Hace seis meses que mis padres compraron un coche.

_____

4. Hace dos horas que nosotros oímos la noticia.

_____

5. Hace tres días que regué las plantas.

_____

More uses of the reflexive: _hacerse, ponerse,_ and _volverse_

In Unit 1, it was mentioned that reflexive verbs are often used to express a mental, social, or physical change (as with _aburrirse, cansarse, alegrarse, entristecerse, enojarse,_ for example), and that in English this is often expressed by _to get_ or _to become._ You may want to go back to page 23 in Unit 1, Lesson 2, and review the list of these verbs.

There are also three other reflexive verbs, _hacerse, ponerse,_ and _volverse,_ which are equivalent to the English _to become._ Because each of these three verbs has a specific use in Spanish, they are not interchangeable.

1. _hacerse_ denotes conscious effort (making oneself into something through effort) and is usually followed by a noun. At times it can be followed by an adjective, which must agree with the subject of the verb in gender and number.

> **Para hacerse médica, es necesario trabajar mucho.**
> _In order to become a doctor, it is necessary to work a lot._
>
> **Si ella trabaja mucho, va a hacerse rica.**
> _If she works a lot, she is going to become rich._

2. _ponerse_ expresses physical, emotional, or mental change (when the person undergoing the change has little if any control over the process). _Ponerse_ is followed by an adjective that must agree with its subject in gender and number.

> **Cuando la madre sale, el bebé se pone triste.**
> _When the mother leaves, the baby becomes sad._

3. _volverse_ expresses a violent change, and is followed by an adjective that must agree with its subject in gender and number.

> **Cuando nuestro equipo pierde, nos volvemos locos.**
> _When our team loses, we become (go) crazy._

A. Lee las siguientes frases, luego complétalas con el pretérito de *hacerse*, *ponerse* o *volverse* para expresar lo que sucedió después de cada incidente.

1. Andrea estudió por muchos años y por fin _____ ingeniera.

2. Cuando les dije que venía una tormenta, Claudio y Ernesto _____ nerviosos.

3. Después de trabajar varios años en ese laboratorio esas mujeres _____ expertas en química.

4. Antonio _____ rico después de vender la compañía.

5. Tuvimos que pasar varias horas en la calle y hacía mucho frío. Cuando llegamos a casa _____ enfermos.

B. Ahora escribe tres frases usando cada una de las expresiones equivalentes a *to become*.

1. _____

2. _____

3. _____

Ejercicios de resumen

A. Completa el siguiente párrafo donde Fernando les cuenta a sus amigos lo que pasó cuando fueron a una merienda.

Ayer yo _____ [1] (ir) a una merienda en el parque. Muchos de los estudiantes en mi clase _____ [2] (ir) también. Carlota y Sandra no _____ [3] (poder) ir. Ellas _____ [4] (tener) que quedarse en la escuela. Aparentemente ellas no _____ [5] (hacer) todos los experimentos para la clase de química.

En el parque nosotros _____ [6] (ir) a un lugar bellísimo cerca del lago. Nosotros _____ [7] (estar) allí por un rato solamente. Yo _____ [8] (poner) los bocadillos y los refrescos en un mantel. Eduardo _____ [9] (traer) un pastel de manzanas y Carmen y José _____ [10] (traer) papas fritas. De repente yo _____ [11] (ver) una cantidad enorme de hormigas (*ants*). Las hormigas _____ [12] (producir) una gran alarma. Sonia _____ [13] (empezar) a gritar. Eduardo y yo _____ [14] (poner) toda la comida en varias bolsas y _____ [15] (tener) que salir corriendo.

No _____ [16] (poder) quedarnos allí. Nosotros _____ [17] (andar) por todo el parque tratando de encontrar otro lugar tan bonito como el lago. Por fin, nosotros _____ [18] (tener) que quedarnos en el campo de béisbol. Sonia _____ [19] (hacer) todo lo posible por entretenernos después de tal desastre. Sin embargo, en general, todos nosotros lo _____ [20] (pasar) bien.

B. Luisa y su hermanito Tomás salieron de paseo ayer. Luisa cuenta lo que pasó. Completa el siguiente párrafo con la forma correcta del pretérito del verbo *ser, ir* o *dar*.

Mis padres nos _____ [1] veinte dólares. Nosotros _____ [2] a una heladería. Tomás _____ [3] el primero que pidió un helado de chocolate. Yo no quise comprar un helado. Yo _____ [4] a la tienda de frutas y compré dos melocotones. Allí le _____ [5] cinco dólares a la dependiente. Ella me _____ [6] un dólar de cambio. ¡Qué caro! Estoy segura de que _____ [7] un error. De regreso a casa yo _____ [8] a la tienda de frutas otra vez y le expliqué todo a la dependiente. Ella _____ [9] muy amable y me devolvió dos dólares más.

C. Escribe ocho frases completas con las palabras de la lista a continuación. También di cuándo ocurrieron las actividades (*anoche, anteayer, la semana pasada*, etc.).

Modelo: *Tú tocaste la guitarra ayer por la tarde.*

yo	tocar la guitarra
mi profesor(a)	criticar al presidente del club
tú	castigar a un estudiante
mi mejor amigo(a) y yo	encargar unos discos compactos por correo
ustedes	buscar su mochila
	colgar el abrigo en el armario
	pagar las cuentas
	explicar los ejercicios

1. _____
2. _____
3. _____
4. _____
5. _____
6. _____
7. _____
8. _____

D. Claudio y Antonio regresaron ayer de su viaje a España. Sus parientes y amigos fueron a recibirlos al aeropuerto. Completa las frases que dice su amigo Marcos para saber algunas de las cosas que sucedieron. Usa el pretérito.

1. El avión _____ (aterrizar) con retraso.

2. Yo _____ (tranquilizar) a la madre de Claudio.

3. Cuando yo los vi _____ (comenzar-yo) a correr y _____ (tropezar-yo) con varias mochilas en el pasillo.

4. Claudio y Antonio _____ (abrazar) a todos sus parientes y a sus amigos. Entonces fuimos a buscar el equipaje.

5. Yo _____ (utilizar) varios carritos para las maletas.

6. Luego, nosotros _____ (alcanzar) el autobús enfrente del aeropuerto para regresar a su casa.

7. Yo _____ (rezar) para tener un viaje sin incidentes pues había mucho tráfico.

E. Escribe frases completas en el pretérito con las palabras a continuación. Explica también cuándo ocurrieron estas actividades.

> **Modelo:** el juez / preferir terminar temprano
> *El juez prefirió terminar temprano ayer*.

1. los testigos / mentir
2. yo / sentirme enfermo(a)
3. mis amigos / divertirse
4. nosotros / sentir un dolor
5. tú / preferir dormir
6. ella / convertirse en una mentirosa

1. _____
2. _____
3. _____
4. _____
5. _____
6. _____

F. A María le encanta cocinar. El sábado pasado preparó gazpacho. Completa las frases con el pretérito del verbo entre paréntesis.

El sábado pasado María _____ [1] (ir) al supermercado y _____ [2] (conseguir) los ingredientes necesarios. Entonces _____ [3] (volver) a casa y _____ [4] (empezar) a cocinar. Antes de empezar, _____ [5] (tener) que buscar la receta. Cuando _____ [6] (encontrar) la receta, ella la _____ [7] (leer). Para preparar el gazpacho, _____ [8] (medir) tres cucharadas de aceite y vinagre. Primero _____ ⁹ (mezclar) el aceite, el vinagre y el ajo. Entonces, _____ ¹⁰ (agregar) el tomate, la cebolla, la sal y la pimienta. Después, _____ ¹¹ (poner) el gazpacho en el refrigerador. Finalmente, María _____ ¹² (servir) el gazpacho.

G. Expresa las siguientes frases en español. Presta atención a los verbos que cambian de significado en el pretérito.

> querer   poder
> no querer   saber

1. I tried to call Soledad last night.

_____

2. Finally, at 11 o'clock, I succeeded in calling.

_____

3. She refused to answer the telephone.

_____

4. This morning I found out she called me.

_____

H. Completa las siguientes frases con una frase equivalente al verbo *to become* y una terminación lógica.

1. Cuando les di las notas a mis padres ellos _____

2. Cuando supe que mi novio(a) me mintió yo _____

3. Cuando mi amiga no pudo salir durante el fin de semana ella _____

4. Cuando mi profesor(a) quiso tener una profesión él / ella _____

5. Cuando cancelaron el último examen yo _____

I. Todos tenemos buenas y malas experiencias. Piensa en lo que hiciste la semana pasada, luego escribe por lo menos tres cosas buenas y tres cosas malas que te pasaron.

COSAS BUENAS

_____

_____

_____

_____

COSAS MALAS

_____

_____

_____

_____

J. Causas y consecuencias. Usa los verbos entre paréntesis para explicar las causas o las consecuencias de las acciones de estas personas. Usa el pretérito del verbo entre paréntesis en tus respuestas.

1. ¿Por qué no puede caminar Lorena? (caerse)

   _____

2. ¿Por qué están tan orgullosos los bomberos? (extinguir el fuego)

   _____

3. ¿Cómo supo Andrés que Sara vivía allí? (seguir las instrucciones)

   _____

4. ¿Por qué no pudiste regresar a tiempo? (caer diez pulgadas de nieve)

   _____

5. ¿Cómo supiste que cerraron la escuela? (oír las noticias)

   _____

6. ¿Cómo pudiste cruzar el río? ([ellos] construir un puente)

   _____

7. ¿Por qué tuviste que llevar el coche al mecánico? (chocar con un árbol)

   _____

8. ¿Por qué salió tan bien la fiesta? ([yo] encargarse del entretenimiento)

   _____

9. Este dulce está delicioso. ¿Qué hiciste? (agregar vainilla)

   _____

10. ¿Por qué te despediste de los Monteros en España? ([ellos] embarcarse en Barcelona)

    _____

K. ¿Cuánto tiempo hace que…? Usa las frases a continuación para expresar cuánto tiempo hace que tú o las siguientes personas hicieron las actividades.

1. (ir al cine / mi madre) _____

2. (sentirse enfermo / mi mejor amigo) _____

3. (reírse mucho / mis amigos y yo) _____

4. (tocar un instrumento musical / yo) _____

5. (conducir un coche / mi padre) _____

The imperfect tense

In Spanish, verbs have two simple past tense forms: the preterite, which you have already reviewed, and the imperfect. The imperfect is formed as follows:

For *-ar* verbs, add *-aba, -abas, -aba, -ábamos, -abais, -aban.*

caminar	
camin**aba**	camin**ábamos**
camin**abas**	camin**abais**
camin**aba**	camin**aban**

For *-er* and *-ir* verbs, add *-ía, -ías, -ía, -íamos, -íais, -ían.*

correr	
corr**ía**	corr**íamos**
corr**ías**	corr**íais**
corr**ía**	corr**ían**

recibir	
recib**ía**	recib**íamos**
recib**ías**	recib**íais**
recib**ía**	recib**ían**

In Spanish, all verbs except *ir, ser,* and *ver* have regular forms in the imperfect. Here are the forms for *ir, ser,* and *ver:*

ir	
iba	íbamos
ibas	ibais
iba	iban

ser	
era	éramos
eras	erais
era	eran

ver	
veía	veíamos
veías	veíais
veía	veían

Ejercicio

Las siguientes frases describen situaciones que ocurrían simultáneamente. Completa las frases con el imperfecto del verbo entre paréntesis.

1. Cuando nosotros _____ (estar) en la escuela primaria, yo _____ (ser) tu mejor amigo.

2. Cuando tú _____ (visitar) a Fabio, Uds. _____ (correr) por la playa.

3. Mi abuelo _____ (leer) el periódico mientras mi abuela _____ (cocinar).

4. Ellos _____ (ver) la televisión cuando los programas _____ (ser) educativos.

5. ¿A dónde _____ (ir [tú]) mientras yo _____ (trabajar) en la biblioteca?

6. Nosotros te _____ (escribir) cuando nosotros _____ (vivir) en Cuernavaca.

7. Marta _____ (servirse) el postre mientras nosotros _____ (terminar) la sopa.

8. Yo _____ (aburrirse) cuando _____ (ir) a visitar a Luz al hospital.

9. Cuando nosotros _____ (bañarse) en la piscina _____ (ver) a José allí porque él _____ (trabajar) de salvavidas (*lifeguard*).

10. Mientras Carlos _____ (ver) una película, yo _____ (poner) la mesa.

Uses of the imperfect tense

The imperfect tense is used to describe people, places and things in the past.

Cuando yo era más joven, mis padres eran muy estrictos.
When I was younger my parents used to be very strict.

El edificio Empire State era el edificio más alto de los EE.UU.
The Empire State Building used to be the tallest building in the U.S.

A. Describe cómo eran las siguientes cosas, personas o lugares en el año 2.000.

Modelo: mis tareas
En el año 2.000 mis tareas eran muy aburridas.

1. yo

_____

2. mi madre

_____

3. mi ciudad

_____

4. mi escuela

_____

5. mis amigos

_____

B. ¿Cómo era tu vida en la escuela el año pasado? Usa los siguientes temas y el imperfecto de varios verbos para describir el año pasado.

1. las clases

_____

2. los profesores

_____

3. las actividades extracurriculares

_____

4. los exámenes

_____

5. las vacaciones

_____

Uses of the imperfect tense (continued)

The imperfect is also used to narrate and describe the background and circumstances of another, main action.

Carlos tenía doce años. (age)
Carlos was twelve years old.

Era muy alto. (physical characteristics)
He was very tall.

Un día Carlos se despertó muy temprano.	*(preterite, simple isolated event)*
One day, Carlos woke up very early.	
Eran las nueve.	*(time)*
It was nine o'clock.	
Hacía buen tiempo.	*(weather)*
The weather was nice.	
El sol brillaba.	*(action in progress)*
The sun was shining.	
Los pájaros cantaban.	*(action in progress)*
The birds were singing.	
Carlos estaba muy alegre.	*(emotional or mental state)*
Carlos was very happy.	

Please notice that none of the above actions were finished when Carlos woke up. The important thing in this context is their duration, not when they began or ended.

Antonia salió de la escuela muy tarde.	*(preterite, simple isolated event)*
Antonia left school very late.	
Eran las cinco.	*(time)*
It was five o'clock.	
Tenía dolor de cabeza.	*(physical state)*
She had a headache.	
Estaba cansada.	*(physical state)*
She was tired.	
Tenía frío.	*(physical state)*
She was cold.	

Again, it is important to keep in mind that neither the beginning nor the end of any of these occurrences is emphasized. All of the physical states were ongoing at the time that Antonia left school.

Ejercicios

A. Completa el siguiente párrafo con la forma correcta del verbo entre paréntesis en el tiempo imperfecto.

Un día yo _____ ¹ (caminar) por el centro. _____ ² (Hacer)

mucho frío y no _____ ³ (haber) mucha gente en las calles. El cielo

_____ ⁴ (estar) nublado. Cuando yo _____ ⁵ (pasar) por el Café

Mario varias personas _____ ⁶ (gritar) alrededor de un hombre.

_____ ⁷ (Ser) Rafael, el cantante favorito de todos los venezolanos. Él

_____ ⁸ (hablar) con unas chicas que yo _____ ⁹ (conocer). Ellas

_____ [10] (parecer) muy contentas. Todos _____ [11] (reírse). Yo _____ [12] (querer) pedirle un autógrafo pero no _____ [13] (poder) quedarme allí porque ya _____ [14] (ser) las cuatro y yo _____ [15] (tener) que volver a casa.

B. Lee las siguientes frases. Luego, escribe una frase describiendo la hora, el tiempo (*weather*) o el estado físico, mental o emocional de las personas mientras estas cosas sucedían. Usa el tiempo imperfecto.

> **Modelo:** Cuando llegamos a la tienda…
> *Cuando llegamos a la tienda eran las tres.* o
> *Cuando llegamos a la tienda estábamos muy cansados.* o
> *Cuando llegamos a la tienda llovía.*

1. Mientras el profesor explicaba la lección _____
2. Cuando vimos el accidente _____
3. Durante el partido de fútbol _____
4. Mientras mirabas la película _____
5. Generalmente cuando escuchaba música clásica _____
6. Cuando salimos a la calle _____
7. Cuando Guillermo estudiaba para el examen _____
8. Cuando el director gritó _____

Uses of the imperfect tense (continued)

The imperfect is also used to express actions which were repeated an unspecified number of times or were habitual in the past. This use is equivalent to the use of *used to* + [verb] in English.

Jugaba con mis primos todos los días.
I used to play with my cousins every day.

Caminábamos por el parque cuando salíamos de la escuela.
We used to walk through the park when we left (used to leave) school.

Here are some expressions in Spanish that help with the idea of repetitive actions or actions that continued in the past over a period of time:

siempre	a menudo
generalmente	por lo general
muchas veces	a veces
mientras	de vez en cuando
todos los días	rara vez

Ejercicio

Usa las siguientes expresiones para expresar algunas de las actividades que tú, tus amigos, tus profesores, etc. hacían en el pasado.

Modelo: todos los días   Yo…
Yo nadaba en la piscina todos las días.

1. a menudo   Yo _____
2. a veces   Mis padres _____
3. de vez en cuando Mi profesor(a) _____
4. rara vez   Mis amigos y yo _____
5. mientras   Ustedes _____

Uses of the imperfect tense (continued)

In order to indicate an action that had been going on for a period of time and was still going on at a certain moment in the past, Spanish uses the construction:

hacía + expression of time + *que* + imperfect tense
or
imperfect tense + *desde hacía* + expression of time

Hacía dos horas que estudiaba (cuando mi madre llegó) *or* **Estudiaba desde hacía dos horas (cuando mi madre llegó).**
I had been studying for two hours (when my mother arrived).

Notice that it is not necessary to state the moment in the past that is used as a point of reference. The time that it happened could be understood from the context.

Hacía tres años que esperaban ese dinero.
They had been waiting for that money for three years.

Notice the construction used for questions:

¿Cuánto [tiempo] hacía que + imperfect tense?
or
¿Hacía cuánto [tiempo] que + imperfect tense?
¿Cuánto tiempo hacía que esperaban el dinero?

or

¿Hacía cuánto [tiempo] que esperaban el dinero?
How long had they been waiting for the money?

Remember:

1. *hace* + expression of time + *que* + present tense

This construction is used to mean that the action began in the past and is still going on in the present. (See page 13.)

Hace tres años que esperan el dinero. (*They are still waiting.*)

> **2.** *hace* + expression of time + *que* + preterite tense
>
> This construction is used to mean that the action happened a certain time ago. (See pages 67–68.)
>
> **Hace tres años que recibieron el dinero. (*They got the money three years ago.*)**

Ejercicios

A. Las siguientes personas fueron interrumpidas mientras hacían ciertas actividades. Escribe el principio de las frases usando la información entre paréntesis para expresar cuánto tiempo hacía que esas actividades ocurrían cuando fueron interrumpidas.

Modelo: ([yo] esperar / una hora) cuando llegó el metro.
Hacía una hora que esperaba cuando llegó el metro.

1. _____ (Jorge y yo: estudiar / media hora) cuando mamá nos llamó para cenar.

2. _____ (Carolina: escribir / quince minutos) una carta cuando la computadora se descompuso.

3. _____ ([yo] afeitarse / un momento) cuando alguien llamó a la puerta.

4. _____ ([tú] reírse / cinco minutos) cuando entró la profesora a la clase.

5. _____ (Alberto y Diego: vestirse / veinte minutos) cuando llegó el taxista.

B. Lee las siguientes frases, luego escribe una pregunta para saber cuánto tiempo hacía que estas personas hacían las actividades.

Modelo: Hablé por teléfono hasta que empezó mi programa favorito.
¿Cuánto tiempo hacía que hablabas cuando empezó tu programa favorito?

1. —Esperé a Julio pero finalmente me fui a casa.

—¿_____?

2. —Me dormí muy temprano pero Laura me despertó.

—¿_____?

3. —No pude leer más porque Francisco empezó a mirar la televisión.

—¿_____?

Ejercicios de resumen

A. Santiago hace preguntas constantemente. Tú dices algo y él hace una pregunta pidiendo la misma información. Contesta a las preguntas usando la información que diste en la frase original.

1. — Me gradué de la escuela primaria en el año…?

—¿Cuánto tiempo hace que te graduaste?

—Hace _____

2. —Empecé la escuela secundaria en el año…?

—¿Cuánto tiempo hace que asistes a la escuela secundaria?

—Hace _____

3. —La última vez que fuimos a nuestra escuela primaria fue en el año …?

—¿Cuánto tiempo hacía que no visitaban la escuela primaria?

—Hacía _____

B. Cuando eras pequeño(a) probablemente tenías un lugar favorito. Describe ese lugar.

1. ¿Cómo era? _____

2. ¿Dónde estaba? _____

3. ¿Qué había allí? _____

4. ¿Con quién ibas allí? _____

C. Pregúntale a tus padres lo que ellos hacían para entretenerse cuando eran jóvenes. Escribe una lista en español de las cosas que hacían. Al lado escribe lo que tú y tus amigos hacen ahora.

Tus padres	Tú
_____	_____
_____	_____
_____	_____
_____	_____
_____	_____

D. Habla con tus profesores, tus padres o amigos para obtener información sobre los siguientes temas. Luego compara cómo eran en el pasado y cómo son ahora. Puedes usar estos adjetivos u otros que desees en tu comparación.

comprensivo	estable	honesto	leal	romántico
costoso	generoso	intelectual	responsable	violento

1. los políticos _____

_____

2. el gobierno _____

_____

3. los automóviles _____

_____

4. las películas _____

_____

5. la economía _____

_____

E. Imagina que te encontrabas en un lugar donde ocurrían los siguientes acontecimientos (*events*). Escribe por lo menos dos frases para describir las circunstancias que rodeaban estos acontecimientos. Describe el lugar, el tiempo, la hora, lo que hacían las personas, etc. Usa el imperfecto en tus descripciones.

1. un huracán: _____

_____

2. un accidente en la calle: _____

_____

3. una fiesta de fin de año: _____

_____

4. una fiesta en la playa: _____

_____

5. un robo en una tienda: _____

_____

F. ¿Cómo era tu escuela primaria? Descríbela teniendo en cuenta los siguientes temas:

    a. los profesores   **b.** el salón de clase

    c. lo que tú y tus compañeros hacían   **d.** cómo te sentías

_____

_____

_____

_____

G. ¿Cómo era tu vida cuando eras más joven? Completa las siguientes frases para expresar lo que hacías en las siguientes situaciones.

1. Cuando llovía yo _____

_____

2. Cuando no teníamos dinero nosotros _____

_____

3. Cuando estaba aburrido(a) yo _____

_____

4. Cuando no salía bien en las clases yo _____

_____

5. Cuando no había nadie en mi casa el gato / el perro ___

_____

6. Después de hacer todo el trabajo de la escuela mis amigos ___

_____

7. Después de salir de la escuela mi mejor amigo(a) y yo ___

_____

Resumen de la unidad

Ejercicios creativos para escribir y para conversar

Los siguientes ejercicios van a ayudarte a poner en práctica los conceptos de esta unidad. Es buena idea que uses el espacio después de cada ejercicio para hacer apuntes (listas de palabras, expresiones, etc.) que te ayuden a expresar las ideas. Debes escribir la versión final de los ejercicios para escribir en tu cuaderno.

A. A veces todos tenemos días extraños. Escribe un párrafo describiendo un día que te pareció extraño. En tu descripción incluye…

a. lo que hiciste cuando te levantaste (usa el pretérito)

b. cómo era el tiempo (usa el imperfecto)

c. lo que pasó cuando llegaste a la escuela (usa el pretérito)

d. lo que hacían tus amigos (usa el imperfecto)

e. cómo terminó el día, etc. (usa el pretérito)

_____

_____

_____

_____

_____

_____

_____

_____

_____

B. Usa la información del ejercicio B en la página 82 para escribir dos párrafos.

_____

_____

_____

_____

_____

C. En una hoja de papel escribe en columnas tres o cuatro de los verbos a continuación. Luego bajo cada verbo escribe dos palabras o frases sobre lo que tú piensas, haces, etc.

conducir	mantener
dar	merecer
desconocer	ofrecer
distinguir	salir
escoger	seguir
estar	ser
exigir	tener
hacer	ver
ir	

Modelo:

exigir	mantener	estar
mucho de mis amigos	mi cuarto limpio	contenta con mis clases
honestidad	muy pocos amigos	preocupada por mis padres

Una vez que hayas completado la lista, organiza tus ideas y escribe un párrafo describiendo el tipo de persona que eres tú.

_____

_____

_____

_____

_____

_____

_____

D. Un poco de historia. Reta *(Challenge)* a tus compañeros de clase sobre su conocimiento de la historia universal. Prepara seis preguntas para ver si ellos conocen la historia tan bien como tú. Recuerda que debes usar el pretérito.

1. _____

2. _____

3. _____

4. _____

5. _____

6. _____

E. La pregunta, por favor. Haz una lista de personas importantes de la historia o de hechos históricos. Describe cada uno brevemente. Esta descripción va a ser «la respuesta» como en un partido de Riesgo *(Jeopardy)*. Ahora, dale a un(a) compañero(a) de clase la respuesta para ver si él / ella puede darte la pregunta.

Modelo: Respuesta: La reina que ayudó a Cristobal Colón.
Pregunta: ¿Quién fue la reina Isabel?

_____

_____

_____

_____

_____

_____

_____

_____

F. Un mundo mejor. Prepara un corto informe oral sobre lo que tú haces a menudo para contribuir a crear un mundo mejor. Usa los verbos a continuación o añade otros.

contribuir	mantener	dar
obedecer	escoger	ofrecer
hacer	oponerse	intervenir
reconocer	luchar	

_____

_____

_____

_____

_____

_____

_____

_____

_____

G. Una visita inolvidable. Piensa en la última vez que tu familia se reunió. Describe en todo detalle lo que pasó. Usa las preguntas a continuación como guía y añade más información.

¿Quiénes vinieron? ¿Conociste a algún pariente nuevo? ¿Te gustaron tus parientes? ¿Quién te gustó más? ¿Por qué? ¿Qué hicieron? ¿Cómo lo pasaste? ¿Quién se quejó? ¿Por qué? ¿Quién no se divirtió? ¿Por qué? ¿Alguien peleó? ¿Por qué? ¿Cómo terminó la reunión?

_____

_____

_____

_____

_____

_____

_____

_____

_____

Cuando todos los estudiantes terminen, comparte lo que sucedió con tus compañeros de clase. Uds. van a seleccionar la visita más cómica, la más extraña, la más triste, etc.

Unit 3

Repaso

For a review of Unit 2 and the present, preterite, and imperfect tenses, visit http://www.phschool.com. Once you get to the Foreign Languages section, follow the instructions on the Web page.

Unit 3 Table of Contents

Objectives

In this unit you will be able to:
- Narrate and describe in context in the past, including differentiate between continuous, habitual actions in the past and those completed at a definite time
- Describe inherent qualities or characteristics of people, things, and events
- Describe mental, social, or physical conditions

The following grammar points will help you accomplish these objectives:

Adjectives

Adjective agreement and formation

In this unit you will review and expand your knowledge of how to describe in Spanish, but first, it will be useful for you to review some of the rules that apply to the use of adjectives in Spanish. Adjectives in Spanish, as in English, are used to describe people, places, or things.

Adjectives modify a noun. An adjective must agree in number and gender with the noun or nouns it modifies.

> **el chico uruguayo**   *the Uruguayan boy*
>
> **las tiendas caras**   *the expensive stores*

If the noun is masculine, the adjective must also be masculine. One or more feminine nouns require a feminine adjective. To describe a combination of masculine and feminine nouns, you must use the masculine plural of the adjective.

> **un artículo corto**   *a short article*
>
> **unos artículos cortos**   *some short articles*
>
> **una novela corta**   *a short novel*
>
> **unas novelas cortas**   *some short novels*
>
> **un artículo y una novela cortos**   *a short article and novel*

If the masculine singular form of the adjective ends in *-o*, the feminine is formed by changing the *-o* to *-a*.

> **malo → mala**
>
> **contento → contenta**

Adjectives that end in a vowel other than *-o* or in a consonant may be used to modify either feminine and masculine nouns.

> **la casa grande**   *the big/large house*
>
> **el edificio grande**   *the big/large building*
>
> **la lección fácil**   *the easy lesson*
>
> **el libro fácil**   *the easy book*

Ejercicio

Escribe la forma correcta de cada uno de los adjetivos a continuación. Recuerda que los adjetivos tienen que concordar (*agree*) con el sustantivo.

a. una mujer _____ (alto)   **g.** un chico _____ (guapo)

b. una bufanda _____ (rojo)   **h.** una chica _____ (fuerte)

c. una palabra _____ (vulgar)   **i.** una película _____ (alegre)

d. un diccionario _____ (bueno)   **j.** un reloj _____ (grande)

e. un traje _____ (gris)   **k.** una lección _____ (fácil)

f. una crema _____ (suave)   **l.** una mesa _____ (largo)

Feminine and plural adjectives

The plural of adjectives is formed in the same manner as the plural of nouns. If the adjective ends in a vowel, you add -*s*. If the adjective ends in a consonant, you add -*es*.

> **los chicos uruguayos**   *the Uruguayan boys*
> **las lecciones fáciles**   *the easy lessons*

If the adjective ends in -*z*, the *z* is changed to -*c* before -*es* is added.

> **un león feroz**   *a ferocious lion*
> **unos leones feroces**   *some ferocious lions*

Remember that if an adjective describes both a masculine and a feminine noun, the masculine plural form is used.

> **El gato y la perra son muy cariñosos.**
> *The cat and the dog [female] are very affectionate.*

Remember also that when adjectives of nationality end in a consonant, the feminine is formed by adding -*a* (in the singular) and -*as* (in the plural).

> **el chico alemán**   *the German boy*
> **la chica alemana**   *the German girl*
> **el profesor inglés**   *the English professor [male]*
> **las profesoras inglesas**   *the English professors [females]*

The feminine forms of adjectives ending in -*án* or -*ón* are also formed by adding -*a* and -*as*.

> **un alumno holgazán**   *a lazy student [male]*
> **una alumna holgazana**   *a lazy student [female]*
> **unas alumnas holgazanas**   *some lazy students [female]*

The feminine forms of adjectives ending in *-or* are also formed by adding *-a*, and *-as* (except for words used in comparisons, which remain the same for both genders, e.g., *mejor* [better], *peor* [worse], *anterior* [preceding, before]).

> **un alumno trabajador**   *a hard-working student [male]*
> **una alumna trabajadora**   *a hard-working student [female]*

Also note that when a singular adjective ends in *-n* or *-s*, and it has a written accent on the last syllable, the accent disappears in the plural form of the adjective.

> **un problema común**   *a common problem*
> **unos problemas comunes**   *some common problems*

Ejercicios

A. Repasa el ejercicio anterior (p. 91) en el que tuviste que escribir la forma correcta de cada adjetivo. ¿Puedes cambiar ahora cada frase del ejercicio al plural?

a. _____   g. _____

b. _____   h. _____

c. _____   i. _____

d. _____   j. _____

e. _____   k. _____

f. _____   l. _____

B. Completa el cuadro a continuación. Usa lo que sabes sobre las terminaciones y la concordancia de adjetivos.

| Masculine | | Feminine | |
Singular	Plural	Singular	Plural
un autor inglés	_____	_____	_____
un alumno cortés	_____	_____	_____
un novio feliz	_____	_____	_____
un doctor capaz	_____	_____	_____

Summary of adjectives

Here is a summary of the four forms of adjectives (for adjectives with various endings in the masculine singular):

Masculine		Feminine	
Singular	Plural	Singular	Plural
nuevo	nuevos	nueva	nuevas
verde	verdes	verde	verdes
difícil	difíciles	difícil	difíciles
feliz	felices	feliz	felices
japonés	japoneses	japonesa	japonesas
hablador	habladores	habladora	habladoras

Shortened adjectives

Some adjectives lose their final *-o* when they are placed in front of a masculine singular noun:

alguno	**algún libro**	*some book*
bueno	**un buen trabajo**	*a good job*
malo	**el mal tiempo**	*the bad weather*
ninguno	**ningún coche**	*no car, not … any car*
primero	**el primer libro**	*the first book*
tercero	**el tercer año**	*the third year*

Also remember that *grande* becomes *gran* in front of any noun (masculine or feminine), but its meaning is then different:

una gran mujer   *a great woman*
un gran presidente   *a great president*

Santo is shortened in front of all male saints except those for which begin with *Do-* or *To-*.

San Francisco   Santo Domingo
San Antonio   Santo Tomás

The feminine form, however, is always *Santa:*

Santa Mónica   Santa Teresa

Ciento is used when it is followed by the numbers 1 through 99. *Cien* is used in all other instances.

Ciento diez hombres   *a hundred and ten men*
cien hombres   *a hundred men*
cien mil hombres   *a hundred thousand men*

Cualquiera loses its final *-a* in front of a noun:

cualquier computadora   *any computer*

cualquier radio   *any radio*

Ejercicios

A. Alejandro visitó una isla caribeña durante sus vacaciones. Éstas son algunas de las expresiones que usó para describirla. Cambia las expresiones que aparecen en la forma singular al plural y las que aparecen en el plural al singular.

Modelo: unas casas pintorescas
una casa pintoresca

1. una isla tropical _____

2. unas playas pintorescas _____

3. un pueblo encantador _____

4. un edificio histórico _____

5. un museo interesante _____

6. unos parques magníficos _____

7. unas montañas sensacionales _____

8. un restaurante portugués _____

9. unas calles solitarias _____

10. unos templos religiosos _____

B. Imagina que quieres dar más información o aclarar cada una de las siguientes frases. Completa la segunda frase de una manera lógica con un adjetivo de la lista a continuación.

Modelo: Yo leo todos los libros de ese autor. Son unos libros *interesantes*.

aburrido	grande
bonito	interesante
cómodo	largo
cortés	pequeño
frágil	profesional
fuerte	sabroso

1. El viaje a casa de mis abuelos dura (*lasts*) tres horas. Es un viaje _____.

2. Llevas muchas cosas en la maleta roja. Es una maleta _____.

3. Me encanta el arroz con camarones. Estos camarones son _____.

4. ¿Por qué no te sientas aquí? Esta silla es una silla muy _____.

5. Vamos a llevar la mochila de Juan. Es una mochila _____.

6. Esos policías nos ayudan con cortesía. Son unos policías _____.

7. Adela puede llevar todas las cajas; ella es una chica _____.

8. Aquellas deportistas juegan muy bien; son unas deportistas _____.

C. Más descripciones. Escribe la forma correcta de los adjetivos entre paréntesis.

1. El árbol _____ (pequeño) es un árbol de manzanas.

2. El chico _____ (moreno) es guapísimo.

3. Las camisas _____ (azul) son muy _____ (atractivo).

4. ¿Dónde están los bolígrafos _____ (negro)?

5. Juan Miguel y Gloria Estefan son unos cantantes _____ (célebre).

6. Los leones son muy _____ (feroz).

7. Mis compañeros de clase son muy _____ (hablador).

8. Los problemas de matemáticas son _____ (complicado).

9. Nosotros no comprendemos las lecciones _____ (anterior) a esta lección.

10. ¿Son _____ (interesante) las películas de ciencia ficción?

Position of adjectives

As you have been able to see, descriptive adjectives are usually placed after the noun:

> **las rosas amarillas** *the yellow roses*
> **el edificio alto** *the tall building*
> **los señores colombianos** *the Colombian gentlemen*

Adjectives that indicate a number or an amount are usually placed before the noun.

> **muchas rosas amarillas** *many yellow roses*
> **pocos edificios altos** *few tall buildings*
> **varios jóvenes colombianos** *several Colombian young men*

When a noun is modified by two or more adjectives, they may be placed after the noun. When three or more adjectives follow a noun, it is necessary to use *y* between the last two adjectives.

> **unos libros raros, enormes y viejos**
> *some rare books, enormous and old (some rare, enormous, old books)*

Here are some rules dealing with the position of adjectives that you should keep in mind:

- Ordinal numbers generally go before the noun:

  la quinta lección   *the fifth lesson*

- Cardinal numbers generally go before the noun:

  setenta páginas   *seventy pages*

  However, they can also go after the noun when they replace an ordinal number:

  la lección cinco   *lesson five*

-medio/media always goes in front of the noun unless it is added to another number:

  media libra de papas   *half a pound of potatoes*

  dos libras y media de bananas   *two pounds and a half of bananas*

- Demonstrative and possessive adjectives generally go before the noun:

  esta clase   *this class*

  esos radios   *those radios*

  nuestra pluma   *our pen*

  mis zapatos   *my shoes*

- The following adjectives generally go before the noun:

alguno (algún)	mejor	otro	suficiente
ambos	mucho	peor	varios
bastante	ninguno (ningún)	poco	

- When you want to express an inherent quality of the noun (a quality that is associated with the noun as a matter of course), or for emphasis, you may place the adjective before the noun:

  la blanca nieve   *the white snow*

  la oscura noche   *the dark night*

  el profundo océano   *the deep ocean*

- When an adjective is modified by an adverb, the adverb and the adjective are placed after the noun:

  una clase muy difícil   *a very difficult class*

  un libro verdaderamente trágico   *a truly tragic book*

- Some adjectives change meaning depending on their position. Here are some examples:

  un viejo amigo   *a longtime friend*

  un amigo viejo   *an old (elderly) friend*

  una gran casa   *a great house*

  una casa grande   *a large house*

  un nuevo coche   *a new, different car*

un coche nuevo	*a brand new car*
un pobre hombre	*a pitiful man*
un hombre pobre	*a poor (not wealthy) man*

Use of adjectives as nouns

An adjective may be used as a noun, in which case the definite (*el, la, los, las*) or the indefinite article (*un, una, unos, unas*) must precede it.

Los rojos son mis favoritos.
The red ones are my favorite.

Un joven visitó la universidad.
A young man visited the university.

When *lo* is placed before the masculine singular form of the adjective, the adjective becomes an abstract noun:

Lo importante es llegar a tiempo.
The important thing (what is important) is to arrive on time.

Lo difícil es terminarlo todo.
The difficult thing (what is difficult) is to finish it all.

(Notice that the word *thing* which appears in English is not used in Spanish in this context.)

Ejercicios

A. Ahora te toca describir algunos objetos. Usa los adjetivos a continuación para describirlos. Presta atención a la posición de los adjetivos.

Modelo: ciudades (alguno, grande)
algunas ciudades grandes

1. novelas (cierto, español) _____

2. canciones (romántico, uno) _____

3. computadoras (poco, viejo) _____

4. coches (alemán, alguno) _____

5. puertas (otro, automático) _____

B. Tú hablas con uno de tus amigos. Repite lo que él o ella dice usando un sustantivo abstracto.

    Modelo: Es raro tener que ir a la escuela los domingos.
               Lo raro es tener que ir a la escuela los domingos.

1. Es difícil terminar los ejercicios. _____

2. Es importante entregarlos al profesor. _____

3. Es práctico empezar temprano. _____

4. Es imposible estudiar en el pasillo. _____

5. Es romántico caminar en la nieve. _____

6. Es triste salir mal en los exámenes. _____

C. Lee las siguientes frases. Luego escribe una frase describiendo la idea expresada. Ten cuidado con la posición de los adjetivos.

    Modelo: Esa casa tiene más de veinte habitaciones.
               Es una casa grande.

1. Ese señor no tiene mucho dinero. (pobre) _____

_____

2. Graciela compró un coche del año. (nuevo) _____

_____

3. Ese edificio no es alto pero tiene tiendas, oficinas y hasta apartamentos. (grande)

_____

4. Conocí a Susana en la escuela primaria y todavía somos amigas. (viejo) _____

_____

D. Completa las siguientes frases. Recuerda que necesitas hacer algunos cambios a los adjetivos entre paréntesis.

1. _____ (Ninguno) tren pasa por aquí.

2. ¿Ya leíste el _____ (primero) capítulo del libro?

3. Los Mendoza viven en el _____ (tercero) piso.

4. Dicen que Jacinto es un _____ (bueno) chico.

5. Hay una tienda nueva en la Calle _____ (Santo) Gerónimo.

6. ¿Tienes _____ (alguno) cuento de García Márquez?

7. La policía descubrió más de _____ (ciento) perros en la finca.

8. Yo no visité a _____ (ninguno) de mis primos.

9. Hoy es el día de su santo. Es el día de _____ (Santo) Clara.

10. Puedes comprarme _____ (cualquiera) camisa pero tiene que ser azul.

Ejercicios de resumen

A. Imagina que estás cuidando a (*taking care of*) unos chicos pequeños. Describe para ellos los siguientes animales usando los adjetivos de la lista a continuación. Usa por lo menos dos adjetivos para cada animal. También puedes añadir otros adjetivos.

Modelo: el gato
El gato es pequeño y gris.

bonito	gris
enorme	largo
grande	peligroso

1. los perros _____

2. el mosquito _____

3. los elefantes _____

4. el oso _____

5. los pájaros _____

6. la hormiga (*ant*) _____

7. las águilas _____

8. la serpiente _____

B. Ahora piensa en tu animal favorito y descríbelo en detalle.

_____

_____

_____

C. ¿Cómo te gustan las cosas? Lee la lista a continuación. Luego da más información específica.

Modelo: las fresas
Me gustan las fresas rojas y dulces.

1. los zapatos _____

2. las clases _____

3. los edificios _____

4. las vacaciones _____

5. los coches _____

6. la ropa _____

7. el tiempo _____

8. la música _____

9. los programas de televisión _____

D. Imagina que tuviste un sueño anoche. En el sueño estabas en una casa muy misteriosa. Describe la casa en detalle. Usa la lista a continuación como guía. Recuerda que estás describiendo en el pasado y que necesitas el tiempo imperfecto.

- tamaño
- color
- número de cuartos
- descripción de los cuartos
- descripción de las cosas que había en los cuartos
- las ventanas
- las puertas
- las escaleras
- el ambiente general

_____

_____

_____

_____

_____

_____

_____

_____

_____

Uses of the preterite and the imperfect in context

Up to now you have been reviewing the preterite and the imperfect tenses separately. You have learned that each of these tenses has specific uses. Since they are not interchangeable, when you narrate in the past you will need to decide which one to use in trying to communicate your ideas. In this lesson you will practice how to use each tense appropriately.

Compare the uses of the imperfect and the preterite in the following sentences:

> **Mientras corría por el parque, llovía.**
> *While I was running in the park, it was raining.*
>
> **Ayer llovió mucho y no corrí en el parque.**
> *It rained a lot yesterday and I did not run in the park.*

In the first sentence there is no indication that the actions have ended. What is important is that they were both ongoing at an unspecified time in the past. Notice that this use of the imperfect is represented in the English translation by the past tense of the verb *to be (was)* and the present participle of the verb that signals the ongoing action (*running/raining*).

In the second sentence, there is an indication that both actions happened and were completed at a specific time in the past. There is no reference to the fact that the actions continued over a period of time. The emphasis is on the fact that the action came to an end (*llovió*) or never began (*no corrí*).

A general rule of thumb that can be used when deciding between the imperfect and the preterite tenses is that the preterite indicates that an act began or came to an end. The imperfect always expresses continuance.

There are certain expressions that lend themselves better to either the preterite or the imperfect. Think about the following expressions. Can you tell why each of them would be used with either the imperfect or the preterite?

Imperfect	Preterite
a menudo	un día
siempre	una vez
generalmente	de momento
todos los días, los meses, etc.	ayer
mientras	anoche
	el mes pasado, año pasado, etc.

Can you think of other expressions that might lend themselves to one tense or the other?

Ejercicios

A. Tina está hablando sobre las costumbres que ella y Andrés tenían y lo que sucedió un día. Primero, lee el párrafo completo para tener una idea de lo que dijo. Luego completa las frases con la expresión más apropiada. Trata de usar cada expresión solamente una vez.

a menudo   todos los días
cada vez   un día
de momento   una vez
siempre

_____ ¹ que yo veía a Andrés, lo saludaba. _____ ² no lo vi y él se enojó porque no lo saludé. Yo me encontraba con él en la cafetería _____ ³ . _____ ⁴ nosotros comíamos allí. Después de comer dábamos un paseo _____ ⁵ . _____ ⁶ mientras caminábamos por la calle, nosotros vimos un accidente. _____ ⁷ yo vi que un autobús subía a la acera. Desde ese día decidimos quedarnos en la cafetería después de comer.

B. ¿Montana o Nueva York? Uno de tus amigos te habla sobre la vida de Celeste en Montana antes de mudarse a Nueva York. Completa la narración con el imperfecto o el pretérito del verbo entre paréntesis.

Cuando Celeste _____ ¹ (vivir) en Montana, ella montaba en bicicleta a menudo. Todos los días _____ ² (levantarse) temprano y _____ ³ (salir) mientras sus hermanos _____ ⁴ (dormir). A menudo ella _____ ⁵ (encontrarse) con los trabajadores que iban al campo. Un día _____ ⁶ (llover) mucho y Celeste no _____ ⁷ (poder) salir. De momento, ella _____ ⁸ (sentirse) muy triste porque generalmente ella _____ ⁹ (necesitar) respirar al aire libre y pasar un rato sola antes de empezar a cuidar a sus hermanos. Desafortunadamente, un día su familia _____ ¹⁰ (mudarse) para Nueva York y Celeste ya no _____ ¹¹ (poder) hacer lo que _____ ¹² (hacer) en Montana. La última vez que yo _____ ¹³ (hablar) con ella, me _____ ¹⁴ (decir) que cada vez que ella _____ ¹⁵ (ver) un programa sobre las montañas, _____ ¹⁶ (acordarse) de sus días en Montana y _____ ¹⁷ (entristecerse).

C. Ayer cuando llegaste a tu casa todo el mundo estaba muy ocupado. ¿Qué hacían los miembros de tu familia? Completa el párrafo con la forma correcta del verbo entre paréntesis en el pretérito o el imperfecto.

Cuando yo _____ [1] (llegar) mi hermana _____ [3] (hablar) por teléfono como siempre. Yo _____ [3] (subir) a mi cuarto donde _____ [4] (estar) mi perro Campeón. Yo _____ [5] (sacar) unas galletas de la caja y yo se las _____ [6] (dar) a Campeón. Campeón _____ [7] (ponerse) muy contento y entonces yo _____ [8] (empezar) a hacer mis tareas. Después de una hora, yo _____ [9] (bajar) con el perro y los dos _____ [10] (salir) a dar un paseo antes de la cena. Mi mamá _____ [11] (cocinar) cuando nosotros _____ [12] (regresar). Papá _____ [13] (leer) el periódico y de vez en cuando le _____ [14] (preguntar) a mamá si ella _____ [15] (necesitar) ayuda.

D. Julián habla con Delia sobre sus vacaciones en el Caribe. Completa la narración para que leas lo que le sucedió un día mientras caminaba por la playa.

Cuando yo _____ [1] (visitar) a Héctor en la República Dominicana yo _____ [2] (divertirse) mucho. Un día Héctor y yo _____ [3] (caminar) por la playa. _____ [4] (Hacer) buen tiempo y _____ [5] (haber) mucha gente por todas partes. De momento nosotros _____ [6] (darse) cuenta de que _____ [7] (haber) nubes muy oscuras en el cielo. En ese momento no _____ [8] (preocuparse) mucho porque esto pasa muchas veces en el Caribe. Cuando nosotros _____ [9] (llegar) al final de la playa, _____ [10] (empezar) a llover. Desde allí, de repente nosotros _____ [11] (ver) como toda la gente _____ [12] (recoger) sus cosas y _____ [13] (correr) hacía el pequeño restaurante que _____ [14] (encontrarse) al lado del hotel. Nosotros también _____ [15] (tener) que correr, pues en el horizonte _____ [16] (verse) relámpagos y _____ [17] (oírse) truenos. Nosotros _____ [18] (estar) un poco asustados. Como nosotros _____ [19] (estar) tan lejos, _____ [20] (tener) que correr por unos cinco minutos. Cuando nosotros _____ [21] (llegar) al restaurante, la gente _____ [22] (empezar) a reírse porque nosotros _____ [23] (estar) muy mojados. Ya no _____ [24] (llover) pero como _____ [25] (tener) tanto miedo no _____ [26] (darse) cuenta de que el sol _____ [27] (brillar) de nuevo.

E. Los siguientes artículos aparecieron en varios periódicos. Cambia los verbos subrayados al pasado. Usa el imperfecto o el pretérito.

1. Padres de artista famosa celebran aniversario. El diez de marzo, los esposos Martínez (a) <u>celebran</u> su aniversario de bodas. Su familia entera (b) <u>asiste</u> a la celebración que (c) <u>tiene</u> lugar en el Salón de Fiestas de Mérida. Todos sus hijos (d) <u>están</u> vestidos elegantemente. Algunos reporteros no (e) <u>pueden</u> entrar porque la policía (f) <u>está</u> vigilando el lugar. Mucha gente (g) <u>viene</u> a ver a una de sus hijas que desde (h) <u>hace</u> tres años (i) <u>es</u> una de las artistas más famosas del país.

a. _____ f. _____

b. _____ g. _____

c. _____ h. _____

d. _____ i. _____

e. _____

2. Un escándalo universitario. Después de varios meses de investigación la Universidad de San Antonio (a) <u>descubre</u> que (b) <u>hace</u> más de doce años que uno de sus profesores (c) <u>está</u> enseñando en el recinto sin tener los títulos necesarios. El profesor, cuyo nombre no se ha dado a conocer, parece que (d) <u>consigue</u> su puesto porque (e) <u>es</u> una temporada en que el profesorado (f) <u>está</u> muy escaso. Según un administrador de la universidad, durante esos años no se (g) <u>investiga</u> mucho la experiencia previa de los profesores a quienes se les (h) <u>dan</u> los puestos. Esta semana los oficiales de la Universidad (i) <u>empiezan</u> una investigación muy minuciosa de todas las personas que (j) <u>empiezan</u> a trabajar durante los años en cuestión.

a. _____ f. _____

b. _____ g. _____

c. _____ h. _____

d. _____ i. _____

e. _____ j. _____

Descriptions with *ser, estar,* and *tener*

ser

In previous lessons you have been reviewing descriptions. In the lesson dealing with adjectives, you very often used the verb *ser* in sentences to describe people, places, and things.

Ser is used to express a characteristic or a quality that is inherent or unlikely to change easily. Adjectives that fall into this category include:

- adjectives of color, size, shape, nationality, and the like.

   Yo soy puertorriqueña y rubia; mi novio es mexicano y alto.
   I am Puerto Rican and blond; my boyfriend is Mexican and tall.

- adjectives that describe personal qualities, such as *alto, bajo, rico, pobre.*

   Luis es moreno, alto y muy simpático.
   Luis is dark-haired, tall, and very nice.

- the adjective *feliz* (happy), because it is considered a personal quality of the person and not a changeable condition.

   María es pobre pero feliz.
   María is poor but happy.

Ejercicios

A. Imagina que estudias en una escuela internacional y que tres de tus amigos quieren escribir un anuncio para recibir correspondencia de chicos de todo el mundo. Escribe una descripción de ellos usando los dibujos como guía. Incluye en tu descripción sus características físicas, personales, nacionalidad, etc.

1. _____

2. _____

3. _____

B. Uno de tus amigos viene a visitarte y tú le quieres dar una idea de los diferentes monumentos que Uds. van a visitar durante el viaje que van a hacer por los Estados Unidos. Describe en detalle los siguientes monumentos. Incluye el color, tamaño, etc.

San Francisco

_____

_____

_____

_____

_____

_____

_____

_____

_____

estar

Estar is used with an adjective in order to express a condition or state that is generally the result of a previous action and that is relatively variable.

Corrí mucho y ahora estoy cansada.
I ran a lot and now I am tired. (result of having run a lot)

Julián salió sin abrigo y ahora está enfermo.
Julián went out without a coat and now he is sick. (result of having gone out without a coat)

These are some of the adjectives that you might use to describe a condition or state:

contento   enfermo   nervioso   solo   tranquilo

Ejercicio

Use the verb *estar* and the adjectives listed in the box from the previous page to complete the following sentences stating how you and people you know feel under the following circumstances:

1. Cuando hay un examen, mis amigos y yo _____

2. Cuando visito a mis abuelos, ellos _____

3. Cuando escucho música, yo _____

estar (continued)

Many past participles can be used as adjectives, with the verb *estar*, to describe a condition or state. In this case, the past participle must agree in gender and number with the noun it is describing.

Past participles are formed as follows:

if the verb ends in	delete the ending and add:
-ar	*-ado*
-er	*-ido*
-ir	*-ido*

Here are a few past participles that you can use as adjectives:

aburrido	enamorado	sentado
agradecido	enojado	terminado
cansado	ocupado	
confundido	preocupado	

Remember that there are many irregular past participles that you can also use:

abierto	escrito
hecho	muerto
dicho	roto

You will learn more about past participles when you study the perfect tenses in Unit 4, Lesson 3.

Ejercicios

A. Describe lo que sucede. Usa el participio pasado (*past participle*) de los verbos entre paréntesis para expresar el estado o la condición de lo que se describe. Recuerda que debes usar el presente del verbo *estar* y la forma correcta del participio pasado de los verbos entre paréntesis.

Modelo: ¡Qué viento hace! ¿Cerraste la puerta? ¿Y las ventanas?
La puerta y las ventanas *están abiertas* (abrir).

1. Juan y Beatriz se quieren mucho. Ellos _____ _____ (enamorar).

2. Papá tiene que trabajar más de diez horas hoy. Él _____ _____ (ocupar).

3. Tú no sabes cómo saliste en el examen. Tú _____ _____ (preocupar).

4. No sabemos si debemos ir a casa de Pedro o quedarnos aquí. Nosotros _____ _____ (confundir).

5. La Sra. Ortega está enferma y no puede ir al mercado. Yo fui de compras por ella. Ella _____ _____ (agradecer).

6. No puedo oír la nueva cinta que compré. La grabadora no funciona. La grabadora _____ _____ (romper).

B. Lee las siguientes respuestas y luego escribe una pregunta lógica. Usa los adjetivos de la lista como guía.

Modelo: —*¿Por qué estabas contento?*
—Porque pasaba tiempo con mi tía favorita.

aburrido   ocupado
cansado   preocupado
nervioso

1. —¿_____?
—Porque no había nada en la televisión.

2. —¿_____?
— Porque corrí mucho esa tarde.

3. —¿_____?
— Porque no sabía dónde estabas.

4. —¿_____?
— Porque tenía que terminar un informe para la clase.

5. —¿_____?
— Porque no quería ir al médico.

C. Ahora te toca responder a algunas preguntas. Usa los adjetivos entre paréntesis para expresar tus ideas.

1. ¿Por qué no compraste el tocadiscos? (roto)

   _____

2. ¿Por qué no fuiste al centro con tus amigos? (cansado)

   _____

3. ¿Cómo estaba Diego cuando le dijiste la noticia? (agradecido)

   _____

4. ¿Dónde estaban Fabio y Tina cuando llegaste a la casa? (sentado)

   _____

5. ¿Por qué no se movía el pez? (muerto)

   _____

Meaning changes with *ser* and *estar*

A few adjectives change meaning depending on whether they are being used with *ser* or with *estar:*

ser aburrido	*to be boring*	**estar aburrido**	*to be bored*
ser bueno	*to be good*	**estar bueno**	*to be tasty*
ser listo	*to be clever*	**estar listo**	*to be ready*
ser loco	*to be crazy*	**estar loco**	*to be scatterbrained*
ser malo	*to be bad, evil*	**estar malo**	*to be ill*
ser rico	*to be rich*	**estar rico**	*to be delicious*
ser verde	*to be green*	**estar verde**	*to be unripe*
ser vivo	*to be sharp, alert*	**estar vivo**	*to be alive*

Ejercicios

A. ¿En qué condición o estado se encuentran estas personas o cosas? Lee las frases a continuación, luego completa la descripción usando el verbo *estar* y las palabras de la lista.

contento	rico
enojado	solo
listo	tranquilo
nervioso	verde

1. Marta, tú estudiaste mucho. Ahora tú _____ _____ para el

   examen.

2. Esta tarde tengo que ir al dentista, yo _____ _____.

3. Le pusiste crema al flan, así me gusta mucho, _____ _____.

4. No debes comer esas manzanas, todavía _____ _____.

5. Sus primos vienen a visitar a Emilio. A él le gusta jugar con ellos. Emilio

_____ _____.

6. ¿Por qué no vienes a visitarme? No hay nadie en casa, yo _____

_____.

7. Esperamos a Julia una hora en la esquina. Hacía mucho frío por eso ahora

nosotros _____ _____.

8. Sandra lloró toda la tarde pero su mamá le dio la leche y ahora ella

_____ _____.

B. *¿Ser* o *estar?* Lee las siguientes situaciones, luego decide qué verbo hace falta para completar la frase de una manera lógica.

1. No debes comer esas bananas. _____ verdes.

2. Tú molestas a tu hermanito mucho; _____ muy malo.

3. No tengo nada que hacer. _____ aburrido.

4. Ya terminé todo el trabajo. Ahora _____ listo para divertirme.

5. El Sr. Ayala tiene mucho dinero; _____ rico.

6. Julio siempre dice los mismos chistes. Él _____ aburridísimo.

7. ¡Qué bien sales en tus exámenes! _____ muy listo.

8. Voy a comprar más helado. Siempre _____ muy rico en esta heladería.

9. Me gusta la camisa de Nasario porque _____ verde, mi color favorito.

10. No pongas la langosta en el agua caliente. _____ viva todavía.

tener

Another way to describe something is to state what the different parts of what you are describing are like. When describing a person, for example, you might want to say what his or her eyes, nose, mouth, feet, etc. are like. Spanish does this by using the structure:

tener + part of body (with its definite article) + adjective

When describing Antonio's face, you might say:

Tiene la frente ancha, los ojos azules, la nariz larga y la boca pequeña.
He has a wide forehead, blue eyes, a long nose, and a small mouth.

Notice that English uses the indefinite article in the singular and no article in the plural. Spanish uses the definite article.

Some parts of the body that you may wish to review are:

la boca	*mouth*	**las manos**	*hands*
los brazos	*arms*	**las muñecas**	*wrists*
la cabeza	*head*	**la nariz**	*nose*
la cara	*face*	**los ojos**	*eyes*
la cintura	*waist*	**las orejas**	*ears*
el cuello	*neck*	**el pelo (el cabello)**	*hair*
la espalda	*back*	**las piernas**	*legs*
la frente	*forehead*	**los pies**	*feet*
la garganta	*throat*	**las rodillas**	*knees*
los hombros	*shoulders*		

Ejercicios

A. Mira los dibujos en la página 105. Ahora usa la lista de las partes del cuerpo para añadir más información a la descripción que escribiste.

1. _____

_____

_____

2. _____

_____

_____

3. _____

_____

_____

B. Imagina que eres un juez en un concurso para escoger a la persona más fuerte del mundo y a la persona más bonita. Describe detalladamente las cualidades que esta persona debe tener. Usa la lista de las partes del cuerpo como guía. Recuerda que debes dar todos los detalles que buscas como juez del concurso.

1. _____

_____

_____

_____

2. _____

_____

_____

_____

Ejercicios de resumen

A. Muchos niños tienen amigos imaginarios, es decir, amigos que crean en su imaginación cuando son pequeños. Describe a un amigo imaginario o a una amiga imaginaria que tenías o que un amigo tenía cuando era pequeño.

edad: _____

pelo: _____

ojos: _____

tamaño: _____

personalidad: _____

B. Mi vecindario. Piensa en el vecindario donde vivías cuando eras más joven. Si vives en el mismo lugar, explica cómo era antes. Trata de describirlo detalladamente. En tu descripción incluye cómo eran las casas, los edificios, las tiendas, los restaurantes, etc.

_____

_____

_____

_____

_____

_____

_____

C. Cuando era joven. Describe a las personas que conocías y los objetos que tenías cuando eras más joven. Si son personas, describe las características físicas, la personalidad, lo que hacías con ellas o lo que ellos hacían y cómo se sentían en ciertas circunstancias. Escoge por lo menos dos de la lista de la izquierda y dos de la lista de la derecha y descríbelos detalladamente.

mi profesor(a)	mi muñeco favorito
mi doctor(a)	mis libros favoritos
mi peluquero(a)	mis juguetes favoritos
el (la) bibliotecario(a)	mi ropa favorita
mi(s) vecino(s)	

_____

_____

_____

_____

_____

_____

_____

_____

_____

_____

D. Mis pasatiempos favoritos. Describe los pasatiempos favoritos que tenías cuando eras más joven. En tu descripción puedes incluir los deportes en que participabas, los juegos, lo que hacías después de las clases, lo que hacías durante las vacaciones, etc.

_____

_____

_____

_____

_____

_____

_____

Ejercicios creativos para escribir y para conversar

Los siguientes ejercicios van a ayudarte a poner en práctica los conceptos de esta unidad. Es buena idea que uses el espacio después de cada ejercicio para hacer apuntes (listas de palabras, expresiones, etc.) que te ayuden a expresar las ideas. Debes escribir la versión final de los ejercicios para escribir en tu cuaderno.

A. Imagina que vas a contarle a un amigo o a una amiga acerca de un viaje que tu mejor amigo hizo el mes pasado. Usa la siguiente guía para que la narración sea lo más completa posible.

- el propósito (*purpose*) de su viaje
- el ambiente
- la gente
- el tiempo
- la hora
- su familia
- el lugar que visitó
- las actividades allí
- su condición física al regresar
- las actividades al regreso

_____

_____

_____

_____

_____

_____

_____

_____

_____

_____

B. Imagina que has visto una película que te impresionó mucho. Algunas de las cosas que te impresionaron fueron la música, el ambiente, etc. Escribe un párrafo describiendo lo que veías o escuchabas mientras estabas mirando la película. Usa el tiempo imperfecto.

1. La música _____

2. La ropa de los actores _____

3. Los actores _____

4. Los colores _____

5. El paisaje _____

C. Ahora piensa en la película de nuevo y escribe un párrafo diciendo lo que pasó en la película.

1. Al principio _____

_____

2. Luego _____

_____

3. Al final _____

_____

D. Un incidente muy curioso o misterioso. Escribe un párrafo explicando un incidente que te ocurrió que en tu opinión fue muy curioso o misterioso. Recuerda que los detalles van a permitirles a tus compañeros de clase comprender mejor por qué piensas que fue curioso o misterioso.

_____

_____

_____

_____

_____

_____

_____

_____

_____

_____

E. Mi lugar favorito. Escoge tu lugar favorito entre la lista de lugares a continuación. Descríbeselo detalladamente a la clase. Tus compañeros te van a hacer preguntas para obtener más información.

una playa famosa   un pueblo histórico

una isla tropical   un museo famoso

un parque de diversiones

si tu lugar favorito no está en la lista, puedes escoger otro.

_____

_____

_____

_____

_____

F. Mi último viaje. Descríbele a la clase el último viaje que hiciste a tu lugar favorito. Tus compañeros de clase te van a hacer preguntas sobre él.

_____

_____

_____

_____

_____

G. El último libro que leí. En grupos de tres o cuatro estudiantes descríbeles a tus compañeros el último libro que leíste. Usa el imperfecto y el pretérito en tu descripción. Tus compañeros te van a hacer preguntas para aclarar u obtener más información. Luego, ellos van a compartir sus descripciones y tú tendrás la oportunidad de hacerles preguntas.

_____

_____

_____

_____

_____

H. El libro ganador. Cada grupo va a escoger el libro más interesante y presentárselo a la clase. Cada miembro del grupo va a participar en la presentación a la clase. Entonces la clase va a escoger el libro más interesante de todos.

_____

_____

_____

_____

_____

Unit 4

 For a review of the use of adjectives, *ser* vs. *estar*, preterite vs. imperfect, and the use of *tener* with parts of the body, visit http://www.phschool.com. Once you get to the Foreign Languages section, follow the instructions on the Web page.

Unit 4 Table of Contents

Objectives

In this unit you will be able to:

- Talk about actions and events that are going to take place in the near future
- Talk about yourself and others in the past, present, and future
- Express feelings and emotions
- Express wishes and preferences concerning yourself
- Express ownership
- Express different degrees of obligation
- Talk about what has (had) or has (had) not taken place

The following grammar points will help you accomplish these objectives:

Non-Personal Forms of Verbs: the Infinitive, the Present Participle, and the Past Participle

In our review of the sentence (in Unit 1, Repaso), we pointed out that a verb with a specific personal ending can be a complete sentence in itself.

There are three forms of the verb, however, that do not carry with them the grammatical concept of person as a subject: the infinitive (*to speak*), the present participle (*speaking*), and the past participle (*spoken*). The infinitive and the present and past participles of the verb do not, in themselves, indicate or express grammatical person (*yo, tú, él*, etc.), nor the time (past, present, future) in which the action takes place. The indication of time and person is left to the conjugated verb that accompanies any of these non-personal verb forms.

In this chapter you will be reviewing some of the uses of the infinitive, the present participle, and the past participle.

The infinitive

Structure of the infinitive

The infinitive consists of two parts:

a. the stem that carries the meaning of the verb, and

b. an ending that places the verb into one of the three conjugations.

All Spanish verbs have one of these three endings: *ar, -er,* or *-ir.*

Look at the following examples:

verb	meaning	stem	infinitive ending	conjugation
hablar	*to speak*	habl-	-ar	first
aprender	*to learn*	aprend-	-er	second
escribir	*to write*	escrib-	-ir	third

Remember that the infinitive, used alone, will not indicate who is performing the action or when it is taking place.

Uses of the infinitive

1. The infinitive can be used as a noun. When it functions this way it may be preceded by an article. (Note that the article used with the infinitive is always the masculine singular *el*.)

No me gusta el tocar de las campanas.
I don't like the ringing of the bells.

However, the article is often omitted when the infinitive is used as a noun in these contexts:

- after an impersonal expression, such as *es bueno, malo, importante*, etc.

  Es bueno estudiar.
  Studying is good. (It is good to study.)

- in proverbs

  Ver es creer.
  Seeing is believing.

In the examples above, notice that when the infinitive is used as a noun in Spanish, English uses the present participle (ending in *-ing*).

2. In Spanish, the infinitive is the only verb form used after a preposition. (In English the present participle would often be used in this context.)

Some prepositions that are frequently used with the infinitive are:

antes de	*before*	**Comí antes de salir.** *I ate, before leaving (before I left).*
después de	*after*	**Salí después de comer.** *I left after eating (after I ate).*
para	*in order to*	**Estudio para aprender.** *I study in order to learn.*
por	*for the reason of, because of*	**Por no salir a tiempo, llegamos tarde.** *Because of not leaving (we did not leave) on time, we arrived late.*
sin	*without*	**Siempre habla sin pensar.** *He always talks without thinking.*
en vez de	*instead of*	**Escucha en vez de hablar.** *He listens instead of talking.*

Remember that the infinitive has no subject of its own. The subject of the infinitive is derived from that of the other verb. Thus, when the prepositions listed above are followed by the infinitive, the subject of the infinitive is the same as that of the main verb, as in the first example above:

Comí antes de salir.   *I ate before leaving (I left).*

Ejercicios

A. ¿Qué hacen estas personas primero? Escribe una frase usando el modelo como guía.

Modelo: yo / comer / hacer la tarea
Antes de comer, hago la tarea.
o
Después de hacer la tarea, como.

1. Uds. / buscar trabajo / asistir a la universidad

   _____

2. nosotros / ir al baile / salir a cenar

   _____

3. ellas / ir de compras / limpiar la casa

   _____

4. yo / salir de casa / cerrar las ventanas

   _____

5. Ricardo / lavar el coche / arreglar el garaje

   _____

B. ¿Qué haces tú antes o después de las siguientes actividades? Usa *antes de…* o *después de…* para expresar tus ideas.

1. tomar un examen _____

2. jugar juegos electrónicos _____

3. dar un paseo _____

4. ir a una fiesta _____

5. llamar a mis amigos por teléfono _____

Uses of the infinitive (continued)

> The construction
>
> > **al + infinitive**
>
> is used to show that two actions occur simultaneously. It is the Spanish equivalent of the English
>
> > ***On (Upon) + present participle***
> > **(Remember: *a + el = al*)**
>
> > **Al entrar, vieron a Felipe.**
> > ***Upon (On) entering they saw Felipe.***
>
> The construction
>
> > **al + no + infinitive**
>
> usually expresses a relationship of cause and effect. It is the Spanish equivalent of the English
>
> > ***Since not... + verb (Upon not + present participle)***
>
> > **Al no ver nada interesante, salí de la tienda.**
> > ***Since I did not see anything interesting, I left the store.***

Ejercicio

Cuando ocurrieron estas acciones otra acción ocurrió al mismo tiempo. Describe lo que pasó en el momento que ocurrió la acción que se describe. Sigue el modelo.

Modelo: Juan entró en la clase. (Juan / ver a María)
Al entrar en la clase, Juan vio a María.

1. María vio un accidente. (María / llamar a la policía)

_____

2. Yo recibí un regalo. (yo / ponerme alegre)

_____

3. Ella se graduó. (ella / empezar a buscar trabajo)

_____

4. Yo llegué a la estación. (yo / correr al andén)

_____

5. Nosotros oímos el timbre. (nosotros / abrir la puerta)

_____

6. Ellos salieron de la escuela. (ellos / ir al café)

_____

The infinitive in verbal expressions

1. The infinitive is used in the construction "*ir a* + infinitive" to express actions and events that are going to take place in the near future.

This construction is sometimes called the simple (or immediate) future.

> **Vamos a salir esta noche.**
> *We are going to go out tonight.*
>
> **Voy a estudiar inglés el año próximo.**
> *I am going to study English next year.*

The starting point may also be in the past:

> **Iban a comer cuando Juan llegó.**
> *They were going to (about to) eat when Juan arrived.*

Here are some useful expressions for talking about the future:

esta tarde

esta noche

mañana

mañana (por la mañana / por la tarde / por la noche)

pasado mañana (por la mañana / por la tarde / por la noche)

el lunes (martes, etc.)

el lunes (martes, etc.) por la mañana (por la tarde, por la noche)

esta semana

la semana próxima, la semana que viene

este mes

el mes próximo, el mes que viene

este año

el año próximo, el año que viene

en la primavera

en el verano

en el otoño

en el invierno

Ejercicios

A. Lee las siguientes frases para ver lo que estas personas hicieron el verano pasado. Escribe una frase diciendo lo que van a hacer el verano próximo.

Modelo: Sebastián alquiló un bote el verano pasado.
Sin duda, él va a alquilar un bote el verano próximo.

1. Elena pescó muchísimo.

_____

2. Tomás y Linda vendieron limonada.

_____

3. Mis padres tomaron el sol.

_____

4. Dolores corrió en el parque.

_____

5. Pablo escribió muchas tarjetas postales.

_____

6. Ricardo y yo nadamos en la piscina.

_____

7. Julia y Jaime se levantaron tarde todos los días.

_____

8. Yo regué las plantas.

_____

9. Toda la familia jugó al béisbol.

_____

B. ¿Qué vas a hacer el verano próximo? Usa la imaginación y escribe dos frases interesantes.

_____

_____

_____

_____

The infinitive in verbal expressions (continued)

2. The infinitive is also used in the construction "present tense of *acabar* + *de* + infinitive" to express actions and events that have just happened.

Acabo de leer una novela.
I have just read a novel.

This construction can also be used with the imperfect tense of *acabar,* in which case it indicates that the action was just finished at some point in the past.

Acababan de terminar la composición.
They had just finished the composition.

Ejercicios

A. ¿Ya? (*Already?*) Cada vez que le preguntas a alguien si va a hacer algo te responde que acaba de hacerlo. Contesta a las siguientes preguntas usando el modelo como guía.

> **Modelo:** ¿Vas a almorzar tú?
> *No, acabo de almorzar.*

1. ¿Van a leer Uds. *El túnel?* _____

2. ¿Vas a prepararte tú para la fiesta? _____

3. ¿Van a vender ellos su casa? _____

4. ¿Va a invitar Olga a su novio? _____

5. ¿Va a probarse Ud. el vestido? _____

B. ¿Qué acabas de hacer tú esta mañana? Escribe dos frases.

_____

_____

_____

C. ¡Qué suerte! Cada vez que querías hacer algo, no lo podías hacer porque algo acababa de suceder. Completa las siguientes frases de una manera original.

> **Modelo:** Cuando llegué al teatro, la función…
> *Cuando llegué al teatro, la función acababa de empezar.*

1. Cuando entré a conocer a Antonio Banderas, él…

_____

2. Cuando llegamos a la ventanilla para comprar boletos para el concierto, la señora…

_____

3. Al salir de la escuela invité a mis amigos a dar un paseo conmigo pero ellos…

_____

4. Al llegar a mi casa les pregunté a mis padres si querían ir a cenar pero ellos…

_____

5. Cuando encendí el televisor para ver mi programa favorito, me di cuenta de que…

_____

The infinitive with expressions of obligation

There are several expressions used with the infinitive to express different degrees of obligation.

1. Some of these expressions are impersonal (they do not have a definite subject):

- *hay que* + infinitive is used when the subject is indefinite, and it means *one, we (you, people) must, it is necessary to.*

  Hay que practicar para tocar el piano bien.
  It is necessary to (One must) (You have to) practice to play the piano well.

- *es necesario (importante, bueno, etc.)* + infinitive

  Es necesario (importante, bueno, etc.) practicar.
  It is necessary (important, good, etc.) to practice.

2. Other expressions are personal (they have a definite subject):

- *tener que* + infinitive means *to have to* and is used to express a strong obligation or necessity.

  Tienen que leer las noticias.
  They have to read the news.

- *deber* + infinitive means *ought to* and is used to express a moral obligation or duty.

  Debemos conservar agua.
  We ought to save water.

- *necesitar* + infinitive means *to need to (do something).*

  Necesitamos ahorrar dinero.
  We need to save money.

- *haber de* + infinitive means *to be supposed to, to be to* and is used to express commitment or mild obligation (more common in literary Spanish).

  He de ir a casa de Juan.
  I am supposed to go to Juan's house.

Ejercicios

A. Lee las siguientes situaciones, luego usando la expresión de obligación entre paréntesis, expresa lo que la persona o personas deben o necesitan hacer para mejorar la situación. Escribe las respuestas en tu cuaderno.

1. Se me perdieron las llaves. (tener que)

2. Nosotros llegamos tarde al aeropuerto y el avión ya había salido. (haber de)

3. Gasté todo el dinero que me dieron mis padres esta semana. (necesitar)

4. Hablaste demasiado en clase hoy. (es necesario)

5. Ella se enferma constantemente. (hay que)

6. ¡Ay! Estos pantalones me quedan cortos. (tener que)

7. Nos levantamos tardísimo hoy. (deber)

8. Él siempre pelea con sus amigos. (necesitar)

B. ¿Cuáles son algunas de tus obligaciones? Responde a las siguientes preguntas con frases completas.

1. ¿Qué tienes que hacer antes de comer?

_____

2. ¿Qué debes hacer durante la clase?

_____

3. ¿Qué necesitas hacer cuando estás enfermo(a)?

_____

4. ¿Qué hay que hacer para complacer a los padres?

_____

5. ¿Qué es bueno hacer para ayudar a los amigos?

_____

Verbs that require a preposition before the infinitive

1. The following verbs require the preposition *a* when used before the infinitive:

- verbs that express motion or movement towards a place, such as *llegar, venir, salir, acercarse, correr,* etc.

   Llegó a cenar.
   She arrived to have dinner. (to dine)

   Vienen a ver al niño.
   They are coming to see the baby.

   Salió a comprar el postre.
   He went out to buy dessert.

   Corrí a saludarla.
   I ran to greet her.

- the following verbs:

acostumbrarse a *to get used to*	Se acostumbró a levantarse temprano.
aprender a *to learn to*	Aprendí a conducir el verano pasado.
atreverse a *to dare to*	No me atrevo a contestar a esa pregunta.
ayudar a *to help to*	Ayudaron a preparar la comida.
comenzar (ie) a *to begin to*	Comenzamos a estudiar a las tres.
dedicarse a *to devote oneself to*	Juan se dedica a ayudar a los pobres.
empezar (ie) a *to begin to*	La profesora empieza a hablar en seguida.
enseñar a *to teach…to*	Nos enseñó a bailar.
invitar a *to invite to*	Lo invito a cenar.
negarse (ie) a *to refuse to*	Se niegan a limpiar el cuarto.
ponerse a *to begin to*	Se puso a leer.
volver (ue) a *to do (an activity) again*	Volvieron a leer el primer capítulo.

2. The following verbs also require various prepositions before an infinitive as shown below:

- verbs followed by *de:*

acordarse (ue) de *to remember to*	¿Te acordaste de comprar el pan?
alegrarse de *to be glad to*	Me alegro de estar aquí.
dejar (cesar) de *to stop (doing something)*	Dejó de asistir a las reuniones.
encargarse de *to take charge of*	Yo me encargo de lavar los platos.
olvidarse de *to forget to*	Se olvidó de mirar el programa.
tratar de *to try to*	Tratamos de preparar el plato.
tener la oportunidad de *to have a chance to*	Tuvimos la oportunidad de conocer al presidente.

- verbs followed by *con:*

contar (ue) con *to count on*	Cuento con recibir el contrato.
soñar (ue) con *to dream about*	Soñamos con ganar la lotería.

- verbs followed by *en:*

consentir (ie, i) en *to consent to, to agree to*	Consentí en viajar con ellos.
empeñarse en *to insist on, be determined to*	Se empeña en ir con nosotros.
insistir en *to insist on*	Insisten en escribir con lápiz.
tardar en *to delay in, be long in*	El vuelo tardó en llegar.
vacilar en *to hesitate to*	No vaciló en tirarse al agua.

- verbs followed by *para:*

tener tiempo para *to have time to*	No tuvo tiempo para ir.

Ejercicios

A. ¿A qué grupo pertenecen los siguientes verbos? Lee la lista de verbos a continuación, luego escribe una *X* debajo de la preposición que el verbo necesita antes del infinitivo.

	a	**de**	**con**	**en**
enseñar				
olvidarse				
volver				
alegrarse				
comenzar				
contar				
tratar				
ayudar				
insistir				
tardar				
acostumbrarse				

B. Escoge cinco de los verbos anteriores y escribe una frase con cada uno de ellos.

Modelo: *El tren tardó en llegar.*

1. _____

_____

2. _____

_____

3. _____

_____

4. _____

_____

5. _____

_____

C. Claudia estudia en la universidad. La carta a continuación es su respuesta a una carta de Antonia, una de sus amigas. Completa su carta con las preposiciones *de* o *a*.

Estimada Antonia,

Me alegré mucho _____ [1] recibir tu carta. ¿Ya aprendiste _____ [2] hablar ruso? ¡Felicidades! Desafortunadamente yo traté _____ [3] seguir un curso de francés este semestre pero no pude ir a la mayoría de las clases. Empecé _____ [4] estudiar francés cuando estaba en la escuela secundaria pero cuando vine _____ [5] estudiar a esta universidad no me atreví _____ [6] tomarlo el primer semestre pero tuve la oportunidad _____ [7] escoger entre otros cursos que me hacían falta.

La semana pasada recibí un mensaje de Georgina. Ella dejó _____ [8] asistir a la universidad. Aparentemente no se acostumbró _____ [9] vivir lejos de sus familiares y tuvo problemas con los cursos. Por un tiempo, su hermano la ayudaba _____ [10] estudiar y su tío se encargaba _____ [11] buscarla todos los fines de semana. Todo esto no llegó _____ [12] mejorar la situación.

Bueno, esto es todo por ahora. Quiero llegar a mi clase a tiempo. También necesito hablar con María. Todos los jueves la invito _____ [13] almorzar y si no se lo recuerdo siempre se olvida _____ [14] encontrarse conmigo.

Claudia

D. Emilio tuvo un problema en una de sus clases. Así fue cómo los estudiantes solucionaron el problema. Completa el párrafo siguiente con las preposiciones *en*, *con* o *para*.

El profesor de sociología se empeña _____ [1] hablar mucho después de terminar la clase. Emilio insistió _____ [2] reunirse con varios estudiantes para discutir la situación. Nosotros decidimos escribirle una carta. En la carta insistimos _____ [3] discutir con él cómo mejorar la situación. El profesor tardó _____ [4] responder a nuestra carta. Finalmente se reunió con nosotros y nos pidió disculpas porque no había tenido tiempo _____ [5] discutir la situación con nosotros. Como le hablamos francamente, él consintió _____ [6] terminar la clase a tiempo. Ahora podemos contar _____ [7] llegar a la próxima clase a tiempo. Todos nos sentimos satisfechos.

Verbs that do *not* require a preposition when followed by an infinitive

The following verbs are also followed by the infinitive. However, notice that there is no preposition between these verbs and the infinitive that follows them.

decidir	*to decide to*	Decidieron ir con sus padres.
desear	*to want to*	Deseo conocer a tu hermano.
esperar	*to hope, expect to*	¿Esperas viajar a España?
pensar (ie)	*to plan to*	Piensan ir en tren.
poder (ue)	*to be able to, can*	Podemos ir a pie.
preferir (ie)	*to prefer to*	Prefieren quedarse en casa.
querer (ie)	*to want to*	Quieren trabajar durante el verano.
saber	*to know (how to)*	Sé nadar.
soler (ue)	*to be accustomed to*	Suelen ir al cine los sábados.

Ejercicio

Raquel ha tomado una decisión y aquí nos cuenta lo que está haciendo para cambiar su vida. Completa el párrafo con la preposición *a, con, de* o *en*. Si no hace falta una preposición, escribe una *X*.

Ayer decidí _____ [1] cambiar mi vida. Últimamente me he acostumbrado

_____ [2] no hacer mucho ejercicio. Después del trabajo vengo

_____ [3] preparar la cena. Parece que nunca me acuerdo _____ [4]

pasar por el gimnasio y tratar_____ [5] hacer algunos ejercicios. Decidí

_____ [6] hablar con una amiga en la oficina. Ella no tardó _____ [7]

ofrecerme su ayuda pues también se ha empeñado_____ [8] perder peso.

Ella se encarga _____ [9] llamarme por la mañana. Como no empezamos

_____ [10] trabajar hasta las nueve y media tenemos la oportunidad

_____ [11] ir al gimnasio antes de ir a la oficina. Los fines de semana sali-

mos _____ [12] caminar también. Yo cuento _____ [13] recibir

el apoyo de ella. Decidimos _____ [14] participar en un pequeño maratón

el año próximo. Esta vez, esperamos _____ [15] poder terminarlo pero

yo sueño _____ [16] ganar algún día. Espero _____ [17] tener esa

satisfacción. Cuando insisto _____ [18] disciplinarme, siempre lo

consigo. También me alegro _____ [19] haber encontrado tan buena

amiga.

Other uses of the infinitive

The infinitive is also used:

1. after verbs of perception such as *mirar, oír,* and *ver.*

Oigo tocar las campanas.
I hear the bells ring.

Los veo estudiar todos los días.
I see them studying every day.

2. after verbs expressing the exercise of authority, such as the following, when the subject of the second verb is a personal pronoun.

dejar   *to allow*
impedir   *to prevent*
mandar   *to command*
permitir   *to permit*
prohibir   *to forbid*

Su padre le prohíbe fumar.
His father forbids him to smoke.

Mi madre me permite ir.
My mother allows me to go.

Me impidió pasar.
She prevented me from passing.

¿Mandaste copiar los papeles?
Did you order the papers copied?

3. as a command (note that this use is less personal than a command addressed to a particular person or persons):

• in oral language and in public announcements.

No fumar.
No smoking.

• when giving instructions, for example, in recipes.

Agregar sal y pimienta.
Add salt and pepper.

Mezclar todos los ingredientes.
Mix all the ingredients.

Ejercicio

Expresa las siguientes frases en español. Recuerda que debes usar el infinitivo correctamente.

1. Don't throw papers on the floor.

2. The librarian does not allow us to talk.

_____

3. We see Laura help the children.

_____

4. He orders the room cleaned.

_____

5. Cut the onions and the garlic.

_____

The present participle

Structure of the present participle

The present participle imparts a general sense of the ongoing nature of an action. It is the equivalent of the verb form ending in _-ing_ in English. It is formed by deleting the ending of the infinitive (_-ar, -er, -ir_) and adding the following endings to the verb stem:

- for verbs ending in _-ar_ add _-ando_

  cantar → cantando (_singing_)

- for verbs ending in _-er_ add _-iendo_

  comer → comiendo (_eating_)

- for verbs ending in _-ir_ add _-iendo_

  escribir → escribiendo (_writing_)

The present participles of _venir_ and _poder_ are irregular:

  venir → viniendo   poder → pudiendo

The verbs _ir_ and _oír_ and verbs ending in _-aer, -eer,_ and _-uir_ (but not in _-guir_) have present participles ending in _-yendo:_

  ir → yendo   oír → oyendo

  traer → trayendo   leer → leyendo

  construir → construyendo

Also note the following:

1. Stem changing _-ar_ and _-er_ verbs do _not_ have a stem change in the present participle:

  jugar → jugando   devolver → devolviendo

2. Stem changing _-ir_ verbs have the following stem changes in the present participle:

- _e_ to _i_   • _o_ to _u_

  pedir → pidiendo   dormir → durmiendo

Some common irregular present participles are:

  decir → diciendo   poder → pudiendo   reír → riendo

Uses of the present participle

Remember that the present participle is invariable in form. In other words, it always ends in -o. The present participle, like the infinitive, does not by itself indicate or express who is performing the action or when it is taking place. It always depends on another verb to express the subject and time of the action. The present participle is used to describe the background action of the verb on which it depends.

> **Caminando por la calle me encontré con Juan.**
> *(While) walking through the street, I met Juan.*

The present participle is used:

1. in the construction "*estar* (to be) + present participle" in order to stress the fact that the action of the verb is continuing at the time. This use is equivalent to the English "*to be* + present participle" and forms the progressive tense.

> **No podemos ir porque está lloviendo.**
> *We cannot go because it is raining. (now)*

When reflexive verbs are used in the progressive tense, the reflexive pronouns are either:

a. attached to the present participle, in which case a written accent is placed on the next-to-last syllable of the participle:

> **Estoy levantándome.**
> *I am getting up.*

b. or placed before the verb *estar* (*ir, venir,* etc.):

> **Me estoy levantando.**
> *I am getting up.*

The progressive tense with *estar* is reviewed more thoroughly in Lesson 2 of this Unit (pp. 145–146).

2. to form the progressive with the verbs *continuar* (to continue) and *seguir* (to keep on):

> **Cuando el timbre sonó, la profesora siguió hablando.**
> *When the bell rang, the teacher kept on talking.*

3. to form the progressive with verbs of motion (e.g., *ir, venir, andar, entrar*):

> **Van bailando por la calle**
> *They are (going) dancing through the streets.*
> **Vino corriendo.**
> *She came running.*
> **Entran cantando.**
> *They enter singing.*

4. to express the cause, manner, or means of an action (Although in English a word such as *by*, *as*, or *when*, would be needed, in Spanish the present participle is never introduced by any connecting word. Remember that the verb form that follows a preposition is always the infinitive.):

Practicando, aprendí a tocar bien.
By practicing, I learned to play well.

No pudiendo cocinar, compró la comida.
As she couldn't cook, she bought the food.

Note: The verbs *ir*, *venir*, *estar*, and *andar* do not use the construction "*estar* + present participle." The idea "*to be coming, going*, etc." is expressed by the use of one of the indicative tenses (present, imperfect, etc.):

They are coming at seven.
Vienen a las siete.

I was going to school when I saw him.
Iba a la escuela cuando lo vi.

Ejercicios

A. Escribe el participio presente de los siguientes verbos.

1. ponerse _____

2. ir _____

3. distinguir _____

4. dormir _____

5. sentarse _____

6. traer _____

7. desear _____

8. oír _____

9. volver _____

10. recibir _____

B. ¿Cómo pudiste hacer estas actividades? Usa el participio presente del verbo entre paréntesis para expresar la manera en que tú hiciste estas actividades.

Modelo: Gané la competencia. (practicar)
Practicando mucho, gané la competencia.

1 Aumenté de peso. (comer) _____

2. Descansé mucho. (dormir) _____

3. Aprendí historia. (leer) _____

4. Mejoré mis poemas. (escribir) _____

5. Olvidé las preocupaciones. (reír) _____

6. Saludé a Félix. (sonreír) _____

7. Me divertí mucho. (jugar) _____

8. Pude ir de vacaciones. (ahorrar) _____

C. Las siguientes frases describen a varias personas. Lee las frases, luego usa la información entre paréntesis para aclarar más la descripción. Usa el modelo como guía.

> **Modelo:** está furiosa. (hacer el trabajo de José)
> *Ella está furiosa haciendo el trabajo de José.*

1. La doctora Castillo está ocupada. (visitar a los enfermos)

_____

2. Estamos muy nerviosos. (tomar un examen)

_____

3. Ellos parecen muy contentos. (reírse mucho)

_____

4. Tú estás enojado. (hacer la tarea)

_____

5. Estoy tranquilo ahora. (descansar en la playa)

_____

D. Usa los verbos entre paréntesis para expresar cómo tú y estas personas hacen ciertas actividades. Usa el tiempo progresivo en tus respuestas.

1. ¿Cómo viene Juan a la escuela? (cantar)

_____

2. ¿Cómo salen Uds. de la escuela? (correr)

_____

3. ¿Cómo anda Cristina por los pasillos? (leer)

_____

4. En el autobús, ¿cómo van Uds. a su casa después de un día de mucho trabajo?

(dormir) _____

5. ¿Cómo entras tú a la clase? (sonreír)

_____

The past participle

Review

In Unit 3, Lesson 3, pp. 106–107, you reviewed the use of the past participle with the verb *estar* to describe a condition or state.

You also reviewed the formation of the past participle by adding *-ado* to the stem of *-ar* verbs (e.g., *cansado*) and *-ido* to the stem of *-er* and *-ir* verbs (e.g., *agradecido, confundido*), and you reviewed some irregular past participles.

Ejercicio

Do you remember the past participle of the following irregular verbs?

abrir _____

hacer _____

decir _____

escribir _____

morir _____

romper _____

Formation and use of the past participle

1. Some other verbs that have irregular past participles are:

   cubrir → cubierto   resolver → resuelto

   imprimir → impreso   ver → visto

   poner → puesto   volver → vuelto

   Compounds of verbs usually follow the same pattern:

   componer → compuesto   descubrir → descubierto

   describir → descrito   devolver → devuelto

2. Also note the following:

   The verbs *oír, reír,* and verbs ending in *-aer* and *-eer* have an accent mark on the *i*:

   leer → leído   reír → reído

   oír → oído   traer → traído

3. The past participle represents the action of the verb as completed. The main use of the past participle is in forming compound tenses according to the pattern "*haber* + past participle."

He comido
I have eaten.

Habíamos estudiado mucho.
We had studied a lot.

4. When used in forming compound tenses, the past participle is invariable in form; it always ends in -*o*. You will review this use further in Lesson 3 of this unit.

5. At all other times, the past participle functions as an adjective and must agree in number and gender with the noun it is modifying. When it follows the verb *to be*, the past participle expresses a condition or state that is generally the result of an action. Spanish requires the use of the verb *estar* in the construction "*to be* + past participle."

Juan y yo hemos trabajado mucho hoy. Estamos cansados.
John and I have worked a lot today. We are tired.

We will continue this review of the use of "*estar* + past participle," which we began in Unit 3, in Lesson 2 of this Unit.

Ejercicio

Usa el verbo *estar* y el participio pasado para indicar el estado de las siguientes personas u objetos. Recuerda que el participio pasado se usa como un adjetivo aquí y por lo tanto tiene que concordar con el sustantivo.

Modelo: (escribir) Los artículos…
Los artículos están escritos.

1. (descomponer) El tocadiscos… _____

2. (poner) La mesa… _____

3. (romper) El televisor… _____

4. (hacer) El informe… _____

5. (cubrir) Los pasteles… _____

6. (resolver) Los problemas… _____

7. (descubrir) El misterio… _____

8. (devolver) Las revistas… _____

Ejercicios de resumen

A. ¿Cuáles de las siguientes actividades prefieres, quieres, necesitas, sueles o tienes que hacer? Escribe frases completas con la información a continuación.

    cocinar para tu familia

    correr en el parque

    discutir la política

    dormir hasta tarde

    trabajar los veranos

1. _____

2. _____

3. _____

4. _____

5. _____

B. Completa las siguientes frases de una manera original. Expresa tus opiniones personales.

    Modelo: Yo siempre ayudo a mis padres después de…

        Yo siempre ayudo a mis padres después de hacer todo mi trabajo.

1. En la escuela, es importante… _____

2. Debes hablar con tus padres antes de… _____

3. Durante los fines de semana es aburrido… _____

4. Cuando te sientes triste debes… _____

5. En el verano yo trabajo para… _____

6. Algunos estudiantes salen mal en sus clases por no… _____

7. En el mundo de hoy no se puede tener éxito sin… _____

8. Siempre hay que mostrar agradecimiento después de… _____

C. ¿Bajo qué circunstancias ocurrieron las siguientes situaciones? Usa la expresión "*al* + infinitivo" para expresar tus ideas.

    Modelo: Corrí a ayudar a las víctimas.

        Al ver el choque, corrí a ayudar a las víctimas.

1. Vi a mi amigo Juan.

_____

2. Me caí.

_____

3. Empecé a cocinar.

_____

4. Mi amiga Marta lloró.

_____

5. Me encontré con el profesor.

_____

D. Tú y tus amigos están haciendo planes para el futuro. Usa la expresión "_ir a_ + infinitivo" para expresar cinco cosas que tú y tus amigos piensan hacer.

1. Mañana…

_____

2. Esta semana…

_____

3. La semana próxima…

_____

4. Esta noche…

_____

5. El domingo…

_____

E. Tú trataste de hacer ciertas cosas pero algo acababa de suceder que no te permitió hacerlas. Usa la expresión "_acabar de_ [en el imperfecto] + infinitivo" para completar las frases de una manera original.

> **Modelo:** Fui a alquilar la película que ganó el Oscar pero el dueño _acababa de cerrar la tienda._

1. Invité a Antonio al cine pero él…

_____

2. Quise ir de compras hoy pero mi mamá…

_____

3. Traté de hablar con mis amigos pero ellos…

_____

4. Fui a comprar el último disco de Madonna pero mi hermano…

_____

5. Anoche quise mirar la televisión pero mi hermana y mis amigos…

_____

F. Imagina que quieres darle algunos consejos (*pieces of advice*) a un buen amigo. Usa los verbos y expresiones a continuación y el infinitivo para completar las frases de una manera original.

> *deber* + infinitivo
>
> *es necesario* + infinitivo
>
> *hay que* + infinitivo
>
> *necesitar* + infinitivo
>
> *tener que* +infinitivo

1. Para tener éxito en la vida...

   _____

2. Para salir bien en las clases...

   _____

3. Para tener buenos amigos...

   _____

4. Para tener una buena relación con tus padres...

   _____

5. Para gozar de buena salud...

   _____

G. Escribe una frase describiendo el estado en que se encuentran estas personas y explica por qué están en ese estado.

> **Modelo:** ella/calmado (jugar con sus juegos electrónicos)
> *Ella está calmada porque está jugando con sus juegos electrónicos.*

1. tú/cansado (correr hoy más que ayer)

   _____

2. nosotros/agitado (bailar sin parar)

   _____

3. ellas/nervioso (tomar un examen)

   _____

4. ellos/tranquilos (dormir hace horas)

   _____

5. Uds./preocupado (pensar demasiado en los problemas)

   _____

H. Escribe la preposición que necesitan estos verbos cuando la forma del verbo que los sigue es el infinitivo. Si no hace falta una preposición, escribe una *X*.

1. venir _____
2. atreverse _____
3. alegrarse _____
4. soñar _____
5. tardar _____

6. saber _____
7. prohibir _____
8. oír _____
9. tener la oportunidad _____
10. tener tiempo _____

I. Elena y Jacinto van a pasar un mes en un campamento de verano. Usa las expresiones del ejercicio H para expresar algunas de las actividades o incidentes que ocurren en el campamento.

    Modelo: 1. venir a
                Vienen a nadar en la piscina.

2. _____
3. _____
4. _____
5. _____
6. _____
7. _____
8. _____
9. _____
10. _____

J. Cada vez que alguien te hace una pregunta tú contestas que la actividad ya está hecha.

    Modelo: ¿Ya terminaron los informes?
            Sí, ya están terminados.

1. ¿Ya imprimieron el periódico?

_____

2. ¿Ya devolvieron los libros?

_____

3. ¿Ya pusiste la mesa?

_____

4. ¿Ya abrió Celia las ventanas?

_____

5. ¿Ya resolvimos todos los problemas?

_____

ser

More uses of *ser*

In Unit 3 you reviewed the use of *ser* with adjectives that express an essential or inherent quality or characteristic of the people, places, and things they describe.

Santiago es muy creativo.
Santiago is very creative.

Los jefes son muy exigentes.
The bosses are very demanding.

Las avenidas son muy anchas.
The avenues are very wide.

The verb *ser* can also be used to

1. define or identify people, places, and things (*ser* + noun / pronoun):

   Mateo es mi primo.
   Mateo is my cousin.

   La casa de Jacinta es la blanca.
   Jacinta's house is the white (one).

   Los responsables son ellos.
   They are the responsible (ones).

2. express place of origin (*ser* + *de* + place):

   Daniel es de Puerto Rico.
   Daniel is from Puerto Rico.

3. express an occupation or profession (*ser* + noun):

   Sebastián es médico.
   Sebastián is a doctor.

Note that Spanish does not use the indefinite article when expressing an occupation or profession unless the occupation or profession is qualified with an adjective:

   Sebastián es un médico excepcional.
   Sebastián is an exceptional doctor.

4. express possession (*ser* + *de* + noun / pronoun):

   La ropa es de María.
   The clothes are María's.

   El libro es de nosotros.
   The book is ours.

5. indicate the time of day (*ser* + *la / las* + time):

> **¿Qué hora es?**
> *¿What time is it?*
>
> **Son las cinco.**
> *It's five o'clock.*

6. express the material something is made of (*ser* + *de* + material):

> **Es un reloj de oro.**
> *It is a gold watch.*

7. express where an event is taking place (*ser* + place):

> **¿Dónde es la conferencia?**
> *Where is the conference?*
>
> **La conferencia es en el auditorio.**
> *The conference is in the auditorium.*

When used in this manner, *ser* is used as a synonym of *tener lugar* (to take place):

> **¿Dónde tiene lugar la conferencia? Tiene lugar en el auditorio.**
> *Where does the conference take place? It takes place in the auditorium.*

8. form impersonal expressions (*es* + masculine form of adjective / *es* + singular noun):

> **Es importante llegar a tiempo.**
> *It's important to arrive on time.*
>
> **Es lástima no poder ver el partido.**
> *It's a shame not to be able to see the game.*

9. form the passive voice (*ser* + past participle (adjective) + *por* + agent)

> **Esa canción fue escrita por Juliana.**
> *That song was written by Juliana.*

(The passive voice will be reviewed later in this Lesson.)

Ejercicio

Imagina que vas a escribirle una nota a un(a) amigo(a) acerca de una conferencia que va a dar un autor famoso. Quieres poner tus ideas en orden. Usa la siguiente guía para expresar las ideas en español.

Tell your friend…

1. *where the meeting is taking place*

_____

2. *what it is important to bring*

_____

3. *who the author is*

_____

4. *that the author is a friend of your family*

_____

5. *that he/she is from Barcelona*

_____

6. *that the book you read in class is the author's book*

_____

7. *that the book is a book of short stories*

_____

8. *that two of the stories were not written by him*

_____

estar

The use of *estar* to express location

In Unit 3, Lesson 3, p. 106, you reviewed the use of *estar* with an adjective to express a condition or state that is generally the result of a previous action and is relatively variable.

Trabajé mucho y ahora estoy cansada.
I worked a lot and now I am tired.

Another use of *estar* is to express the location of something or someone, whether permanent or temporary.

¿Dónde están los platos?
Where are the dishes?

Están en la mesa.
They are on the table.

¿Dónde está el Centro Epcot?
Where is Epcot Center?

Está en la Florida.
It's in Florida.

Ejercicio

Expresa el lugar donde podemos encontrar los siguientes objetos o lugares.

> **Modelo:** El edificio Empire State / New York
> *El edificio Empire State está en Nueva York.*

1. los Andes / Chile y la Argentina

_____

2. el Monumento Lincoln / Washington

_____

3. las Pirámides de Teotihuacán / México

_____

4. la cafetería de tu escuela / ?

_____

5. tu profesor(a) de español / ?

_____

6. tú y tus compañeros / ?

_____

The progressive tense: *estar* with the present participle

The verb *estar* is also used in the construction "*estar* + present participle" in order to stress the fact that the action of the verb is continuing at the time you are expressing the idea. This construction is roughly equivalent to the English "*to be* + present participle" and is called the progressive tense. Read the following sentences and think about how their meanings could differ:

> **Antonio habla con Sara.**
> **Antonio está hablando con Sara.**

The sentence *Antonio habla con Sara* has several meanings:

> *Antonio talks to Sara (every day, all the time, etc.)*
> *Antonio does talk to Sara (did someone say he didn't?)*
> *Antonio is talking to Sara (this week, now, etc.)*

In the sentence *Antonio está hablando con Sara*, the progressive is used to stress the fact that Antonio is talking to Sara at that very moment.

We reviewed the formation of the present participle in Lesson 1 of this Unit. Remember that the present participle always ends in *-o*.

Ejercicio

Can you give the present participles of the following irregular verbs whose irregular formation we reviewed in Lesson 1?

sentir	_____	morir	_____
pedir	_____	seguir	_____
destruir	_____	vestirse	_____
reírse	_____	decir	_____
ir	_____	leer	_____
traer	_____	creer	_____
oír	_____	construir	_____
venir	_____	poder	_____

The progressive tense: Differences between Spanish and English

Because the use of the progressive tense in Spanish implies that the action being expressed is in progress at the time you are expressing the idea, its use sometimes differs from its use in English.

In English you might say: *I am working this evening*. In Spanish, you can never use the present progressive to express an idea that will take place in the future. The Spanish translation of this type of sentence uses the present tense:

> **I am working this evening.**
> *Trabajo esta noche.*
>
> **I am going to the movies tomorrow.**
> *Voy al cine mañana.*

The present participle *can* be used to form the progressive in Spanish with *estar, ir, seguir,* etc. in other tenses besides the present, though usually in the imperfect tense.

> **Andrés estaba visitando a su novia cuando fui a visitarlo.**
> *Andrés was visiting his girlfriend when I went to visit him.*

Note that the progressive tense is used less often in Spanish than in English. Instead, Spanish often prefers the use of the present tense, imperfect tense, etc., where English would use the progressive.

> **¿Qué miras?**
> **Miro un programa de deportes.**
> *What are you watching?*
> *I'm watching a sports program.*

Ejercicios

A. Completa los siguientes diálogos con la forma correcta del presente progresivo.

1. Diego y Graciela hablan sobre la nueva película.

   —¿Qué _____ ᵃ tú (estar / hacer)?

   —Yo _____ ᵇ (estar / leer) el periódico de hoy.

   —Y, ¿qué _____ ᶜ (andar / decir) los críticos de la nueva película?

   —Dicen que la película es un desastre. Ellos también _____ ᵈ (andar / destruir) la vida artística de los protagonistas.

2. Los padres de Leonora hablan sobre su hija.

   —¿Dónde está Leonora?

   —Ella _____ ᵃ (estar / vestirse).

   —Ah, ella ya _____ ᵇ (estar / prepararse) para el baile de esta noche.

   —Sí. Desde esta mañana ella _____ ᶜ (venir / sentirse) como Cenicienta.

   —Es la primera vez que sale con Alejandro.

   —Ay, Jorge… Leonora ya _____ ᵈ (ir / crecer). Pronto se nos va a casar.

3. Alberto habla con una colega en su oficina.

   —¿Por qué _____ ᵃ tú (andar / correr)?

   —Yo _____ ᵇ (estar / terminar) un informe sobre el Banco Nacional para el jefe.

   —Y, ¿qué _____ ᶜ (estar / pasar) en el banco?

   —_____ ᵈ (venir / pedir [ellos]) permiso para abrir otras oficinas en varios países extranjeros.

   —Ah, lo mismo de siempre.

B. La calle principal. Mira el dibujo a continuación y describe lo que las personas, animales, etc. están haciendo en ese momento. Usa el progresivo, no sólo con el verbo *estar*, sino también con *venir*, *andar*, *ir*, etc.

_____

_____

_____

_____

_____

_____

_____

_____

_____

C. Excusas. Cada vez que uno de tus amigos te pregunta por qué tú u otras personas no hicieron algo, tú le contestas que estaban haciendo algo diferente. Usa la información entre paréntesis en las respuestas y el imperfecto del verbo *estar* para formar el progresivo.

1. ¿Por qué no fuiste al partido de futból el sábado? (escribir un informe)

_____

2. ¿Por qué no estudiaste para el último examen? (ayudar a mis padres)

_____

3. ¿Por qué no salieron tus amigos contigo el fin de semana pasado? (hacer la tarea)

_____

4. ¿Por qué no comieron tú y tus padres en un restaurante anoche? (visitar a los abuelos)

_____

5. ¿Por qué no invitaste a tu mejor amigo(a) a cenar el domingo pasado? (recoger el cuarto)

_____

6. ¿Por qué no fuiste a las montañas el verano pasado? (viajar por Sudamérica)

_____

Ser and *estar:* Summary

Here is a summary of the uses of *ser* and *estar:*

ser	*estar*
characteristics with adjectives	condition or state with adjectives
identifying people, places, or things	location
nationality	progressive tense
origin	
material things are made from	
profession or occupation	
possession	
time	
expressing where an event takes place	
impersonal expressions	
passive voice	

An easy way for you to decide whether to use *ser* or *estar* to express *to be* is by asking yourself these questions: Is the idea expressed a location (aside from where an event takes place)? Is it a condition of something or someone at a particular time? Is it an action in progress? If the answer to any one of these questions is yes, then you must use *estar.* Any other idea most likely will need to be expressed with *ser.*

Ejercicios

A. Usa las listas a continuación para escribir frases completas con el presente de *ser* o *estar*.

    Modelo: el gato / debajo de la mesa
        El gato está debajo de la mesa.

1. la policía
2. la profesora de inglés
3. el partido de fútbol
4. el abrigo de Roberta
5. el concierto
6. los discos compactos
7. Mari Carmen
8. El Extra Terrestre
9. esas chicas
10. la cartera

    a. mi película favorita
    b. en el Parque Chapultepec
    c. debajo de la mesa
    d. una periodista excelente
    e. la semana próxima
    f. nerviosas y preocupadas
    g. en las Islas Canarias
    h. argentina
    i. de piel
    j. muy serias
    k. del chico rubio

1. _____
2. _____
3. _____
4. _____
5. _____
6. _____
7. _____
8. _____
9. _____
10. _____

B. La madre de Jorge habla con una vecina. Completa la conversación con el presente de *ser* o *estar*.

—¿Dónde _____ [1] los juguetes de Jorge?

—_____ [2] sobre la mesa.

—¡Qué bonitos _____ [3]!

—Sí, _____ [4] todos de madera. _____ [5] mexicanos.

—Ah sí, yo los he visto antes. _____ ^{6} famosísimos.

—Y a los chicos les gustan. Desde ayer _____ ^{7} jugando con ellos.

—Yo _____ ^{8} contenta porque por fin encontramos algo con que se pueden entretener.

C. Ésta es la historia de mi amigo Leonardo. Completa el párrafo con la forma apropiada de *ser* o *estar* en el pretérito o el imperfecto.

Cuando nosotros _____ ^{1} niños Leonardo _____ ^{2} mi mejor amigo. Sus padres Carolina y Nazario _____ ^{3} del Ecuador. Ellos no _____ ^{4} muy contentos aquí en los Estados Unidos. En 1985 _____ ^{5} de vacaciones en Miami y les gustó mucho. Varios de sus parientes _____ ^{6} viviendo allí. Decidieron ir a vivir allí. En los primeros meses vivieron en un apartamento que _____ ^{7} de sus mejores amigos, los Fernández. Ellos _____ ^{8} ecuatorianos también. Con los Fernández _____ ^{9} posible hablar del pasado y de su querido Ecuador. Cristóbal Fernández _____ ^{10} carpintero y su esposa, Elena, _____ ^{11} asistente de una doctora. Ella _____ ^{12} trabajando allí desde hacía varios años. Leonardo estudió en la universidad inspirado por el éxito que habían tenido muchos de sus parientes. La vida _____ ^{13} difícil pero sabían que algún día iban a ser muy felices.

The passive voice

In reviewing the uses of *ser,* we noted that it is also used to form the passive voice. Read the following sentences and take a minute to think about the questions that follow them.

El gobierno distribuyó las medicinas a las víctimas del huracán.
The government distributed the medicine to the victims of the hurricane.

Las medicinas fueron distribuidas a las víctimas del huracán por el gobierno.
The medicine was distributed to the victims of the hurricane by the government.

- What is the subject in the first sentence?
- What is the direct object of the verb in the first sentence?

Because the agency who performs the action (*the government*) is the grammatical subject and the thing that receives the action (*the medicine*) is the direct object, this sentence is called an *active* sentence.

In the second sentence, the *medicine* is still the recipient of the action of the verb, but it is the grammatical subject of the verb *ser* (to be). *The government* (the doer) is connected to the rest of the sentence by the preposition *por* (by). When the recipient of the action is the grammatical subject of a sentence, the sentence is said to be in the *passive voice*.

In the first sentence above it is clear who is actively performing the action. In the second sentence, the subject of the first sentence has become the *agent*.

Formation of the Passive Voice

The passive voice is formed as follows:

> subject + *ser* + past participle + *por* + agent

> **Esos libros son leídos por todos los estudiantes.**
> *Those books are read by all the students.*

In the passive voice, the past participle agrees with the subject in gender and number. The past participle in the sentence above (*leídos*) is masculine and plural because the noun it modifies (*libros*) is masculine and plural.

The passive voice can be expressed in other tenses too:

> **Los pobres eran ayudados por Adelaida.**
> *The poor were helped by Adelaida.*

• How would the sentence above be expressed in the active voice in English?

• How would it be expressed in the active voice in Spanish?

Note that in some cases the agent does not necessarily have to be identified.

> **Las puertas fueron cerradas a las tres.**
> *The doors were closed at three o'clock.*

Remember, however, that if the grammatical subject of a passive sentence is a thing and the agent is not expressed, Spanish generally prefers the alternate passive construction using the reflexive form of the verb in the third person (reviewed in Unit 1). The two constructions are equivalent in meaning. The sentence above can (and probably would) be expressed as:

> **Se cerraron las puertas a las tres.**

Ejercicios

A. Juan y algunos de sus compañeros pasaron varias semanas ayudando a las víctimas de un huracán en la Florida. Lee las siguientes frases sobre lo que sucedió y luego decide si son frases pasivas o activas.

	PASIVA	ACTIVA
1. Muchos de sus vecinos contribuyeron mucho dinero.	___	___
2. El viaje fue organizado por el sindicato de los bomberos (*firemen's union*).	___	___
3. La región va a ser visitada por el gobernador y varios congresistas.	___	___
4. Juan y sus compañeros construyeron varias casas y escuelas.	___	___
5. Una escuela fue completamente destruida por el huracán.	___	___
6. Las víctimas son protegidas por la Cruz Roja.	___	___

B. Cambios. Lee las frases del ejercicio anterior y cambia las frases activas a pasivas y las pasivas a activas.

1. _____
2. _____
3. _____
4. _____
5. _____
6. _____

C. Expresa las siguientes frases con una construcción pasiva equivalente.

Modelo: La novela fue escrita en 1810.
Se escribió la novela en 1810.

1. El hospital fue construido hace tres años.

_____

2. Tres llamadas son hechas a Europa cada mes.

_____

3. La cura va a ser descubierta en el futuro.

_____

4. Trescientas revistas eran vendidas a la semana.

_____

5. El paquete fue mandado ayer.

_____

6. Todos los campos van a ser destruidos.

_____

7. Los edificios fueron abandonados antes de la guerra.

_____

8. El problema fue resuelto la semana pasada.

_____

D. Usa la información a continuación para expresar las ideas en la voz pasiva. Usa _ser_ + participio pasado + _por._

1. Benjamin Franklin descubrió el pararrayos (_lightning rod_).

_____

2. La Madre Teresa ayudaba a los pobres de Calcuta.

_____

3. El equipo de fútbol gana muchos partidos.

_____

4. Los estudiantes de esta escuela reciben muchas becas.

_____

5. El autor va a leer el poema en voz alta.

_____

6. Manuel arregla esta habitación todas las semanas.

_____

Ejercicios de resumen

A. Margarita y Gilda hablan en el patio de la escuela mientras esperan el comienzo de una conferencia. Lee la conversación y complétala con la forma correcta de _ser_ o _estar_ en el tiempo presente.

—¿Quién _____[1] esa chica?

—¿Cuál? ¿La chica que_____[2] sentada en el banco?

—Sí, creo que _____[3] nueva en esta escuela. Yo estoy aquí hace muchos

  años y _____[4] la primera vez que la veo. _____[5] muy guapa.

  Parece que ella _____[6] modelo. Se viste muy bien.

—Cristóbal me dijo que ella _____[7] de Lima.

—¿Y qué hace aquí?

—_____[8] estudiando relaciones públicas.

—La ropa que lleva _____ 9 bonita.

   Sí, la falda _____ 10 de algodón y los guantes _____ 11 de cuero.

   ¿_____ 12 tú segura de que ella _____ 13 de Lima?

—Sí, claro. Ella _____ 14 muy preocupada por los problemas que hay en su país.

—Oye, ¿qué hora _____ 15?

—_____ 16 las dos.

—¿Dónde _____ 17 la conferencia?

—_____ 18 en el auditorio. Vamos porque si no, vamos a llegar tarde.

B. Las siguientes frases hablan sobre una compañía hispana en los Estados Unidos. ¿Puedes cambiar las frases a la voz pasiva? Recuerda que debes mantener el mismo tiempo verbal de la frase original.

1. Goya distribuye muchos alimentos hispanos.

   _____

2. Dos hermanos empezaron la compañía.

   _____

3. Muchos grupos hispanos premian los esfuerzos de la compañía.

   _____

4. Los consumidores hispanos siempre apoyan a la compañía.

   _____

5. La compañía ayuda a la comunidad con varios programas.

   _____

The Present Perfect and Pluperfect Tenses

The present perfect

The present perfect tense is formed in Spanish with the present of the verb *haber* (to have) and the past participle.

$$\left.\begin{array}{l} \text{he} \\ \text{has} \\ \text{ha} \\ \text{hemos} \\ \text{habéis} \\ \text{han} \end{array}\right\} + \quad \text{past participle}$$

In Spanish, as in English, the present perfect is used to talk about past events or actions that have (or have not) happened shortly before the time of the statement. Its use generally denotes an action or occurrence of the present day, week, month, year, etc.

He comido mucho esta semana.
I have eaten a lot this week.

¿Has visto a Margarita hoy?
Have you seen Margarita today?

Remember that in order to form the past participle of regular verbs, you make the following changes:

-ar → -ado   (llegado, cantado, preparado, etc.)
-er → -ido   (comido, bebido, vendido, etc.)
-ir → -ido   (vivido, corrido, recibido, etc.)

We reviewed some irregular past participles in Unit 3, Lesson 3 and in Lesson 1 of this Unit.

Ejercicios

A. Un poco de práctica. Escribe el presente perfecto de los siguientes verbos.

1. abrir (yo) _____

2. caer (yo) _____

3. creer (tú) _____

4. cubrir (tú) _____

5. decir (él) _____

6. descubrir (ella) _____

7. escribir (Ud.) _____

8. hacer (nosotros) _____

9. leer (nosotras) _____

10. morir (ellos) _____

11. poner (ellas) _____

12. romper (ellos) _____

13. ver (Uds.) _____

14. volver (Uds.) _____

15. practicar (yo) _____

B. Lee las siguientes frases, luego expresa que ya alguien lo ha hecho, visto, etc. Usa la información entre paréntesis en las respuestas.

> **Modelo:** Elena quiere verlos a Uds. (nosotros)
> *Sí, ya la hemos visto en la cafetería.*

1. José quiere hablar contigo. (yo)

_____

2. No sé si los López volvieron de sus vacaciones. (ellos)

_____

3. ¿La puerta del salón de clases está cerrada? (el profesor)

_____

4. ¿Tuvieron Uds. que cubrir el cuaderno de ejercicios? (nosotros)

_____

5. Necesitamos visitar a Alfredo. (sus parientes)

_____

6. Vamos a poner la mesa. (José)

_____

7. Por favor, haz las tareas. (yo)

_____

8. Escríbele una carta a tus primos. (yo)

_____

C. Cada vez que uno de tus amigos te sugiere hacer una actividad tú le respondes que ya la has hecho. Usa el modelo como guía.

Modelo: ¿Quieres leer este libro?
No, ya lo he leído.

1. ¿Quieres ir de compras?

_____

2. ¿Por qué no visitamos a Sandra?

_____

3. ¿Vamos a devolver los libros a la biblioteca?

_____

4. ¿Desean Uds. comer en la cafetería?

_____

5. ¿Quieren Uds. hacer las tareas ahora?

_____

6. ¿Por qué no abrimos el paquete que llegó esta mañana?

_____

The pluperfect tense

Like the present perfect, the pluperfect is formed similarly in Spanish and in English. The pluperfect tense is formed in Spanish with the imperfect of the verb *haber* (to have) and the past participle.

$$\left.\begin{array}{l} \text{había} \\ \text{habías} \\ \text{había} \\ \text{habíamos} \\ \text{habíais} \\ \text{habían} \end{array}\right\} + \text{ past participle}$$

Estábamos muy cansados porque habíamos corrido mucho.
We were very tired because we had run a lot.

¿Habías visitado Mérida?
Had you visited Mérida?

The pluperfect allows you to place an action further back in the past than the preterite. The action or event is not only in the past, it is in the past prior to another moment in the past. The point of reference is often another event that also took place in the past.

Cuando llegué a la clase la profesora ya había comenzado.
When I arrived in class the teacher had already begun.

> **Hasta este año, no había comprendido eso.**
> *Up until this year, I had not understood that.*
>
> **A las seis, todavía no se había empezado a vestir.**
> *At six, she had not yet begun to get dressed.*
>
> You must keep in mind that when you use the perfect tenses in Spanish you may not put any word between the verb *haber* and the past participle.
>
> **¿Ha escrito la carta Juan?**
> *Has Juan written the letter?*
>
> **Felipe no había hecho la tarea.**
> *Felipe had not done the homework.*
>
> With reflexive verbs, the reflexive pronoun is placed immediately before the verb *haber* (*me había levantado, nos habíamos vestido*, etc.).

Ejercicios

A. ¿Qué habías hecho antes de las siguientes actividades? Escribe una frase explicando lo que tú, tus amigos y tu familia habían hecho antes de las siguientes actividades.

Modelo: Cuando subí al autobús ya tú…
Cuando subí al autobús ya tú habías encontrado un asiento.

1. Cuando salí de la escuela ya tú…

_____

2. Cuando mi madre llegó a la casa, ya yo…

_____

3. Cuando empezamos a comer, ya mi padre…

_____

4. Cuando fui a estudiar, ya mis hermanos…

_____

5. Cuando me acosté, ya nosotros…

_____

B. Nuestras obligaciones. Completa las siguientes frases para expresar lo que las siguientes personas habían hecho para evitar las siguientes situaciones. Usa el pluscuamperfecto (*pluperfect*) para completar las frases.

1. Para no salir mal en sus exámenes, ellos…

_____

2. Para no enojar a nuestros padres, nosotros…

_____

3. Para no llegar tarde a la escuela, Petra…

_____

4. Para no molestar a mis abuelos, yo…

_____

5. Para no tener demasiado trabajo, tú…

_____

6. Para no parecer tontos, todos…

_____

Ejercicios de resumen

A. Últimamente no has prestado atención (_paid attention_) a los chismes (_gossip_). Cuando oyes las siguientes frases, respondes que tú creías que ya había pasado.

> **Modelo:** Visito a mis abuelos este fin de semana.
> _Yo creía que habías visitado a tus abuelos la semana pasada._

1. Armando y Celia se van a casar.

_____

2. Yo voy a estudiar para el examen.

_____

3. Jorge viene a visitarlos la semana próxima.

_____

4. Héctor definitivamente compra un coche este año.

_____

5. Esta tarde le escribo al director.

_____

6. Mañana llamo por teléfono a Tina.

_____

7. Ahora le voy a decir la verdad a Fernando.

_____

8. Hago la cama antes de salir.

_____

9. Sus padres ponen el dinero en ese banco.

_____

10. Tengo que devolver estos libros a la biblioteca.

_____

B. Soledad es muy cuidadosa y siempre se asegura de hacer todo lo que tiene que hacer antes de salir de su casa. Usa las siguientes frases para expresar lo que ella ha hecho. Usa el presente perfecto para expresar tus ideas.

   Modelo: hacer la cama
             Soledad ha hecho la cama.

1. limpiar la casa

_____

2. escribir una lista de lo que tiene que comprar

_____

3. hacer una lista de todo lo que tiene que hacer

_____

4. tomarse las vitaminas

_____

5. cerrar las ventanas

_____

6. salir muy temprano

_____

C. ¿Qué ha ocurrido últimamente? Escribe frases completas expresando lo que las siguientes personas han hecho recientemente.

1. En la última semana yo…

_____

2. En los últimos días mis amigos…

_____

3. Durante el fin de semana mis amigos y yo…

_____

4. Esta mañana mi profesor(a)…

_____

Ahora hazle dos preguntas a uno(a) de tus amigos para saber si ha hecho ciertas cosas últimamente.

1. _____

2. _____

Ejercicios creativos para escribir y para conversar

Los siguientes ejercicios van a ayudarte a poner en práctica los conceptos de esta unidad. Es buena idea que uses el espacio después de cada ejercicio para hacer apuntes (listas de palabras, expresiones, etc.) que te ayuden a expresar las ideas. Debes escribir la versión final de los ejercicios para escribir en tu cuaderno.

A. Imagina que quieres describirle a un(a) amigo(a) que viene a visitarte el lugar donde él o ella va a vivir. Piensa en tu casa o apartamento y escribe una lista de todos los adjetivos que se pueden usar para describirla(lo). Luego escribe una descripción de tu casa o apartamento. Incluye:

- el lugar donde se encuentra
- cómo es
- la condición en que está tu alcoba generalmente y en ese momento
- lo que has hecho para prepararlo todo para la visita
- los lugares que están cerca de tu casa o apartamento
- lo que se puede hacer en tu barrio

_____

_____

_____

_____

_____

_____

_____

_____

_____

_____

¡Ojo! Guarda tu descripción pues vas a usarla en la próxima unidad.

B. Un crimen. Imagina que la policía está investigando un crimen. Lee todas las frases y luego complétalas de una manera lógica. Usa el tiempo pluscuamperfecto.

1. Cuando yo entré en la sala, los ladrones _____

2. Llamé por teléfono a la policía, pero mi vecino ya _____

3. Cuando los policías llegaron, los ladrones _____

4. En el cuarto había ropa por todas partes porque ellos _____

5. Miré debajo de la cama porque yo creía que los ladrones _____

6. Un policía me preguntó si yo _____

7. Le contesté que yo nunca _____

8. En ese momento mi hermano llegó y le pregunté si él _____

9. De repente sonó el teléfono. Era otro policía que nos informaba que ya

_____

10. Aparentemente los ladrones _____

Y así pudieron capturarlos sin problema.

C. Imagina que quieres contarle el cuento Ricitos de oro (Goldilocks and the Three Bears) a tu amiguito. Describe todo lo que sabes sobre los personajes, la casa, etc. Usa el imperfecto y el pretérito para narrar el cuento.

Ricitos de Oro (ser)…, (tener) el pelo…   En la casa (haber)…

Los tres osos (ser)…   En el cuarto (tener)…

La casa (estar)…   Un día…

La casa (ser)…

_____

_____

_____

_____

_____

_____

_____

_____

_____

D. Escríbele una tarjeta postal a un(a) amigo(a) describiéndole dos actividades en que te gusta participar. También incluye las cosas que se deben hacer o que es necesario tener para participar en las actividades.

Modelo: *Me gusta esquiar. Es necesario tener buenos esquíes y saber esquiar bien. Debes practicar, etc.*

_____

_____

_____

_____

_____

_____

E. ¿Qué vas a hacer la semana próxima? Escribe un párrafo explicando lo que van a hacer tú, algunos miembros de tu familia y tus amigos.

_____

_____

_____

_____

_____

_____

_____

_____

F. Muchas veces no podemos hacer lo que queremos porque otras personas están haciendo algo que no nos permite hacerlo. Completa las siguientes frases de una manera original explicando por qué tú o tus amigos no hicieron algo. Usa el progresivo.

Modelo: *No salí a comer porque mis amigos estaban trabajando cuando llamé.*

1. No pude estudiar porque mis padres _____

2. Salí de la bilioteca porque unos niños _____

3. No terminé el experimento de química porque la profesora _____

4. Nosotros regresamos a casa temprano porque mis amigos _____

5. Carlota no tomó el metro porque los empleados _____

6. Mi mejor amiga no me visitó este fin de semana porque tú _____

7. Yo no pude salir contigo anoche porque yo _____

8. Mis tíos no vinieron a visitarnos porque nosotros _____

G. A veces ocurren cosas inexplicables. Escribe un párrafo describiendo algo que te sucedió pero que te parece que ya había ocurrido.

Modelo: *Cuando entré en el edificio sabía que ya había estado allí. Ya había conocido a ese hombre…*

_____

_____

_____

_____

_____

_____

_____

H. El futuro. Entrevista a un compañero de clase sobre lo que él o ella piensa hacer en el futuro. Usa las siguientes expresiones para hacer tus preguntas. Luego, presenta los resultados de tu entrevista al resto de la clase.

    ir a + infinitivo

    pensar + infinitivo

    preferir + infinitivo

    querer + infinitivo

_____

_____

_____

_____

_____

_____

I. Situaciones difíciles. Investiga cómo reaccionan tus compañeros de clase a situaciones difíciles. Primero crea tres situaciones difíciles. Entonces descríbeselas a un(a) compañero(a) de clase. Él o ella va a usar las siguientes expresiones para decirte lo que la persona debe hacer en esas situaciones.

    deber + infinitivo

    hay que + infinitivo

    es necesario + infinitivo

    necesitar + infinitivo

    tener que + infinitivo

Si no estás de acuerdo con lo que dice él o ella, puedes hacerle preguntas. Luego tu compañero(a) de clase te va a describir sus situaciones y tú le vas a dar consejos.

_____

_____

_____

_____

_____

_____

J. El éxito en la vida. Todos queremos tener éxito en la vida. Entrevista a un(a) compañero(a) de clase para investigar lo que él o ella piensa que hay que hacer para lograr esta meta (*achieve this goal*). Algunos temas pueden ser: obtener un buen trabajo, asistir a una buena universidad, vivir cómodamente, tener una buena relación con los padres, etc. Puedes usar algunas de las expresiones del ejercicio anterior como guía.

_____

_____

_____

_____

_____

_____

K. La peor película de mi vida. Usa la siguiente lista como guía para entrevistar a un(a) compañero(a) de clase sobre la peor película que él o ella ha visto en su vida.

la música	la ropa de los actores
los actores	los colores
el paisaje	

_____

_____

_____

_____

_____

_____

Unit 5

 For a review of the various uses of the infinitive, the present and past participles, and the verbs *ser* and *estar*, visit http://www.phschool.com. Once you get to the Foreign Languages section, follow the instructions on the Web page.

Unit 5 Table of Contents

Objectives

In this unit you will be able to:
- Compare activities, people, and things
- Talk about possessions
- Point out specific objects, people, and things

The following grammar points will help you accomplish these objectives:

Lesson 1 Adverbs

Structure of adverbs

In Unit 3 you reviewed adjectives. As you recall, adjectives are words that describe nouns.

el libro **negro**

las chicas **inteligentes**

In this lesson you will learn about adverbs. You have already been using some adverbs: *bien, mal, mucho, poco, muy, más,* etc. If you go back to the list that appears in Unit 3, Lesson 2, (expressions that lend themselves better to either the imperfect or the preterite) you will notice that many of those words are adverbs; they describe the actions (verbs). For example:

Cuando éramos más jóvenes, caminábamos a la escuela a menudo.
When we were younger, we used to walk to school often.

Siempre íbamos de viaje los fines de semana.
We always used to go on a trip on the weekends.

In some cases, adverbs are words that you must memorize (for instance, the adverbs *a menudo* and *siempre* above). In many instances, however, adverbs can easily be formed by adding *-mente* to the ending of the feminine form of the adjective. The ending *-mente* is equivalent to the English ending *-ly*.

silenciosa → silenciosamente   *silently*

breve → brevemente   *briefly*

Note that if the adjective has an accent, the accent is kept when you form an adverb.

fácil → fácilmente   *easily*

último → últimamente   *lately*

Another thing to keep in mind in forming adverbs is that when there is a string of two or more adverbs in a row, only the last one has the *-mente* ending.

Esteban habla alemán clara y perfectamente.
Esteban speaks German clearly and perfectly.

Ejercicios

A. ¿Cómo haces las cosas? Cambia los siguientes adjetivos a adverbios. Luego usa cada uno de los adverbios para decir cómo haces diferentes actividades. La lista de adjetivos no está en el orden en que los tienes que usar.

1. perfecto   _____
2. frecuente   _____
3. rápido   _____
4. final   _____
5. regular   _____
6. total   _____
7. nervioso   _____
8. solo   _____
9. inteligente   _____
10. especial   _____

1. (hacer la tarea)

   _____

2. (ayudar a mis padres)

   _____

3. (leer las novelas)

   _____

4. (escribir los informes)

   _____

5. (cocinar mis platos favoritos)

   _____

6. (completar mis deberes)

   _____

7. (tomar los exámenes)

   _____

8. (dar un paseo)

   _____

9. (discutir la política)

   _____

10. (descansar)

   _____

B. ¿Qué sabemos sobre la vida escolar de Eduardo? Lee las siguientes frases y luego complétalas de una manera lógica con un adverbio para saber un poco más sobre su escuela y sus clases.

1. Las lecciones de la profesora de inglés son muy entretenidas. Ella explica

   _____.

2. Juan siempre asiste a sus clases. Él va a la escuela _____.

3. Siempre me siento bien durante los exámenes. Tomo mis exámenes

   _____.

4. Esos problemas son interesantes. Nosotros los aprendemos

   _____.

5. ¡Qué buena profesora es Dolores! Ella siempre me explica las lecciones

   _____.

6. Tenemos que llegar a clase en cinco minutos. ¡Termina _____!

Structure of adverbs *(continued)*

> In some cases, the construction "*con* + noun" is used in Spanish as an adverb.
>
> **Sarita explica la lección claramente.**
> *Sarita explains the lesson clearly.*
>
> **Sarita explica la lección con claridad.**
> *Sarita explains the lesson with clarity (clearly).*
>
> **Ellos se hablan emocionalmente.**
> *They speak to each other emotionally.*
>
> **Ellos se hablan con emoción.**
> *They speak to each other with emotion (emotionally).*

Ejercicio

Cada vez que dices algo, tu amiga lo repite, pero de manera diferente. Completa las siguientes frases expresando la misma idea.

1. —El director nos habla emocionalmente.

   —Sí, es verdad, nos habla _____.

2. —Alejandro me saluda con cortesía.

   —Sí, te saluda _____.

3. —Siempre les hablo a mis perros amorosamente.

   —Sí, les hablas _____.

4. —Salen hablando con tranquilidad.

   —Sí, salen hablando _____.

5. —Hacemos las tareas con cuidado.

   —Sí, las hacemos _____.

6. —Nos despedimos de Antonio dolorosamente.

   —Sí, nos despedimos _____.

Adverbs as questions and answers to questions

Adverbs can be used to ask questions about how (*¿cómo?*), when (*¿cuándo?*), where (*¿dónde?*), how much (*¿cuánto?*), and why (*¿por qué?*) something is done.

Adverbs can also be used to answer these questions. If you group them according to the question which they answer, it will be easier for you to remember them.

Some adverbs that answer the question *¿cómo?*

bien	*well*	peor	*worse*
mal	*badly*	de pronto	*suddenly*
menos	*less*	lentamente	*slowly*
más	*more*	sinceramente	*sincerely*
mejor	*better*		

Remember that *bien* and *mal* are adverbs, while *bueno* and *malo* are the corresponding adjectives.

Alberto es muy bueno pero no cocina bien.
Alberto is very good but he does not cook well.

Ejercicio

Cada vez que Rosaura dice algo, Jacinto dice lo opuesto. Lee las siguientes frases y luego escribe lo que Jacinto dice usando el antónimo del adverbio subrayado.

1. Ahora el profesor nos examina <u>menos</u>.

_____

2. Tú lo haces todo <u>rápidamente</u>.

_____

3. Esa marca de coches anda <u>mejor</u>.

_____

4. Salieron <u>mal</u> en el examen.

_____

5. César dice todo <u>con insinceridad</u>.

_____

6. Me visitan <u>con infrecuencia</u>.

_____

Some adverbs and adverbial expressions that answer the question _¿cuándo?_

Expressions specifying days or times of day

ahora _now_	de día _during the day_
hoy _today_	de noche _at night, during the night_
anoche _last night_	por la mañana _in the morning_
ayer _yesterday_	por la tarde _in the afternoon_
anteayer _the day before_	por la noche _at night_
yesterday_	a la una (a las dos, etc.) _at one o'clock_
mañana _tomorrow_	(_at two, etc._)
pasado mañana _the day after tomorrow_	

Other expressions

a menudo _frequently_	mientras _while_
a veces _sometimes_	nunca _never_
antes _before_	pronto _soon_
de vez en cuando _from_	raras veces _rarely_
time to time_	siempre _always_
después _afterwards_	tarde _late_
en seguida _right away,_	temprano _early_
immediately_	todavía _still_
entonces _then_	tadavía no _not yet_
jamás _never_	ya _already_
luego _later_	ya no _no longer_

Ayer estudié por la mañana pero hoy voy a estudiar por la noche.
Yesterday I studied in the morning but today I am going to study at night.

Ejercicio

Cada vez que alguien te hace una pregunta tienes que corregir la información. Responde a las siguientes preguntas en la forma negativa expresando lo opuesto del adverbio subrayado.

> **Modelo:** ¿Viene el cartero <u>por la mañana</u>?
> *No, el cartero viene por la tarde.*

1. ¿Recibiste los paquetes de Jorge <u>ayer</u>?

_____

2. ¿Trabaja el padre de Lisa <u>de noche</u>?

_____

3. ¿Me vas a llamar <u>luego</u>?

_____

4. ¿Vamos a llegar <u>tarde</u>?

_____

5. ¿<u>Todavía</u> sales con Bárbara?

_____

6. ¿Comen Uds. en ese restaurante <u>raras veces</u>?

_____

Some adverbs and adverbial expressions that answer the question *¿dónde?*

aquí *here (definite place, near the speaker)*	
acá *here (used primarily with the verb* venir)	
ahí *there (definite place, near the person spoken to)*	
allí *over there (definite place, far from both)*	
allá *over there (used primarily with the verb* ir)	

abajo *underneath, downstairs*	detrás *behind*
adentro *inside*	encima *on top, above*
afuera *outside*	enfrente *in front, across, opposite*
arriba *above, upstairs*	en (por) todas partes *everywhere*
cerca *near*	lejos *far*
debajo *under*	por aquí *around here*
delante *in front*	

La farmacia está cerca.
The drugstore is near.

Ejercicio

Félix es un gato muy travieso. Mira en todos los lugares donde se mete. Usa los dibujos a continuación para escribir frases diciendo donde está.

Modelo:

El gato está cerca de la pecera.

1. _____

2. _____

3. _____

4. _____

5. _____

6. _____

7. _____

Some adverbs that answer the question ¿cuánto?

algo	*somewhat, rather*	menos	*less*
bastante	*enough*	mucho	*a lot*
casi	*almost*	nada	*nothing*
demasiado	*too much*	poco	*little*
más	*more*	tanto	*so much*

Felipe habla demasiado.
Felipe talks too much.

Ejercicio

Julio necesita ayuda en español. Él tiene que responder a algunas preguntas pero no sabe ciertas palabras. Ayúdalo a completar sus respuestas y a expresar la idea entre paréntesis en español.

1. ¿Habla mucho el profesor? (*too much*)

Sí, habla _____

2. ¿Te sirvo más sopa? (*less*)

No, sírveme _____

3. ¿Tienen Uds. suficiente tiempo? (*enough*)

Sí, creo que tenemos _____

4. ¿Trabaja ella poco? (*a lot*)

Claro que no. Trabaja _____

More about adverbs

1. The main response to the question *why* (*¿por qué?*) is the adverb *because* (*porque*).

No como tortillas porque no me gustan los huevos.
I don't eat omelettes because I do not like eggs.

2. The following adverbs are used to affirm or negate:

claro   *of course*

claro que no   *of course not*

claro que sí   *of course*

por supuesto   *of course*

sin duda   *undoubtedly*

también   *also*

tampoco   *neither; not... either*

Juan va y yo también (voy).
John is going and I am going also.

3. Other adverbial phrases that will help you to describe actions are:

de nuevo   *again*

quizás   *perhaps*

tal vez   *perhaps*

Sebastián escribió la composición de nuevo.
Sebastián wrote the composition again.

Keep in mind that *más*, *menos*, *demasiado*, *peor*, *mejor*, *poco*, and *mucho* can be used either as adjectives or as adverbs.

Vamos a llevar pocas cosas al parque.
We are going to take few things to the park.

Hay demasiados libros en el estante.
There are too many books in the bookshelf.

Carolina habla poco.
Carolina speaks little.

Juan, tú comes demasiado.
Juan, you eat too much.

Look again at the first two example sentences above. What do you notice about the endings of *poco* and *demasiado* in those sentences? Can you explain why they have those endings?

Remember that when *poco* and *demasiado* are used as adjectives, they have to agree with the noun. In those first two example sentences above, the endings on the adjectives *poco* and *demasiado* are expressing their agreement with the nouns they are describing. In the last two sentences, on the other hand, *poco* and *demasiado* are being used as adverbs. Adverbs do not change their form to agree with the noun or the verb, which is why there is no change in the ending of *poco* or *demasiado* in the last two sentences.

Ejercicios

A. Las actividades en casa de Gilberto por la mañana. Completa el siguiente párrafo sobre el padre de Gilberto y sus actividades por la mañana. Usa los siguientes adjetivos para formar los adverbios que completen las frases de una manera lógica.

alegre	frecuente
constante	lento
fácil	tranquilo

Cuando mi papá se levanta tarde, él se viste ＿＿＿＿＿＿ ¹. Por eso

＿＿＿＿＿＿ ² llega tarde a su oficina. Cuando se levanta temprano, él puede

tomar el autobús ＿＿＿＿＿＿ ³ y llegar a la oficina ＿＿＿＿＿＿ ⁴. Mi mamá

le dice ⁵ ＿＿＿＿＿＿ que él debe tener más consideración si él quiere que ella

sirva el desayuno ＿＿＿＿＿＿ ⁶.

B. Un pequeño incidente. Completa el siguiente párrafo con la forma correcta del adverbio para saber lo que le sucedió a mi amigo Javier.

Caminaba ——————— [1] y ——————— [2] (rápido/distraído) por la calle

cuando de repente me encontré con un hombre que me miró ——————— [3]

(frío). No supe qué hacer. Corrí ——————— [4] (desesperado) hasta llegar a una

tienda. La gente allí ——————— [5] (indudable) pensó que estaba loco. Empecé a

gritar ——————— [6] y ——————— [7] (nervioso/loco) y el dueño me preguntó

——————— [8] (cortés) lo que pasaba. No dije nada y salí ——————— [9] (aver-

gonzado) de la tienda. En la acera me encontré con el hombre. Él me sonrió

——————— [10] (amable) y me enseñó una billetera. Era mi billetera. La había

perdido ——————— [11] (descuidado).

Ejercicios de resumen

A. Con más detalles. Responde a las siguientes preguntas con frases completas usando adverbios para dar más claridad a la información.

> **Modelo:** mirar la televisión
> *Miro la televisión demasiado.*

1. ¿Cómo haces tú las siguientes actividades? Trata de usar dos adverbios por lo menos en cada una de las frases. Recuerda que tienes que cambiar los adjetivos a adverbios.

    cómodo

    constante

    emocionante

    fácil

    frecuente

    honesto

a. hablar con mis padres

_____

b. ir a la biblioteca

_____

c. sentarme a mirar la televisión

_____

2. ¿Cuándo hiciste las siguientes actividades? Puedes usar otros adverbios si quieres.

    anteayer   en seguida

    de noche   temprano

    de vez en cuando

a. cortarse el pelo

_____

b. ir de compras

_____

c. dar un paseo

_____

3. ¿Dónde hicieron tus amigos las siguientes actividades? Puedes usar otros adverbios.

    allí   delante

    cerca   por todas partes

a. cenar en un restaurante

_____

b. escuchar la radio

_____

c. encontrarse con los amigos

_____

4. ¿Cuánto tiempo pasó tu mejor amigo(a) haciendo estas actividades?

    algo   mucho

    demasiado   poco

a. estudiar para un examen

_____

b. montar en bicicleta

_____

c. limpiar el cuarto

_____

B. Algunas veces hay que poner énfasis en lo que se dice. Responde a las siguientes preguntas con frases completas usando uno de los adverbios de la lista en tus respuestas.

claro que no	por supuesto
de nuevo	quizás
en seguida	sin duda

Modelo: ¿Vienes pronto?
Sí, voy en seguida.

1. ¿Vas a salir este fin de semana?

   _____

2. ¿Has terminado todas las tareas esta semana?

   _____

3. ¿Quieren ir al cine tú y tus amigos esta noche?

   _____

4. ¿Están contentos los estudiantes con las actividades deportivas de tu escuela?

   _____

5. La última vez que tuviste un examen, ¿habías estudiado bastante?

   _____

Comparisons, Irregular Adjectives, Irregular Adverbs, and the Superlative

Lesson 2

Comparisons

In Spanish, as in English, comparative constructions are used to compare people, activities, or things with one another. When comparing the quality of one thing to that of another, there are three possibilities: *greater than*, *less than*, and *equal to*.

Comparisons of equality

1. Comparing with adjectives or adverbs. When you are comparing two or more items that are equal, Spanish uses the constructions:

tan + adjective + *como*

and

tan + adverb + *como*

Las fresas son tan caras como las bananas.
The strawberries are as expensive as the bananas.

Carmen escribe tan rápido como Adela.
Carmen writes as fast as Adela.

Note that *tan... como* is used to compare in terms of an adjective or an adverb. If you are comparing in terms of an adjective, remember that the adjective must change according to the noun it modifies.

2. Comparing with nouns. Comparative constructions of equality can also be formed with nouns. The construction "*tanto* + noun + *como*" is used to compare in terms of a noun. Note, however, that in this construction *tanto* functions as an adjective and, thus, must agree with the noun it describes.

tanto + masculine singular noun + *como*
Yo tengo tanto dinero como Alberto.
I have as much money as Alberto.

tanta + feminine singular noun + *como*
Caridad tiene tanta paciencia como Ignacio.
Caridad has as much patience as Ignacio.

tantos + masculine plural noun + *como*
Tengo tantos problemas como Antonio.
I have as many problems as Antonio.

tantas + feminine plural noun + *como*
Visité tantas universidades como tú.
I visited as many universities as you (did).

Ejercicio

Comparaciones. Usa la información entre paréntesis para comparar a las siguientes personas.

Modelo: Elena siempre da muchos consejos. (= Pablo)
Elena da tantos consejos como Pablo.

1. Yo mando mucho correo electrónico. (= Alberto)

   _____

2. Son demasiado serias. (= tú)

   _____

3. Uds. tienen muchas peleas. (= ellos)

   _____

4. Ellos tenían miedo. (= Uds.)

   _____

5. Piden muchas disculpas. (= tú)

   _____

6. Sergio es cortés. (= yo)

   _____

7. Eleanor ofrece ayuda siempre. (= nosotros)

   _____

8. Gerardo demuestra mucho cariño. (= yo)

   _____

9. Carolina es muy comprensiva. (= José y Juan)

   _____

10. La directora es muy amable. (= la profesora)

   _____

Comparisons (continued)

Comparisons of inequality

> **1. Comparing with adjectives or adverbs.** When you are comparing two or more items and one is greater than the other, Spanish uses the constructions:
>
> *más* + adjective + *que*
>
> and
>
> *más* + adverb + *que*

La rosa es más bonita que el tulipán.
The rose is prettier than the tulip.

Las chicas son más inteligentes que nosotros.
The girls are more intelligent than we (are).

Antonio conduce el coche más rápidamente que Felipe.
Antonio drives the car more quickly than Felipe.

When you are comparing two or more items and one is less than the other, Spanish uses the constructions:

menos + adjective + *que*

and

menos + adverb + *que*

Este ejercicio de álgebra es menos complicado que el otro.
This algebra exercise is less complicated than the other one.

Esta computadora funciona menos rápido que ésa.
This computer works slower than that one.

2. Comparing with nouns. Comparative constructions of inequality can also be formed with nouns. In this case, the constructions *más* + noun + *que* and *menos* + noun + *que* are used.

Mis padres ahorran más dinero que mis tíos.
My parents save more money than my aunt and uncle.

Compré menos camisas que mi hermano.
I bought fewer shirts than my brother.

3. Comparing with numbers and quantity. As you can see, when you use *más* or *menos* in a comparison, it is usually followed by *que*. However, in order to express *more... than* or *less... than* before a number or quantity, Spanish uses the constructions *más... de* and *menos... de*.

Ayer corrí menos de diez millas.
Yesterday I ran less than ten miles.

Carmela tiene más de una docena de sombreros.
Carmela has more than a dozen hats.

Ejercicios

A. Hay una nueva estudiante en la escuela y tus amigos quieren saber cómo es ella. Usa la información entre paréntesis para compararla a los otros estudiantes.

Modelo: ¿Es interesante ella? (= tú)
Sí, ella es tan interesante como tú.

1. ¿Es atlética la nueva estudiante? (= ellos)

_____

2. ¿Habla ella mucho español? (– tú)

_____

3. ¿Ha visitado muchos países de habla hispana? (- nosotros)

_____

4. ¿Juega muchos juegos electrónicos después de las clases? (+ Antonio)

_____

5. ¿Es simpática? (+ esos chicos)

_____

6. ¿Sale a almorzar con Uds. a menudo? (- los otros estudiantes)

_____

B. Los precios cambian constantemente. Responde diciendo si el artículo o servicio cuesta más o menos que la cantidad en la segunda pregunta.

> **Modelo:** ¿Cuánto cuesta un disco compacto? ¿Veinte dólares?
> _No, cuesta menos de veinte dólares._

1. ¿Cuánto cuesta un televisor? ¿Cien dólares?

_____

2. ¿Cuánto cuesta un bolígrafo? ¿Cincuenta centavos?

_____

3. ¿Cuánto cuesta un coche? ¿Cien mil dólares?

_____

4. ¿Cuánto cuesta el libro de ciencias? ¿Cinco dólares?

_____

5. ¿Cuánto cuesta un billete de avión de Nueva York a España? ¿Diez mil dólares?

_____

C. Lee las siguientes frases. Luego escribe una frase en la cual compares las ideas expresadas.

1. Julio tiene veinte discos compactos. Yo tengo veinte discos compactos también.

_____

2. Las clases son muy interesantes. El ajedrez no es muy interesante.

_____

3. La alfombra roja mide (_measures_) cinco pies. La alfombra rosada mide seis pies.

_____

4. Yo traigo tres maletas. Graciela trae cinco.

_____

5. Los melones cuestan dos dólares. Las fresas cuestan tres dólares.

_____

6. Estela juega bien al vólibol. Teresa juega bien también.

_____

7. Eloisa tiene mucho trabajo. Su esposo tiene mucho trabajo también.

_____

Irregular adjectives

Keep in mind that the following adjectives have irregular comparative forms. The adverbs *más* and *menos* are not used with these comparative adjectives.

bueno → mejor   *better, best*
La limonada es mejor que el refresco.
Lemonade is better than soda.

malo → peor   *worse, worst*
Ese bolígrafo es peor que éste.
That ballpoint pen is worse than this one.

joven → menor   *younger, youngest*
Jorge es menor que Bárbara.
Jorge is younger than Bárbara.

viejo → mayor   *older, oldest*
Bárbara es mayor que Jorge.
Bárbara is older than Jorge.

Remember that:

1. the irregular forms *mayor* (older) and *menor* (younger) are used to compare people in relation to age.

2. *más viejo* is used to say *older* when comparing *things* (not people) in relation to age.

3. *más nuevo* is used to say *newer*.

Yo soy menor que Juan pero mi coche es más viejo que el coche de él.
I am younger than Juan but my car is older than his.

Ejercicio

Comparaciones. Lee las frases a continuación, luego escribe una frase nueva para expresar la misma idea usando *mejor, peor, menor* o *mayor*.

1. La madre de Juan tiene 45 años. Su padre tiene 42.

   _____

2. Un dolor de estómago es malo. Un dolor de muelas es horrible.

   _____

3. Las actividades dentro de la casa son entretenidas. Las actividades al aire libre son fantásticas.

   _____

4. El sobrino de Tomás tiene doce años. Mi sobrino sólo tiene seis.

   _____

5. La música romántica es buena. La música bailable es fabulosa.

   _____

6. Sandra tiene quince años. Su hermana tiene diez años.

   _____

7. Esta escuela es excelente. La escuela de mi hermano no es muy buena.

   _____

8. Mi padre tiene cuarenta años. Mi madre tiene cuarenta y cinco años.

   _____

Irregular adverbs

The only adverbs that have irregular comparative forms are:

bien → mejor   *better, best*

mal → peor   *worse, worst*

mucho → más   *more, most*

poco → menos   *less, least*

Habla español bien. Habla español mejor que su hermano.
He speaks Spanish well. He speaks Spanish better than his brother.

Esquía mucho. Esquía más que su hermano.
He skies a lot. He skies more than his brother.

Más comparaciones. Lee las frases a continuación, Luego escribe una frase nueva para expresar la misma idea usando *mejor que, peor que, más que* o *menos que.* Usa todas las expresiones.

1. Ricardo corre seis millas todos los días. Felicia corre diez millas.

   _____

2. Isabel no escribe el japonés muy bien. Yoko escribe el japonés bien.

   _____

3. Juan duerme siete horas cada noche. Óscar duerme solamente seis horas.

   _____

4. El amigo de Tomás dibuja muy bien. Mi hermano dibuja muy mal.

   _____

5. Los padres de Georgina no cocinan muy bien. Mis padres cocinan bien.

   _____

6. Ignacio escribe para tres periódicos de la escuela. Yo escribo para un periódico.

   _____

The superlative

In order to express the superlative of superiority in Spanish, just add the definite article before the person or thing being compared. The constructions used are:

definite article + noun + *más* + adjective + *de*

or

definite article + noun + *menos* + adjective + *de*

Adelaida es la alumna más lista de la clase.
Adelaida is the most clever student in the class.

Juan es el alumno menos serio de la clase.
Juan is the least serious student in the class.

Note that sometimes, the noun is omitted.

Adelaida es la más lista de la clase.
Adelaida is the most clever in the class.

Juan es el menos serio de la clase.
Juan is the least serious in the class.

Notice that in the superlative form, the English *in* is translated by *de.*

If you want to express the highest degree of quality or the idea of *extremely,* you may:

1. use *muy* before the adjective:

raro → muy raro   original → muy original

2. add *-ísimo, -ísima, -ísimos,* or *-ísimas* with the following changes to the adjective:

a. if the adjective ends in a vowel, drop the final vowel before adding *-ísimo,* etc.:

raro → rarísimo   elegante → elegantísimo

b. if the adjective ends in one of the following consonants, or if one of the following consonants is left at the end of the adjective after dropping the final vowel, make these spelling changes (to preserve the prununciation of the consonant):

When the adjective ends in...	Change the final consonant to...	And add...
c	*qu*	
g	*gu*	*-ísimo,* etc.
z	*c*	

rico → riquísimo

largo → larguísimo

feroz → ferocísimo

c. if the adjective ends in any other consonant, just add *-ísimo,* etc. to the unchanged adjective:

original → originalísimo

Ejercicios

A. Hace muchos años que Debra no ve a sus parientes. Hoy ellos la visitaron y ella los compara. Ella escribió todo en su diario pero no en frases completas. ¿Qué crees que dice? Usa el superlativo.

Modelo: Alfredo + alto todos
Alfredo es el más alto de todos.

1. mi prima   + guapa   todas

_____

2. yo   - paciente   toda la familia

_____

3. mi tío   - diplomático   todos mis tíos

_____

4. mis padres   + comprensivos   todos

_____

B. Jacinto está de vacaciones. Su amiga Teresa lo llama por teléfono y le hace varias preguntas. Él responde usando el superlativo en las respuestas.

> **Modelo:** ¿Es bueno el hotel?
> *Sí, es buenísimo.*

1. ¿Es divertido el lugar?

   _____

2. ¿Son felices los habitantes?

   _____

3. ¿Es larga la playa?

   _____

4. ¿Es cortés el guía turístico?

   _____

5. ¿Está el sol caliente?

   _____

6. ¿Son interesantes las ruinas prehistóricas?

   _____

7. ¿Es fácil andar por la ciudad?

   _____

8. ¿Son ricas las comidas?

   _____

9. ¿Son cómicos los artistas que aparecen en el teatro del pueblo?

   _____

10. ¿Son buenas las excursiones?

   _____

Ejercicios de resumen

A. Tú crees que las siguientes personas comparten las mismas cualidades y el mismo nivel de vida. Lee las siguientes frases y usando la construcción de igualdad (*equality*) expresa tu opinión.

> **Modelo:** Ignacio habla alemán muy bien. (Siegmar)
> *Siegmar habla alemán tan bien como Ignacio.*

1. Eduardo tiene mucho dinero. (Jacinto)

   _____

2. Carola tiene muchas amigas. (Carlos)

   _____

3. Enrique es muy amable. (Isabel)

   _____

4. Los Montalvo viven cómodamente. (los Juárez)

_____

5. Manuel es muy comprensivo. (Marina)

_____

6. La familia de Jorge tiene cinco coches. (Jaime)

_____

B. Los profesores en tu escuela tienen diferentes estilos. Compáralos usando los adjetivos entre paréntesis.

El (La) profesor(a) de...

1. español/física (amable)

_____

2. inglés/matemáticas (exigente)

_____

3. educación física/arte (cómico)

_____

4. historia/computadoras (estricto)

_____

5. matemáticas/drama (informativo)

_____

C. En tu familia, ¿quién es el (la) que se destaca más (_stands out the most_)? Usa las siguientes cualidades para expresar quién se destaca más en tu familia.

> **Modelo:** romántico
> _Mi papá es el más romántico de los hombres de la familia._

1. paciente

_____

2. cariñoso

_____

3. inquieto

_____

4. trabajador

_____

5. mayor/menor

_____

6. intrigante

_____

D. Piensa en personas famosas y usa la construcción del superlativo *-ísimo* para escribir frases sobre ellos. Usa los adjetivos a continuación como guía.

aburrido	ignorante
débil	raro
elegante	rico
guapo	

1. _____

2. _____

3. _____

4. _____

5. _____

6. _____

7. _____

Possessive and Demonstrative Adjectives and Pronouns

Possessive adjectives

In Spanish, possessive adjectives agree in gender and number with the noun they modify. Take a minute to see if you remember how to express the following phrases in Spanish:

my friends   our aunt   her parents

(In Spanish you say: *mis amigos, nuestra tía*, and *sus padres*.)

Now review the following list of possessive adjectives:

Used with a singular noun	
mi libro/pluma *my book/pen*	**nuestro** libro *our book*
	nuestra pluma *our pen*
tu libro/pluma *your (familiar) book/pen*	**vuestro** libro *your (familiar) book*
	vuestra pluma *your (familiar) pen*
su libro/pluma *his, her, its, your (formal) book/pen*	**su** libro/pluma *their, your (formal) book/pen*

Used with a plural noun	
mis libros/plumas *my books/pens*	**nuestros** libros *our books*
	nuestras plumas *our pens*
tus libros/plumas *your (familiar) books/pens*	**vuestros** libros *your (familiar) books*
	vuestras plumas *your (familiar) pens*
sus libros/plumas *his, her, its, your (formal) books/pens*	**sus** libros/plumas *their, your (formal) books/pens*

Note that the only possessive adjectives that have a feminine form are *nuestro* and *vuestro*.

Remember that the possessive adjectives are placed in front of the noun and are repeated before each noun in a series.

Mi tío y mi primo son guapos.
My uncle and cousin are handsome.

Remember that if the ownership of an article of clothing or a part of the body is clear, you should use the definite article, not the possessive adjective.

Levanta la mano.
Raise your hand.

Ponte los zapatos.
Put on your shoes.

Note that *su* and *sus* each have several meanings. In order to avoid confusion in a sentence that would normally require *su* or *sus*, you may express the same idea by using *de él, de ella, de ellos, de ellas, de usted*, or *de ustedes*.

Éste es el bolígrafo de ella. *(instead of)*
Éste es su bolígrafo.
This is her ballpoint pen.

Aurora es la amiga de ellos. *(instead of)*
Aurora es su amiga.
Aurora is their friend.

¿Es la casa de ustedes? *(instead of)*
¿Es su casa?
Is it your house?

You may also use the following construction to express possession:

el cuaderno de Juan → *Juan's notebook*

los coches del señor Montalvo → *Mr. Montalvo's cars*

Think about how you might express the following in Spanish:

Helen's relatives   the teacher's books   Sandra's pens

(In Spanish you say: *los parientes de Elena, los libros del (de la) profesor(a)*, and *los bolígrafos de Sandra*.)

If you want to ask *Whose is it?* or *Whose are they?*, use *¿De quién(es) es?* or *¿De quién(es) son...?*

¿De quién(es) es el coche?
Whose car is it?

¿De quién(es) son las botas?
Whose boots are those?

Quiénes is used if you expect the answer to consist of more than one owner.

Ejercicios

A. Eduardo y sus amigos están obsesionados con sus coches. Completa lo que dicen con el adjetivo posesivo correspondiente en español.

1. ¿Por qué vendiste _____ (*your*) coche?

2. No estacionamos _____ (*our*) coches en la calle.

3. _____ (*my*) mecánico arregló el motor.

4. Diego lleva a todas _____ (*his*) amigas a la escuela.

5. _____ (*their*) hijo no tiene la licencia de conducir.

6. _____ (*my*) padres no me permitieron conducir a las montañas.

7. _____ (*our*) clase de conducir es muy importante.

8. _____ (*her*) coche se rompió.

B. Usa el modelo como guía para escribir frases sobre las siguientes personas. Usa los temas al lado de cada categoría como punto de partida.

> **Modelo:** mis amigos y yo: padres
> *Nuestros padres son muy estrictos.*
> mi actriz favorita: vestidos
> *Sus vestidos son elegantes.*

1. mis profesores: clases, sueldo, ropa, explicaciones

_____

_____

_____

2. mis amigos y yo: música, juegos, intereses

_____

_____

_____

3. mi actriz favorita: películas, personalidad, sentido de humor

_____

_____

_____

C. Quieres saber de quién son ciertos artículos que encontraste en la sala de clase. Usa los dibujos para hacer preguntas.

1.

2.

BORRADOR

3.

TIZAS

4.

5.

6.

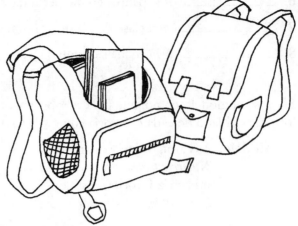

Modelo:

¿De quién son las mochilas?

1. _____

2. _____

3. _____

4. _____

5. _____

6. _____

D. Responde a las siguientes preguntas usando las palabras entre paréntesis en las respuestas. Da dos respuestas posibles.

Modelo: ¿De quién es el abrigo verde? *(Antonio's)*
Es el abrigo de Antonio.
Es su abrigo.

1. ¿De quiénes son los sombreros? *(the children's)*

_____

_____

2. ¿De quién son los guantes? *(hers)*

_____

_____

3. ¿De quiénes son las botas? *(theirs)*

_____

_____

4. ¿De quién es el suéter rojo? *(yours [formal])*

_____

_____

5. ¿De quiénes son las medias? *(ours)*

_____

_____

Long forms of the possessive adjectives

In addition to the set of possessive adjectives that you have already studied (*mi, tu, su,* etc.) there is also a set of long forms which are placed after the noun and agree with it in gender and number.

Singular		Plural		
Masculine	**Feminine**	**Masculine**	**Feminine**	
mío	mía	míos	mías	*my, (of) mine*
tuyo	tuya	tuyos	tuyas	*your (familiar), of yours*
suyo	suya	suyos	suyas	*his, her, your (formal), (of) his, hers, yours*
nuestro	nuestra	nuestros	nuestras	*ours, (of) ours*
vuestro	vuestra	vuestros	vuestras	*your (familiar), (of) yours*
suyo	suya	suyos	suyas	*their, your (formal), (of) theirs, yours*

The long forms are most commonly used:

• for the sake of emphasis

> **Este libro mío tiene más páginas que *La guerra y la paz.***
> *This book of mine has more pages than* **War and Peace.**

• after the verb *ser* (to be), meaning *of mine, of yours, of his,* etc. and *mine, yours, his,* etc.

> **Pedro es amigo mío.**
> *Pedro is a friend of mine.*

> **El libro es suyo.**
> *The book is theirs.*

When it is used with the verb *ser, suyo* may be replaced with *de* + (*él, ella, Ud., ellos, ellas, Uds.*) in order to make the meaning clear.

> **Es el libro suyo.** *or* **Es el libro de ellos.**
> *The book is theirs.*

> **Son los cuadernos suyos.** *or* **Son los cuadernos de ella.**
> *The notebooks are hers.*

Ejercicios

A. Mira las preguntas en el ejercicio D, página 196. Ahora contesta a las preguntas otra vez usando el adjetivo posesivo después del sustantivo.

Modelo: ¿De quién es el abrigo verde? *(Antonio's)*
Es el abrigo suyo.

1. _____

2. _____

3. _____

4. _____

5. _____

B. Cuando tratas de averiguar de quién son ciertos artículos, alguien te responde en la forma negativa y te dice a quién pertenecen. Usa el modelo como guía.

Modelo: ¿Es su abrigo? *(no: mine)*
No, es mío.

1. ¿Son tus pantalones? *(no: theirs)*

   _____

2. ¿Es nuestro reloj? *(no: mine)*

   _____

3. ¿Son mis zapatos? *(no: hers)*

   _____

4. ¿Es tu camisa? *(no: his)*

   _____

5. ¿Es mi sombrero? *(no: hers)*

   _____

6. ¿Son sus faldas? *(no: ours)*

   _____

7. ¿Es su mochila, Sr. Castro? *(no: hers)*

   _____

8. ¿Son mis calcetines? *(no: ours)*

   _____

9. ¿Son sus guantes? *(no: his)*

   _____

10. ¿Es mi pañuelo? *(no: theirs)*

   _____

Possessive pronouns

The possessive pronouns are formed by using the definite article (*el, la, los, las*) with the long form of the possessive adjective (*mío, tuyo, suyo,* etc.). The following is a list of the possessive pronouns:

| Singular | | Plural | | |
Masculine	Feminine	Masculine	Feminine	
el mío	la mía	los míos	las mías	*mine*
el tuyo	la tuya	los tuyos	las tuyas	*yours (familiar)*
el suyo	la suya	los suyos	las suyas	*yours (formal), his, hers, its*
el nuestro	la nuestra	los nuestros	las nuestras	*ours*
el vuestro	la vuestra	los vuestros	las vuestras	*yours (familiar)*
el suyo	la suya	los suyos	las suyas	*yours (formal), theirs*

Because *el suyo, la suya, los suyos* and *las suyas* each have several possible meanings, their meanings can be expressed more clearly by using *el de él, el de ella,* etc.

Me gusta el libro de él pero no me gusta el (libro) de ella.
I like his book but I do not like hers.

Voy a leer la revista de Uds. pero no voy a leer la de él.
I am going to read your magazine but I am not going to read his.

Ejercicio

Compara los siguientes artículos a los tuyos y a los de otras personas. Usa la información entre paréntesis para comenzar la frase.

Modelo: Los zapatos de Gerardo son cómodos. *(our)*
Los nuestros son más cómodos. o
Los nuestros son más elegantes.

1. El sombrero de Juan es horrible. *(mine)*

_____

_____

2. Las camisas de Jorge son negras. *(ours)*

_____

_____

3. La blusa de Alicia es roja. *(yours)*

_____

_____

4. El reloj del profesor es de plata. (*hers*)

_____

_____

5. Los pantalones de Carlos son muy anchos. (*ours*)

_____

_____

6. Los calcetines de esos chicos son feos. (*his*)

_____

_____

Demonstrative adjectives

As the name indicates, demonstrative adjectives are used to show and distinguish or single out one or more items from others. They are equivalent to *this*, *that*, *these*, and *those* in English.

Singular		Plural		Location of the object
Masculine	**Feminine**	**Masculine**	**Feminine**	
este periódico *this newspaper*	**esta revista** *this magazine*	**estos periódicos** *these newspapers*	**estas revistas** *these magazines*	*near the speaker*
ese periódico *that newspaper*	**esa revista** *that magazine*	**esos periódicos** *those newspapers*	**esas revistas** *those magazines*	*near the person being addressed*
aquel periódico *that newspaper*	**aquella revista** *that magazine*	**aquellos periódicos** *those newspapers*	**aquellas revistas** *those magazines*	*far from both people*

Estos lápices son negros.
These pencils are black.

Esa chica es amiga mía.
That girl is a friend of mine.

Aquellos edificios son muy altos.
Those buildings (over there) are very tall.

To help you distinguish between the three types of demonstrative adjectives, you may want to think of them as corresponding to the adverbs *aquí* (here, near the speaker), *ahí* (there, near the person being addressed), and *allí* (over there, far from both).

Ejercicios

A. Completa los siguientes diálogos con el adjetivo demostrativo lógico. Usa los adverbios *aquí*, *ahí*, *allí* como guía.

1. Carlos ayuda a Marcos a arreglar su cuarto.

—¿Dónde pongo _____ ᵃ libros que están aquí?

—¿_____ ᵇ libros ahí? En _____ ᶜ mesa allí.

—¿Y _____ ᶠ revistas ahí?

—Al lado del televisor.

2. En la escuela, Teresa y Dolores hablan sobre unos estudiantes que no conocen.

—¿Conoces a _____ ᵃ chicos allí?

—Sí, ellos son los estudiantes de intercambio.

—¿Y _____ ᵇ chicas que van por ahí?

—_____ ᶜ chicas no son de _____ ᵈ escuela.

—Es verdad, ellas son amigas de _____ ᵉ chicas allí.

3. En la cafetería Adela habla con Carmen, una nueva estudiante.

—_____ ᵃ chico que viene por allí es mi primo y _____ ᵇ chico aquí es el mejor amigo de mi hermano.

—_____ ᶜ chicos en _____ ᵈ mesa aquí son miembros del equipo de pelota.

—¿Y quiénes son _____ ᵉ señoras ahí? ¿Son del distrito escolar de Boston?

—No, ellas son las mejores profesoras de _____ ᶠ distrito escolar.

B. Esperanza habla con Gerardo sobre las flores y su jardín. Completa el siguiente párrafo con la forma apropiada del adjetivo demostrativo.

Ayer compré _____ ¹ flores aquí en _____ ² florería que encontramos allí en la Avenida Independencia la semana pasada. _____ ³ rosas que están ahí, las cortó Alfredo en el jardín. _____ ⁴ tulipanes que están al lado de las rosas son importados. Vamos a poner las rosas en _____ ⁵ estante aquí y los tulipanes en _____ ⁶ vaso allí. Ahora vamos al jardín. _____ ⁷ árboles allí son manzanos. _____ ⁸ arbolito aquí es de la misma familia que _____ ⁹ árboles ahí. _____ ¹⁰ flor aquí es la única que dio _____ ¹¹ árbol allí. Es mi flor favorita.

Demonstrative pronouns

Demonstrative pronouns are the same in form as the demonstrative adjectives, but they have a written accent to distinguish them from the adjectives. The demonstrative pronouns are:

éste, ésta, éstos, éstas	*this (one), these*
ése, ésa, ésos, ésas	*that (one), those*
aquél, aquélla, aquéllos, aquéllas	*that (one), those*

Necesito este libro y ése.
I need this book and that (one).

Ella prefiere aquella pluma y ésta.
She prefers that pen and this one.

The pronouns *esto, eso,* and *aquello* refer to something which has not been identified or to a general idea or statement. Because they are used only as pronouns, they have no written accent. (There is no adjective from which they need to be distinguished.)

¿Qué es esto? Es una mochila.
What is this? It is a backpack.

En diciembre hace calor en la Argentina. Eso es interesante.
In December it is hot in Argentina. That's interesting.

See note no. 5 on p. 501.

Ejercicio

Un poco de práctica. Vamos a ver si puedes usar los pronombres demostrativos. Estos diálogos son los mismos diálogos del ejercicio A en la página 201. Usa el pronombre demostrativo para reemplazar el sustantivo entre paréntesis. Usa los adverbios de lugar (*aquí, ahí* y *allí*) como guía.

1. Carlos ayuda a Marcos a arreglar su cuarto.

   —¿Dónde pongo _____ ᵃ que están aquí? (libros)

   —¿_____ ᵇ ahí? En _____ ᶜ allí. (libros/mesa)

   —¿Y _____ ᵈ ahí? (revistas)

   —Al lado del televisor.

2. En la escuela, Teresa y Dolores hablan sobre unos estudiantes que no conocen.

   —¿Conoces a _____ ᵃ allí? (chicos)

   —Sí, ellos son los estudiantes de intercambio.

   —¿Y _____ ᵇ que van por ahí? (chicas)

   —_____ ᶜ no son de _____ ᵈ. (chicas / escuela)

   —Es verdad, ellas son amigas de _____ ᵉ allí. (chicas)

3. En la cafetería Adela habla con Carmen, una nueva estudiante.

—_____ ᵃ que viene por allí es mi primo y _____ ᵇ aquí es el mejor amigo de mi hermano. (chico/chico)

—_____ ᶜ en _____ ᵈ aquí son miembros del equipo de pelota. (chicos/mesa)

—¿Y quiénes son _____ ᵉ ahí? ¿Son del distrito escolar de Boston? (señoras)

—No, ellas son las mejores profesoras de este distrito escolar.

Ejercicio de resumen

Expresa las siguientes frases en español con la mayor claridad posible.

1. I always raise my hand before talking. Sometimes I talk too much.

_____

2. This is his coat, those are theirs. His is longer than theirs.

_____

3. Graciela's relatives are in San Diego; mine have lived happily in Sacramento for more than ten years.

_____

4. Whose backpack is this? Is it yours? You carry as many books as I do.

_____

5. Our boots are dirtier than hers. Hers are very clean because she has not gone out.

_____

6. By talking we can solve any problem. This is very important.

_____

7. This (over here) is his hat. What is that (over there)?

_____

8. Whose calculators are those? They are theirs. I have mine in my pocket.

_____

Ejercicios creativos para escribir y para conversar

Los siguientes ejercicios van a ayudarte a poner en práctica los conceptos de esta unidad. Es buena idea que uses el espacio después de cada ejercicio para hacer apuntes (listas de palabras, expresiones, etc.) que te ayuden a expresar las ideas. Debes escribir la versión final de los ejercicios para escribir en tu cuaderno.

A. Compara los siguientes temas. Puedes usar cualquier tipo de comparación que quieras.

1. la televisión: los libros _____
2. las bibliotecas: las discotecas _____
3. los tigres: los monos _____
4. la comida en la escuela: la comida en tu casa _____
5. las casas: los edificios de apartamentos _____
6. las noticias: los programas cómicos _____
7. la comida picante: los postres _____
8. las novelas de misterio: las novelas de ciencia ficción _____
9. el inglés: el español _____
10. los países de Latinoamérica: los países de Europa _____

B. Personajes. Compara a las siguientes personas. Puedes usar cualquier tipo de comparación que quieras.

1. Agatha Christie: Anne Rice _____
2. Romeo y Julieta: Hamlet _____
3. Picasso: Velázquez _____
4. John Lennon: Paul McCartney _____
5. Abraham Lincoln: Thomas Jefferson _____
6. Martin Luther King: Malcolm X _____

C. Piensa en los últimos dos libros que leíste. Escribe un párrafo en el cual los describas y los compares. En tu descripción puedes comparar los temas, los personajes, el ambiente o cualquier otro aspecto de los libros.

_____

_____

_____

_____

D. Mi familia. Escribe una descripción corta de los diferentes miembros de tu familia. Compara a algunos de los miembros físicamente, y según su personalidad, estilo de vida, etc.

_____

_____

_____

_____

_____

_____

_____

_____

_____

_____

_____

E. Escoge a una persona a quien admiras mucho. Piensa en qué esta persona es similar o diferente a ti. Luego en dos párrafos escribe sobre las diferencias y las semejanzas. Usa la comparación de igualdad y de desigualdad.

_____

_____

_____

_____

_____

_____

_____

_____

_____

_____

_____

F. Ahora tienes la oportunidad de comparar a varias personas y objetos. Primero, escribe dos adverbios que describan a cada persona y objeto. Luego, en frases completas usa esos adverbios para compararlos.

1. las computadoras Mac: las computadoras IBM _____

_____

2. los políticos: los hombres y mujeres de negocio _____

_____

3. la policía: los bomberos _____

_____

4. los profesores: los médicos _____

_____

5. el poeta: el deportista _____

_____

6. los televisores: las videocaseteras _____

_____

_____

_____

_____

_____

_____

_____

G. Escoge un cuadro de un(a) pintor(a) famoso(a) que te gusta mucho. Escribe una descripción detallada del cuadro. Describe las figuras, los colores, la ropa que llevan (si hay personas), la escena, etc.

_____

_____

_____

_____

_____

_____

_____

_____

_____

_____

H. Lee la descripción del cuadro de uno(a) de tus compañeros de clase (Ejercicio G). Luego haz una comparación entre el cuadro que tú escogiste y el de tu compañero(a).

_____

_____

_____

_____

_____

_____

I. Diferencias. Entrevista a un(a) compañero(a) de clase sobre las diferencias que hay entre la escuela primaria y la escuela secundaria. Entonces pregúntale lo que él o ella piensa que va a ser diferente en la universidad. Luego comparte lo que él o ella te dijo con la clase.

_____

_____

_____

_____

_____

_____

_____

_____

J. Un acontecimiento especial. Todos tenemos una manera diferente de hacer planes para un acontecimiento especial (una fiesta, un viaje, etc.). Haz una lista de cómo tú planeas estos acontecimientos. Entonces usando tu lista como guía, pregúntale a un(a) compañero(a) de clase cómo él o ella los planea. Finalmente, comparte con el resto de la clase las similaridades y las diferencias entre lo que tú y tu compañero(a) hacen.

_____

_____

_____

_____

_____

_____

_____

K. Nuestra vivienda. En la Unidad 4 (Ejercicios creativos, Ejercicio A) escribiste una descripción de tu casa o apartamento. Lee la descripción de nuevo. En grupos de tres o cuatro estudiantes usa tu descripción como guía para hacerles preguntas a las personas de tu grupo. Luego usando la comparación de desigualdad, comparte con el resto de la clase las diferencias entre tu apartamento y el de tus compañeros.

_____

_____

_____

_____

_____

_____

_____

_____

_____

_____

L. En el futuro. Comparte con un(a) compañero(a) de clase cómo son o cómo funcionan ciertas máquinas o aparatos hoy día. Luego, pregúntale cómo él o ella piensa que van a funcionar en el futuro.

> **Modelo:** Hoy día las aspiradoras (*vacuum cleaners*) hacen mucho ruido y no limpian muy bien. ¿Cómo van a funcionar en el futuro?

_____

_____

_____

_____

_____

_____

_____

_____

_____

Unit 6

For a review of the formation and use of adverbs, demonstrative adjectives, and demonstrative pronouns; different ways of talking about possessions; and different ways of comparing people and things, visit http://www.phschool.com. Once you get to the Foreign Languages section, follow the instructions on the Web page.

Unit 6 Table of Contents

Objectives

In this unit you will be able to:
- Express likes and dislikes
- Talk about what worries, bothers, or interests you
- Avoid repetition when expressing who or what is directly affected by the action of the verb
- Avoid repetition when expressing who or what benefits from (or is harmed by) the action of the verb

The following grammar points will help you accomplish these objectives:

Direct and Indirect Objects and the Personal a

Direct and indirect objects

In Unit 1, Lesson 2, you reviewed direct and indirect object nouns in order to better understand reflexive verbs. In this unit, you will further review the use of object nouns and pronouns.

First, practice identifying direct objects. Read each pair of sentences below and underline the direct object in each sentence.

Remember, to help you identify the direct object, ask yourself: Who or what is directly affected by the action expressed by the verb? Who or what is seen, looked at, looked for, washed, etc.?

1. Juan sees María.	Juan sees the ball.
2. María looks at Pedro.	María looks at the film.
3. The woman washes the baby.	The woman washes the car.
4. The boys look for their brother.	The boys look for their money.

You may have noticed that in the first column of sentences above, the direct object is a person. In the second column, the direct object in each sentence is a thing.

Now look at the same sentences written in Spanish:

1. Juan ve a María.	Juan ve la pelota.
2. María mira a Pedro.	María mira la película.
3. La mujer lava al bebé.	La mujer lava el coche.
4. Los chicos buscan a su hermano.	Los chicos buscan su dinero.

The personal a

Notice that when the direct object of a verb is a specific person (i.e., María, Pedro, the baby, their brother), Spanish requires that the preposition *a* be placed before the direct object. This *a* is usually referred to as the "personal *a*." It conveys no meaning other than to signal that the person that follows is the direct object (and not the subject) of the verb. (This grammatical mechanism is not necessary in English; thus, the personal *a* is not translated into English.)

EXCEPTION: The personal *a* is not used with the verb *tener*.

> **Tengo dos hermanos.**
> *I have two brothers.*

Remember that when the masculine singular form of the definite article, *el* (the), comes immediately after the preposition *a*, the two words are contracted to form *al*. For example:

> **Invité al hijo de la Sra. Gómez.**
> *I invited Mrs. Gómez' son.*

Ejercicios

A. Jaime y Teresa pasaron un fin de semana fenomenal. Lee el siguiente párrafo sobre lo que hicieron y subraya todos los complementos directos.

El fin de semana pasado, nosotros preparamos un almuerzo. Invitamos a María y a su hermana Carmen. Primero fuimos al supermercado. Allí miramos muchas cosas. También vimos a nuestra amiga Elena. Compramos refrescos, pan y queso. Cuando terminamos, pusimos las compras en el carrito y volvimos a casa. En casa preparamos unos sándwiches de queso. Por fin comimos los sándwiches y bebimos los refrescos en el comedor.

B. Ahora, lee el párrafo anterior otra vez y haz un círculo alrededor de la "*a* personal" cada vez que aparezca. Recuerda que no todas las *a* son "personales."

C. Luisa siempre está muy ocupada. Aquí tienes una lista de algunas de las actividades que ha hecho últimamente. Completa las siguientes frases con *al, a la, a los* o *a las*.

1. Saludó _____ amiga de su madre.

2. Visitó _____ enfermos en el hospital.

3. Llamó _____ hijas de su amigo Paco.

4. Vio _____ director de la película en ese restaurante.

5. Les sirvió limonada _____ compañeros de su hermano.

6. Le dio la mano _____ nuevo profesor de química.

7. Anteanoche escuchó _____ presidente por dos horas.

8. Felicitó _____ mejores alumnas de la escuela.

More about the personal *a*

In addition to being used whenever the direct object of the verb is a person, the personal *a* is also used whenever the direct object of the verb consists of any of the following:

1. pronouns denoting persons, such as

a. *alguien, nadie, quién, quiénes:*

> **¿Busca Ud. a alguien?**
> *Are you looking for someone?*
>
> **¿A quién busca Ud.?**
> *For whom are you looking?*
>
> **No busco a nadie.**
> *I am not looking for anyone.*

b. the following forms of the following pronouns, when they denote a person or persons:

alguno(s), alguna(s)   *anyone, some*

cualquiera   *anyone*

ninguno, ninguna   *no one, anyone*

otro(s), otra(s)   *another, others*

todos, todas   *all*

uno(s), una(s)   *one, some*

¿Conoces a sus hermanas? Conozco a una.
Do you know his sisters? I know one.

2. the names of countries or cities that are not preceded by the definite article:

Veremos a Buenos Aires.   BUT   Visitaremos la Argentina.
We will see Buenos Aires.   We will visit Argentina.

(You should know, however, that expressions such as *Veremos Buenos Aires* are also frequently used, even in writing, nowadays.)

3. a thing that is personified, for instance, a pet:

Felipe abrazó a su perro.
Felipe hugged his dog.

Ejercicio

En la clase de español tus compañeros practican mucho pero de vez en cuando cometen algunos errores. Como tú estudiaste mucho anoche puedes ayudarlos un poco. Lee las siguientes frases y escribe una *a* personal en los espacios en blanco. Si no es necesaria, escribe una *X*.

1. ¿Viste _____ alguien en el pasillo?

2. Fui a comprar _____ otra videocasetera.

3. ¿Tienes _____ hermanos?

4. Invita _____ cualquiera.

5. Eduardo invitó _____ todos sus amigos.

6. ¿_____ quién llamaste?

7. En esa clase no vi _____ ninguna chica.

8. No quise discutir _____ nada con él.

9. ¿Por qué alquilaste _____ otra?

10. José no saludó _____ nadie.

11. Federico llevó _____ su gato Manchitas a la veterinaria.

12. Por favor, compra _____ algo para Francisco.

The indirect object

The indirect object expresses the person (or thing) that benefits from (or is harmed by) the action of the verb. It answers the question:

To what or whom, or for what or whom, is the action being done?

In Spanish the indirect object noun is always preceded by either *a* or *para*.

1. When the preposition *a* precedes the indirect object noun, the indirect object pronoun *le* or *les* is generally included in the sentence as well.

> **Le mandé una muñeca a mi hermana.**
> *I sent a doll to my sister.*

When the preposition *para* precedes the indirect object, the indirect object pronoun is not used.

> **Mandé una muñeca para mi hermana.**
> *I sent a doll for my sister.*

Notice that in both of the sentences shown above, my sister is the indirect object (she is benefiting from the action of the verb).

Now look at the following sentences:

> **Trae un regalo para los niños.**
> *He is bringing a gift for the children.*
> **Compraré un sofá para el apartamento.**
> *I will buy a sofa for the apartment.*
> **Teresa le va a poner sal a la sopa.**
> *Teresa is going to put salt in the soup.*

Take a minute to identify the direct object in each of the three Spanish sentences above.

(The direct objects are: *un regalo, un sofá*, and *sal*.)

Now take a minute to identify the indirect objects (the persons/things that benefit from the action of the verb).

(The indirect objects are: *los niños, el apartamento*, and *la sopa*.)

The indirect object of a verb is usually a person but, as you can see from the second and third examples above, it can also be a thing.

Ejercicios

A. En la casa de José todos tienen algo que hacer. Lee la siguiente lista de los quehaceres (*chores*) de José, sus padres y sus hermanos. En cada frase subraya el complemento directo (*direct object*) con una línea y el complemento indirecto con dos líneas.

> **Modelo:** Mamá le tiene que pasar <u>la aspiradora</u> <u>a la sala</u>.

1. Papá le tiene que lavar el carro a mamá.

2. José le tiene que poner el mantel a la mesa.

3. Miguel les tiene que preparar el café a sus padres.

4. Elena le tiene que buscar la comida al gato.

5. María les tiene que comprar el periódico a sus abuelos.

B. A la madre de José le encanta comprar regalos. ¿Para quién compró ella las siguientes cosas?

> **Modelo:** la camisa / José
> *Ella compró la camisa para José.*

1. las flores / Elena

   _____

2. el libro / papá y Laura

   _____

3. la mochila / el tío Miguel

   _____

4. el jabón / Catalina y Dolores

   _____

5. los guantes / el abuelo

   _____

C. Ahora escribe el ejercicio B de nuevo usando *le / les* y la preposición *a*.

> **Modelo:** la camisa / José
> *Ella le compró la camisa a José.*

1. _____
2. _____
3. _____
4. _____
5. _____

Ejercicios de resumen

A. La clase de español está en el museo. La profesora quiere que los estudiantes den una buena impresión.

1. Completa los mandatos de la profesora con una "*a* personal." Si no se necesita una *a* personal, escribe una *X*.

a. ¡Saluden Uds. _____ los directores del museo!

b. ¡Miren Uds. _____ este cuadro de Picasso!

c. ¡No beban Uds. _____ refrescos aquí!

d. ¡Escuchen Uds. _____ la señora López!

e. ¡Dibujen Uds. _____ unos árboles al estilo surrealista!

2. Ahora usa la siguiente lista para escribir lo que van a hacer los alumnos después de la visita al museo. No olvides usar la "*a* personal" si es necesario.

a. Juan / ir a comprar / un cartel de Picasso

_____

b. Margarita / ir a entrevistar / la guía

_____

c. Tomás y Cristóbal / ir a tomar / el almuerzo en la cafetería

_____

d. la Sra. López / ir a llamar / el Sr. López

_____

e. Sara y Elena / ir a mirar / los cuadros otra vez

_____

f. yo / ir a conocer / un artista famoso

_____

g. nosotros / ir a tomar / el autobús en la esquina

_____

h. todos / ir a invitar / la Sra. López a tomar un café

_____

B. Gilberto y Petra hablan sobre sus costumbres para las fiestas y de los regalos que les dan a sus amigos. Lee lo que dice Petra y subraya los complementos directos con una línea y los complementos indirectos con dos líneas.

Yo siempre compro regalos para todos mis amigos durante las fiestas de Navidad. Compro los discos compactos para Rosa porque sé que ella siempre escucha música cuando trabaja. Tito vive en San Antonio. Envío sus regalos por correo unos días antes. Mi hermana está en la universidad y necesita dinero, por eso ella siempre recibe un cheque. Mi mamá prefiere flores. Compro rosas para ella porque son sus flores favoritas. Papá es un hombre muy difícil. Nunca sé qué comprar para él.

Direct and Indirect Object Pronouns

Direct and indirect object pronouns

Direct and indirect object pronouns may be used to replace an object noun, along with any modifiers it might have. Note that these pronouns are never used after a preposition.

Direct object pronouns

Singular		Plural	
me	*me*	nos	*us*
te	*you*	os	*you*
lo	*him, it* [*masculine*], *you*	**los**	*them* [*masculine*] [*people and things*], *you*
la	*her, it* [*feminine*], *you*	**las**	*them* [*feminine*] [*people and things*], *you*

Indirect object pronouns

Singular		Plural	
me	*to / for me*	nos	*to / for us*
te	*to / for you*	os	*to / for you*
le	*to / for him; to / for her; to / for it; to / for you*	**les**	*to / for them* [*people and things*]; *to / for you*

Note that the direct and indirect object pronouns differ from each other only in the third person singular and plural. Read the following sentences carefully in order to review how the third person pronouns are used.

Direct object pronouns	Indirect object pronouns
Juan **la** ve a ella.	Juan **le** compra un regalo a María.
*Juan sees **her**.*	*Juan buys a gift **for María**.*
Julián **la** compra.	**Le** compra la sábana a la cama.
*Julián buys **it**.*	*He buys a sheet **for the bed**.*
Aida **lo** escucha a él.	Ella **le** da la pluma a Juan.
*Aida listens to **him**.*	*She gives the pen **to Juan**.*
La mujer **lo** lavó.	Ella **le** compró una cortina a la ventana.
*The woman washed **it**.*	*She bought the curtain **for the window**.*
Elena **los** buscó a ellos.	**Les** dio dinero a los amigos.
*Elena looked for **them**.*	*She gave money **to the friends**.*
Ella **los** compró.	**Les** compró ropa a los hijos.
*She bought **them**.*	*She bought clothes **for the children**.*

Yo **lo** vi a Ud.	Él **le** entregó el paquete a Ud.
I saw you.	*He gave the package **to you**.*

Please note that since the pronouns *le* and *les* each have many different possible meanings, they are often clarified by adding *a* + noun.

The pronouns *lo, la, los,* and *las* can also be clarified by adding *a* + pronoun, but only when they refer to people.

You should also note that in all the examples above, the direct and indirect object pronouns are placed directly before the conjugated verb.

Ejercicios

A. Alberto está muy entusiasmado (*excited*) acerca de su clase de biología. Cuando habla con sus amigos no dice las cosas claramente. Siempre es buena idea expresarse con claridad para evitar (*avoid*) confusión. ¿Cómo puedes aclarar (*clarify*) la información en las siguientes frases? Usa la información entre paréntesis.

Modelo: Los estudiantes le piden más experimentos. (el profesor)
Los estudiantes le piden más experimentos al profesor.

1. Les doy mis apuntes. (Juan y Francisco)

_____

_____

2. Le explicamos la información. (Tomás)

_____

_____

3. Le traigo los resultados de los experimentos. (el profesor)

_____

_____

4. Le doy una copia de los resultados. (Ud.)

_____

_____

5. El profesor les hace preguntas difíciles. (los estudiantes)

_____

_____

6. El asistente siempre los ayuda. (ellos)

_____

_____

B. Una de tus amigas está interesada en la relación que tienes con tus profesores. Te hace algunas preguntas y tú respondes brevemente usando un pronombre en **tu** respuesta.

    Modelo: ¿Visitas a tus profesores durante las vacaciones?
        No, no los visito durante las vacaciones.

1. ¿Conoces a la familia de tu profesor(a)?

_____

_____

2. ¿Sabes la dirección de él (ella)?

_____

_____

3. ¿Compraste un regalo para él (ella) al final del año?

_____

_____

4. ¿Escribiste tarjetas durante tus vacaciones?

_____

_____

5. ¿Cuándo invitaste a tu profesor(a) y a su familia a cenar?

_____

_____

C. Uno de tus amigos te pide ayuda con su tarea de español. No aprendió bien los pronombres y necesita que tú lo ayudes a traducirlos. Completa las siguientes frases con la información entre paréntesis. Luego, decide si el pronombre es directo o indirecto.

	Directo	**Indirecto**
1. (*to them / masc.*) Nosotros _____ escribimos todos los meses.	____	____
2. (*them / fem.*) Yo _____ encontré en el dormitorio.	____	____
3. (*us*) Ellas siempre _____ saludan.	____	____
4. (*it*) Tú _____ pones allí siempre.	____	____
5. (*her*) El profesor _____ preguntó la hora.	____	____
6. (*you, familiar*) ¿Quién _____ dio esos guantes?	____	____
7. (*to you*) _____ pedimos la dirección de la fiesta a Uds.	____	____
8. (*me*) ¿_____ llevas al cine esta tarde?	____	____

The neuter direct object pronoun

> The neuter direct object pronoun *lo* is used to replace an adjective or an entire phrase or statement and is often equivalent to the English *it*.
>
> **¿Sabes que Juan vive en México?**
> *Do you know that Juan lives in Mexico?*
> **Sí, lo sé.** (*lo* replaces *que Juan vive en México*)
> *Yes, I know (it).* (*it* replaces *that Juan lives in Mexico*)
>
> **—Ese trabajador es muy perezoso.**
> *—That worker is very lazy.*
>
> **—Sí, lo es.**
> *—Yes, he is.*

Ejercicios

A. Cuando tus amigos te dicen algo o te hacen una pregunta tú les respondes afirmando o negando lo que dicen. Usa el modelo como guía.

Modelo: ¡Eres muy divertido(a)!
Sí, lo soy. o *No, no lo soy.*

1. ¿Es tu hermana lista?

   _____

2. ¿Estás cansado(a)?

   _____

3. ¿Eres norteamericano(a)?

   _____

4. ¿Están enamorados Celia y Javier?

   _____

5. ¡Ellos están contentísimos!

   _____

6. Yo soy tu mejor amigo(a), ¿verdad?

   _____

B. Una noche Diana y Gilda van a visitar a la familia Molina. Diana le hace varias pregunta a Gilda y ella le responde usando el pronombre neutro para no repetir toda la información. ¿Cómo responde Gilda?

Modelo: ¿Decidiste a qué hora vamos a regresar?
Sí, lo decidí.

1. ¿Dijiste que ibas a acompañarme?

   _____

2. ¿Sabes dónde viven los Molina?

_____

3. Dijiste que íbamos a llevar flores, ¿verdad?

_____

4. ¿Preguntaste cómo debíamos vestirnos?

_____

5. ¿Saben los Molina que no podemos quedarnos por mucho tiempo?

_____

6. ¿Comprendieron tus padres que no íbamos a cenar con ellos?

_____

The verb _gustar_

There is no exact equivalent in Spanish for the English verb _to like_. In order to express the idea of liking something, it is necessary to use the verb _gustar_, meaning _to please_ or _give pleasure_.

The verb _gustar_ is used in the construction "indirect object + _gustar_ + subject." The subject of _gustar_ can be a thing or an activity:

1. When the subject is an activity, the verb _gustar_ is followed by an infinitive and is always in the third person singular. This is true even if several activities are mentioned.

> **Me gusta ir de compras los sábados y descansar los domingos.**
> _I like to go shopping on Saturdays and to rest on Sundays._

2. When the subject of the verb _gustar_ is a thing, the verb _gustar_ is used in the third person singular or plural depending on whether the subject is singular or plural.

> **¿Te gusta esta blusa de algodón?**
> _Do you like this cotton blouse?_
> **No, me gustan las blusas de seda.**
> _No, I like silk blouses._

Gustar can be used in any tense or mood.

> **Ahora me gusta la carne pero cuando era niño no me gustaba.**
> _Now I like meat but when I was a child I did not like it._
> **Nos gustaron las enchiladas pero no sé si te gustarán.**
> _We liked the enchiladas but I don't know if you will like them._

Notice that in the above sentences _it_ and _them_ are simply left out in Spanish. Subject pronouns can only replace people.

Since the indirect object pronouns *le* and *les* each have several different meanings, they are often clarified by adding "*a* + noun." This structure usually precedes the indirect object pronoun.

> **A mi hermano le gusta bailar.**
> *My brother likes to dance.*
>
> **A Elena le gustó el viaje a Madrid.**
> *Elena liked the trip to Madrid.*
>
> **A mis padres les gustaba salir todos los sábados.**
> *My parents used to like to go out every Saturday.*

Ejercicios

A. A tu familia le gusta mucho ir al cine. ¿Qué tipo de películas le gusta a cada persona?

1. tú / películas de aventura

   _____

2. tu hermano / películas de horror

   _____

3. tu hermana / películas románticas

   _____

4. tus abuelos / películas cómicas

   _____

5. todos nosotros / películas de ciencia ficción

   _____

B. Tu familia alquiló la película *Las guerras de las galaxias* (*Star Wars*). ¿A quiénes les gustó?

1. tú / sí, un poco

   _____

2. tu hermano / no

   _____

3. tu hermana / sí, muchísimo

   _____

4. tus abuelos / sí, mucho

   _____

5. tus padres / no

   _____

Verbs like *gustar*

The following verbs are used in the same way as *gustar*:

apetecer *to appeal*	Me apetecen unos calamares fritos.
doler *to hurt*	¿Qué te duele? (la cabeza, la garganta, el oído, la espalda, etc.)
encantar *to love (used with things)*	Me encanta la comida china.
faltar *to be lacking, missing*	Nos faltan dos tenedores.
importar *to matter*	¿Te importa el problema?
interesar *to interest*	Nos interesa tu opinión.
molestar *to bother*	A Juan le molesta el humo.
parecer *to seem, appear*	Me parece interesante.
preocupar *to be worrying*	Me preocupa la contaminación del aire.
quedar *to be left*	¿Cuánto dinero te queda?
tocar *to be the turn (of)*	Le toca a María.

Ejercicios

A. Mientras estabas escribiendo frases en la computadora con una lista de infinitivos que te dio el (la) profesor(a), algo raro sucedió. ¡Algunas de las palabras desaparecieron! Escribe las frases de nuevo con las palabras que faltan.

Modelo: Pablo / doler / las muelas
A Pablo le duelen las muelas.

1. Luis / apetecer / salir con sus amigos

_____

2. nosotros / importar / la situación en Latinoamérica

_____

3. Carlos y Humberto / encantar / los helados de chocolate

_____

4. la profesora / preocupar / las notas bajas de los estudiantes

_____

5. Ud. / tocar / limpiar el coche

_____

6. ¿Cuántas pesetas / Uds. / quedar?

_____

7. el gobernador / interesar / los programas de ayuda a los pobres

_____

8. nosotras / molestar / la música rock

_____

B. Ahora tienes la oportunidad de expresar tus opiniones sobre algunas preocupaciones que muchas personas tienen en la sociedad hoy día. Responde a las siguientes preguntas según tu experiencia personal.

1. ¿Te gusta ayudar a los ancianos?

_____

2. ¿Les interesa a tus amigos ser voluntarios en un hospital?

_____

3. ¿Te parecen importantes las leyes de inmigración?

_____

4. ¿Qué problemas le importan a tu mejor amigo(a)?

_____

5. ¿Te preocupa la contaminación del aire?

_____

6. ¿Todavía les quedan muchas deudas a los países en vía de desarrollo?

_____

7. ¿Les importan a los políticos los problemas de los ciudadanos?

_____

8. ¿Te duele ver tantas injusticias en el mundo?

_____

9. ¿Les apetece a los jóvenes la política?

_____

10. ¿Qué problemas sociales le han molestado a tu madre? ¿y a tu padre?

_____

_____

Ejercicios de resumen

A. Diego y Ricardo están en una estación de trenes en España. Diego acaba de hablar con un señor que le da información. Responde a las preguntas que le hace Ricardo a Diego usando un pronombre neutro y la información entre paréntesis en tus respuestas. Sigue el modelo.

> **Modelo:** ¿Sabes a qué hora sale el tren? (3:00 P.M.)
> *Sí, lo sé. Sale a las tres de la tarde.*

1. ¿Entendiste a qué hora llega el tren? (6:15 P.M.)

_____

2. ¿Dijo en qué estación teníamos que bajarnos? (Estación Atocha)

_____

3. ¿Sabes a quién tenemos que encontrar en la estación? (la tía de Alfredo)

_____

4. ¿Estás nervioso? (solamente un poco)

_____

5. ¿Son cómodos los trenes? (mucho espacio)

_____

B. Un amigo de tu padre va a viajar en México por unos meses y quiere que tú le ayudes a expresar algunas frases en español. Expresa las ideas que él te dice en español. Ten cuidado con la construcción. Fíjate que las primeras cinco frases están en el presente y las últimas cinco en el pasado.

1. *Do you have money left? I don't have anything left.*

_____

2. *I always invite Juan to the party because he loves tacos and enchiladas.*

_____

3. *How much money are you missing?* (usa el verbo *faltar*)

_____

4. *Noises bother you.*

_____

5. *Does it seem interesting to them?*

_____

6. *Last year the political situation used to worry you.*

_____

7. *Whose turn was it to wake me up?*

_____

8. *The proposal* (propuesta) *didn't appeal to me.*

_____

9. *At the end of the day my eyes used to hurt.*

_____

10. *When they were younger, the elections didn't matter to them.*

_____

Prepositional pronouns

In addition to the direct and indirect object pronouns there is a different set of pronouns that is used to replace nouns that are placed after a preposition. These are called *prepositional pronouns*.

Prepositional pronouns			
mí	*me*	**nosotros, nosotras**	*us*
ti	*you (familiar)*	**vosotros, vosotras**	*you (familiar)*
Ud.	*you*	**Uds.**	*you*
él	*him, it*	**ellos**	*them (masculine)*
ella	*her, it*	**ellas**	*them (feminine)*
sí	*yourself, himself, herself, itself*	**sí**	*yourselves, themselves*

Notice that with the exception of *mí, ti,* and *sí,* these pronouns are the same as the subject pronouns. You will be able to distinguish between them by the context in which they are used.

Le mandé una muñeca a <u>mi hermana</u>.
I sent a doll to my sister.

Le mandé una muñeca a <u>ella</u>.
I sent a doll to her.

Trae un regalo para <u>el niño</u>.
He is bringing a gift for the child.

Trae un regalo para <u>él</u>.
He is bringing a gift for him.

Compraré un sofá para <u>el apartamento</u>.
I will buy a sofa for the apartment.

Compraré un sofá para <u>él</u>.
I will buy a sofa for it.

The preposition *con* combines with *mí, ti,* and *sí* to form *conmigo, contigo,* and *consigo.*

¿Quieres ir al cine conmigo?
Do you want to go to the movies with me?

¡Claro! Me encantaría ir contigo.
Of course! I would love to go with you.

Elena trae las entradas (consigo).
Elena is bringing the tickets (with her).

Notice that the subject pronouns *yo* and *tú* (and *not* the prepositional pronouns) are used after the prepositions *entre*, *excepto*, and *según*:

Entre tú y yo, Juan y María están comprometidos.
Between you and me, Juan and María are engaged.

Según tú, todo el mundo lo sabía, excepto yo.
According to you, everyone knew it, except me.

Now, look at the following sentences:

Me compró el libro a mí, no a ti.
He bought the book for me, not for you.

Le escribió una carta (a él / a ella / a Ud.).
He wrote a letter (to him / to her / to you).

In these sentences, *a mí, a ti, a nosotros, a Uds., a él*, etc. are used *in addition to* the indirect object pronouns, either for emphasis or for precision.

Ejercicios

A. Carmela acaba de mudarse y está tratando de organizar sus cosas. Ella le hace demasiadas preguntas a su amigo Gilberto y como ya está muy cansado, él le responde usando pronombres en sus respuestas. Completa las respuestas que le da Gilberto a Carmela.

Modelo: ¿el televisor? ¿cerca del radio? Sí, está cerca de *él*.

1. ¿la mesita? ¿al lado del sofá? Sí, está al lado de _____.

2. ¿la lámpara? ¿sobre la mesa? Sí, está sobre _____.

3. ¿los platos? ¿dentro de los gabinetes? Sí, están dentro de _____.

4. ¿la cama? ¿entre la pared y la mesita? Sí, está entre _____.

5. ¿los libros? ¿en los estantes? Sí, están en _____.

6. ¿la ropa? ¿en la lavadora? Sí, está en _____.

7. ¿el espejo? ¿a la derecha de los cuadros? Sí, está a la derecha de _____.

B. Hoy vas a un concierto con tus amigos. Cuando sales, tu hermano siempre te hace muchas preguntas. Completa tus respuestas usando un pronombre.

1. ¿Vas al concierto con Elena y Tomás?

   Sí, voy con _____.

2. ¿Van en el coche de Rosa?

   Sí, vamos en el coche de _____.

3. ¿Puedo ir con Uds.?

   Claro, siempre puedes ir con _____.

4. ¿Compraron una entrada para mí?

Sí, compramos una entrada para _____.

5. ¿Voy a sentarme cerca de ti?

Por supuesto, puedes sentarte detrás de _____.

C. Más vale precaver que tener que lamentar (*Better safe than sorry*). Prefieres hablar con mucha claridad para evitar confusión. Usa *a mí, a ti, a él* etc. para aclarar o enfatizar las siguientes frases.

> **Modelo:** Elena me contó el cuento *a mí.*

1. El Sr. López nos prestó dinero _____.

2. El cartero te entregó el paquete _____.

3. La profesora me explicó la lección _____.

> **Modelo:** (a Juan, no a María) Le recomendé el libro *a él no a ella.*

4. (a la mujer, no al hombre) El médico le recetó la medicina

_____.

5. (a los señores Gómez, no a Uds.) El dependiente les mostró el menú

_____.

6. (a Ud. y a su hermana, no a ellos) Su padre les trajo un regalo

_____.

Placement of direct and indirect object pronouns

> Direct and indirect object pronouns follow and are attached to:
>
> **1.** the affirmative command (to be reviewed in Unit 7, Lesson 1):
>
> > **¿El libro? ¡Cómprelo!**
> > *The book? Buy it!*
> >
> > **¡Mándeme el libro!**
> > *Send me the book!*
>
> **2.** the present participle:
>
> > **¿La revista? Están comprándola.**
> > *The magazine? They are buying it.*
> >
> > **Están comprándote un periódico también.**
> > *They are buying you a newspaper as well.*
>
> **3.** the infinitive:
>
> > **Van a mandarnos unos carteles.**
> > *They are going to send us some posters.*

Van a mandarlos mañana.
They are going to send them tomorrow.

The stressed syllable of any verb form always remains the same. Thus, if a pronoun is attached to a verb form that is normally stressed on the next-to-the last syllable, a written accent mark is used on the combined form in order to keep the stress on that syllable.

¡Compre el libro!	**¡Cómprelo!**
Buy the book!	*Buy it.*
Estoy comprando un libro.	**Estoy comprándolo.**
I am buying a book.	*I am buying it.*
¡Mande el libro!	**¡Mándeme el libro!**
Send the book!	*Send the book to me.*

BUT:

Voy a comprar un libro.	**Voy a comprarlo.**
I am going to buy a book.	*I am going to buy it.*
Voy a mandar el libro.	**Voy a mandarte el libro.**
I am going to send the book.	*I am going to send you the book.*

Ejercicios

A. La señora Rodríguez es una profesora muy estricta y da muchos mandatos cada día. Escribe el pronombre correcto para completar los mandatos que les dio a Uds. hoy. Sigue el modelo.

Modelo: ¿El almuerzo? / coman / en la cafetería
¡Cómanlo en la cafetería!

1. ¿La tarea? / preparen / en casa

   _____

2. ¿Las composiciones? / escriban / a máquina

   _____

3. ¿Los libros? / lean / cada día

   _____

4. ¿La leche? / beban / todos los días

   _____

5. ¿Las pizarras? / borren / todas las tardes

   _____

6. ¿Los borradores? / limpien / una vez a la semana

   _____

B. Escribe una lista de los mandatos que la señora Rodríguez les dio a algunos alumnos de la clase. En la Unidad 11, Lección 3, vas a repasar los mandatos pero aquí puedes usarlos fácilmente. Recuerda que la forma *tú* del mandato es la misma forma que la tercera persona singular del presente, por ejemplo:

hablar: la tercera persona singular del presente es: (él) **habla**
          la forma *tú* del mandato es: **¡Habla!**

correr: la tercera persona singular del presente es: (él) **corre**
         la forma *tú* del mandato es: **¡Corre!**

Usa *a mí*, *a él*, etc., para aclarar o enfatizar. Sigue el modelo.

> **Modelo:** Juan: dar / le / la tarea
> *Juan, ¡dale la tarea a ella!*

1. Tomás: leer / nos / la composición

_____

2. Gustavo: prestar / le / el libro

_____

3. Teresa: comprar / les / otro cuaderno

_____

4. Rosa: mostrar / me / la calculadora

_____

5. Jaime: explicar / nos / el problema

_____

6. Cristina: devolver / les / las fotos

_____

C. Algunos de los alumnos de la Sra. Rodríguez son muy desobedientes. Escribe una lista de lo que ellos van a hacer.

> **Modelo:** ¿El almuerzo? / nosotros / comer / en la sala de clase
> *Nosotros vamos a comerlo en la sala de clase.*

1. ¿La tarea? / tú / preparar / en la escuela.

_____

2. ¿Las composiciones? / Tomás / escribir / con lápiz

_____

3. ¿Los libros? / Adela / leer / de vez en cuando

_____

4. ¿La leche? / yo / no beber / nunca

_____

5. ¿Las pizarras? / Gustavo / borrar / de vez en cuando

_____

6. ¿Los borradores? / Juan y Elena / limpiar / una vez al mes

_____

D. Otros alumnos siempre están haciendo lo que piden sus padres y sus profesores. Escribe una lista de lo que ellos dicen.

Modelo: ¿El almuerzo? / comer / nosotros
Estamos comiéndolo ahora mismo.

1. ¿La tarea? / tú / preparar

_____

2. ¿Las composiciones? / Juan / escribir

_____

3. ¿Los libros? / Dolores / leer

_____

4. ¿La leche? / yo / beber

_____

5. ¿Las pizarras? / Pedro y yo / borrar

_____

6. ¿Los borradores / Enrique y José / limpiar

_____

More about the placement of direct and indirect object pronouns

When the present participle or the infinitive depends on another verb, the direct and indirect object pronouns can be either attached to the end of the present participle or infinitive, or placed before the conjugated verb (and separate from it).

Lo estoy comprando.	_(instead of)_	**Estoy comprándolo.**
Lo voy a comprar.	_(instead of)_	**Voy a comprarlo.**
Te voy a mandar el libro.	_(instead of)_	**Voy a mandarte el libro.**

Remember that when the direct and indirect object pronouns are placed before the conjugated verb, they are always separate from it.

Le escribí una carta a Alejandro.
I wrote a letter to Alejandro.

If the sentence is negative, the object pronouns are placed between the negative word (usually *no*) and the verb. No other word may be placed between the negative and the verb.

> **No las hemos visto todavía.**
> *We haven't seen them yet.*
>
> **Nunca las saludas.**
> *You never greet them.*

Remember that direct and indirect object pronouns are never used after a preposition, but that a preposition followed by a noun or a prepositional pronoun may be used to emphasize or clarify the indirect object pronoun.

> **Compré un regalo para mi hermana. (para ella)**
> *I bought a gift for my sister. (for her)*
>
> **Le compré el regalo a ella porque mañana es su cumpleaños.**
> *I bought the gift for her because tomorrow is her birthday.*

Ejercicios

A. John está de vacaciones en España por dos semanas. Cada vez que le envía un regalo a alguien en los Estados Unidos, él lo escribe en su cuaderno. Escribe una frase expresando lo que John le envía a cada persona. Usa un pronombre de complemento (*object pronoun*) y acláralo.

Modelo: a sus profesores / un plano del metro de Madrid
Les mandó un plano del metro de Madrid a ellos.

1. a su novia / una mantilla

_____

_____

2. a su amigo Matthew / un cartel de una corrida

_____

_____

3. a su mamá / un abanico

_____

_____

4. a sus hermanas Beth y Ellen / un cartel de El Greco

_____

_____

5. a sus tías / un ejemplar (*a copy*) de Don Quijote

_____

_____

B. Bob, el amigo de John, siente mucha curiosidad sobre lo que John ha enviado desde España. Escribe la pregunta que él les hace a la familia de John y a sus amigos. Luego, escribe las respuestas de ellos.

Modelo: Bob: *¿Qué les mandó John a Uds.?*
los profesores de John: *Nos mandó un plano del metro de Madrid.*

1. Bob: _____

la novia de John: _____

2. Bob: _____

Matthew: _____

3. Bob: _____

la madre de John: _____

4. Bob: _____

las hermanas de John: _____

5. Bob: _____

las tías de John: _____

Double object pronouns

It is possible for a verb to have both a direct object pronoun and an indirect object pronoun.

In such a case:

1. the indirect object pronoun always precedes the direct object pronoun:

Escribió una carta y me la mandó.
He wrote a letter and sent it to me.

2. both pronouns are placed either before or after the verb according to the rules stated above;

3. if the pronouns are placed after the verb, an accent mark is required on the stressed syllable of the verb.

Cómpramelo.	BUT	**Te lo compré.**
Buy it for me.		*I bought it for you.*
Voy a dártelo.	BUT	**Felipe me lo dio.**
I am going to give it to you.		*Felipe gave it to me.*

4. *le* and *les* change to *se* when followed by *lo*, *la*, *los*, or *las*:

Le vendí el coche.
I sold the car to (him, her, you).

Se lo vendí.
I sold it to (him, her, them, etc.).

Because its meaning can be unclear, the pronoun *se* is often clarified by the use of the preposition *a* followed by either a noun or a pronoun.

Se lo compré (a mi hermano / a él).
I bought it (for my brother / for him).

Se lo compré (a mis padres / a ellos).
I bought it (for my parents / for them).

Se lo compré (a mis amigas / a ellas).
I bought it (for my friends / for them).

Se lo compré (a María / a ella).
I bought it (for María / for her).

Se lo compré (al sofá / a él).
I bought it (for the sofa / for it).

Se lo compré (a Ud. / a Uds.).
I bought it (for you [singular / plural])

Before you go on to the following exercises, you may want to review the list of prepositional pronouns (pronouns that can be used after a preposition) at the beginning of this lesson (page 227).

Ejercicios

A. Tu mamá está muy ocupada. Tú quieres ayudarla y vas al correo para enviar muchísimas cosas. ¿Qué vas a mandar?

Modelo: una carta / mi tío
Voy a mandarle una carta a mi tío.

1. un paquete / su hermana

_____

_____

2. una tarjeta postal / mis abuelos

_____

_____

3. unos periódicos / su tío

_____

_____

4. una revista / mi hermano

_____

_____

5. unos libros / sus amigas

_____

_____

B. ¿Cómo vas a mandar las cosas? Contesta a las preguntas usando pronombres para las cosas y las personas.

Modelo: una carta / mi tío
Voy a mandársela a él por avión.

1. un paquete / su hermana

_____

2. una tarjeta postal / mis abuelos

_____

3. unos periódicos / su tío

_____

4. una revista / mi hermano

_____

5. unos libros / sus amigas

_____

C. Carlota está un poco confundida. Todas las cosas que dijo ayer, hoy las dice de nuevo pero esta vez dice lo contrario. Cambia las frases a la forma negativa y usa un pronombre en lugar del sustantivo subrayado.

Modelo: Te compré dos discos compactos ayer.
No te los compré ayer.

1. Me trae un libro cada semana.

_____

2. Te voy a mandar unos regalos.

_____

3. Nos compró una bicicleta de segunda mano.

_____

4. Siempre me pide dinero.

_____

5. Quiero prestarle mi coche.

_____

6. Está explicándonos las respuestas.

_____

7. Tienes que devolverme el diccionario.

_____

8. Me recomendó un buen médico.

_____

9. Les voy a mostrar <u>mi blusa nueva</u>.

_____

10. Voy a prestarle <u>la receta</u>.

_____

Ejercicios de resumen

A. ¿Qué les falta a las siguientes frases? Lee las frases y luego complétalas usando un pronombre para poner más énfasis o aclarar las palabras subrayadas.

1. <u>Me</u> trajo las flores a _____.

2. Gabriela y Hugo no tenían dinero para el almuerzo. Ricardo <u>les</u> dio todo su dinero a _____.

3. Elena <u>nos</u> vendió a _____ su coche viejo.

4. <u>Raquel y yo</u> peleamos mucho. Entre _____ y _____ ya no existe una buena amistad.

5. Elías me escribió una carta. <u>Le</u> contesté la carta a _____ ayer.

6. ¿Por qué me preguntas mi opinión? <u>Tú</u> piensas que yo nunca tengo la razón. Según _____ siempre estoy equivocado.

7. ¿A _____ <u>te</u> gustan los partidos de vólibol?

8. <u>Julio</u> acaba de llegar. Vamos a salir con _____.

9. <u>Sarita</u> habla demasiado durante la película, por eso nunca me gusta ir con _____.

10. Todos saben que <u>tú</u> ganaste el premio. El consejero estuvo hablando de _____ en la reunión.

B. Es el cumpleaños de Víctor. Sus amigos le han dejado sus regalos y él quiere saber quién le trajo cada uno de los regalos. Responde usando la información entre paréntesis. Reemplaza todos los complementos con pronombres.

> **Modelo:** ¿Quién me trajo los calcetines? (Samuel y Rosa)
> _Te los trajeron Samuel y Rosa._

1 ¿Quién me dio estas cintas? (Inés)

_____

2. ¿Quiénes me trajeron esas camisas? (tus tíos)

_____

3. ¿Quién me hizo este regalo tan caro? (tu papá)

_____

4 ¿Quién me regaló estos bolígrafos? (Rafael)

_____

5. ¿Quiénes me dieron esa bicicleta? (tus abuelos)

_____

C. El / La sabelotodo (*The know-it-all*). Una vecina cree que tú siempre sabes todo lo que pasa en el barrio. Te hace preguntas y se las respondes. Responde a sus preguntas reemplazando todos los complementos con un pronombre.

> **Modelo:** ¿Quién le prestó el coche a mi hijo? (Tomás)
> *Tomás se lo prestó.*

1. ¿A quién le dieron los informes? (al señor Ramírez)

_____

2. ¿Cuándo van a devolverte las sillas los Cruz? (la semana próxima)

_____

3. ¿A quién le compró Juan tantas plantas? (a Rolando)

_____

4. ¿Cuándo me vas a presentar (*introduce*) a tu novio(a)? (mañana)

_____

5. ¿Quién hizo los pasteles para la fiesta del club? (el cocinero)

_____

6. ¿Quién le trajo los paquetes a la novia de Pedro? (el cartero)

_____

D. Federico se va a mudar. Como tiene muchas cosas que no quiere, se las va a dar a otras personas. Lee lo que dice, luego reemplaza todos los complementos con pronombres.

1. Voy a darle los discos a Graciela.

_____

2. Prometí llevarles la mesa a mis primos.

_____

3. ¿Quieres llevarte las sillas?

_____

4. Caterina me pidió los cuadros.

_____

5. Tráeme esos juguetes, son para Pepe.

_____

6. Estoy empacando las tazas para los Rivas.

_____

7. Juanita nos pidió las cortinas.

_____

8. Y a Sandro, le voy a dejar los libros de historia.

_____

Resumen de la unidad

Ejercicios creativos para escribir y para conversar

Los siguientes ejercicios van a ayudarte a poner en práctica los conceptos de esta unidad. Es buena idea que uses el espacio después de cada ejercicio para hacer apuntes (listas de palabras, expresiones, etc.) que te ayuden a expresar las ideas. Debes escribir la versión final de los ejercicios para escribir en tu cuaderno.

 A. Cada persona tiene gustos muy específicos. Usa la siguiente lista de actividades para expresar lo que te gusta hacer o no te gusta hacer. Luego, escribe un párrafo explicando por qué te gustan o no. Puedes usar otras actividades que no están en la lista.

> caminar por las calles
>
> fumar
>
> hacer los quehaceres en casa
>
> ir de compras con tus padres
>
> jugar en la nieve
>
> patinar
>
> viajar en autobús
>
> visitar a tus amigos cuando están enfermos

_____

_____

_____

_____

_____

_____

_____

Guarda tu descripción pues vas a usarla en el ejercicio D.

B. Tú eres muy servicial y te gusta hacer cosas que benefician a otros. Escribe un párrafo expresando las cosas que te gusta hacer para ayudar a otras personas.

_____

_____

_____

_____

_____

_____

C. La ciudad / El pueblo donde vivo. Usa la guía a continuación para describir el lugar donde vives. Luego compáralo con otro lugar donde te gustaría (*you would like to*) o no te gustaría vivir. En tu comparación explica por qué te gustaría o no te gustaría vivir allí. Usa los siguientes verbos en tu descripción.

apetecer	gustar	preocupar
encantar	molestar	

- el clima
- la gente
- las calles
- los edificios
- las tiendas
- los lugares de diversión
- los restaurantes

_____

_____

_____

_____

_____

_____

D. Los gustos de mi compañero(a). Usa los temas a continuación para entrevistar a un(a) compañero(a) de clase y averiguar (*find out*) lo que le gusta hacer o no le gusta hacer. Usa las ideas del ejercicio A. Puedes usar otros temas también. Luego comparte con el resto de la clase los gustos de él o ella.

caminar por las calles	jugar en la nieve
fumar	patinar
hacer los quehaceres en casa	viajar en autobús
ir de compras con tus padres	visitar a tus amigos cuando están enfermos

_____

_____

_____

_____

E. Una encuesta sobre las opiniones de la gente que conoces. Usa la información a continuación para hacerles dos preguntas sobre cada tema a tus parientes y amigos.

- cosas que les molestan
- cosas y actividades que les interesan
- problemas que les preocupan
- actividades que les apetecen
- temas que les importan

_____

_____

_____

_____

_____

Usa la información que obtuviste para compartir con el resto de la clase las opiniones de la gente que conoces.

_____

_____

_____

_____

_____

F. Tus preferencias. Ahora tienes la oportunidad de expresar tus preferencias y las de otras personas. Conversen en grupos de tres o cuatro personas. Primero deben compartir:

- dos cosas que te molestan y por qué te molestan
- dos cosas que nunca les preocupan a ti y a tus amigos

Luego deben hacerse preguntas sobre las ideas que expresaron. Finalmente deben compartir con la clase:

- lo que más les molesta a las personas de su grupo
- lo que nunca les preocupa a las personas de su grupo.

_____

_____

_____

_____

_____

Unit 7

Repaso

 For a review of the use of direct and indirect object pronouns, the verb *gustar* and other verbs that use the construction: indirect object + *gustar* (or verbs like it) + subject, and pronouns used after a preposition, visit http://www.phschool.com. Once you get to the Foreign Languages section, follow the instructions on the Web page.

Unit 7 Table of Contents

Objectives

In this unit you will be able to:
- Give direct and indirect commands
- Express hope and expectations
- Seek and give advice and make suggestions to others

The following grammar points will help you accomplish these objectives:

The subjunctive mood

As you know, the tense of a verb indicates the time of the action. You have already reviewed five verb tenses: the present tense and four past tenses including the preterite, the imperfect, the perfect, and the pluperfect. All these verb tenses are part of the indicative mood. The mood of the verb denotes the attitude of the speaker, his or her point of view towards the action.

The indicative mood is used to state what the speaker considers a fact. Look at the following sentences:

> *The house is on a hill.*
> *I knew that you had seen me.*
> *He will not go to work tomorrow.*

Although each of the above sentences is in a different tense, in each one the speaker affirms or negates situations or actions that either are now or will be part of reality.

In this unit you will be reviewing verb tenses from the two other moods: the imperative and the subjunctive. (The imperative mood, as you will see, is used to give commands.)

The use of the subjunctive

The subjunctive mood is used to express uncertainty, as opposed to facts. It expresses emotions, feelings, and judgments about an action. It presents what a speaker considers to be doubtful, possible, necessary, or desired.

In Spanish, as in English, the subjunctive generally occurs in dependent clauses. A dependent clause is a group of words with a subject and a predicate. However, unlike an independent clause, a dependent clause is not a complete statement. In the sentence *I doubt that John is intelligent*, the words *that John is intelligent* constitute a dependent clause. This clause is not a complete statement without the addition of the independent clause *I doubt*.

The decision to use either the subjunctive or the indicative in the dependent clause will depend on whether the verb in the main clause (or some other factor in the sentence) takes the dependent verb out of the realm of reality. The English sentence *I doubt that John is intelligent* would require the use of the subjunctive of the verb *ser* in Spanish, because the speaker is expressing doubt about the existence of John's intelligence.

Forms of the present subjunctive

The present subjunctive of most verbs is formed by removing the *-o* from the *yo* form of the present indicative and adding the following endings:

For *-ar* verbs:		for example, *hablar:*	
-e	-emos	hable	hablemos
-es	-éis	hables	habléis
-e	-en	hable	hablen

For *-er* verbs:		for example, *comer:*	
-a	-amos	coma	comamos
-as	-áis	comas	comáis
-a	-an	coma	coman

For *-ir* verbs:		for example, *escribir:*	
-a	-amos	escriba	escribamos
-as	-áis	escribas	escribáis
-a	-an	escriba	escriban

Remember that many common verbs are irregular in the *yo* form of the present indicative. The rule above is also valid in forming the present subjunctive of these verbs:

conducir: conduzca   salir: salga

conocer: conozca   tener: tenga

decir: diga   venir: venga

oír: oiga   ver: vea

poner: ponga

For a review of the endings of other verbs in the present indicative, see Unit 1, Lesson 1, and Unit 2, Lesson 1.

Ejercicios

A. Muchas personas dudan lo que otras hacen. Cambia las siguientes frases sustituyendo el sujeto subrayado por los sujetos entre paréntesis. No olvides usar la forma correcta del subjuntivo.

1. Carmela duda que <u>yo</u> la visite hoy. (Uds. / tú / Mario / ellas)

_____

_____

_____

_____

2. Nosotros dudamos que <u>Juan</u> asista a la reunión. (Celia / Ud. / tú / ellas)

_____

_____

_____

3. Carlos duda que <u>tú</u> aprendas la lección. (yo / nosotros / Sergio / Uds.)

_____

_____

_____

B. Lee las siguientes situaciones. Luego cambia la información que está subrayada usando la información entre paréntesis. No olvides usar el subjuntivo.

1. La nueva novela de Isabel Allende acaba de llegar a la librería. Es necesario que tú <u>leas la novela</u>. (terminar dos capítulos para mañana / conocer bien los temas / obtener información sobre su país natal)

_____

_____

_____

2. El profesor de arte les recomienda a sus estudiantes una película de Buñuel. Es necesario que ellos <u>compren la película</u>. (ver la película / oír el acento de los actores / discutir la relación entre los personajes)

_____

_____

_____

3. Hoy vamos a estudiar juntos en mi casa. Es necesario que nosotros <u>terminemos temprano</u>. (salir de la escuela inmediatamente / venir a casa en taxi / traer todos los libros)

_____

_____

_____

4. Esta noche yo voy a cocinar mi plato favorito para mis amigos. Es necesario que yo <u>los invite</u>. (decirles la hora de la cena / salir de compras esta tarde / poner la mesa temprano)

_____

_____

_____

5. El sábado Rita va al campo con sus tíos. Es necesario que <u>ella lleve bocadillos para todos</u>. (tener todo listo el viernes / conducir el coche de sus padres / escribir las instrucciones para llegar al campo)

_____

_____

_____

Spelling changes in the present subjunctive

When you reviewed the preterite in Unit 2, Lesson 2, you reviewed the spelling changes that are necessary in some cases in order to preserve the sound of the last consonant in the stem of verbs ending in -_car_, -_gar_, and -_zar_. Do you remember what the change in each of the following verbs is? In what person does the change occur in the preterite?

buscar   _____

pagar   _____

almorzar   _____

The spelling changes occur in the first person singular (the _yo_ form) of the preterite:

buscar becomes _busqué_

pagar becomes _pagué_

almorzar becomes _almorcé_

These same spelling changes occur in the present subjunctive. But whereas in the preterite they occurred only in the first person singular, in the present subjunctive they occur in all persons. The changes are:

For verbs ending in -_car_ (such as _tocar_): c → q	
to**qu**e	to**qu**emos
to**qu**es	to**qu**éis
to**qu**e	to**qu**en

For verbs ending in -_gar_ (such as _pagar_): g → gu	
pa**gu**e	pa**gu**emos
pa**gu**es	pa**gu**éis
pa**gu**e	pa**gu**en

For verbs ending in -_zar_ (such as _cruzar_): z → c	
cru**c**e	cru**c**emos
cru**c**es	cru**c**éis
cru**c**e	cru**c**en

Stem-changing verbs in the present subjunctive

1. Stem-changing -*ar* and -*er* verbs have the same stem changes in the present subjunctive as in the present indicative:

a. Stem-changing -*ar* and -*er* verbs (*e* to *ie*)

nosotros and *vosotros* forms are regular; *e* to *ie* in all other forms

Present Indicative		Present Subjunctive	
cerrar			
cierro	cerramos	cierre	cerremos
cierras	cerráis	cierres	cerréis
cierra	cierran	cierre	cierren

b. Stem-changing -*ar* and -*er* verbs (*o* to *ue*)

nosotros and *vosotros* forms are regular; *o* to *ue* in all other forms

Present Indicative		Present Subjunctive	
volver			
vuelvo	volvemos	vuelva	volvamos
vuelves	volvéis	vuelvas	volváis
vuelve	vuelven	vuelva	vuelvan

2. Stem-changing -*ir* verbs have the same stem changes in the *yo*, *tú*, *él*, and *ellos* forms of the present subjunctive as they do in the present indicative. In the subjunctive, however, these verbs also have stem changes in the *nosotros* and *vosotros* forms (which is not the case in the present indicative).

a. Stem-changing -*ir* verbs (*e* to *ie*)

Present Indicative *nosotros* and *vosotros* forms are regular		Present Subjunctive *nosotros* and *vosotros* forms: *e* becomes *i*	
mentir			
miento	mentimos	mienta	mintamos
mientes	mentís	mientas	mintáis
miente	mienten	mienta	mientan

b. Stem-changing -*ir* verbs (*o* to *ue*)

Present Indicative *nosotros* and *vosotros* forms are regular			Present Subjunctive *nosotros* and *vosotros* forms: *o* becomes *u*	
	dormir			
duermo	dormimos		duerma	durmamos
duermes	dormís		duermas	durmáis
duerme	duermen		duerma	duerman

c. Stem-changing -*ir* verbs (*e* to *i*)

Present Indicative *nosotros* and *vosotros* forms are regular			Present Subjunctive in all forms of the present subjective, including *nosotros* and *vosotros*: *e* becomes *i*	
	pedir			
pido	pedimos		pida	pidamos
pides	pedís		pidas	pidáis
pide	piden		pida	pidan

Note that the subjunctive of reflexive verbs is formed in the same way as that of non-reflexive verbs. The reflexive pronoun is placed in the same position as it would be with any conjugated verb (namely, before it).

Juan se levantó tarde. Dudo que se acueste temprano.
Juan got up late. I doubt that he will go to bed early.

Ejercicios

A. Para poder usar los verbos en el subjuntivo es necesario practicar un poco la conjugación. Completa el cuadro a continuación con la información que se pide.

Modelo: jugar   (yo)   *juego*   *juegue*
              (nosotros)   *jugamos*   *juguemos*

		Presente de indicativo	Presente de subjuntivo
abrazar	(yo)	_____	_____
	(nosotros)	_____	_____
acostarse	(ella)	_____	_____
	(Uds.)	_____	_____
despedirse	(yo)	_____	_____
	(Uds.)	_____	_____
despertarse	(ellos)	_____	_____
	(tú)	_____	_____
divertirse	(tú)	_____	_____
	(él y yo)	_____	_____
dormir	(yo)	_____	_____
	(nosotras)	_____	_____
empezar	(ellos)	_____	_____
	(yo)	_____	_____
explicar	(Ud.)	_____	_____
	(nosotros)	_____	_____
perder	(yo)	_____	_____
	(nosotros)	_____	_____
preferir	(Ud.)	_____	_____
	(ellos)	_____	_____
recordar	(nosotros)	_____	_____
	(yo)	_____	_____
rogar	(yo)	_____	_____
	(él)	_____	_____
sacar	(tú)	_____	_____
	(ellas)	_____	_____
seguir	(nosotros)	_____	_____
	(ella)	_____	_____

B. Lee las situaciones a continuación, luego cambia la información subrayada usando la información entre paréntesis. Recuerda que tienes que usar el subjuntivo.

1. Los profesores siempre quieren que nosotros hagamos muchas cosas. Ellos quieren que nosotros <u>estudiemos constantemente</u>. (buscar la información en el Internet / investigar la vida de los autores / pensar bien las respuestas)

_____

_____

_____

2. Mis padres van a dar una fiesta este fin de semana. Ellos quieren que yo <u>asista</u>. (tocar el piano para los invitados / servir los entremeses / volver temprano a casa)

_____

_____

_____

3. El verano próximo vamos de vacaciones a Costa Rica. La agente de viajes quiere que tú <u>hagas las reservaciones ahora</u>. (pagar todos los hoteles / pedir información a la oficina de turismo / encontrar tu pasaporte inmediatamente)

_____

_____

_____

Verbs that have irregular forms in the present subjunctive

The present subjunctive has irregular forms only when the *yo* form of the present indicative does not end in -*o*.

dar (present indicative [*yo*] *doy*)	
dé	demos
des	deis
dé	den

estar (present indicative [*yo*] *estoy*)	
esté	estemos
estés	estéis
esté	estén

ir (present indicative [*yo*] *voy*)	
vaya	vayamos
vayas	vayáis
vaya	vayan

---

ser (present indicative [yo] soy)

sea	seamos
seas	seáis
sea	sean

---

saber (present indicative [yo] sé)

sepa	sepamos
sepas	sepáis
sepa	sepan

---

haber (present indicative [yo] he)

haya	hayamos
hayas	hayáis
haya	hayan

The present subjunctive of *hay* (there is, there are) is *haya*.

Dudo que haya un hotel cerca del campamento.
I doubt that there is a hotel near the camp.

Es probable que haya tiendas de campaña en el campamento.
It is probable that there are tents in the camp.

Ejercicio

Un poco de práctica. Cambia el sujeto subrayado de las siguientes frases y haz los cambios necesarios en el verbo.

1. Es necesario que <u>tú</u> sepas las respuestas. (Ud. / nosotros / ella / yo)

_____

_____

_____

2. Quiero que <u>ella</u> vaya conmigo. (tú / ellos / Uds. / él)

_____

_____

_____

_____

3. Dudamos que <u>Juan</u> esté en casa. (ellas / Ud. / tú / Diego)

_____

_____

_____

_____

4. Francisco quiere que <u>nosotros</u> le demos la dirección. (ella / yo / tú / Uds.)

_____

_____

_____

_____

5. Mi mamá quiere que <u>yo</u> sea más disciplinado(a). (mi hermano / tú / él / ella)

_____

_____

_____

_____

6. Es necesario que <u>yo</u> haya terminado el trabajo para mañana. (ellos / nosotros / Uds. / tú)

_____

_____

_____

_____

Using the subjunctive to give direct commands

The present subjunctive form of the verb is used to give direct commands (we will discuss indirect commands later in this lesson):

1. in the formal second person (*Ud.*, *Uds.*), both affirmative and negative:

   ¡Piense Ud. mucho!
   Think a lot!

   ¡No hablen Uds. tanto!
   Don't talk so much!

2. in the first person plural (*nosotros / nosotras*), both affirmative and negative. These commands are translated as *Let's*…:

> **¡Comamos!**
> *Let's eat!*

> **¡No toquemos esa pieza!**
> *Let's not play that piece!*

Note however that *Let's go!* is expressed by **¡Vamos!** In the negative, *vayamos* is used:

> **¡Vamos a la playa! ¡No vayamos al cine!**
> *Let's go to the beach! Let's not go to the movies!*

3. in the informal second person (*tú, vosotros, vosotras*), negative only.

> **¡No estudies tanto!**
> *Don't study so much!*

> **¡No comáis en esa cafetería!**
> *Don't eat in that cafeteria.*

Remember that…

- Direct, indirect, and reflexive object pronouns are placed:

a. after and attached to the verb in affirmative commands

> **¡Invitémoslo!**
> *Let's invite him!*

b. immediately before the verb in negative commands

> **¡No lo pienses tanto!**
> *Don't think about it so much!*

> **¡No te enfades!**
> *Don't get angry!*

- When the reflexive pronoun *nos* is added to the *nosotros* command, the final *s* is dropped from the verb.

> **Sentémonos aquí.**
> *Let's sit here.*

> **Levantémonos temprano.**
> *Let's get up early.*

> **Divirtámonos este fin de semana.**
> *Let's have a good time this weekend.*

> **¡Vámonos!**
> *Let's go! Let's leave! Let's go away!*

Ejercicios

A. En tu tiempo libre trabajas de voluntario(a) en un centro para ancianos (*senior citizens' center*). Cuando estás allí siempre oyes muchos mandatos dirigidos a diferentes personas. Completa la siguiente lista de mandatos con la forma correcta del verbo entre paréntesis.

A la señora López…

1. Sra. López, ¡no _____ (salir) Ud. afuera sin abrigo!

2. ¡No _____ (comer) Ud. comidas picantes!

3. ¡_____ (Tocar) Ud. la guitarra para nosotros!

4. ¡_____ (Dar) Ud. un paseo con el Sr. Ramírez!

5. ¡_____ (Maquillarse) Ud. todos los días!

Al Sr. Jiménez y a la Sra. García…

1. ¡_____ (Pensar) Uds. en los momentos alegres de su vida!

2. ¡_____ (Venir) Uds. a bailar con nosotros!

3. ¡_____ (Pasearse) Uds. por el parque!

4. ¡No _____ (beber) Uds. demasiado café!

5. ¡_____ (Recordar) Uds. tomar las medicinas!

A todos, incluyéndote a ti…

1. ¡Vamos! ¡_____ (Cantar [nosotros]) todos juntos!

2. ¡_____ (Sentarse [nosotros]) en el sofá!

3. ¡_____ (Caminar [nosotros]) por el jardín!

4. ¡_____ (Salir [nosotros]) de compras el sábado!

5. ¡_____ (Jugar [nosotros]) al ajedrez!

B. Beatriz y su amiga van a la peluquería. Ellas no saben exactamente lo que quieren. Una dice una cosa y la otra dice lo contrario. Usa la información a continuación para escribir lo que ellas dicen. Sigue el modelo.

> **Modelo:** cortarse el pelo
> *¡Cortémonos el pelo! ¡No nos cortemos el pelo!*

1. lavarse el pelo

   ¡_____! ¡_____!

2. pintarse el pelo

   ¡_____! ¡_____!

3. arreglarse las uñas

¡———————————! ¡———————————!

4. hacerse un peinado elegante

¡———————————! ¡———————————!

5. maquillarse

¡———————————! ¡———————————!

6. mirar los peinados en una revista

¡———————————! ¡———————————!

7. escoger un corte moderno

¡———————————! ¡———————————!

8. ir a otra peluquería

¡———————————! ¡———————————!

C. Gabriel y Federico van de compras al centro comercial donde hay muchas tiendas y hasta un cine. Como Federico no ha llegado, los padres de Gabriel le dan algunos mandatos a Gabriel. Cuando llega Federico ellos repiten los mismos mandatos pero esta vez en el plural (*vosotros*). Usa el modelo como guía.

Modelo: no tomar el autobús
¡*No tomes el autobús! ¡No toméis el autobús!*

1. no gastar mucho dinero

¡———————————! ¡———————————!

2. no comprar muchos discos compactos

¡———————————! ¡———————————!

3. no almorzar en un restaurante muy caro

¡———————————! ¡———————————!

4. no correr en el estacionamiento

¡———————————! ¡———————————!

5. no volver muy tarde

¡———————————! ¡———————————!

6. no escoger zapatos de muchos colores

¡———————————! ¡———————————!

7. no comer demasiados dulces

¡———————————! ¡———————————!

8. no ir al cine

¡———————————! ¡———————————!

The imperative mood

Affirmative commands (tú, vosotros/vosotras)

The only forms of commands that do not use the present subjunctive are the affirmative commands in the informal (familiar) second person (*tú, vosotros/vosotras*).

The affirmative command for the singular familiar (*tú*) is formed in the same manner as the third person singular of the present (indicative) tense.

> **¡Prepara la comida!**
> *Prepare the food!*
>
> **¡Escribe la carta!**
> *Write the letter!*

The affirmative command for the plural familiar (*vosotros/vosotras*) is formed by dropping the final -*r* of the infinitive and adding -*d*.

> **¡Hablad español!**
> *Speak Spanish!*
>
> **¡Id a la biblioteca!**
> *Go to the library.*

Remember that object pronouns and reflexive pronouns are placed:

a. after and attached to the verb in the affirmative commands, and

b. immediately before the verb in negative commands.

When the reflexive pronoun *os* is attached to the *vosotros/vosotras* command, the final -*d* is dropped from the verb

> **¡Sentaos aquí!**
> **Sit here!**
>
> EXCEPTION:
>
> **¡Idos!**
> *Leave!*
>
> **¡Idos ahora!**
> *Leave now!*

Ejercicios

A. Imagina que le quieres dar consejos a uno(a) de tus amigos(as). Usa los verbos a continuación para escribir mandatos usando la forma *tú*. Añade más información para que los mandatos sean más completos.

Modelo: beber
> *¡Bebe mucha leche todos los días!*

1. saludar _____

2. correr _____

3. escribir _____

4. vender _____

5. llevar _____

6. visitar _____

7. divertirse _____

8. acostarse _____

B. Ahora cambia todos los mandatos del ejercicio anterior al plural. Usa la forma *vosotros (optional)*.

    Modelo: beber

           ¡Bebed mucha leche todos los días!

1. saludar _____

2. correr _____

3. escribir _____

4. vender _____

5. llevar _____

6. visitar _____

7. divertirse _____

8. acostarse _____

Irregular verbs in the affirmative *(tú)* command form

The following verbs are irregular in the <u>affirmative</u> *(tú)* command:

decir: di	salir: sal
hacer: haz	ser: sé
ir: ve	tener: ten
poner: pon	venir: ven

Remember that for the <u>negative</u> *(tú)* command you must use the present subjunctive.

    ¡Di la verdad!
    Tell the truth.

    ¡No digas mentiras!
    Don't tell lies!

Ejercicios

A. Uno de tus amigos tiene problemas con sus padres algunas veces. Usa los verbos entre paréntesis para darle algunas recomendaciones. Usa el mandato *tú*.

1. (poner) ¡_____ la mesa para cenar!

2. (tener) ¡_____ paciencia con tus hermanos!

3. (decir) ¡_____ siempre la verdad!

4. (ser) ¡_____ amable con tus abuelos!

5. (ir) ¡_____ a visitar a tus abuelos regularmente!

6. (hacer) ¡_____ todas tus tareas temprano!

7. (venir) ¡_____ a la escuela a tiempo!

8. (salir) ¡_____ de las fiestas temprano!

B. Algunos de los mandatos del ejercicio anterior se pueden expresar de otra manera. Usa la información entre paréntesis para escribir mandatos en la forma negativa. Usa el mandato *tú*.

Modelo: (no olvidarse de visitar a tus abuelos)
No te olvides de visitar a tus abuelos.
(no poner cereal en la mesa)
No pongas cereal en la mesa.

1. (no ser impaciente) ¡_____!

2. (no decir mentiras) ¡_____!

3. (no ser antipático con tus abuelos) ¡_____!

4. (no hacer las tareas tarde por la noche) ¡_____!

5. (no venir tarde a la escuela) ¡_____!

6. (no salir tarde de las fiestas) ¡_____!

C. Trabajas en un centro que se dedica a ayudar a las personas que no tienen casa. Usa la información entre paréntesis y un pronombre en lugar de las palabras subrayadas para responder con un mandato a las preguntas que te hace otro voluntario.

Modelo: ¿Le echo <u>la sal a la sopa</u>? (no)
No, no se la eches.

1. ¿Corto <u>estas papas</u>? (no)

_____

2. ¿Pongo <u>las cajitas de jugo</u> en la bolsa? (sí)

_____

3. ¿Limpio <u>las mesas</u> ahora? (no)

_____

4. ¿Le envuelvo <u>estas cucharas a Paco</u>? (sí)

_____

5. ¿Les reparto <u>estos panes a las familias</u> hoy? (no)

_____

6. ¿Sirvo <u>la sopa</u> ahora? (sí)

_____

7. ¿Empezamos a servirles <u>el almuerzo</u>? (sí)

_____

8. ¿Le corto <u>las cebollas al cocinero</u>? (no)

_____

D. Tienes que cuidar al hijo pequeño de uno de tus vecinos. Lo mandas a hacer ciertas cosas pero él no las hace. Estás muy cansado(a) y finalmente decides decirle lo contrario para ver si las hace. Cambia los mandatos siguientes a la forma negativa. Usa pronombres en lugar de las palabras subrayadas.

Modelo: ¡Apaga <u>la computadora</u>!
¡No la apagues!

1. ¡Quítate <u>los zapatos sucios</u>!

_____

2. ¡Siéntate a mirar <u>la televisión</u>!

_____

3. ¡Recoge <u>los juguetes</u>!

_____

4. ¡Tráeme <u>los lápices de colores</u>!

_____

5. ¡Haz <u>la cama</u>!

_____

6. ¡Límpiale <u>el cuarto a tu hermana</u>!

_____

7. ¡Pon <u>los libros de colorear</u> ahí!

_____

8. ¡Cuéntale <u>un cuento a tu hermana</u>!

_____

Using the subjunctive to give indirect commands

In addition to telling someone what to do directly, you can tell them what you want them to do indirectly. For example, your teacher could give you a direct command and say:

¡Estudien Uds. mucho!
Study a lot!

But the same command could also be given indirectly, using the structure *querer* [in the present indicative] + *que* + verb [in the present subjunctive]

Using this structure, your teacher would say:

Quiero que Uds. estudien mucho.
I want you to study a lot.

It is also possible for someone to report indirectly on a command that has been given to that person or to someone else. For example, your teacher says:

¡Estudien Uds. mucho!
Study a lot!

Then you tell your parents:

La señora Ferral quiere que estudiemos mucho.
Mrs. Ferral wants us to study a lot.

Ejercicios

A. Uds. van a tener un examen. ¿Qué les dice el (la) profesor(a)? Completa cada frase con el mandato del verbo entre paréntesis. ¡OJO! (*Watch out!*) Algunos de los verbos son irregulares.

1. (practicar) ¡_____ Uds. mucho la noche antes del examen!

2. (llegar) ¡_____ Uds. a clase temprano!

3. (tener) ¡_____ Uds. un bolígrafo!

4. (escribir) ¡_____ Uds. con cuidado!

5. (leer) ¡_____ Uds. las instrucciones!

6. (pensar) ¡_____ Uds. antes de escribir!

7. (perder) ¡No _____ Uds. su libro!

8. (hablar) ¡No _____ Uds. durante el examen!

9. (mirar) ¡No _____ Uds. los papeles de otros estudiantes!

10. (ir) ¡No _____ Uds. al cuarto de baño durante el examen!

11. (dormirse) ¡No _____ Uds. durante el examen!

12. (salir) ¡No _____ Uds. temprano!

B. Imagina que tú les dices a tus padres lo que el (la) profesor(a) dijo antes del examen. Escribe las frases del ejercicio anterior de una manera indirecta. Comienza las frases (1–6) con las palabras: «El profesor quiere que yo…»

1. _____
2. _____
3. _____
4. _____
5. _____
6. _____

Comienza las frases (7–12) con las palabras: «La profesora no quiere que nosotros…»

7. _____
8. _____
9. _____
10. _____
11. _____
12. _____

C. Imagina que se cambian los papeles (*the tables are turned*) y tú puedes darle mandatos a tu profesor(a). Usa las siguientes expresiones para escribir cinco mandatos que te gustaría darle a tu profesor(a).

Comienza cada frase con: «Yo quiero (no quiero) que la profesora….»

dar tarea
explicar otra vez
hablar en voz alta
tener paciencia
tocar música

1. _____
2. _____
3. _____
4. _____
5. _____

D. Imagina que tu profesor(a) habla con un amigo. Escribe los mandatos del ejercicio C de una manera indirecta. Comienza cada frase con: «Los estudiantes (no) quieren que yo…»

1. _____
2. _____

3. _____

4. _____

5. _____

Ejercicios de resumen

A. Le pides a un amigo lo siguiente de una manera indirecta. Cuando no lo hace, le das un mandato directo. Primero escribe un mandato indirecto, luego uno directo.

> **Modelo:** practicar
> _Quiero que practiques mucho._
> _¡Practica mucho!_

1. ir conmigo

_____

_____

2. conducir con cuidado

_____

_____

3. volver temprano

_____

_____

4. almorzar en la cafetería

_____

_____

5. asistir a clases

_____

_____

6. empezar a dibujar

_____

_____

7. dar las gracias

_____

_____

8. aprender a esquiar

_____

_____

9. pagar la cuenta

_____

_____

10. buscar el juego de ajedrez (*chess*)

_____

_____

B. Tú y tus amigos están en la playa. Parecen estar de mal humor (*in a bad mood*). Tú le das un mandato a uno de ellos y como no responde tratas de hablarles a todos. Usa los verbos a continuación para pedirles que hagan algo juntos.

	tú	**vosotros** (*optional*)
1. (ir)	¡—————— al agua!	¡—————— al agua!
2. (comprar)	¡—————— perros calientes!	¡—————— perros calientes!
3. (caminar)	¡—————— en la arena!	¡—————— en la arena!
4. (llevar)	¡—————— los refrescos!	¡—————— los refrescos!
5. (dar)	¡—————— un paseo!	¡—————— un paseo!
6. (jugar)	¡—————— al vólibol!	¡—————— al vólibol!
7. (buscar)	¡—————— conchas en la arena!	¡—————— conchas en la arena!
8. (abrir)	¡—————— el paquete de tortillas!	¡—————— el paquete de tortillas!
9. (seguir)	¡—————— cantando!	¡—————— cantando!
10. (salir)	¡—————— del agua!	¡—————— del agua!

C. Imagina que ahora les tienes que dar los mandatos del ejercicio B a tus amigos de una manera indirecta. Cambia todos los mandatos usando «Yo quiero que Uds....»

1. ¡—————————————————————!

2. ¡—————————————————————!

3. ¡—————————————————————!

4. ¡—————————————————————!

5. ¡—————————————————————!

6. ¡_____!

7. ¡_____!

8. ¡_____!

9. ¡_____!

10. ¡_____!

D. El hermanito de Gabriel asiste a una nueva escuela. Él te pide consejos (*advice*) y tú se los das. Escribe los mandatos que en tu opinión son importantes para salir bien (*do well*) y tener éxito (*be successful*) en las clases. Usa la forma *tú*.

1. Primero _____ (hacer) la tarea de español y luego _____ (jugar) con los juegos electrónicos.

2. _____ (Leer) el cuento y después _____ (contestar) a las preguntas.

3. _____ (Escribir) las palabras varias veces y después _____ (repetir) lo que te digo en voz alta.

4. _____ (Tener) todos los libros en la mesa antes de empezar la tarea y _____ (sentarse) en una silla cómoda.

5. No _____ (mirar) la televisión antes de estudiar, _____ (estudiar) primero porque vas a estar muy cansado después.

6. No _____ (pensar) en terminar rápido y no _____ (hacer) los ejercicios antes de leer las explicaciones.

7. _____ (Ir) a un lugar tranquilo para estudiar y no _____ (escuchar) la radio mientras estudias.

8. No _____ (acostarse) muy tarde, _____ (levantarse) temprano y _____ (llegar) a la escuela a tiempo.

E. ¿Qué debe hacer José Luis? Lee las siguientes frases, luego escribe un mandato para que él haga lo contrario de lo que está haciendo ahora. Usa la forma *tú*.

Modelo: José Luis no ahorra dinero nunca.
　　　　¡Ahorra dinero!
　　　　José Luis trabaja mucho.
　　　　¡No trabajes tanto!

1. Nunca se despierta a tiempo.

_____

2. No se peina antes de salir.

_____

3. Él no presta atención en clase.

_____

4. No lee mucho.

_____

5. No se relaja (*relaxes*) demasiado los fines de semana.

_____

6. No asiste a todas sus clases.

_____

7. Se sirve demasiada comida.

_____

8. Toca el saxofón muy alto.

_____

9. Se viste con ropa muy anticuada.

_____

10. Conduce a la escuela.

_____

F. Ernesto siempre desea lo mejor para sí mismo y para las personas a su alrededor (*around him*). Completa las siguientes frases para expresar lo que él desea para sus amigos, parientes o profesores.

Yo quiero que…

1. …mi mejor amiga _____ (salir) bien en sus exámenes.

2. …a mis padres les _____ (pagar) bien por su trabajo.

3. …mi hermana _____ (recibir) un aumento de sueldo.

4. …mi novia me _____ (abrazar) todos los días.

5. …tú _____ (dormir) bien esta noche.

6. …los profesores nos _____ (dar) más tiempo para estudiar.

7. …nosotros _____ (poder) ir a una buena universidad.

8. …tú _____ (ser) muy feliz.

9. …tu perro _____ (estar) contento en su nueva casa.

10. …ellos no _____ (pensar) mal de nosotros.

G. Rosaura y su amigo Pedro quieren tener una relación mejor. Ellos hablan sobre lo que pueden hacer. Completa la siguiente lista de lo que ellos quieren.

Pedro quiere que Rosaura…

    1. …_____ (llegar) a tiempo a las citas.

    2. …le _____ (contar) lo que hace en su tiempo libre.

    3. …le _____ (decir) sus preocupaciones.

    4. …no _____ (competir) con sus amigos.

    5. …_____ (escoger) bien a sus amigos.

Rosaura quiere que Pedro…

    6. …_____ (obedecer) a sus padres.

    7. …_____ (poner) atención cuando le habla.

    8. …le _____ (confesar) sus problemas.

    9. …_____ (empezar) a salir con ella a menudo.

  10. …nunca le _____ (mentir).

Using the subjunctive with verbs of persuasion (indirect commands)

In the construction "*querer + que +* subjunctive verb," it is clear that the person who is the subject of the verb *querer* is not only expressing a desire, but also trying to influence the actions of another. For example:

> *My mother (wants me to) clean my room.*
> *[She not only has this desire, she is also trying to have it fulfilled.]*

Can you think of two or three expressions that could replace *wants me to* but still would express (either with the same intensity or more mildly or more strongly) the fact that your mother is trying to influence your actions? (For example: *My mother requires that I clean my room.*)

Make a list of any other expressions you can think of that could complete this sentence.

My mother _____ clean my room.

1. _____
2. _____
3. _____
4. _____
5. _____

The expressions that you have listed are all ways of expressing indirect commands. When you use this kind of expression in Spanish, it will be followed by "*que +* subjunctive." Here are some more English expressions that could be used this way:

demands that I	advises me to
hopes that I	begs me to
insists that I	expects me to
prefers that I	needs me to
recommends that I	orders me to
requests that I	tells me to
requires that I	wishes me to
suggests that I	makes me

Here are some examples of this kind of indirect command, using "*que +* subjunctive," in Spanish. Notice that while the English expressions have varying structures, the Spanish indirect commands all have the same structure.

Mi mamá quiere que yo limpie mi cuarto.
Mi mamá insiste en que yo limpie mi cuarto.
Mi mamá prefiere que yo limpie mi cuarto.

The verbs that are most often used to give indirect commands in Spanish are as follows:

aconsejar	*to advise*	necesitar	*to need*
decir	*to tell*	pedir	*to request, to ask for*
dejar	*to let*	permitir	*to allow*
desear	*to want*	preferir	*to prefer*
esperar	*to hope, to expect*	prohibir	*to forbid*
exigir	*to demand*	querer	*to want*
hacer	*to make*	recomendar	*to recommend*
insistir en	*to insist on*	rogar/suplicar	*to beg*
mandar	*to command*	sugerir	*to suggest*

Papá no deja (no permite, prohíbe) que nosotros fumemos.
Dad does not allow us (forbids us) to smoke.

In Unit 4 you reviewed the use of these verbs with the infinitive when there was no transfer of will. In that case, of course, the construction is different and does not use the subjunctive.

Prefiero ir al cine.
I prefer to go to the movies.

Insiste en levantarse tarde.
He insists on getting up late.

Necesitamos ahorrar dinero.
We need to save money.

With verbs such as *dejar*, *mandar*, *permitir*, and *prohibir*, there is an alternative to the construction "*que* + subjunctive": when the (implied) subject of the second verb is expressed as a pronoun, the second verb is often used in the infinitive.

Nuestros padres permiten que (nosotros) salgamos.

or

Nuestros padres nos permiten salir.
Our parents allow us to go out.

With *mandar*, *permitir*, and *prohibir*, the personal object pronouns used in this construction are usually indirect.

Sus padres no permiten que ella vaya al cine.
Sus padres no le permiten ir al cine.
Her parents do not allow her to go to the movies.

Yo prohíbo que (ellos) fumen.
Yo les prohíbo fumar.
I forbid them to smoke.

With *dejar* and *hacer*, the personal object pronouns are usually direct.

> **Sus padres no dejan que ella vaya al cine.**
> **Sus padres no la dejan ir al cine.**
> *Her parents do not allow her to go to the movies.*
>
> **La aerolínea hace que (yo) facture la maleta.**
> **La aerolínea me hace facturar la maleta.**
> *The airline makes me check the suitcase.*

Note that the subject pronouns in the first sentences (*nosotros, ella, yo, ellos*) become *nos, le, la, me, les* (direct and indirect object pronouns) when the infinitive is used in the second sentence.

When the subject of the second verb is a noun, however, the construction "*que* + subjunctive" is regularly used.

> **Nuestros padres permiten que <u>Juan</u> salga.**
> *Our parents allow Juan to go out.*
>
> **La aerolinea hace que <u>la señora González</u> facture la maleta.**
> *The airline makes Mrs. González check her suitcase.*
>
> **Yo prohíbo que <u>mis amigos</u> fumen.**
> *I forbid my friends to smoke.*

Ejercicios

A. Tú y tus amigos están hablando de las reglas (*rules*) que tiene cada familia. Usa las palabras a continuación para escribir las reglas que Uds. mencionan.

> **Modelo:** los padres de Josefina / insistir en que / ella / cenar en casa
> *Los padres de Josefina insisten en que ella cene en casa.*

1. los padres de Pedro / sugerir que / él / ducharse todos los días

   _____

2. todos los padres / aconsejar que / nosotros / acostarse temprano

   _____

3. todos los padres / esperar que / sus hijos / cruzar la calle en la esquina

   _____

4. cada familia / pedir que / los muchachos / llegar a la escuela a tiempo

   _____

5. los padres de Elena y María / mandar que / ellas / hacer la tarea todos los días

   _____

6. mis padres / hacer que / mi hermano / practicar el piano todos los días

   _____

7. algunos padres / preferir que / sus hijos / quedarse en casa por la noche

_____

8. sus padres / exigir que / Elena / limpiar el cuarto

_____

9. los padres de Teresa / necesitar que / ella / ir al supermercado

_____

10. nuestros padres / rogar que / nosotros / estar listos a tiempo

_____

11. mis padres / querer que / mis hermanos y yo / ser generosos

_____

12. mis padres / permitir que / mi hermana mayor / conducir el coche de la familia

_____

13. todos los padres / prohibir que / sus hijos / fumar

_____

14. los padres / no dejar que / mis amigos y yo / llevar bluejeans a las reuniones familiares

_____

B. Las siguientes personas tienen ciertas necesidades o preferencias pero luego expresan otras ideas. Completa las frases con la forma correcta del verbo entre paréntesis.

1. (ir) Yo necesito _____ al centro pero yo quiero que tú _____ conmigo.

2. (ahorrar/pedir) Ellos sugieren que yo _____ dinero pero ellos insisten en _____ un préstamo.

3. (salir) Nosotros preferimos _____ de compras los sábados pero mis padres exigen que nosotros _____ con ellos los viernes.

4. (quedarse) Alicia te suplica que _____ en su casa pero tú prefieres _____ en tu casa.

5. (terminar) Yo espero _____ mis estudios el año próximo pero mi consejera recomienda que yo _____ este año.

6. (vestirse) Mi hermana desea _____ para la fiesta en casa de Andrea pero yo le digo que _____ en nuestra casa.

C. El club de español de tu escuela está organizando una fiesta. El presidente tiene una lista de las personas que quieren ayudar y una lista de las cosas que hay que hacer. Escribe lo que él quiere que hagan las personas.

   Modelo: necesitar → Teresa → ir al supermercado
   Él necesita que Teresa vaya al supermercado.

1. preferir que → Juan y Pedro → comprar la comida

_____

2. permitir que → José → traer unas cintas

_____

3. sugerir que → Elena → decorar el salón

_____

4. insistir en que → María y yo → comenzar la cena

_____

5. prohibir que → tú → poner la mesa

_____

6. rogar que → todos → tocar la música

_____

7. exigir que → yo → ayudar también

_____

8. querer que → María y Elena → arreglar después

_____

D. Usa las siguientes expresiones para escribir cinco frases diciendo lo que el (la) profesor(a) de la clase les prohíbe a los estudiantes.

1. no dejar que / jugar a la pelota en la clase

_____

2. prohibir que / cerrar todas las ventanas

_____

3. no permitir que / ir al cuarto de baño

_____

4. decir que / no hablar en inglés

_____

5. aconsejar que / no comenzar la tarea en la clase

_____

E. Sara y su amigo Jorge van a esquiar. Como ella es principiante (*a beginner*), tiene que seguir ciertas reglas. Usa las palabras a continuación para expresar lo que Jorge le dice según lo que él aprendió de sus entrenadores. Expresa las ideas de dos maneras diferentes.

Modelo: no dejar / nosotros / usar / las pistas peligrosas
Ellos no dejan que nosotros usemos las pistas peligrosas.
Ellos no nos dejan usar las pistas peligrosas.

1. dejar / nosotros / practicar / en las pistas para principiantes

_____

_____

2. mandar / ella / usar / las gafas protectoras

_____

_____

3. hacer / yo / asegurar bien / los esquíes

_____

_____

4. permitir / nosotros / descansar / de vez en cuando

_____

_____

5. prohibir / ella y yo / jugar / con los bastones (*ski poles*)

_____

_____

6. no dejar / yo / hacer / movimientos bruscos

_____

_____

7. hacer / Sara / moverse / con mucho cuidado

_____

_____

8. prohibir / nosotros / ir / demasiado rápido

_____

_____

Ejercicios de resumen

A. Tus amigos siempre te cuentan (*tell you*) sus problemas. Lee las siguientes situaciones y luego di lo que les recomiendas.

1. —Me pongo muy nervioso cuando hablo con una chica guapa.

   —Te sugiero que... _____

2. —No tengo bastante dinero para las entradas.

   —Prefiero que... _____

3. —Mi papá no quiere que yo juegue al béisbol.

   —Te recomiendo que... _____

4. —Siempre tengo sueño cuando me levanto.

   —Te aconsejo que... _____

5. —Siempre salgo mal en la clase de historia.

   —Insisto en que... _____

6. —Mis padres no permiten que vaya a los bailes de la escuela.

   —Espero que... _____

7. —No quiero jugar más con el equipo de tenis. No juego muy bien.

   —Te recomiendo que... _____

8. —Siempre ayudo a mis amigos y no tengo mucho tiempo para estudiar.

   —Te sugiero que... _____

B. Todos queremos un mundo mejor. Completa las siguientes frases expresando lo que tú piensas que puede mejorar (*improve*) el mundo. Escribe tres cosas para cada una de las frases.

1. Le aconsejo al Presidente que él...

   a. _____

   b. _____

   c. _____

2. Los ciudadanos deben exigir que los políticos...

   a. _____

   b. _____

   c. _____

3. Yo espero que las grandes compañías que contaminan el aire...

   a. _____

   b. _____

   c. _____

4. Todos debemos pedirle a la policía que…

a. _____

b. _____

c. _____

5. Los padres tienen que sugerirles a los productores de los programas de televisión que…

a. _____

b. _____

c. _____

C. En las escuelas a veces hay muchas reglas. Usa los verbos a continuación para describir las reglas de tu escuela. Escribe dos cosas para completar cada frase.

1. No dejan que _____

_____

2. Prohíben que _____

_____

3. No permiten que _____

_____

4. Hacen que _____

_____

5. Exigen que _____

_____

D. En el ejercicio anterior expresaste algunas de las reglas que muchas escuelas tienen. Ahora, te toca expresar tus deseos para tener la escuela ideal. Usa los verbos a continuación para expresar tus ideas.

desear	preferir
esperar	rogar
exigir	sugerir

1. _____

2. _____

3. _____

4. _____

5. _____

6. _____

Using the subjunctive with impersonal expressions

You may have noticed that when someone needs or wants to do something, the need can be stated:

1. as the person's need to do something himself or herself:

> **Necesito ir a la tienda.**
> *I need to go to the store.*

In this sentence, the verb *ir* does not depend on the will of anyone other than the subject of the verb *necesitar* (**I** *need*; **I** *go*).

2. as a general need (without stating *who* needs it done):

> **Es necesario que yo vaya a la tienda.**
> *It is necessary for me to go to the store.*

Notice that, in this sentence, Spanish uses the subjunctive, because the verb *ir* depends here on the will of an outside force. In other words, the subject of the verb *ser* (*necesario*) is different from the subject of the verb *ir* (*it is necessary*; **I** *go*).

The expression *es necesario* is one of many expressions formed with *es* followed by an adjective. These are called *impersonal expressions* because the subject of the expression (*es*) is not any particular person but rather, simply, the pronoun *it*.

When these impersonal expressions are used to imply a command, they are followed by *que* + and the subjunctive.

> **Es necesario que vayas a la tienda.**
> *It is necessary for you to (you should) go to the store.*

Other impersonal expressions that are used in giving indirect commands are:

> es importante   *it is important*
> es aconsejable   *it is advisable*
> es mejor   *it is better*
> es menester   *it is necessary*
> es preciso   *it is necessary*

These expressions are followed by the infinitive only when there is no person involved in the second verb and thus no transfer of will.

> **Es mejor trabajar mucho.**
> *It is better to work a lot.*
>
> BUT
>
> **Es mejor que tú trabajes mucho.**
> *It is better for you to work a lot.*

Ejercicios

A. Tú y tus amigos se preparan para correr un maratón. Aquí tienes una lista de algunas cosas que deben tener presente (*to keep in mind*). Escribe frases combinando la información de las columnas a continuación.

> **Modelo:** *Es preciso que bebamos mucha agua.*

es aconsejable que	no fumar
es importante que	correr todos los días
es mejor que	comer comida saludable
es preciso que	hacer ejercicio
es necesario que	dormir bien
	mantenerse en buena condición física
	beber mucha agua

_____

_____

_____

_____

_____

_____

_____

_____

_____

B. A tus padres les encanta dar consejos. ¿Qué te aconsejan en las siguientes situaciones?

1. No entiendes al profesor de matemáticas.

—Es aconsejable que _____

2. Te sientes mal a menudo.

—Es mejor que _____

3. No sabes lo que está pasando en el mundo.

—Es necesario que _____

4. Tu novio(a) quiere comer en un restaurante muy caro.

—Es importante que _____

5. Te equivocas mucho en los exámenes.

—Es preciso que _____

6. Tienes que escribir un ensayo (*essay*) para el lunes.

—Es necesario que _____

C. En las escuelas de los Estados Unidos hay muchas reglas. Completa las siguientes frases expresando algunas de las reglas de tu escuela.

1. El director exige que _____

2. Los profesores insisten en que _____

3. Los consejeros piden que _____

4. En la cafetería es necesario que _____

5. En la biblioteca es aconsejable que _____

D. Escribe cinco frases expresando algunas cosas que consideras importantes o necesarias para mejorar las condiciones de tu escuela.

Modelo: *Es necesario que los corredores estén limpios.*

1. _____

2. _____

3. _____

4. _____

5. _____

Using the subjunctive to express personal hopes and expectations

When Spanish speakers are expressing their own hopes and expectations they often use the expression *ojalá que*. This expression means roughly either *I hope* or *I expect* and is <u>always</u> followed by the subjunctive:

Ojalá que pueda ir al cine esta noche.
I hope that I can go to the movies tonight.

Ojalá que mi novio pueda ir conmigo.
I hope that my boyfriend can go with me.

Note that *ojalá* comes from the Arabic *Allah*, and expresses *may God grant that…*

Ejercicios

A. A ti te encanta hacer muchas cosas durante el fin de semana. Usa los siguientes elementos para expresar tus deseos para el próximo fin de semana.

1. ojalá que / mis amigos y yo / poder / ir a la playa

   _____

2. ojalá que / hacer / buen tiempo

   _____

3. ojalá que / Elena y María / ir

   _____

4. ojalá que / mi padre / prestarme / el coche

   _____

5. ojalá que / no haber / mucho tráfico

   _____

6. ojalá que / el mar / estar / tranquilo

   _____

7. ojalá que / yo poder / nadar

   _____

8. ojalá que / divertirnos / mucho

   _____

B. Tú quisieras asistir a una universidad privada. Expresa tus esperanzas (*hopes*) completando las siguientes frases con la forma correcta del verbo entre paréntesis.

1. Ojalá que yo _____ (poder) asistir a una buena universidad.

2. Ojalá que la universidad no _____ (costar) mucho.

3. Ojalá que mis padres _____ (haber) ahorrado el dinero.

4. Ojalá que yo me _____ (ganar) una beca (*scholarship*).

5. Ojalá que mis hermanos y yo _____ (encontrar) trabajo cada verano.

6. Ojalá que _____ (haber) muchas clases interesantes.

C. Expresa tus deseos para la clase de español el próximo año escolar. Completa las siguientes frases con la forma correcta del verbo entre paréntesis.

1. (ser) Espero que el profesor _____ divertido y paciente.

2. (haber) Ojalá que no _____ muchos estudiantes en la clase.

3. (tener) Prefiero que nosotros no _____ muchos exámenes.

4. (hablar) Es importante que nosotros _____ español.

5. (hacer) Es necesario que todos nosotros _____ la tarea.

6. (salir) Espero que todos nosotros _____ bien en los exámenes.

7. (sacar) Quiero que todos nosotros _____ buenas notas.

8. (llegar) Ojalá que nosotros _____ a hablar bien.

Ejercicios de resumen

A. Tu grupo de música favorito va a tocar en tu pueblo. Expresa tus deseos sobre la función.

1. Ojalá que…

_____

2. Es importante que…

_____

3. Prefiero que…

_____

4. Necesito que…

_____

5. Quiero que…

_____

B. La relación entre los padres y los hijos es muy importante. Completa las frases a continuación para expresar tus ideas sobre lo que hay que hacer para tener una buena relación. Escribe tres cosas para cada frase.

1. Es importante que los padres…

_____

_____

2. Es aconsejable que los hijos…

_____

_____

3. Es preciso que nosotros los jóvenes…

_____

_____

4. Es mejor que las personas mayores…

_____

_____

C. Imagina que es el Día de Año Nuevo y que esperas que muchas cosas buenas ocurran en el nuevo año. Escribe cinco frases expresando tus ideas. Usa la expresión *ojalá que* en cada frase.

1. _____
2. _____
3. _____
4. _____
5. _____

D. Uno de tus amigos tiene una entrevista con un representante de una universidad a la que quiere asistir el año próximo. Usa las expresiones siguientes para hacerle algunas sugerencias.

> es importante que
> es (una) lástima que
> es necesario que
> es posible que

1. _____
2. _____
3. _____
4. _____

E. Desastres. Imagina que decides tener una fiesta al aire libre. Lee las siguientes frases y reacciona a ellas usando *¡Ojalá que…!* Usa tu imaginación.

1. Dicen que va a llover.

_____

2. No sabes si tienes suficiente pan para los bocadillos.

_____

3. Es posible que tu mejor amigo no pueda venir.

_____

4. Generalmente tus padres le permiten a tu hermanita quedarse en casa.

_____

5. Un chico empieza a jugar con agua.

_____

6. El año pasado un chico se cayó encima de las plantas favoritas de tus padres.

_____

7. Han llegado más personas de las que esperabas.

_____

8. Los vecinos se quejan porque la música está muy alta.

_____

9. Tú y tu novia quieren bailar pero no hay espacio en el patio.

_____

10. Es la una de la mañana y todavía hay veinte personas en el patio.

_____

Resumen de la unidad

Ejercicios creativos para escribir y para conversar

Los siguientes ejercicios van a ayudarte a poner en práctica los conceptos de esta unidad. Es buena idea que uses el espacio después de cada ejercicio para hacer apuntes (listas de palabras, expresiones, etc.) que te ayuden a expresar las ideas. Debes escribir la versión final de los ejercicios para escribir en tu cuaderno.

 A. Imagina que el grupo de teatro de tu escuela te ha invitado a asistir a un ensayo (*rehearsal*) para que les hagas algunas sugerencias. Te das cuenta de que hay que hacer varios cambios. Primero, piensa en los diferentes aspectos que vas a evaluar (el escenario, el personaje principal, los otros actores, la música) y haz una lista de los cambios necesarios. Luego escribe un párrafo dándoles consejos a los participantes. Usa las expresiones a continuación para expresar tus ideas.

es aconsejable que   es necesario que
es importante que   es preciso que
es mejor que

_____

_____

_____

_____

_____

_____

_____

B. Piensa en una película que has visto recientemente. Imagina que el director de la película te pide que le des algunos consejos. Sólo un grupo selecto de personas ha visto la película y él todavía puede hacer algunos cambios. Primero, piensa en los diferentes aspectos que vas a criticar (el ambiente, el personaje principal, los otros actores, la música, los temas) y haz una lista de lo que piensas discutir. Luego escribe un párrafo dándole consejos al director. Usa las expresiones a continuación para expresar tus ideas.

es aconsejable que   es necesario que

es importante que   es preciso que

es mejor que

_____

_____

_____

_____

_____

_____

_____

_____

C. Uno de tus amigos te pide consejos porque quiere empezar a aprender español. Usa las siguientes sugerencias para expresar tus consejos por frases completas. Da dos consejos en cada frase.

1. Te aconsejo que tú…

_____

_____

2. Espero que…

_____

_____

3. Te recomiendo que…

_____

_____

4. Te sugiero que…

_____

_____

D. El director de la escuela les ha pedido a los estudiantes que den recomendaciones para mejorar varios aspectos de la escuela. Usa la información a continuación para expresar tus ideas.

1. Los cursos

a. Queremos que…

_____

b. Les sugerimos a los profesores que…

_____

c. Yo le recomiendo a mi profesor(a) de español que…

_____

d. Le pedimos que…

_____

2. La cafetería

a. Nosotros deseamos que…

_____

b. Le ruego que…

_____

c. Preferimos que…

_____

3. Las actividades extracurriculares

a. Nosotros esperamos que…

_____

b. Deje que nosotros…

_____

c. Exigimos que…

_____

E. Tu amigo Pablo va a pasar sus vacaciones en las montañas. Como es la primera vez que va a vivir solo en una casa en un lugar (*place*) muy remoto, le haces algunas sugerencias. Usa los temas a continuación como guía para escribir dos mandatos (en la forma *tú*) además del que ya aparece para cada tema.

1. Hay animales muy feroces
¡Ten cuidado!

_____

_____

2. Cuando nieva mucho, los caminos se ponen muy peligrosos (*dangerous*).
¡No conduzcas por la noche!

_____

_____

3. Siempre hay que tener comida para varios días por si acaso (*in case*) no puedes
salir de la casa.
¡Lleva varias latas de atún (*cans of tunafish*)!

_____

_____

4. Si vas a esquiar tienes que tomar precauciones.
¡No olvides los anteojos de sol!

_____

_____

5. Antes de regresar a la ciudad tienes que dejar todo en orden.
¡Barre todos los cuartos!

_____

_____

 F. Imagina que estás a cargo de (*in charge of*) la sección de consejos del periódico
de tu escuela. Recibes esta carta y quieres contestarla. Lee la carta y luego usando la
lista de verbos y expresiones, responde dándole consejos al Sr. Mal Entendido
(*Mr. Misunderstood*). No es necesario usar todas las expresiones.

Estimado Sr. Consejos:

Hace varios días que mi novia no me habla. Ella está enojada porque se me
olvidó que teníamos una cita. Esa noche, yo salí con mis amigos y ella lo supo. Yo
traté de explicarle que fue error mío pero ella no aceptó mi explicación.

Yo pienso que ella no es muy comprensiva. Ésta es sólo la tercera vez que esto
sucede. Ella debe perdonarme porque cada vez que cometo un error siempre le doy
un regalo. He tratado de hablarle varias veces pero ahora es ella la que debe venir y
pedirme disculpas. Si ella me quiere, ella debe hablarme ahora. Yo sé que yo tengo
razón. Espero que Ud. conteste mi carta porque ella siempre lee esta sección en el
periódico.

Atentamente,
Mal Entendido

aconsejar que	esperar que
es importante que	recomendar que
es mejor que	sugerir que
es preciso que	suplicar que

_____

_____

_____

_____

_____

_____

_____

G. Gonzalo tiene que darles un discurso a todos los estudiantes de la escuela porque quiere ser presidente del gobierno estudiantil. Tú eres amigo(a) de Gonzalo y decides aconsejarlo. Primero, usa el mandato tú y las frases a continuación para preparar tus consejos.

1. hacer una lista de los puntos importantes

_____

2. no ponerse nervioso

_____

3. no hacer muchos chistes

_____

4. discutir lo que piensas hacer

_____

5. vestirse bien ese día

_____

6. peinarse bien antes de salir al escenario

_____

7. pedirles su voto

_____

8. darles las gracias por su atención

_____

Añade otros dos consejos para Gonzalo que no estén en la lista anterior.

1. _____

2. _____

Luego, dile tus consejos a un(a) compañero(a) de clase. Él o ella va a hacer el papel de Gonzalo y usando las expresiones a continuación va a darte su opinión sobre **tus** consejos. Finalmente, hazle preguntas sobre su opinión.

es aconsejable que	es necesario que
es importante que	es preciso que
es mejor que	ojalá que

Modelo: hablarles de tu experiencia

Tú: *Háblales de tu experiencia.*

Él/Ella: *Es mejor que yo les diga lo que voy a hacer en el futuro.*

Tú: *¿Por qué no quieres hablar de tu experiencia?*, etc.

_____

_____

_____

_____

H. Algunas veces ciertos amigos no son buena influencia. Usa los verbos a continuación para decirle a un(a) compañero(a) de clase lo que hace un amigo o una amiga que es mala influencia.

esperar que	preferir que
exigir que	querer que
hacer que	sugerir que
mandar que	

Modelo: *Un mal amigo recomienda que bebas bebidas alcohólicas.*

_____

_____

_____

_____

_____

_____

_____

Ahora, usando las siguientes expresiones, tu compañero(a) va a darte sugerencias sobre lo que tú debes hacer.

es aconsejable que   es necesario que

es importante que   es preciso que

es mejor que

Modelo: *Es necesario que le expliques los peligros de beber bebidas alcohólicas.*

_____

_____

_____

_____

_____

I. De vez en cuando todos tenemos esperanzas y expectativas un poco extravagantes. Prepara una lista de cinco cosas que esperas hacer algún día. Usa la expresión *ojalá que…*

Modelo: *¡Ojalá pueda darle la vuelta al mundo en un barco de vela!*

1. _____
2. _____
3. _____
4. _____
5. _____

Luego, díselas a un(a) compañero(a) de clase para ver cómo reacciona.

Modelo: *Es aconsejable que ahorres dinero.*

Unit 8

For a review of the use of direct and indirect commands, visit http://www.phschool.com. Once you get to the Foreign Languages section, follow the instructions on the Web page.

Unit 8 Table of Contents

Objectives

In this unit you will be able to:

- Express attitudes, feelings, and emotional reactions to the actions of others
- Express skepticism, doubt, uncertainty, disbelief, or denial
- Express wishes, preferences, and demands concerning others
- Express certainty
- Talk about actions that may or may not take (have taken) place

The following grammar points will help you accomplish these objectives:

The Subjunctive to Express Feelings and Emotions

Using the subjunctive to convey an emotional reaction

In addition to giving

1. direct formal commands,
2. direct informal negative commands, and
3. indirect commands,

there are many other uses for the subjunctive in Spanish. For example, the subjunctive is used when one is conveying an emotional reaction to something (an opinion or a judgement).

> **Antonio está contento.**
> *Antonio is happy.*
> **(indicative = fact)**

> **Es maravilloso que esté contento.**
> *It is wonderful that he is happy.*
> **(subjunctive = feeling about the fact)**

The state of being happy is being reacted to in the second sentence, and therefore the verb *to be* must be expressed in the subjunctive. In effect, the emotion of the speaker taints this verb with subjectivity.

Many "impersonal" expressions convey the speaker's emotional reaction to something. Some of these expressions are:

> es bueno   *it's good*
>
> es estupendo   *it's terrific, great*
>
> es (una) lástima   *it's a shame (too bad)*
>
> es malo   *it's bad*
>
> es maravilloso   *it's wonderful, marvelous*

Remember that these expressions are followed by the infinitive when used to make a general (impersonal) statement.

> **Es maravilloso ser rico.**
> *It's wonderful to be rich.*

In order to put a person into the sentence (in order to talk about how wonderful it is for *someone* to be rich), the impersonal expression must be followed by "*que* + (a subject) + the subjunctive."

> **Es maravilloso que Felipe sea rico.**
> *It's wonderful that Felipe is rich.*

In fact, when followed by "*que* + a conjugated verb," almost all impersonal expressions require that the conjugated verb be in the subjunctive.

No es bueno que (él) vaya a la fiesta.
It's not good that he is going to the party.

¡OJO! The only impersonal expressions which are followed by "*que* + subject + indicative" are those which indicate certainty.

es cierto que   *it is true that*

es evidente que   *it is evident that*

es obvio que   *it is obvious that*

es seguro que   *it is certain that*

es verdad que   *it is true that*

Es cierto que hay un examen mañana.
It's certain that there is a test tomorrow.

Es evidente que Juan estudió mucho.
It's evident that Juan studied a lot.

Es seguro que él tendrá éxito.
It's sure (certain) that he will be successful.

Ejercicios

A. Algunos de tus amigos expresan sus emociones o los hechos (*facts*) libremente. Usa la información a continuación para completar las ideas que ellos expresan. ¡OJO! Algunas frases necesitan el subjuntivo, otras no.

1. es estupendo / Juan / invitarme a la fiesta

_____

2. es verdad / Elena / estar en la clase

_____

3. es evidente / nosotros / hacer la tarea todos los días

_____

4. no es bueno / él / salir sin abrigo

_____

5. es malo / ellos / tomar el examen hoy

_____

6. es cierto / ellas / ir a la fiesta

_____

7. es bueno / los jugadores / descansar bastante

_____

8. es seguro / los artistas / acostarse tarde

_____

9. es maravilloso / tú / correr cinco millas

_____

10. es lástima / Uds. / nunca llegar a tiempo

_____

B. Muchas personas hacen declaraciones generales. A ti te parece mejor expresar las ideas de una forma más personal. Lee lo que dicen y luego trata de personalizar las frases usando la información entre paréntesis. Escribe frases usando el modelo como guía.

    Modelo: Es bueno leer mucho. (que mis padres)
                 Es bueno que mis padres lean mucho.

1. Es bueno ayudar a otras personas. (que tú)

_____

_____

2. Es maravilloso tener tiempo libre. (que Uds.)

_____

_____

3. Es estupendo reírse con los amigos. (que nosotros)

_____

_____

4. Es malo sustituir una medicina por otra. (que Alberto)

_____

_____

5. No es fácil recordar toda la información. (que yo)

_____

_____

6. Es difícil no seguir los sueños en la vida. (que Susana)

_____

_____

7. Es lástima no poder salir todas las noches. (que nosotros)

_____

_____

8. Es horrible comer tanta carne de res. (que ellos)

_____

_____

More about expressing feelings and emotions

In addition to impersonal expressions, there are also many verbs, verbal expressions, and exclamations that convey feelings and emotions and thus, are followed by the subjunctive. Some of these are:

1. to convey positive feelings:

a. verbs:

    alegrarse de   *to become happy*

    enorgullecerse de   *to become proud*

b. verbal expressions:

    estar (alegre / contento / encantado) de   *to be (happy / delighted)*

    estar orgulloso de   *to be proud*

c. exclamations constructed with *¡Qué…!*

- *¡Qué* + an adjective + *que…!*

    ¡Qué bueno que…!   *How great that…!*

    ¡Qué estupendo que…!   *How wonderful that…!*

    ¡Qué maravilloso que…!   *How wonderful that…!*

- *¡Qué* + a noun + *que…!*

    ¡Qué alegría que…!   *What happiness (a happy thing) that…!*

    ¡Qué dicha que…!   *What good fortune that…!*

    ¡Qué felicidad que…!   *What happiness (a happy thing) that…!*

2. to convey negative feelings

a. verbs:

    enfadarse de   *to get angry*

    enojarse de   *to get angry*

    molestarse de   *to get angry, annoyed*

    sentir (ie)   *to regret, feel sorry*

    temer   *to fear*

    tener miedo (de)   *to be afraid of*

b. verbal expressions:

    estar desilusionado de   *to be disillusioned*

    estar enfadado de (enojado de)   *to be angry*

    estar triste de   *to be sad*

c. exclamations constructed with *¡Qué…!*

- *¡Qué* + adjective + *que…!*

    ¡Qué horrible que…!   *How horrible that…!*

    ¡Qué malo que…!   *How bad that…!*

¡Qué terrible que…!   *How terrible that…!*

¡Qué triste que…!   *How sad that…!*

- *¡Qué + noun + que…!*

    ¡Qué desastre que…!   *What a disaster that…!*

    ¡Qué lástima que…!   *What a shame (pity) that…!*

    ¡Qué pena que…!   *What a shame that…!*

    ¡Qué tristeza que…!   *What sadness (a sad thing) that…!*

    ¡Qué vergüenza que…!   *What a shame (an embarrassment) that…!*

3. to convey surprise and emotion

a. verbs:

    emocionarse de   *to become emotional*
    sorprenderse de   *to be surprised*

b. exclamations constructed with *¡Qué…!*

- *¡Qué + adjective + que…!*

    ¡Qué extraño que…!   *How strange that…!*

    ¡Qué raro que…!   *How strange that…!*

- *¡Qué + noun + que…!*

    ¡Qué sorpresa que…!   *What a surprise that…!*

    Estamos orgullosos de que hables tantos idiomas.
    We are proud that you speak so many languages.

    Siento que no tengas vacaciones.
    I feel sorry that you do not have any vacation.

    ¡Qué sorpresa que viajes antes de seguir tus estudios!
    What a surprise that you will travel before continuing your studies!

Note that when *qué* is used before an adjective in an exclamation it is translated as *how*, but before a noun it is translated as *what*.

Ejercicios

A. Lee las situaciones a continuación. Luego usa la lista de expresiones para expresar tus emociones ante cada situación.

es bueno que	me enojo de que
es difícil que	me sorprendo de que
es malo que	no es justo que
es raro que	siento que
me alegro de que	temo que

Modelo: Hace cinco horas que no comes.
Es malo que no esté abierta la cafetería hoy.

1. Uds. tienen mucha tarea.

   _____

2. Hay un examen de ciencia mañana.

   _____

3. Tienes que aprender muchas reglas.

   _____

4. El examen va a ser difícil.

   _____

5. El autobús llega tarde.

   _____

6. El equipo de fútbol no es bueno.

   _____

7. Está lloviendo desde esta mañana.

   _____

8. Tu familia va a ir a España este verano.

   _____

9. Tus padres van a volver a casa muy tarde.

   _____

10. Tienes que preparar la comida para tu familia esta noche.

    _____

B. En la consulta del médico hay muchos enfermos. Usa los siguientes elementos para expresar lo que el médico le dice a la enfermera.

1. ¡ qué bueno que / el Sr. López / estar mejor !

   _____

2. tener miedo de que / la Sra. García / necesitar una operación

   _____

3. sentir que / el señor Rodríguez / tener gripe

   _____

4. ¡ qué raro que / doña Luisa / estar enferma !

   _____

5. alegrarse de que / todos los pacientes / mejorarse

   _____

6. ¡ qué lástima que / Juan / fumar tanto !

_____

7. sorprenderse de que / al hijo de los Gómez / dolerle la garganta

_____

8. ¡ qué maravilla que / estas pastillas / dar tan buen resultado !

_____

9. ¡ qué malo que / esta medicina / tener mal sabor !

_____

10. temer que / Luisa / tener la pierna rota

_____

C. Ahora te toca a ti (*it's your turn*) expresar tus sentimientos (*feelings*) y emociones. Lee las siguientes frases y escribe tu reacción.

> **Modelo:** Rubén, el mejor jugador del equipo, tiene una gripe horrible. ¡Qué malo que…!
> *¡Qué malo que Rubén no pueda jugar en el partido!*

1. Está lloviendo mucho y no podemos salir ahora. ¡Qué lástima que…

_____!

2. Siempre salgo bien en todas mis clases. ¡Qué bueno que…

_____!

3. Santiago está enfermo del estómago. ¡Qué extraño que…

_____!

4. Cuando mis tíos compran chocolates importados nos traen una caja a nosotros. Estoy encantado de que…

_____

5. Samuel piensa llegar a las diez pero hace mal tiempo. Temo que…

_____

6. Nunca puedo terminar a tiempo los informes para la clase de español. Me sorprendo de que…

_____

7. A mi padre siempre se le pierden las llaves del coche. Siento que…

_____

8. Mi mejor amiga se gradúa el mes que viene. Estoy orgulloso(a) de que…

_____

Ejercicios de resumen

A. El mundo no es perfecto. Al mismo tiempo debemos ser optimistas y reconocer que no todo lo que ocurre en el mundo es negativo. Usa las ideas a continuación para expresar tus opiniones (negativas y positivas) sobre los siguientes temas.

> **Modelo:** las guerras (es malo / es estupendo)
> *Es malo que haya tantas guerras pero es estupendo que muchos países empiecen a resolver sus conflictos.*

1. la contaminación del medio ambiente (es una lástima / es verdad)

_____

_____

2. la educación pública (es cierto / es importante)

_____

_____

3. el hambre en el mundo (¡qué vergüenza! / es maravilloso)

_____

_____

4. el tráfico de drogas (es evidente / estar orgulloso de)

_____

_____

5. el crimen en las ciudades grandes (es bueno / es malo)

_____

_____

B. Expresar los sentimientos es siempre buena idea. Así sabemos lo que otras personas piensan. Usa los verbos y las expresiones a continuación para expresar las opiniones de las personas indicadas. Escribe por lo menos dos cosas para cada tema.

> **Modelo:** Mis compañeros temen que…
> *Mis compañeros temen que llueva este fin de semana y que no podamos ir a la playa.*

1. Mis padres se enojan de que…

_____

2. Yo me enorgullezco de que…

_____

3. Mi mejor amigo(a) se molesta de que…

_____

4. Mis profesores están desilusionados de que…

_____

5. A mi novio(a) le sorprende que…

_____

C. Algunas cosas de tu escuela te gustan y otras no. Usa las siguientes expresiones para decir algunas cosas positivas y negativas de tu escuela.

1. Me alegro de que…

_____

_____

2. ¡Qué maravilloso que…!

_____

_____

3. Siento que…

_____

_____

4. Es evidente que…

_____

_____

5. Es verdad que…

_____

_____

6. Es lástima que…

_____

_____

The Subjunctive to Express Doubt or Denial

The subjunctive with expressions of doubt or denial

When the verb in the main clause expresses certainty, the verb in the dependent clause is in the indicative. You have already reviewed some impersonal expressions which indicate certainty (*es cierto que, es evidente que, es obvio que, es seguro que,* and *es verdad que*). Some other expressions and verbs that indicate certainty are:

creer que   *to believe (think) that*

estar seguro(a) de que   *to be sure that*

no dudar que   *to not doubt that*

pensar que   *to think that*

saber que   *to know that*

no cabe duda que   *there is no doubt that*

no hay duda que   *there is no doubt that*

Look at the following examples:

Es verdad que no hablo mucho en clase.
It is true that I don't talk much in class.

La profesora cree que yo no estudio.
The teacher thinks that I don't study.

Sé que ella se equivoca.
I know that she is wrong.

Now look at the following sentences:

Es posible que yo hable en clase mañana.
It is possible that I may speak in class tomorrow.

Es probable que yo no estudie bastante.
It is probable that I don't study enough.

Dudo que la profesora me dé buenas notas.
I doubt that the teacher will give me good grades.

Notice that in the second group of sentences the speaker has doubts about the certainty of the actions in the dependent clause. When the verb in the main clause expresses uncertainty, doubt, disbelief, or denial, the verb in the dependent clause is in the subjunctive. Some expressions used to express doubt or denial are:

dudar que   *to doubt that*

negar (ie) que   *to deny that*

no creer que   *to not believe (think) that*

no estar seguro(a) de que	*to not be sure that*
no pensar que	*to not think that*
es dudoso que	*it is doubtful that*
es extraño que	*it is strange that*
es imposible que	*it is impossible that*
es improbable que	*it is improbable that*
es posible que	*it is possible that*
es probable que	*it is probable that*
no es verdad que	*it is not true that*
puede ser que	*it may be that*

Ejercicios

A. Lee las siguientes expresiones y decide si requieren el indicativo o el subjuntivo. Luego escríbelas en la columna indicada.

dudar que	estar seguro(a) de que
es cierto que	negar que
es extraño que	no creer que
es verdad que	puede ser que

requieren el subjuntivo	requieren el indicativo

B. Laura tiene muchas dudas y últimamente les dice a sus compañeros que está muy confundida. Usa las expresiones del ejercicio anterior que requieren el subjuntivo para expresar las dudas que ella tiene.

Modelo: _____ mis padres (permitirme) asistir a una universidad lejos de casa.
No creo que mis padres me permitan asistir a una universidad lejos de casa.

1. _____ tú _____ (ayudarme) en el futuro.

2. _____ mis amigos me _____ (decir) la verdad.

3. _____ la profesora me

_____ (dar) una buena nota.

4. _____ mi novio _____

(almorzar) conmigo mañana.

5. _____ mi grupo musical

_____ (tocar) bien en el concierto.

6. _____ los invitados

_____ (divertirse) en mi fiesta de cumpleaños.

7. _____ mis vacaciones

_____ (ser) agradables.

8. _____ (haber) solución para mi

problema.

C. Te acaban de hacer un cuento sobre uno de tus amigos, Samuel. No puedes creer todo lo que te dicen y expresas tus reservaciones. Completa las frases con la forma correcta del verbo entre paréntesis.

1. Dudo que Samuel _____ (haber) dicho esa barbaridad.

2. No creo que él _____ (ser) tan cruel.

3. No es verdad que él _____ (hacer) eso siempre que tiene problemas.

4. Puede ser que su novia le _____ (mentir) a él.

5. Es extraño que ella _____ (seguir) llamándolo por teléfono.

6. Sus padres no están seguros de que Samuel y su novia _____ (poder) ser amigos otra vez.

7. Todos los que estaban en su casa niegan que ellos _____ (tener) la culpa (*to be at fault*).

8. Es imposible que todo esto _____ (resolverse) fácilmente.

Ejercicios de resumen

A. Cada día oímos muchas generalizaciones. A veces nos parecen acertadas (*correct*) y otras veces no. Lee las siguientes declaraciones. Usa las expresiones para dar dos opiniones sobre cada declaración.

1. A nadie le gusta pagar impuestos (*taxes*).

Dudo que…

_____

Es verdad que…

_____

2. La música rock afecta de una manera negativa a los jóvenes.

Es cierto que…

_____

No creo que…

_____

3. No debemos confiar mucho en el gobierno.

Puede ser que…

_____

Es probable que…

_____

4. La mayoría de los actores famosos usan drogas.

No hay duda que…

_____

No estoy seguro de que…

_____

5. Nunca va a eliminarse la pobreza en el mundo.

Niego que…

_____

Temo que…

_____

B. Varios estudiantes hablan sobre su escuela y expresan sus opiniones. Cada declaración está seguida de un comentario. Lee las dos frases y combínalas para formar una sola frase. Sigue el modelo.

Modelo: Las clases terminan el diez de junio. Eso es muy raro.
Es muy raro que las clases terminen el diez de junio.

1. Juan dice que sabe todas las respuestas. Yo lo dudo.

_____

2. Los estudiantes hacen la tarea todos los días. Los profesores no están seguros.

_____

3. El lunes no hay clases. Yo lo sé.

_____

4. Nuestro equipo es el mejor. Es verdad.

_____

5. La profesora de arte nos da suficiente tiempo para el proyecto. Puede ser que sí.

_____

6. Julio nunca pierde sus cuadernos. ¡Es imposible!

_____

7. Julián dice que Rafael toca el piano en este concierto. No lo creemos.

_____

8. El director quiere construir un nuevo gimnasio en la escuela. Eso es extraño.

_____

C. Últimamente ha habido muchos avances en la tecnología. Algunos avances son positivos, otros no. Usa las expresiones de las páginas 299 y 300 para expresar tu opinión sobre los avances tecnológicos que aparecen a continuación.

Modelo: _Es verdad que las computadoras ayudan a todos los ciudadanos._

las noticias instantáneas

la supercarretera de la información (_information superhighway_)

los teléfonos celulares

la televisión digital

los transbordadores espaciales (_space shuttles_)

1. _____

2. _____

3. _____

4. _____

5. _____

6. _____

7. _____

8. _____

The Present Perfect Subjunctive and Summary of the Subjunctive

Lesson 3

The present perfect subjunctive

The present perfect subjunctive is formed by using the present subjunctive of the verb *haber* and the past participle.

haya
hayas } + past participle
haya

hayamos
hayáis } + past participle
hayan

Look at the following sentences using the present and the present perfect subjunctive:

Es importante que estudies ahora mismo.
It is important for you to study right now.

Es importante que estudies este fin de semana.
It is important for you to study this weekend.

Dudo que hayas estudiado hoy.
I doubt that you have studied today.

Whereas the present subjunctive is used to refer to events that may occur either at the same time as or after the action of the main verb, the present perfect subjunctive refers to actions or situations that may have occurred before the action of the main verb.

The present perfect subjunctive is used when:

1. the main verb is in the present, future, present perfect, or command form

2. the action of the verb in the subjunctive is expected to have taken place before that of the main verb.

Ejercicios

A. Las siguientes personas necesitan o esperan que para cierto tiempo (*by a certain time*) algunas cosas sucedan. Usa las expresiones entre paréntesis para completar las frases. Usa el presente perfecto de subjuntivo.

1. Para mañana es importante que tú...

(ver la película) _____

(escribir el informe) _____

(hablar con el profesor) _____

2. Puede ser que para esta tarde nosotros...

(descubrir quién rompió la ventana) _____

(recibir el correo) _____

(leer toda la novela) _____

3. Antes de descansar es preciso que Uds....

(romper la piñata) _____

(devolver los discos de Adela) _____

(poner todo el dinero en el banco) _____

B. Cuando oyes ciertas cosas tratas de expresar por qué han sucedido. Usa el presente perfecto de indicativo o el presente perfecto de subjuntivo según el contexto para completar tus explicaciones de los eventos. Si no recuerdas cómo formar el presente perfecto de indicativo repasa la explicación en la Unidad 4, Lección 3.

1. Abelardo no ha llegado a la fiesta y ya es muy tarde.

Es probable que él _____ (perderse).

Dudo que él no _____ (salir) con tiempo.

Es verdad que hasta ahora él siempre _____ (llegar) a tiempo.

2. Rodolfo y Sergio no vinieron ayer a la escuela. Están enfermos.

Es cierto que ellos _____ (ir) al médico.

Puede ser que ellos _____ (tener) fiebre.

No creo que ellos _____ (poder) ir a la clase de piano tampoco.

3. Rocío está muy enojada con nosotros. No puedo explicar por qué.

Es posible que nosotros no le _____ (prestar) atención cuando hablaba.

Ojalá que le _____ (dar [nosotros]) la oportunidad de hablar con nosotros.

Niega que nosotros _____ (ser) amables con ella.

4. Todos llegaron tarde a la reunión más importante del año.

Dudo que _____ (anunciar) la hora correcta de la reunión.

No cabe duda que todos _____ (venir) en el mismo coche.

No pienso que Carolina y Jorge _____ (ser) tan irresponsables.

5. El tiempo en la Florida estuvo muy malo.

Es evidente que _____ (llover) mucho.

Es extraño que no _____ (haber) un huracán.

Pienso que mis parientes _____ (sufrir) mucho daño.

6. Se han escapado dos criminales de la cárcel.

Es dudoso que ellos _____ (huir) muy lejos.

La policía no cree que nadie los _____ (ayudar).

Es extraño que la policía no los _____ (alcanzar).

Uses of the subjunctive: summary

Some of the uses of the subjunctive that you have already reviewed are summarized in the following chart:

The subjunctive is used:

1. after verbs and verbal expressions of persuasion (indirect commands):

> **Quiero que hayas preparado la comida.**
> *I want you to have prepared the food*

> **Es necesario que tú aprendas a usar el nuevo programa para la computadora.**
> *It's necessary that you learn how to use the new computer program.*

2. after verbs and verbal expressions of doubt, uncertainty, disbelief, or denial:

> **Dudan que nosotros hayamos escrito la carta.**
> *They doubt that we have written (wrote) the letter.*

> **Puede ser que llueva mañana.**
> *It's possible that it may rain tomorrow.*

3. after verbs and verbal expressions that express emotion:

> **Siento que no hayas estudiado.**
> *I am sorry that you haven't studied (didn't study).*

> **¡Qué maravilla que recibas tanto correo electrónico!**
> *What a wonderful thing that you receive so much e-mail!*

4. after impersonal expressions that do not indicate certainty (indirect command, emotion, doubt):

> **Es probable que María haya salido temprano.**
> *It is probable that María has left (left) early.*

> **Es malo que comas tan tarde.**
> *It's bad that you eat so late.*

5. after *Ojalá que...*

> **Ojalá que ellos hayan ido al médico.**
> *I hope that they have gone (went) to the doctor.*

> **¡Ojalá que encuentres la calculadora!**
> *I hope that you find the calculator!*

Notice that in sentences requiring the present perfect subjunctive in Spanish, the corresponding English sentence can often use either the preterite or the present perfect to convey the meaning conveyed by the present perfect subjunctive in Spanish.

Also remember that…

1. when the dependent verb does not have a different subject, it is generally followed by the infinitive.

> **Quiero preparar la comida.**
> *I want to prepare the food.*
> **Dudamos haber escrito la carta.**
> *We doubt having written the letter (that we wrote the letter).*
> **Siento no haber estudiado.**
> *I am sorry not to have studied (that I didn't study).*

2. *Ojalá que* is always followed by the subjunctive.

Ejercicios de resumen

A. Los padres de Marta son muy exigentes y según ella la están volviendo loca. Completa las frases con la forma correcta del verbo para saber todo lo que le piden.

1. Ellos quieren que yo le _____ (dar) la comida al perro.

2. Prohíben que yo _____ (llegar) a casa después de las seis.

3. Insisten en que mis hermanos los _____ (ayudar) a cocinar.

4. Desean que yo _____ (saber) donde ellos están siempre.

5. Les piden a mis amigos que ellos no _____ (estar) en mi casa hasta demasiado tarde.

6. Prefieren que yo _____ (ir) a visitar a mis abuelos los fines de semana.

7. Nos aconsejan que nosotros _____ (saber) los números de teléfonos de emergencia.

8. Dudan que yo _____ (haber) llegado a la escuela a tiempo hoy.

9. Exigen que yo _____ (ser) respetuosa con todos.

10. También hacen que mi hermana les _____ (dar) la mitad de su sueldo.

B. Santiago va a ir a un campamento de verano por primera vez. Usa las palabras a continuación para expresar las recomendaciones que las personas le hacen.

1. sus padres / esperar / no nadar en el lago

_____

2. yo / recomendarle / cepillarse los dientes

_____

3. su hermano / sugerirle / portarse bien

_____

4. su mejor amiga / pedirle / escribir a menudo

_____

5. tú / decirle / acostarse temprano

_____

6. su madre / rogarle / comer muchos vegetales

_____

7. su profesora / recomendarle / repasar el español

_____

8. su abuela / suplicarle / ponerse un abrigo si hace frío

_____

C. Las siguientes personas tienen muchas responsabilidades y por eso desean o insisten en ciertas cosas. Completa las frases con la información a continuación.

El director desea que…

1. los estudiantes / pensar antes de actuar

_____

2. el entrenador / no perder las pelotas

_____

3. nosotros / cerrar las puertas al salir

_____

4. Ud. / empezar la clase a tiempo

_____

5. nosotros / tener éxito

_____

Mis padres insisten en que…

1. yo / no mentir nunca

_____

2. nosotros / dormir suficiente

_____

3. mis hermanos / volver a casa temprano

_____

4. tú / no encender el televisor después de las clases

_____

5. mis amigos y yo / divertirse los fines de semana

_____

El dueño del restaurante donde yo trabajo recomienda que…

1. los empleados / vestirse correctamente

_____

2. nosotros / seguir comiendo en su restaurante

_____

3. yo / no servir mucho pan

_____

4. el cliente / pedir una ensalada con la comida

_____

5. nosotros / sugerir siempre los platos del día

_____

D. Al regresar a tu casa encuentras que muchas cosas han cambiado y que algo extraño ha sucedido. Lee las frases y explica lo que piensas que ha sucedido.

1. Todas las ventanas están abiertas. Es probable que mi mamá…

_____

2. La cama de mis padres está muy sucia. Puede ser que el perro…

_____

3. El cuarto de mi hermana está muy desordenado también. Pienso que…

_____

4. Uno de mis vecinos me espera en la puerta de mi casa. Estoy seguro(a) de que…

_____

5. Muchos de mis libros están en el suelo. Temo que mi hermanita…

_____

6. El radio toca música muy alto. Es dudoso que yo…

_____

7. El refrigerador está abierto y no hay comida en él. Es extraño que nosotros…

_____

8. Mi armario está abierto y hay ropa por todas partes. No creo que mis padres…

_____

9. Veo a un grupo de policías que se acerca. No dudo que…

_____

10. Me siento muy confundido(a) y empiezo a llorar. Es cierto que…

_____

E. Más opiniones. Lee las siguientes frases, luego escribe tu opinión sobre lo que oyes decir a otras personas. En algunos casos tienes que usar más de una expresión porque tienes que usar todas las expresiones de la lista.

> es cierto que
> es lástima que
> estar desilusionado(a) de que
> no pensar que
> ojalá que
> qué extraño que
> sentir que

1. Un compañero de clase es culpable de haber copiado las respuestas de otro compañero.

_____

_____

2. Los padres de tu mejor amigo(a) han perdido su trabajo.

_____

_____

3. A tu mejor amigo le han regalado un coche nuevo.

_____

_____

4. El (La) profesor(a) de español no puede ir a Puerto Rico porque todos los vuelos se han vendido.

_____

_____

5. Tu computadora no funciona desde hace una semana.

_____

_____

F. Titulares (_Headlines_). Lee los siguientes titulares, luego usa una de las expresiones de la lista para dar tu opinión sobre lo que dicen.

> dudar que   es posible que   estar seguro(a) de que
> es extraño que   es verdad que   puede ser que
> es importante que

Suben los precios de alimentos

---

15 pulgadas de nieve este fin de semana

Mel Gibson pierde mucho dinero en su última película

Excelentes resultados en las escuelas públicas de California

Inmigrantes mexicanos forman nueva organización

Resumen de la unidad

Ejercicios creativos para escribir y para conversar

Los siguientes ejercicios van a ayudarte a poner en práctica los conceptos de esta unidad. Es buena idea que uses el espacio después de cada ejercicio para hacer apuntes (listas de palabras, expresiones, etc.) que te ayuden a expresar las ideas. Debes escribir la versión final de los ejercicios para escribir en tu cuaderno.

 A. Los colores, ¿son indicación de la personalidad? Lee las siguientes declaraciones, luego usando las expresiones de la lista da tu opinión sobre la personalidad de cada persona.

es cierto   es probable

es dudoso   es raro

es posible

Modelo: Rigoberto siempre lleva trajes oscuros.
Es posible que él siempre esté triste.

1. Sonia prefiere la ropa azul.

   _____

2. A Roberto le gusta mucho el color negro.

   _____

3. A mis padres les gustan los verdes claros y oscuros.

   _____

4. A mi mejor amiga le encanta el color gris.

   _____

5. A María le apetece vestirse de amarillo.

   _____

B. Piensa en el futuro, luego completa las siguientes frases con tus ideas sobre lo que puede o no puede suceder dentro de diez años. Usa los verbos y las expresiones a continuación para completar tus ideas. Escribe dos cosas para cada frase.

1. Es seguro que yo…

   _____

   _____

2. Temo que mi ciudad…

   _____

   _____

3. Dudo que yo…

   _____

   _____

4. No creo que nosotros…

   _____

   _____

5. No estoy seguro(a) de que mi familia…

   _____

   _____

C. Mientras caminas por el pasillo de tu escuela oyes las siguientes frases. Escribe tres frases en las que expreses tus ideas sobre lo que oyes. Usa cada una de las expresiones dadas.

1. Quiero ir a una universidad muy cara.

    ¡Qué pena!

    es importante que

    es cierto

_____

_____

_____

2. Voy a trabajar el próximo verano.

    es evidente

    no estoy seguro(a) de que

    ¡Qué lástima!

_____

_____

_____

3. Estoy seguro(a) de que mis padres se van a ganar el premio gordo de la lotería este fin de semana.

    puede ser que

    ojalá que

    creo que

_____

_____

_____

4. Me encanta esa clase.

    ¡Qué suerte!

    es triste

    no hay duda

_____

_____

_____

D. Últimamente muchas cosas en tu vida marchan muy bien. Usa las siguientes expresiones para expresar lo que sientes. En las dos primeras frases vas a expresar ideas generales no dirigidas a ninguna persona en particular.

1. Es maravilloso…

_____

2. Es estupendo…

_____

3. Es bueno que…

_____

4. Es importante que…

_____

5. Es increíble que…

_____

E. Acabas de recibir una invitación de tu mejor amiga para que vayas a una fiesta que ella va a dar. Tú quisieras ir, pero no puedes. Escríbele una carta explicándole por qué no puedes ir. Recuerda que le debes pedir disculpas. Al mismo tiempo invítala para que pase un fin de semana contigo en el campo. Usa los verbos y las expresiones siguientes en tu carta.

desear que	estar desilusionado(a) de que
dudar que	estar seguro(a) de que
es probable que	puede ser que
es verdad que	sentir que

_____

_____

_____

_____

_____

_____

_____

F. Escribe dos párrafos discutiendo cómo va a cambiar o no la situación del mundo en los próximos cien años. Escoge *dos* de los temas a continuación como punto de partida para expresar tus opiniones.

a. los viajes al espacio

b. las guerras

c. la pobreza

d. las computadoras

_____

_____

_____

_____

_____

_____

_____

_____

G. Te interesa saber cómo reaccionarán tus compañeros de clase al oír lo que escribiste en el ejercicio anterior.

Primero la clase se dividirá en grupos de cuatro o cinco estudiantes según cada tema.

1. los viajes al espacio

2. las guerras

3. la pobreza

4. las computadoras

Entonces los estudiantes de cada grupo van a compartir sus ideas sobre el tema y hacerles preguntas a sus compañeros para comprender sus ideas mejor. También van a reaccionar a las ideas de sus compañeros de grupo usando las expresiones que siguen.

es cierto que…	no dudo que……
es dudoso que…	¡qué maravilloso que…!
es probable que…	¡qué triste que…!
no creo que…	

Luego cada grupo va a presentarle a toda la clase un resumen de las ideas del grupo sobre el tema.

_____

_____

_____

_____

_____

_____

H. Muchas personas creen que hay vida en otros planetas. Escribe seis preguntas para hacérselas a un(a) compañero(a) de clase sobre el tema. Luego, usa las expresiones a continuación para expresar tu opinión sobre sus respuestas. Usen este intercambio como punto de partida para tener una discusión sobre este interesante tema.

PREGUNTAS

1. _____

2. _____

3. _____

4. _____

5. _____

6. _____

EXPRESIONES

dudar que   es seguro que

es evidente que   es una lástima que

es improbable que   ¡qué extraño que…!

es obvio que   temer que

_____

_____

_____

_____

_____

_____

Repaso

For a review of the use of the subjunctive mood and the present perfect subjunctive tense, visit http://www.phschool.com. Once you get to the Foreign Languages section, follow the instructions on the Web page.

Unit 9 Table of Contents

Objectives

In this unit you will be able to:

- Express wishes, emotions, expectations, and hope in the past
- Speculate and wonder about the past
- Express what would happen (would have happened) under certain conditions
- Make polite requests

The following grammar points will help you accomplish these objectives:

Forming the imperfect subjunctive

The imperfect subjunctive tense has two forms, commonly known as the *-ra* and *-se* forms. In general, the *-ra* form is used more often. For this reason, the *-ra* form will be used in the examples and in the exercises in this book. Be aware, however, that you should be able to recognize the *-se* form as well, since you may encounter it in your reading.

The imperfect subjunctive tense of all Spanish verbs (regular and irregular) is formed in the following way:

1. drop the *-ron* of the *ellos* form of the preterite

2. add the following endings:

-ra	´-ramos
-ras	-rais
-ra	-ran

OR

-se	´-semos
-ses	-seis
-se	-sen

Please note that the *nosotros* form has a written accent on the last vowel of the stem.

For example:

Preterite	Imperfect Subjunctive	
ellos hablaron	yo habla**ra**	nosotros/as hablá**ramos**
	tú habla**ras**	vosotros/as habla**rais**
	él, ella, Ud. habla**ra**	ellos, ellas, Uds. habla**ran**
ellos escribieron	yo escribie**ra**	nosotros/as escribié**ramos**
	tú escribie**ras**	vosotros/as escribie**rais**
	él, ella, Ud. escribie**ra**	ellos, ellas, Uds. escribie**ran**
ellos dijeron	yo dije**ra**	nosotros/as dijé**ramos**
	tú dije**ras**	vosotros/as dije**rais**
	él, ella, Ud. dije**ra**	ellos, ellas, Uds. dije**ran**

In Units 1 and 2 you reviewed the preterite of Spanish verbs. Since the imperfect subjunctive is based on the third person plural of the preterite, let's practice the preterite here. (If you don't remember the conjugations, they appear in Lesson 3 of Unit 1 and Lesson 2 of Unit 2.)

Ejercicio

Jorge hace ciertos comentarios. Luego uno de sus amigos comenta o explica lo que ha dicho Jorge. Completa las frases que dice Jorge con el pretérito de los verbos entre paréntesis. Luego completa el comentario de sus amigos con el imperfecto de subjuntivo.

1. Felicia y Hugo visitaban a su tía favorita.

   a. JORGE: Ellos _____ (ponerse) el abrigo y _____ (irse). Como estaban muy cansados _____ (dormirse) en el autobús.

   b. CAROLINA: Su tía insistió en que ellos _____ (ponerse) el abrigo porque hacía frío. También pidió que ellos _____ (irse) temprano porque tenían que levantarse a las seis. Fue una lástima que ellos _____ (dormirse) en el autobús.

2. Tito y Juan iban de viaje. Estaban en la estación de trenes.

   a. JORGE: Ellos _____ (oír) el anuncio, le _____ (dar) el billete al conductor y por fin, _____ (estar) listos para subir al tren.

   b. ALBERTO: Era importante que ellos _____ (oír) el anuncio, le _____ (dar) el billete al conductor y _____ (estar) listos para subir al tren.

3. Soledad y Roberto querían ir a un concierto de un grupo musical que no conocían muy bien.

   a. JORGE: Ellos no _____ (saber) que el grupo era muy popular hasta esa mañana cuando leyeron el periódico. Ellos no _____ (poder) comprar entradas para el concierto. Ellos _____ (tener) que ir al cine.

   b. IGNACIO: Yo esperaba que ellos _____ (poder) comprar las entradas. Me sorprendí de que ellos no _____ (saber) que el conjunto era muy popular. Fue una lástima que ellos _____ (tener) que ir al cine.

4. Los hijos del señor Fernández entraron a su cuarto en el hotel donde pasaban sus vacaciones.

a. JORGE: Ellos no _____ (ver) las maletas en el cuarto y por eso _____ ([ellos] hacer) una llamada al conserje. Tres horas más tarde el botones las _____ (traer).

b. CELIA: El padre esperaba que ellos _____ (ver) las maletas al llegar al cuarto. Él le pidió a Felipe que _____ (hacer) una llamada inmediatamente porque era importante que ellos se las _____ (traer).

5. Mis amigos salieron a dar un paseo.

a. JORGE: Ellos _____ (andar) por todo el centro. _____ (Reírse) mucho. _____ (Llegar) a su casa muy tarde.

b. CARMELA: Fue maravilloso que ellos _____ (andar) por el centro y que _____ (reírse) mucho. Pero no esperaba que _____ (llegar) tan tarde a casa.

6. Eduardo y Celia trabajaban en una guardería infantil (*daycare center*).

a. JORGE: Ellos _____ (ser) muy tontos. No _____ (leer) el horario cuidadosamente y por eso no _____ (servir) el almuerzo a tiempo.

b. PABLO: Yo esperaba que ellos no _____ (ser) tan tontos. Era necesario que ellos _____ (leer) el horario cuidadosamente y que _____ (servir) el almuerzo a las doce en punto.

7. Juan y Abelardo no estaban seguros de haber hecho el informe bien.

a. JORGE: Ellos _____ (venir) a enseñarme la tarea. Ellos no _____ (hacer) el informe bien. Ellos no _____ (querer) usar la enciclopedia.

b. TERESITA: Yo les pedí que _____ (venir) a enseñarme la tarea. Esperaba que ellos _____ (hacer) el informe bien. También esperaba que ellos _____ (querer) usar la enciclopedia para incluir toda la información posible.

In part b of each item in the exercise above, you filled in the blanks with the imperfect subjunctive. Did you notice the tense of the main verb in these sentences? If not, go back and look at the main verb in part b of each item above. The main verb is either in the preterite or the imperfect indicative. The explanation that follows addresses this sequence of tenses.

Uses of the imperfect subjunctive

The imperfect subjunctive is used when:

1. there is a reason to use the subjunctive,

2. the main verb is in the past tense (preterite, imperfect, or pluperfect tense) or the conditional, and

3. the action of the verb in the subjunctive may take place at the same time as or after that of the main verb.

> **El entrenador quería que nosotros corriéramos diez millas.**
> *The trainer wanted us to run ten miles.*
>
> **El entrenador quería que nosotros corriéramos diez millas después del partido.**
> *The trainer wanted us to run ten miles after the game.*

(Remember that when the main verb is in the present, future, present perfect indicative, or the command form, and the sentence requires the second verb to be in the subjunctive, the present or present perfect subjunctive is used.)

> **El entrenador quiere que corramos (hayamos corrido) diez millas.**
> *The trainer wants us to run (have run) ten miles.*

Ejercicios

A. La gente puede ser muy exigente. La semana pasada Elba decidió escribir todo lo que sus conocidos (*acquaintances*) querían. Completa las frases con el imperfecto de subjuntivo del verbo entre paréntesis.

1. En la escuela, el entrenador del equipo de básquetbol quería…

a. …que Juan _____ (correr) siete millas.

b. …que Petra y yo _____ (quedarse) practicando hasta las seis.

c. …que Antonio y José _____ (ser) más agresivos.

d. …que tú _____ (mirar) un video del último partido.

2. En mi casa, mis padres querían…

a. …que yo _____ (hacer) la cama antes de salir.

b. …que mi hermana no _____ (dormir) en el sofá.

c. …que mis hermanos _____ (devolver) los libros a la biblioteca.

d. …que nosotros _____ (leer) por lo menos una hora al día.

3. En la clase de computadoras, el profesor quería…

a. …que yo _____ (poner) todos los programas en orden.

b. …que nosotros _____ (saber) la configuración de un programa muy difícil.

c. …que Sandro y Rafael _____ (repetir) su presentación.

d. …que tú _____ (estar) listo para hacer copias del nuevo sistema.

B. El año pasado la clase de química fue muy difícil. Caterina habla con sus compañeros y les dice algunas de las cosas que era necesario hacer. Completa las frases con el imperfecto de subjuntivo del verbo entre paréntesis.

Era necesario…

1. …que nosotros _____ (hacer) cada experimento varias veces.

2. …que la profesora _____ (explicar) todo con mucho detalle.

3. …que Celia _____ (defender) los resultados que obtenía.

4. …que Emilia _____ (calentar) la solución con mucho cuidado.

5. …que Sergio y yo _____ (traer) guantes para hacer algunos experimentos.

6. …que tú no _____ (reírse) cuando las cosas no salían bien.

7. …que yo _____ (tener) cuidado con las medidas de los elementos.

8. …que nosotros _____ (aprender) la tabla periódica de los elementos.

C. El verano pasado Luis trabajó en un restaurante donde tenía ciertas obligaciones. Completa lo que dice Luis en el siguiente párrafo con el imperfecto de subjuntivo de los verbos entre paréntesis.

Me exigían que yo _____ [1] (estar) allí a las siete de la mañana. Por eso era necesario que yo _____ [2] (acostarse) temprano. Cuando llegábamos el jefe nos pedía que _____ [3] ([nosotros] poner) los manteles en las mesas y que _____ [4] (organizar) los cubiertos (*silverware*) en una caja de madera. Entonces, el cocinero nos hablaba sobre los platos del día. Siempre quería que nosotros _____ [5] (saber) los ingredientes y algo sobre la preparación de los platos. Él deseaba que nosotros _____ [6] (poder) darles toda la información posible a los clientes. Antes de abrir el restaurante permitían que nosotros _____ [7] (desayunarse). Era un trabajo bastante duro. Era necesario que yo _____ [8] (estar) de pie por muchas horas. Gané mucho dinero con las propinas y ahora tengo más dinero que mis amigos.

D. Los padres de Pablo fueron al campo para pasar un fin de semana con sus amigos. Antes de salir le dijeron a Pablo lo que ellos querían que él hiciera. Completa las frases a continuación con la forma correcta del imperfecto de subjuntivo.

1. Le habían aconsejado a él que no _____ (traer) a muchos amigos a su casa.

2. Insistieron en que no _____ (haber) una fiesta.

3. Le habían prohibido que _____ (acostarse) demasiado tarde.

4. Le exigieron que sus amigos y él no _____ (jugar) con los juegos electrónicos todo el día.

5. Fue preciso que Pablo les _____ (prometer) seguir sus consejos.

6. Sus padres dudaban que Pablo no _____ (hacer) lo que les había prometido.

7. Estaban orgullosos de que Pablo _____ (ser) tan buen chico.

8. Para mí, no fue extraño que Pablo no _____ (seguir) las instrucciones de sus padres. Yo no creía que él _____ (ser) un chico muy obediente.

E. Ha llegado la primavera y Cristina y su hermana están limpiando su cuarto. Completa la conversación con la forma apropiada del verbo entre paréntesis. Ten cuidado. En algunos casos tienes que usar el presente de subjuntivo y en otros casos el imperfecto de subjuntivo.

—Cristina, ¿qué quieres que yo _____ ¹ (hacer) con estos libros?

—No sé. Ayer mamá me sugirió que se los _____ ² (dar) a papá. Él se los puede dar a alguna organización benéfica (*charity*).

—Sí, yo le pedí que se los _____ ³ (llevar) pero me dijo que no lo podría hacer hasta la semana que viene.

—Bueno, ¿quieres que yo los _____ ⁴ (recoger) todos y los _____ ⁵ (poner) en esa caja? Es necesario que nosotros los _____ ⁶ (tener) todos listos para él. Nunca vamos a terminar de limpiar.

—Buena idea, es verdad que hay muchas cosas aquí. Va a llevarnos mucho tiempo. Es mejor que tú _____ ⁷ (bajar) todas las cajas y las _____ ⁸ (dejar) en el primer piso.

—El año pasado mamá me suplicaba que yo _____ ⁹ (limpiar) el cuarto todas las semanas. Se preocupaba de que un día _____ ¹⁰ (haber) un incendio con la basura que yo acumulaba. Me prohibió que yo _____ ¹¹ (dejar) papeles por el suelo. Al principio estaba contenta de que yo _____ ¹² (hacer) todo lo posible por mantener todo en orden. Pero, mis esfuerzos no duraron mucho.

—¿Dónde duermes? No creo que _____ ¹³ (haber) espacio en la cama.

Es posible que al acostarte en esa cama tú _____ ¹⁴ (caerse).

—Lo sé. No me molestes. Deja de hablar y ayúdame a limpiar.

—¡Ojalá que _____ ¹⁵ ([nosotros] terminar) antes del fin de semana!

F. Todos cambiamos mucho. Lee lo que dice Vicente acerca de la diferencia entre lo que hacía y pensaba cuando era más joven y lo que hace y piensa ahora. Usa el modelo como guía y termina las otras frases de una manera lógica. Usa el imperfecto de subjuntivo o el presente de subjuntivo según el contexto.

Modelo: Cuando era más joven insistía en que mis amigos *llegaran* (llegar) siempre a tiempo. Ahora insisto en que ellos me *llamen* si van a llegar tarde.

1. Antes dudaba que mis padres _____ (tener) confianza en mí. Ahora dudo que ellos…

   _____

2. Mis profesores no estaban seguros de que un día yo _____ (ser) famoso. Ahora puede ser que yo…

   _____

3. Era una lástima que yo no _____ (salir) a menudo. Ahora pienso que es una lástima que yo…

   _____

4. Les había aconsejado a mis amigos que ellos _____ (venir) a la escuela todos los días. Ahora me alegro de que ellos…

   _____

5. Me enorgullecía de que mis amigos y yo _____ (sacar) buenas notas. Ahora me alegro de que nosotros…

   _____

Ejercicios de resumen

A. Muchas veces las cosas no pasan como habíamos planeado. Tenemos expectativas que no se convierten en realidad. Usa la información a continuación para expresar tus ideas.

Modelo: la condición de los medios de transporte
Esperaba que los autobuses fueran más cómodos pero todavía son muy incómodos.

desear que

esperar que

estar contento(a) de que

no estar seguro(a) de que

no pensar que

1. el acceso a las computadoras

_____

_____

2. la eliminación del hambre en el mundo

_____

_____

3. las guerras

_____

_____

4. la honestidad de los políticos

_____

_____

5. el acceso a las universidades

_____

_____

B. Piensa en la última vez que te quedaste solo(a) en tu casa. Es posible que tus padres te hayan dicho lo que tenías que hacer en su ausencia. Completa las frases de una manera lógica para expresar lo que te dijeron. Vas a necesitar el indicativo en algunas frases.

1. Mis padres permitieron que yo…

_____

2. Ellos rogaron que yo…

_____

3. Ellos no dudaban que mi mejor amigo(a)…

_____

4. Era importante que mis amigos…

_____

5. Fue obvio que yo…

_____

6. Mi mamá no pensaba que mi novio(a)…

_____

7. Ellos se alegraban de que nuestros vecinos…

_____

8. Me recordaron que mis amigos y yo no…

_____

C. Piensa en un viaje que has hecho solo(a), con tu familia o con tus amigos. Escribe un párrafo en el que expreses algunas de las expectativas que tú, tus padres o tus amigos tenían. Usa las preguntas como guía. Luego escribe otro párrafo diciendo lo que verdaderamente ocurrió.

1. ¿Qué querían Uds. que pasara en el viaje?

2. ¿Qué preferían tus padres o amigos?

3. ¿Qué te sorprendió a ti?

4. ¿Qué fue necesario hacer antes de salir?

5. ¿Qué fue maravilloso durante el viaje?

6. ¿Qué les había aconsejado el/la agente de viajes?

_____

_____

_____

_____

_____

_____

_____

_____

_____

D. Anoche asististe a una ceremonia donde honraron a los mejores estudiantes de tu escuela. Usa las expresiones a continuación para escribir un párrafo expresando tus emociones durante la ceremonia.

alegrarse de que

estar orgulloso(a) de que

qué lástima que

ser bueno que

ser maravilloso que

_____

_____

_____

_____

_____

_____

_____

_____

E. Uno de tus amigos te habló sobre una película muy buena que había visto. Un día fuiste a ver la película y no te gustó mucho. Escribe un párrafo expresando lo que esperabas, sentías, etc. antes de ver la película. Usa los siguientes verbos como guía.

dudar que

esperar que

no creer que

no haber duda que

pensar que

ser estupendo que

ser probable que

_____

_____

_____

_____

_____

_____

_____

_____

Forming the conditional tense

The conditional of regular verbs of all three conjugations is formed by adding the following endings to the infinitive of the verb:

Conditional Endings for Regular Verbs

-ía	-íamos
-ías	-íais
-ía	-ían

andar

andaría	andaríamos
andarías	andaríais
andaría	andarían

responder

respondería	responderíamos
responderías	responderíais
respondería	responderían

recibir

recibiría	recibiríamos
recibirías	recibiríais
recibiría	recibirían

Do you recognize the endings above? In what other tense are these endings used? Are the endings used for all three conjugations in that tense? What is the difference between the way that tense and the conditional are formed?

The endings for the conditional are exactly the same as those used to form the imperfect indicative of -er and -ir verbs. The difference, however, is that when forming the imperfect, the infinitive endings are removed before adding the endings, while the infinitive endings stay in place before the conditional endings.

Conditional Conjugations with Irregular Roots

The following verbs have irregular stems in the conditional:

Infinitive	Irregular Stem	Uniform Endings	Conditional Conjugation
haber	habr-		habría, *etc.*
poder	podr-		podría, *etc.*
querer	querr-		querría, *etc.*
saber	sabr-	-ía	sabría, *etc.*
poner	pondr-	-ías	pondría, *etc.*
salir	saldr-	-ía	saldría, *etc.*
tener	tendr-	-íamos	tendría, *etc.*
valer	valdr-	-íais	valdría, *etc.*
venir	vendr-	-ían	vendría, *etc.*
decir	dir-		diría, *etc.*
hacer	har-		haría, *etc.*
caber	cabr-		cabría, *etc.*

Ejercicios

A. Unos amigos hablan sobre un curso que quieren seguir para aprender a cocinar. Escribe el condicional del verbo entre paréntesis y luego cambia el sujeto subrayado por los sujetos entre paréntesis.

1. Carola me dijo que <u>nosotros</u> _____ (poder) practicar en su casa.

   (yo _____; Ud. _____; él _____)

2. ¿A qué hora _____ (salir) <u>tú</u> de la clase?

   (nosotros _____; ellas _____; yo _____)

3. <u>Celia</u> _____ (tener) que traer algunos condimentos.

   (Marcos _____; tú _____; Rebeca y yo

   _____)

4. ¿_____ (venir) <u>tus padres</u> a la clase?

   (Uds. _____; él _____; tú _____)

5. El cocinero dijo que <u>nosotros</u> _____ (hacer) platos de diferentes

   países. (tú _____; Uds. _____; ellos

   _____)

6. Al final del curso <u>yo</u> _____ (servir) una cena especial.

   (tú _____; Celia _____; Gabriel y Elena

   _____)

B. Imagina que te has ganado un viaje alrededor del mundo. Usa el condicional de los verbos a continuación para expresar lo que tú, tus amigos, etc. sentirían (*would feel*) y harían (*would do*).

Si yo me ganara (*If I were to win*) un viaje alrededor del mundo...

1. ...yo / ponerse muy contento(a)

_____

_____

2. ...mis amigos / sentir envidia

_____

_____

3. ...mis padres / echarme de menos (*miss me*)

_____

_____

4. ...yo / salir inmediatamente

_____

_____

5. ...yo / tener que llevar mucha ropa

_____

_____

6. ...mi mamá y yo / hacer las maletas en seguida

_____

_____

7. ...mis amigos / gritar de alegría

_____

_____

8. ...(a mí) / gustar llevar a mi mejor amigo(a)

_____

_____

9. ...yo no sé a qué países / ir primero

_____

_____

10. ...yo estoy seguro(a) de que el viaje / valer mucho

_____

_____

Uses of the conditional

1. The conditional is often translated by *would:*

   Sería un placer ir con Uds.
   It would be a pleasure to go with you.

   Roberto dijo que no llegaría temprano.
   Roberto said that he would not arrive early.

2. The conditional of the verbs *gustar, poder,* and *deber* is often used to soften statements or to make polite requests.

   Me gustaría hablar con Pedro.
   I would like to speak with Pedro.

   ¿Podría decirme dónde queda la farmacia?
   Would you tell me where the pharmacy is?

   Deberías abrir la ventana.
   You should open the window.

   The *-ra* form of the imperfect subjunctive is also used with *querer, poder,* and *deber* to soften statements or to make polite requests. The examples above could read:

   Quisiera hablar con Pedro.
   ¿Pudiera decirme dónde queda la farmacia?
   Debieras abrir la ventana.

3. The conditional is often used:

a. in a question to wonder about something in the past:

   ¿Llegaría la carta a tiempo?
   I wonder whether the letter arrived on time.

b. in a statement to express a conjecture or guess about the past:

   No sé, la carta llegaría con tres semanas de retraso.
   I don't know, the letter probably arrived three weeks late.

Notice that in both of the examples above, the point of reference is in the past. Here is one more example:

   ¿Cuántos años tendría Elena entonces? Tendría doce años.
   I wonder how old Elena was at that time. She was probably twelve.

A. Los padres de Arsenio están un poco preocupados. Arsenio salió para Barcelona hace dos días y todavía no han recibido noticias de él. Usa la información a continuación para escribir algunas de las preguntas que ellos se harían (*would probably ask themselves*).

> **Modelo:** llevar su pasaporte
> *¿Llevaría Arsenio su pasaporte?*

1. salir / el avión a tiempo

_____

2. llegar bien

_____

3. haber / alguien esperándolo en el aeropuerto

_____

4. tener suficiente dinero para un taxi

_____

5. acordarse de los cheques de viajero

_____

B. Caridad habla con sus amigos. Cada vez que dice algo uno de sus amigos responde diciendo una razón por la cual ocurrió lo que dijo. Lee las frases y luego di una razón por la cual los siguientes incidentes ocurrieron. Usa el condicional para expresar probabilidad.

> **Modelo:** La semana pasada llegué tarde a clase tres veces.
> *Te acostarías muy tarde.*

1. No fue mucha gente a mi concierto anoche.

_____

2. Mis amigos no vinieron a visitarme.

_____

3. Mis padres no me compraron un radio portátil.

_____

4. Cuando era joven, no me gustaba mucho la escuela.

_____

5. Siempre se me perdían las llaves de mi casa.

_____

6. Nunca tenía ropa limpia los fines de semana.

_____

7. Mis amigos no me ayudaban cuando tenía problemas con las clases.

_____

8. Ayer olvidé todas las tareas en casa.

_____

9. Mis profesores eran muy exigentes.

_____

10. El año pasado no tuve mucho tiempo para practicar el piano.

_____

The conditional in contrary-to-fact sentences

One of the most important uses of the conditional is to express what would (or would not) happen if something else were to happen (or not). For example, what would happen if...

...you were to eat only sweets?	(You would not be healthy.)
...your sister were to wear shorts in winter?	(She would get sick.)
...your brother were not to practice the piano?	(He would not play well.)
...your friends were not to study for an exam?	(They would not do well.)

In this type of sentence, the _if_ clause states something which is not a fact and is not likely to become a fact in the future. You do not eat only sweets, your sister does not wear shorts in winter, etc. This type of condition is called a _contrary-to-fact_ condition.

In contrary-to-fact conditions, the imperfect subjunctive is used in the _if_ clause; the conditional is used in the clause that expresses the result. In Spanish, the sentences used in the examples above would be:

Si yo comiera sólo dulces, no sería saludable.

Si mi hermana llevara pantalones cortos en el invierno, se enfermaría.

Si mi hermano no practicara el piano, no tocaría bien.

Si mis amigos no estudiaran para un examen, no saldrían bien.

The _-ra_ form of the imperfect subjuntive can also be used (instead of the conditional) in the result clause.

Si yo tuviera dieciocho años, podría (pudiera) votar.
If I were eighteen, I could vote.

Note that the order of the clauses is not important. The sentence _If I had the money I would go,_ means exactly the same thing as _I would go if I had the money._

Si tuviera dinero, iría (fuera). = Iría (Fuera), si tuviera dinero.

Ejercicios

A. Tú visitas a tu amigo Antonio a menudo pero él te visita rara vez. Cambia lo que él dice expresando lo que ocurriría si él te visitara.

Modelo: Si vienes a mi casa, te doy los libros.
Si vinieras a mi casa, te daría los libros.

1. Si me traes un regalo, te lo agradezco.

   _____

2. Si te quedas mucho tiempo, te invito a cenar.

   _____

3. Si no te gusta la comida, podemos ir a un restaurante.

   _____

4. Si hay un programa de televisión bueno, lo vemos.

   _____

5. Si quieres dar un paseo, te acompaño.

   _____

6. Si tus amigos nos llaman por teléfono, los invitamos también.

   _____

7. Si es muy tarde, puedes dormir en mi casa.

   _____

B. Precauciones. Imagina que vas a hacer un viaje muy largo. Antes de salir piensas en las diferentes situaciones en que podrías encontrarte. Contesta a las siguientes preguntas de una manera lógica.

1. ¿Qué harías si te perdieras en una ciudad que no conoces?

   _____

2. ¿Qué harías si oyeras ruidos extraños en tu hotel?

   _____

3. ¿Qué harías si una persona te siguiera (*were to follow you*)?

   _____

4. ¿Qué harías si vieras a una persona pidiendo limosnas (*alms*)?

   _____

5 ¿Qué harías si pudieras hablar la lengua del país perfectamente?

   _____

6. ¿Qué harías si no tuvieras dinero para divertirte?

   _____

C. ¿Qué condiciones serían necesarias para que se realizaran las siguientes ideas?

1. Iría a Hawai, si yo…

_____

2. Saldría todas las noches, si mis padres…

_____

3. Le escribiría al Presidente, si yo…

_____

4. Haría más trabajo en la escuela, si los profesores…

_____

5 Si nosotros…, tendríamos más dinero.

_____

6. Si…, podría llevar una vida más saludable.

_____

7. Si…, no tendría tantos problemas con mi computadora.

_____

8. Si…, tuviera más éxito en la vida.

_____

D. ¿Cómo actuarías tú en las situaciones que se describen? Lee las siguientes situaciones y explica como actuarías tú si te encontraras en estas situaciones.

Modelo: Tu perro empieza a hablar como una persona.
Si mi perro empezara a hablar como una persona, yo me sorprendería.

1. La policía piensa que tú has sido testigo de un crimen.

_____

2. Tu amigo(a) ve algo en el cielo que parece ser un OVNI (objeto volador no identificado).

_____

3. Tus amigos y tú están en una casa donde dicen que hay fantasmas.

_____

4. Un profesor acusa a tu mejor amigo de haber copiado las respuestas de otro estudiante durante un examen.

_____

5. Tus padres piensan que tú no asistes a todas tus clases.

_____

6. Una persona que no conoces te saluda en la calle como si fuera (_as if he were_) tu mejor amigo(a).

_____

7. Tus padres te dicen que han visto una jirafa en la esquina de tu casa.

_____

8. Tus compañeros y tú están en una clase. Son las diez de la mañana y de repente el cielo se oscurece (*gets dark*).

_____

Ejercicios de resumen

A. Imagina que uno(a) de tus amigos(as) está muy enojado(a) con su novio(a). Tú quieres darle algunos consejos pero lo quieres hacer de una manera muy sutil (*subtle*). Usa los verbos *poder, querer* y *deber* para expresar tus ideas. Recuerda que debes usar el condicional o el imperfecto de subjuntivo de los verbos. Expresa dos ideas con cada verbo.

(poder) _____

_____

_____

_____

(querer) _____

_____

_____

_____

(deber) _____

_____

_____

_____

B. Imagina que puedes ser una persona diferente. Si fueras una de las siguientes personas, ¿qué harías? ¿cómo te sentirías?, ¿cómo reaccionarían tus amigos? Usa la imaginación.

1. el director de tu escuela

_____

_____

2. el (la) profesor(a) de español

_____

_____

3. un astronauta

_____

_____

4. una actriz o un actor famosos

_____

_____

5. el presidente de tu clase

_____

_____

6. el (la) mejor jugador(a) de básquetbol del país

_____

_____

C. Imagina que acabas de seguir un curso de primeros auxilios (*first aid*). Como parte del examen tienes que decir lo que harías en diferentes situaciones. Lee las situaciones y explica lo que harías si estuvieras en esa situación. Aquí tienes algunas expresiones y verbos que podrías usar.

dar respiración artificial	tomar la presión
limpiar	tomar la temperatura
poner una venda (*bandage*)	tomar una radiografía
tomar el pulso	vendar (*to bandage*)

1. un chico se cortó un dedo

_____

_____

2. una señora se cayó y no puede caminar

_____

_____

3. un hombre estaba comiendo y no puede respirar (*to breathe*)

_____

_____

4. una chica se dio un golpe y ahora le duele la cabeza

_____

_____

5. unos chicos comieron frutas verdes (*unripe*) y tienen dolor de estómago

_____

_____

6. un chico que no sabe nadar se cayó en la piscina y ha tragado (*swallowed*) mucha agua

_____

_____

D. Lee los siguientes titulares. Luego di cómo actuarías tú si fueras esa persona o te encontraras en esa situación.

Grandes inundaciones[1] en el oeste del país

_____

_____

Siete personas heridas[2] en un accidente

_____

_____

Sólo una persona se saca el premio gordo[3]

_____

_____

Miles de inversionistas pierden millones de dólares

_____

_____

Chica ecuatoriana gana Wimbledon

_____

_____

Regalan diez casas a los participantes de un concurso

_____

_____

Profesor de lenguas extranjeras gana elección presidencial

_____

_____

Trabajadores hoteleros se van a la huelga[4]

_____

_____

[1]*floods*
[2]*wounded*
[3]*jackpot*
[4]*strike*

The Subjunctive and the Conditional: More Uses and More Tenses

Lesson 3

Forming the pluperfect subjunctive

The pluperfect subjunctive is formed with the imperfect subjunctive of the verb *haber* plus the past participle of the verb.

Pluperfect Subjunctive Formation

hubiera		hubiéramos		
hubieras	+ *past participle*	hubierais	+ *past participle*	
hubiera		hubieran		

hablar

hubiera hablado	hubiéramos hablado
hubieras hablado	hubierais hablado
hubiera hablado	hubieran hablado

hacer

hubiera hecho	hubiéramos hecho
hubieras hecho	hubierais hecho
hubiera hecho	hubieran hecho

escribir

hubiera escrito	hubiéramos escrito
hubieras escrito	hubierais escrito
hubiera escrito	hubieran escrito

Ejercicios

A. Para el cumpleaños de Ana, sus amigos planearon una sorpresa. Estas son algunas de las cosas que Ana dijo cuando supo que Jorge y su esposa, sus mejores amigos, habían venido a su fiesta. Usa el pluscuamperfecto de subjuntivo para completar las frases.

1. Me sorprendió que mis amigos _____ (invitar) a Jorge y a su esposa.

2. Dudaba que ellos _____ (recibir) una invitación.

3. No podía ser que Jorge _____ (dejar) todas las obligaciones que tenía en su trabajo.

4. No podía creer que tú no me _____ (decir) nada.

5. No estaba segura de que Uds. _____ (hacer) todo esto por mí.

6. Se alegraron de que yo _____ (volver) a mi casa temprano.

7. Fue increíble que todos mis amigos _____ (guardar) el secreto.

8. Fue extraño que yo no _____ (ver) a nadie cuando llegué a casa.

B. En la compañía del padre de Tina muchos de los trabajadores han tenido problemas con los impuestos (*taxes*). Éstos son algunos de los comentarios que hicieron cuando tuvieron que ir a la oficina de impuestos. Usa el pluscuamperfecto de subjuntivo para completar las frases.

1. La señora esperaba que nosotros le _____ (traer) una copia de los impuestos del año anterior.

2. Ella estaba contenta de que yo _____ (guardar) todos los recibos.

3. No era verdad que mi antiguo contador (*accountant*) _____ (mentir).

4. Prefería que nosotros _____ (llenar) los formularios a tiempo.

5. El contador temía que su asistente no _____ (poder) ir conmigo.

6. Fue mejor que yo no _____ (decir) mucho durante la discusión.

Uses of the pluperfect subjunctive

> The pluperfect subjunctive is used when the subjunctive is needed and
>
> **1.** the main verb is in the past (preterite, imperfect, or pluperfect tense) or the conditional.
>
> **2.** the action of the verb in the subjunctive is expected to have taken place before that of the main verb.
>
> Note the use of the pluperfect subjunctive in the following example:
>
> > **El entrenador quería que nosotros hubiéramos corrido tres millas antes del comienzo del partido.**
> > *The trainer wanted us to have run three miles before the beginning of the game.*

Ejercicios

A. Ayer Encarnación estaba muy preocupada. Hacía media hora que esperaba a sus amigos a la entrada del cine pero ellos no habían llegado. Ella pensó en varias razones por las que sus amigos no habían llegado. Completa las frases con el pluscuamperfecto de subjuntivo.

1. Era probable que yo no les _____ (dar) la dirección correcta.

2. Temía que ellos _____ (equivocarse) de cine.

3. ¿Sería posible que Samuel no _____ (escribir) la dirección?

4. Me sorprendía que ellos no me _____ (llamar) antes de salir.

5. Era una lástima que Clara no _____ (tener) un teléfono celular en su coche.

6. Me sorprendería que ellos no me _____ (ver) en la entrada.

7. ¡Qué pena que yo no los _____ (volver) a llamar anoche!

8. Por un instante, temí que ellos _____ (enojarse) conmigo.

9. Esperaba que todo esto _____ (ser) una equivocación.

10. Habría sido posible que ellos _____ (ir) a otro lugar para encontrarse conmigo.

B. Los padres de Agustín permitieron que él les prestara su casa de campo a unos amigos. Aunque ellos eran muy responsables, los padres estaban un poco preocupados. Completa las siguientes frases de una manera lógica con el pluscuamperfecto de subjuntivo.

1. Tenían que apagar la calefacción (*heat*). Los padres temían que ellos no…

   _____

2. Era necesario que cerraran todas las ventanas antes de salir. Era posible que ellos no…

   _____

3. Les habían rogado que no caminaran por el bosque. No estaban seguros de que Juan, uno de los chicos…

   _____

4. Habían prohibido que se fumara dentro de la casa. Podía ser que uno de los chicos…

   _____

5. Los padres habían escondido todos los platos caros. Era probable que ellos…

   _____

6. Les aconsejaron que llamaran a un vecino si tenían algún problema. Era probable que el vecino no…

   _____

The subjunctive with *como si*

Since the expression *como si* (as if) always refers to something that is contrary to the truth, or unreal, it must always be followed by the subjunctive. Only two subjunctive tenses may be used with *como si*, the imperfect subjunctive and the pluperfect subjunctive.

Notice the difference between the following examples.

> **Mateo duerme como si trabajara mucho.**
> *Mateo always sleeps as if he worked a lot. (but he doesn't)*
>
> **Elena duerme como si hubiera trabajado mucho.**
> *Elena sleeps as if she had worked a lot. (but she didn't)*

Remember that *como si* is always followed by either the imperfect or the pluperfect subjunctive. No other tense may follow *como si*.

> **Catalina estudia como si tuviera un examen.**
> *Catalina studies as if she had a test. (but she doesn't)*
>
> **Julio y Rosa se visten como si no hiciera frío.**
> *Julio and Rosa dress as if it were not cold. (but it is)*
>
> **Me canso como si hubiera estado enferma.**
> *I get tired as if I had been sick. (but I wasn't)*

Ejercicios

A. El entrenador del equipo de béisbol estaba enfermo. El equipo tenía un partido muy importante el próximo día. A última hora, Paco, el asistente, decidió ayudar a los miembros del equipo. Completa las frases con el pluscuamperfecto de subjuntivo.

1. Paco actuó como si _____ (saber) lo que estaba haciendo.

2. Él les habló a los miembros del equipo como si _____ (tener) autoridad.

3. Los chicos jugaron como si el entrenador _____ (estar) allí.

4. Todos actuaron como si _____ (ser) jugadores profesionales.

5. Los chicos se sintieron como si Paco _____ (ser) su entrenador por mucho tiempo.

B. Librada tiene muchos problemas con los miembros del Club de español. Ella es la presidente pero a veces actúa de una manera muy irracional. Completa las frases con el imperfecto de subjuntivo.

1. Librada actúa como si nosotros _____ (ser) tontos.

2. Ella dirige las reuniones como si ella _____ (estar) hablándoles a unos niños.

3. Habla como si nadie _____ (querer) trabajar.

4. Toma las decisiones como si no _____ (importarle) nada.

5. Les gritó a León y a Joaquín como si ellos nunca _____ (asistir) a las reuniones.

6. Te pidió que arreglaras el salón de clase como si tú _____ (tener) tanto tiempo libre.

7. Decidió hacer una fiesta como si nosotros _____ (poder) ayudarla.

8. Continuó actuando como si ella no _____ (oír) nada de lo que le decíamos.

9. Cuando alguien no está de acuerdo con ella, ella lo mira como si _____ (ver) un fantasma.

10. Ella nos trata como si nosotros _____ (estar) jugando siempre.

C. Ahora te toca hacer el papel (*play the role*) de un detective. Imagina que investigas un crimen. Después de entrevistar a diferentes personas estás un poco confundido por la manera en que las personas actúan. Usa la expresión *como si* para expresar cómo actúan. Usa el imperfecto de subjuntivo en las primeras cuatro frases y el pluscuamperfecto de subjuntivo en las últimas cuatro.

Modelo: la cocinera / estar preocupada
La cocinera actúa como si estuviera preocupada.

1. el mayordomo (*the butler*) / ser culpable

_____

_____

2. la esposa / no importarle nada

_____

_____

3. el hijo mayor / esconder algo

_____

_____

4. la hija menor / saber algo

_____

_____

Modelo: la cocinera / hacer algo sospechoso
La cocinera actúa como si hubiera hecho algo sospechoso.

5. el vecino / ver algo sospechoso

_____

_____

6. el perro / presenciar el crimen

_____

_____

7. el inspector / resolver el crimen

_____

_____

8. la sirvienta / estar enamorada de la víctima

_____

_____

D. Lee tus respuestas al ejercicio anterior. ¿Puedes explicar por qué usaste el pluscuamperfecto de subjuntivo en las últimas cuatro frases? ¿Por qué usaste el imperfecto de subjuntivo en las primeras cuatro?

_____

_____

_____

The subjunctive with *ojalá que*

1. *Ojalá que* with the present subjunctive and the present perfect subjunctive:

In Unit 7 you reviewed the use of *Ojalá que* with the present subjunctive. The present subjunctive follows *Ojalá que* when one is hoping for something to happen now or in the future.

> **¡Ojalá que haga buen tiempo!**
> *I hope that the weather is good! (it may or may not be good)*

In Unit 8 you practiced the use of *Ojalá que* with the present perfect subjunctive. The present perfect subjunctive follows *Ojalá que* when one is hoping for something to have happened in the past.

> **¡Ojalá que haya hecho buen tiempo!**
> *I hope that the weather was good! (it may or may not have been good)*

2. *Ojalá que* with other subjunctive tenses:

It is also possible to use *Ojalá que* with the imperfect subjunctive and the pluperfect subjunctive.

a. The imperfect subjunctive follows *Ojalá que* when one is hoping for something that is contrary to the truth or reality in the present (or something that one does not really expect to become part of reality).

> **¡Ojalá que hiciera buen tiempo hoy!**
> *I wish (Would) that the weather were good today! (but it isn't or I don't expect it to be)*

b. The pluperfect subjunctive follows *Ojalá que* when one is hoping for something that is contrary to fact in the past or one does not really expect it to have been true.

> **¡Ojalá que hubieran practicado!**
> *I wish (Would) that they had practiced! (but they didn't or I don't expect them to have)*

Notice that:

- when the present subjunctive and the present perfect subjunctive are used with *Ojalá que*, your wishes may (or may not) come true.

- when the imperfect subjunctive and the pluperfect subjunctive are used with *Ojalá que* you already know that what you are wishing for is not (or you don't expect it to have been) part of reality.

Ejercicios

A. El fin de semana próximo tú y tus padres van a ir de compras. Tú quieres que ellos te compren un radio portátil y esperas que ellos te complazcan (*please you*). Escribe frases completas usando *ojalá que* y el presente de subjuntivo.

1. ellos / estar contentos con mis notas

_____

2. ellos / decidir complacerme

_____

3. nosotros / pasar por la tienda de aparatos eléctricos

_____

4. haber gangas (*bargains*)

_____

5. yo / poder oír cintas también

_____

B. Tú estás en la esquina esperando a unos amigos. Uds. van a una merienda en el parque. Cuando ves venir a tus amigos, piensas en lo que cada uno debía haber hecho. Escribe frases completas usando *ojalá que* y el presente perfecto de subjuntivo.

Modelo: María / comprar los platos
Ojalá que María haya comprado los platos.

1. Juan / traer un mantel

_____

_____

2. Carolina y Marcos / hacer los bocadillos

_____

_____

3 Gustavo / acordarse de comprar refrescos

_____

_____

4. yo / poner las servilletas en la bolsa

_____

_____

5. Elena / envolver los dulces antes de ponerlos en la cesta

_____

_____

C. Tú vas al aeropuerto con tus padres. Sales para Puerto Rico donde vas a pasar dos semanas. Cuando llegas al aeropuerto las cosas no son como esperabas. Escribe frases completas usando *ojalá que* y el imperfecto de subjuntivo.

> **Modelo:** el equipaje / no pesar tanto
> *Ojalá que el equipaje no pesara tanto.*

1. no haber tanta gente

_____

2. el avión / salir a tiempo

_____

3. mis padres / quedarse conmigo por un rato

_____

4. yo / conseguir un asiento en la ventanilla

_____

5. nosotros / no llorar al despedirnos

_____

D. Matilde y Agustín están en el baile de fin de año. A ellos les gusta criticar mucho y nunca están satisfechos con nada. Usa las ideas entre paréntesis, *ojalá que* y el imperfecto de subjuntivo para expresar lo que ellos esperaban.

> **Modelo:** (la entrada / no ser tan cara)
> *Ojalá que la entrada no fuera tan cara.*

1. (haber / más personas)

_____

2. (no llover tanto)

_____

3. (ellos / servir la comida a tiempo)

_____

4. (Rita / poner mejor música)

_____

5. (nosotros / tener más decoraciones)

_____

6. (venir / chicos de otras escuelas)

_____

7. (Natalia / estar aquí)

_____

8. (alguien / traer más bocadillos)

_____

9. (yo / poder irme temprano)

_____

10. (nosotros / divertirnos)

_____

E. Algunos días han pasado después de la fiesta de fin de año. Tu amigo Braulio que no fue a la fiesta te pregunta cómo estuvo la fiesta. Usa las ideas del ejercicio anterior para expresar lo que te hubiera gustado que sucediera.

Modelo: _Ojalá que la entrada no hubiera sido tan cara._

1. _____

2. _____

3. _____

4. _____

5. _____

6. _____

7. _____

8. _____

9. _____

10. _____

The perfect conditional

The perfect conditional is formed with the conditional of the verb _haber_ plus the past participle of the verb.

Perfect Conditional Formation			
habría		habríamos	
habrías	+ _past participle_	habríais	+ _past participle_
habría		habrían	

trabajar	
habría trabajado	habríamos trabajado
habrías trabajado	habríais trabajado
habría trabajado	habrían trabajado

escoger	
habría escogido	habríamos escogido
habrías escogido	habríais escogido
habría escogido	habrían escogido

ir	
habría ido	habríamos ido
habrías ido	habríais ido
habría ido	habrían ido

Ejercicios

A. La semana pasada el tiempo cambió de repente. El pronóstico del tiempo decía que iba a hacer buen tiempo, pero vino una tormenta. Tus vecinos y tú no tomaron las precauciones que debían. Completa las siguientes frases con la forma correcta del verbo en el condicional perfecto y luego cámbialas según el sujeto entre paréntesis.

Si hubiéramos sabido (*If we had known*) que venía una tormenta…

1. …<u>yo</u> _____ (cerrar) todas las ventanas de la casa.

   (nosotros _____ ; Uds. _____ ; tú _____)

2. …<u>mi vecina</u> _____ (poner) las plantas dentro de la casa.

   (yo _____ ; mi primo _____ ; Uds. _____)

3. …<u>tú</u> _____ (desconectar) la computadora.

   (nosotros _____ ; ellas _____ ; yo _____)

B. Imagina que no hubiera habido clases esta semana. ¿Qué habrían hecho Uds.? Completa las frases con la forma correcta del verbo en el condicional perfecto y luego cámbialas según el sujeto entre paréntesis.

Si no hubiera habido clases esta semana…

1. …<u>yo</u> _____ (ir) a la playa.

   (Susana _____ ; Ud. _____ ; tú _____)

2. …<u>Natalia y Gabriel</u> _____ (visitar) varios museos.

   (nosotros _____ ; Uds. _____ ; yo _____)

3. …<u>tú</u> _____ (hacer) todo el trabajo atrasado para la escuela.

   (yo _____ ; Sandra _____ ; ellas _____)

4. ...<u>Mónica</u> _____ (escribir) un artículo para el periódico.

(tú _____ ; nosotras _____ ; Isidro _____)

5. ...<u>Gregorio y yo</u> _____ (volver) a ver la nueva película de Spielberg.

(tú _____ ; ellos _____ ; él _____)

The perfect conditional in contrary-to-fact sentences

The perfect conditional is used to express what would (or would not) have happened if something else had (or had not) happened. The pluperfect subjunctive is used in the if-clause of these contrary-to-fact sentences. Look carefully at the following sentences:

Si hubieran tenido el dinero, habrían ido al restaurante con nosotros.
If they had had the money, they would have gone to the restaurant with us.

Si hubiera comprendido el problema, lo habría resuelto.
If I had understood the problem, I would have solved it.

Ejercicios

A. ¿Qué habrían hecho tú o las siguientes personas en las siguientes situaciones? Completa las frases de una manera original usando los sujetos dados.

1. Si hubiera hecho buen tiempo...

yo _____

mis padres _____

mis amigos y yo _____

2. Si no hubiera habido clases hoy...

tú _____

nosotros _____

mi amigo(a) _____

3. Si los precios de los coches hubieran bajado...

yo _____

tú _____

mis amigos _____

4. Si el costo de vida no hubiera subido tanto…

la economía _____

los expertos _____

mis padres _____

5. Si los cursos del año pasado hubieran sido más interesantes…

yo _____

mi mejor amigo(a) _____

los profesores _____

B. Samuel y Joaquín acaban de regresar de un viaje que hicieron a México. Samuel habla con unos amigos que no fueron y les dice lo que hubieran hecho de una manera diferente. Completa las siguientes frases de una manera original.

1. Yo habría visitado las pirámides, si…

_____

_____

2. Nos habríamos quedado por un mes, si…

_____

_____

3. Mis compañeros habrían conocido a más gente, si…

_____

_____

4. Joaquín habría disfrutado más la comida, si…

_____

_____

5. Yo habría caminado más por las calles, si…

_____

_____

6. Nosotros habríamos viajado en el metro, si…

_____

_____

7. Yo habría pasado más tiempo en la playa, si…

_____

_____

8. Mis padres habrían ido con nosotros, si…

_____

_____

9. Joaquín habría comprendido a los mexicanos si…

_____

_____

10. Me habría quedado en casa de una familia si…

_____

_____

C. Adrián y Mercedes acaban de regresar de unas vacaciones en el Caribe. Tú piensas que ellos son muy valientes porque fueron solos. Completa las frases con lo que ellos dicen que ellos o Uds. habrían hecho en las siguientes situaciones.

1. Si nos hubiéramos perdido, nosotros…

_____

_____

2. Si yo hubiera conocido a una millonaria, yo…

_____

_____

3. Si hubiéramos tenido más dinero, nosotros…

_____

_____

4. Si tú hubieras venido con nosotros, tú…

_____

_____

5. Si Mercedes no hubiera decidido quedarse, ella…

_____

_____

6. Si hubiéramos pasado más tiempo en el sol, nosotros…

_____

_____

7. Si la familia que conocimos en la playa nos hubiera invitado a quedarnos en su casa, nosotros…

_____

_____

8. Si Uds. hubieran estado en nuestro lugar, Uds.…

_____

_____

Sequence of tenses: summary

The following chart summarizes the sequence of tenses when using the subjunctive:

Main verb in the indicative	Dependent verb in the subjunctive
present present perfect future command	present subjunctive *or* present perfect subjunctive

Insisto en que él termine el trabajo.
I insist that he finish the work.

Insisto en que él haya terminado el trabajo antes de salir.
I insist that he have finished the work before leaving.

Main verb in the indicative	Dependent verb in the subjunctive
imperfect preterite conditional pluperfect	imperfect subjunctive *or* pluperfect subjunctive

Insistí en que él terminara el trabajo.
I insisted that he finish the work.

Insistí en que él hubiera terminado el trabajo antes de salir.
I insisted that he have finished the work before leaving.

Remember that when there is no change in subject, the infinitive (and not the subjunctive) is used.

Insisto en terminar el trabajo.
I insist on finishing the work.

Insistí en terminar el trabajo.
I insisted on finishing the work.

Ejercicios de resumen

A. Muchas veces los adultos enojan mucho a los jóvenes porque actúan de una manera un poco irracional. En tu opinión, ¿cómo actúan las siguientes personas de vez en cuando? Usa *como si* en tus respuestas.

> **Modelo:** el conductor del tren
> *Muchas veces el conductor del tren habla como si fuéramos sordos* (deaf).

1. mi padre

_____

2. mis maestros

_____

3. los amigos de mis padres

_____

4. mi madre

_____

5. mi doctor

_____

6. el (la) director(a) de mi escuela

_____

B. Santiago y Lucía tuvieron que escribir un párrafo cada uno para su clase de español. Ellos terminaron pero dejaron algunos verbos sin conjugar. Completa los párrafos que ellos escribieron con la forma correcta del verbo en el presente de subjuntivo o el imperfecto de subjuntivo. Luego, léelos de nuevo y trata de explicar por qué usaste ese tiempo.

1. Todas las mañanas mi mamá insiste en que yo _____ ᵃ (estudiar) mucho. Últimamente me ha pedido que _____ ᵇ (leer) todos los libros que tengo en mi cuarto. Si yo tengo hijos en el futuro, yo les voy a decir a ellos que _____ ᶜ (hacer) lo mismo. La educación, y principalmente la lectura, es muy importante. Aconséjales a todos tus amigos que ellos _____ ᵈ (aprovecharse) de una buena educación si quieren ser felices.

2. Cuando me levanté, temí que mi hermano y yo no _____ ᵉ (poder) tomar el examen que teníamos a primera hora. Yo temía que el autobús no _____ ᶠ (llegar) a tiempo. Esa clase es la más importante de mi programa. No me gustaría que las universidades _____ ᵍ (ver) una nota baja en una de las clases más importantes. Mis padres siempre habían temido que los profesores no _____ ʰ (tener) ninguna consideración porque yo vivo muy lejos de la escuela.

C. Ezequiel y Micaela hablan sobre los planes de Ezequiel. Él quiere estudiar para enfermero y Micaela le hace algunas preguntas y le da algunos consejos. Completa la conversación con la forma correcta del verbo en el presente de subjuntivo o el imperfecto de subjuntivo. ¡OJO! En algunos casos vas a necesitar el infinitivo.

—En la universidad me gustaría _____ [1] (estudiar) para enfermero.

—¿Te exigen que _____ [2] (estudiar) muchos cursos de ciencia?

—Sí, es importante que yo _____ [3] (terminar) algunos cursos en la escuela secundaria. Siento no _____ [4] (haber) empezado los cursos antes. Creo que la mayoría de las universidades requieren que _____ [5] (llegar [nosotros]) de la escuela secundaria con una base fuerte.

—¿Qué te aconsejó la jefa del departamento de ciencias?

—Ella me recomendó que _____ [6] (escoger) por lo menos dos cursos de biología este semestre. Yo había dudado que _____ [7] (ofrecer [ellos]) dos cursos. Sería mejor que yo _____ [8] (dejar) los cursos de química para el último año.

—Patricio, el hermano de Eva estudió para ser enfermero también. Estoy segura que tú te vas a _____ [9] (beneficiar) mucho si hablas con él. Te recomiendo que _____ [10] (discutir) tus planes con él.

D. Tus amigos y tú han sido invitados a una fiesta este fin de semana. Nadie quiere ir y todos desean que algo suceda para no tener que ir. Usa *ojalá que* y el presente de subjuntivo para expresar los deseos.

1. llover mucho

_____

2. romperse el coche de Fermín

_____

3. ellos / cancelar la fiesta

_____

4. nuestros padres / no nos permitir ir

_____

5. nosotros /tener que estudiar

_____

6. haber problemas en el metro

_____

E. Brígida salió corriendo de la escuela porque esta tarde tenía un concurso de piano. Tú estás preocupado(a) porque quieres que ella tenga éxito. Usa la expresión *ojalá que* y el perfecto de subjuntivo para expresar tus deseos.

1. ella / llegar a tiempo

   _____

2. los otros estudiantes / no tocar tan bien como ella

   _____

3. el jurado / reconocer sus habilidades

   _____

4. el autobús / no romperse

   _____

5. nosotros / demostrar que estamos orgullosos de ella

   _____

6. ella / ganar el primer premio

   _____

F. Concepción quiere ir a un concierto de su grupo favorito pero todo parece estar en contra de (*against*) ella. Usa la expresión *ojalá que* y el imperfecto de subjuntivo para expresar lo que ella desea.

1. mis padres / permitirme ir

   _____

2. yo / tener dinero

   _____

3. tú / prestarme el dinero

   _____

4. nosotros / conseguir billetes

   _____

5. haber billetes en la primera fila

   _____

6. mi novio / invitarme

   _____

G. Cuando llegas a Puerto Rico te das cuenta de que no planeaste el viaje tan bien como habías pensado. Escribe frases completas usando *ojalá que* y el pluscuamperfecto de subjuntivo.

1. yo / traer más ropa

_____

2. mis padres / escribir el nombre de varios restaurantes

_____

3. el agente de viajes / pedir un cuarto con balcón

_____

4. mis amigos / venir conmigo

_____

5. yo / no dejar la cámara de vídeo

_____

H. En Guatemala, Delia, una periodista, habla con uno de los arqueólogos que está trabajando en una excavación. Ellos hablan sobre la civilización que probablemente existió allí. Completa las siguientes frases de una manera original usando los conocimientos que tú tienes sobre otras civilizaciones. Usa el imperfecto de subjuntivo en tus respuestas.

1. Muchos de los objetos eran de oro. Era probable que los habitantes…

_____

2. Aquí hay varias tumbas. Ellos querían que sus familiares…

_____

3. Estas columnas parecen ser parte de un templo. Podría ser que…

_____

4. No pudimos encontrar evidencia de ninguna guerra. Antes de investigar este aspecto habíamos dudado que…

_____

5. Ésta es la momia de un rey o reina. Era una persona muy importante y rica. No habíamos pensado que esta persona…

_____

6. No hay evidencia de objetos religiosos. Mis colegas dudaron que…

_____

7. Todavía tenemos que excavar en tres lugares diferentes. El director de la excavación sugirió que…

_____

8. Antes de este descubrimiento nadie había encontrado ninguna evidencia de civilizaciones antiguas. El día del descubrimiento todos estábamos orgullosos de que nuestro grupo...

_____

I. Responde a las siguientes preguntas según tu experiencia personal.

1. Si hubieras podido salir anoche, ¿a dónde habrías ido?

_____

2. Si hubieras tenido la oportunidad de seleccionar un lugar para tus últimas vacaciones, ¿qué lugar habrías escogido?

_____

3. Si hubieras tenido veinte mil dólares el año pasado, ¿qué habrías hecho?

_____

4. Si hubieras presenciado un accidente en la calle, ¿qué le habrías dicho a la policía?

_____

5. Si no hubieras dormido bien anoche, ¿qué habrías hecho hoy?

_____

Resumen de la unidad

Ejercicios creativos para escribir y para conversar

Los siguientes ejercicios van a ayudarte a poner en práctica los conceptos de esta unidad. Es buena idea que uses el espacio después de cada ejercicio para hacer apuntes (listas de palabras, expresiones, etc.) que te ayuden a expresar las ideas. Debes escribir la versión final de los ejercicios para escribir en tu cuaderno.

A. Imagina que tienes la oportunidad de expresar tus deseos para el futuro. ¿Cómo te gustaría que fueran las siguientes cosas en el siglo XXII? Usa las siguientes expresiones en tus respuestas:

> me alegraría
>
> me gustaría
>
> ojalá que
>
> sería maravilloso
>
> sería preciso

En el siglo XXII...

1. los autobuses

_____

_____

2. los coches

_____

_____

3. los teléfonos

_____

_____

4. las casas

_____

_____

5. la escuela

_____

_____

6. la ropa

_____

_____

7. la música

_____

_____

8. el mundo

_____

_____

B. Un nuevo presidente ha sido elegido. Todos tienen muchas esperanzas. Usa las expresiones _ojalá que, como si, es posible, sugerir, alegrarse_ u otras que desees para expresar tus esperanzas y las esperanzas de otros en tu comunidad.

_____

_____

_____

_____

_____

_____

_____

_____

_____

_____

C. Imagina que pudieras cambiar el pasado. ¿Qué habrías hecho? Escribe un párrafo expresando lo que habrías hecho y explica por qué.

Modelo: Si hubiera podido cambiar el pasado yo habría nacido en España. Sería maravilloso que mis padres fueran miembros de la familia real porque siempre me ha gustado la monarquía...

_____

_____

_____

_____

_____

_____

D. Encuesta. Tu escuela tiene un concurso para seleccionar al estudiante más dedicado a resolver los problemas de tu comunidad.

1. Escribe cinco preguntas que le harías a los candidatos.

2. Luego, usa las preguntas para entrevistar a dos de tus compañeros de clase.

3. Finalmente, escribe un párrafo resumiendo las respuestas que recibiste de los dos estudiantes.

Modelo: _Si pudieras ayudar a los pobres, ¿qué harías?_
Otros temas posibles:
el ambiente
el crimen
la educación
el precio de la comida
las viviendas, etc.

PREGUNTAS:

1. _____

2. _____

3. _____

4. _____

5. _____

_____

_____

_____

_____

_____

_____

_____

E. Quieres saber si tus compañeros de clase están de acuerdo con tus ideas sobre el futuro. Usa las ideas que expresaste en el ejercicio A para compartir tus ideas sobre los siguientes temas con un(a) compañero(a) de clase.

Temas: los teléfonos
la música
los coches
la ropa

Usando los dos primeros temas, pregúntale si él/ella está de acuerdo o no está de acuerdo contigo y cómo él/ella se sentiría si lo que tú expresaste fuera realidad.

Modelo: Me gustaría que los teléfonos tuvieran una pantalla para ver a la persona con quien se habla.

¿Te gustaría esta idea? ¿Qué harías si no quisieras que la otra persona te viera?

Si los teléfonos tuvieran una pantalla, ¿cuánto costaría llamar a una persona en Sudamérica?

¿Valdrían mucho estos teléfonos?, etc.

Luego, tu compañero(a) va a decirte lo que él/ella piensa sobre los dos últimos temas y tú podrás decirle si estás de acuerdo con él/ella o no y cómo te sentirías si lo que él/ella expresó fuera realidad.

_____

_____

_____

_____

_____

_____

_____

_____

_____

_____

_____

_____

_____

_____

_____

_____

_____

_____

_____

F. Siempre podemos aprender de nuestros errores. Entrevista a un(a) compañero(a) de clase sobre algo que él o ella hizo en el pasado y que considera un error. Luego, trata de averiguar lo que él o ella hubiera hecho diferente. Finalmente, dale un consejo.

Modelo:

Tú:	*¿Qué hiciste que enojó a tus padres?*
Él/Ella:	*Llegué tarde a casa.*
Tú:	*¿Qué habrías hecho diferente?*
Él/Ella:	*Si hubiera llamado a mi madre, no se habría enojado tanto.*
Tú:	*Te aconsejo que llames por teléfono.*

_____

_____

_____

_____

_____

G. Entrevista a un(a) compañero(a) de clase sobre lo que él o ella haría en ciertas situaciones. Aquí tienes algunas ideas, pero tú tienes que hacerle por lo menos ocho preguntas.

- un actor o una actriz famoso(a) le pide una cita

- la/lo invitan a jugar con los Dallas Cowboys

- le permiten viajar en el transbordador espacial *Discovery*

- lo/la hacen director(a) de la escuela por una semana

_____

_____

_____

_____

_____

Unit 10

For a review of the formation and uses of the imperfect subjunctive, pluperfect subjunctive, conditional, and the perfect conditional, visit http://www.phschool.com. Once you get to the Foreign Languages section, follow the instructions on the Web page.

Unit 10 Table of Contents

Objectives

In this unit you will be able to:
- Talk about the future
- Express what happens or will happen under certain conditions
- Speculate and wonder about the present and future
- Refer to people and things already mentioned
- Express negation (presence and absence of people and things)

The following grammar points will help you accomplish these objectives:

Forming the future tense

The future of regular verbs of all three conjugations is formed by adding the following endings to the infinitive:

Future Tense Endings

-é	-emos
-ás	-éis
-á	-án

hablar		**comer**		**abrir**	
hablar**é**	hablar**emos**	comer**é**	comer**emos**	abrir**é**	abrir**emos**
hablar**ás**	hablar**éis**	comer**ás**	comer**éis**	abrir**ás**	abrir**éis**
hablar**á**	hablar**án**	comer**á**	comer**án**	abrir**á**	abrir**án**

The future tense is often translated into English as *shall* or *will* and expresses future actions or conditions.

> **Iré al cine con Uds. Estaré lista a las dos.**
> *I will go to the movies with you. I shall be ready at two.*

The future tense is always stressed on the ending. Because of this, verbs that have a written accent on the infinitive lose that accent when the infinitive becomes the stem of the future.

For example, the verb *reír*, which has the written accent on the *i* in the infinitive, has the following future forms:

reír

reir**é**	reir**emos**
reir**ás**	reir**éis**
reir**á**	reir**án**

Other verbs that follow this pattern are:

sonreír

oír

Now look again at the endings used to form the future tense. Have you seen this set of endings anywhere before?

The endings used to form the future tense for all three conjugations are the same as those used to form the present tense of the auxiliary verb *haber*:

haber: Present Tense Forms

he	hemos
has	habéis
ha	han

The future of *hay* (there is, there are) is *habrá* (there will be).

The stem used for the future tense of regular verbs, as we saw above, is the infinitive form of the verb being conjugated. You may recall that this is the same stem that is used to form the conditional of regular verbs.

For irregular verbs, the future and the conditional also use the same stems. Complete as many of the stems in the following table as you can, and then check your answers by looking at the table of irregular stems for the conditional on page 329. Then write in the future tense for the subject shown in the last column.

Future Conjugations with Irregular Stems

Infinitive	Irregular Stem	Uniform Endings		
haber	_____		ellas	_____
poder	_____		Ud.	_____
querer	_____		nosotros	_____
saber	_____	-é	ella	_____
poner	_____	-ás	Uds.	_____
salir	_____	-á	tú	_____
tener	_____	-emos	nosotras	_____
valer	_____	-éis	el cuadro	_____
venir	_____	-án	vosotros	_____
decir	_____		ellos	_____
hacer	_____		yo	_____
caber	_____		él	_____

Ejercicio

Ignacio y sus amigos quieren participar en un programa de intercambio. Ellos llaman a una agencia que se dedica a estos programas y le hacen varias preguntas al consejero. Completa la conversación con la forma correcta del verbo en el futuro.

—¿A qué países _____¹ (poder [nosotros]) ir?

—Uds. _____² (poder) escoger entre Argentina, Uruguay y Chile.

—¿Dónde _____³ (vivir) nosotros?

—_____4 (Vivir [Uds.]) con familias o en los dormitorios de la universidad.

—¿Hay posibilidades de asistir a clases?

—Sí, _____5 (haber) muchas opciones. Uds. _____6 (tener) clases por las mañanas y por las tardes _____7 (salir) a visitar varios lugares de interés.

—¿_____8 (Hacer) mucho calor durante el verano?

—No. La temperatura se mantiene muy fresca.

—¿Cuánto _____9 (valer) el viaje por avión?

—El viaje _____10 (valer) menos de mil dólares. Todo depende del mes en que Uds. quieran salir.

—¿_____11 (Saber [nosotros]) el nombre de la ciudad donde _____12 (quedarse)?

—Yo se lo _____13 (decir) un mes antes de la salida.

—¿Podrían Uds. enviarme más información por correo?

—Por supuesto. También yo _____14 (hablar) con mi jefe y le _____15 (decir) que hay algunos estudiantes interesados en el programa. Si Uds. quieren, nosotros _____16 (ir) a su escuela y les _____17 (poder) explicar el programa.

—¡Excelente! Yo _____18 (poner) un anuncio en el periódico de la escuela anunciando que Uds. _____19 (venir) a una de las reuniones del club de intercambio.

—De acuerdo. Muchas gracias y hasta la próxima.

—Hasta pronto.

The future (and other indicative tenses) in conditional sentences

In Unit 9 you reviewed the use of the past subjunctive and the conditional tenses in contrary-to-fact conditions. For example:

Si mi padre estuviera en casa, contestaría el teléfono.
If my father were at home (but he is not), he would answer the phone.
Si mi padre me prestara su teléfono celular, lo llamaría.
If my father were to lend me his cellular phone (but it is unlikely that he will), I would call him.

Remember that in this type of condition, the *if* clause states something that is not a fact (i.e, *my father is not at home*) or is unlikely to become a fact in the future (i.e., *my father is unlikely to lend me his cellular phone*). This is why they are called contrary-to-fact conditions.

Now look at the following examples of conditions which are *not* contrary to fact:

> **Si mi padre está en casa, contesta el teléfono.**
> *If my father is at home (he may or may not be), he answers the phone.*

> **Si mi padre me presta su teléfono celular, lo llamaré.**
> *If my father lends me his cellular phone (and it is likely that he will), I will call him.*

Both of the examples above express the assumption that if certain conditions take place (e.g., *my father is at home*) there is, or will be, a certain result (e.g., *he answers the phone*).

In conditional sentences which do not indicate that the statement is untrue or that is is likely to be untrue in the future, both English and Spanish use the indicative mood.

When used in conditions, the past tenses of the indicative follow the rules you have learned about the imperfect and the preterite tense.

> **Si le gustó la película, me la recomendará.**
> *If he liked the film, he will recommend it to me.*

> **Si estaba en casa, fue con ellos.**
> *If he was at home, he went with them.*

Ejercicios

A. ¿Qué haces durante el verano? Completa las frases explicando lo que haces en las siguientes situaciones.

> **Modelo:** *Si me levanto temprano, doy un paseo por el parque.*

1. Si hace buen tiempo, yo…

_____

2. Si hace mal tiempo, mis amigos y yo…

_____

3. Si mis amigos están ocupados, yo…

_____

4. Si estoy aburrido(a), mis amigos…

_____

5. Si mis amigos y yo tenemos un trabajo durante el verano, nosotros…

_____

6. Si tengo muchos libros que no he leído durante el año, yo…

_____

B. Agustín se conoce muy bien, también conoce a sus padres y a sus amigos muy bien. Sabe que si él hace ciertas cosas, las otras personas reaccionan de cierta manera. Completa las siguientes frases. Recuerda que debes usar el presente o el futuro para expresar el resultado de las acciones.

1. Si ofrezco estudiar con ella, Celia…

_____

2. Si salgo con mis amigos durante la semana, mis padres…

_____

3. Si no llego a clase a tiempo, la profesora…

_____

4. Si organizo mi tiempo bien, yo…

_____

5. Si ayudo a mis amigos, ellos…

_____

6. Si discuto mi progreso con los profesores, ellos…

_____

7. Si me prometes ayudarme, tú…

_____

8. Si estudio regularmente, yo…

_____

C. Lorenzo ha decidido comprarse una bicicleta este verano. Si ciertas condiciones se cumplen (_are fulfilled_), él hará ciertas cosas que le permitirán comprar su bicicleta. Completa las siguientes frases con la forma correcta del futuro.

1. Si consigo un trabajo, yo _____ (ahorrar) el dinero.

2. Si no consigo un trabajo, les _____ (pedir) el dinero a mis padres.

3. Si mis padres no me prestan el dinero, le _____ (cuidar) los hijos a mi hermana.

4. Si mi hermana está de buen humor, ella me _____ (dar) el dinero.

5. Si cuido a mis sobrinos, _____ (tener) que despertarme muy temprano para llevarlos a la escuela.

6. Si les lavo el coche a mis padres, _____ (poder) ganar algún dinero también.

7. Si todo sale bien, _____ (ser) fácil obtener el dinero que necesito.

8. Si compro la bicicleta al principio del otoño, no _____ (valer) tanto.

9. Si no cabe en mi cuarto, _____ (caber) en el garaje.

10. Si compro la bicicleta, yo _____ (estar) muy contento.

Using the future to express wonder and probability

The future tense is often used:

1. in a question, to wonder about the present or the future.

   ¿Llegará el tren a tiempo?
   I wonder whether the train will arrive on time.

2. in a statement to express a conjecture or guess about the present.

   José tendrá quince años.
   José is probably fifteen years old.

Remember that in Unit 9 you reviewed the use of the conditional to express conjectures about the <u>past</u> and to wonder about the <u>past</u>.

   ¿Compraría Teresa una computadora?
   I wonder whether Teresa bought a computer.

Ejercicios

A. La semana próxima Alejandro y sus amigos van a visitar una universidad que les interesa mucho. Él está un poco ansioso y se pregunta si todo saldrá bien. Usa la información para escribir las preguntas que Alejandro se hace.

   Modelo: conocer / nosotros / a muchos estudiantes
   　　　　　¿Conoceremos a muchos estudiantes?

1. caber / todos nosotros / en el coche

   _____

2. tardar / nosotros / mucho en llegar

   _____

3. tener / nosotros / la oportunidad de visitar clases

   _____

4. haber / un equipo de fútbol en esta universidad

   _____

5. recibir / yo / el catálogo de cursos

   _____

6. dónde / almorzar / yo

_____

7. tener una entrevista / yo / con un representante de la universidad

_____

8. salir / yo / bien en la entrevista

_____

B. Tu familia y tú están mirando fotos de hace algunos años. Cada vez que miras una foto haces un comentario o una pregunta. Alguien te responde con una posibilidad. Usa la información entre paréntesis y el futuro para expresar probabilidad.

1. Patricia está muy joven en esta foto. (tener quince años)

_____

_____

2. ¡Qué vestido tan feo lleva Carola! (gustarle los colores vivos)

_____

_____

3. ¿En qué país están en esta foto? (ser Bolivia)

_____

_____

4. ¿Qué hace Julio aquí? (hablar con el guía)

_____

_____

5. Y...¿qué es eso en las montañas? (ser nieve)

_____

_____

6. ¡Qué raro que papá lleve un suéter! (tener frío)

_____

_____

7. Y en esta foto, papá parece triste. (estar enfermo)

_____

_____

8. A ese hombre no lo conozco. (trabajar en el hotel)

_____

_____

Ejercicios de resumen

A. Relaciones personales. Ahora puedes hablar de cómo reaccionarás en ciertos aspectos de tu relación con un chico o chica que te gusta mucho. ¿Qué harás en las siguientes situaciones? Completa las frases de una manera original usando el futuro.

1. Si conozco a un(a) chico(a) que me gusta mucho…

_____

2. Si quiero salir con él/ella…

_____

3. Si me entero (*find out*) de que ya tiene un(a) novio(a)…

_____

4. Si no me quiere dar su número de teléfono…

_____

5. Si no muestra interés en mí…

_____

6. Si muestra interés en mí…

_____

7. Si mis amigos se dan cuenta de que estoy enamorado(a)…

_____

8. Si llegamos a ser novios…

_____

B. Tus padres no te permiten salir con uno(a) de tus nuevos amigos porque no lo (la) conocen muy bien. Tú tratas de convencerlos explicando lo que tú harás si te permiten salir con él/ella. Completa las frases a continuación de una manera lógica.

> **Modelo:** Si Uds. quieren, yo…
> *Si Uds. quieren, yo se lo (la) presentaré a Uds.*

1. Si Uds. van a estar preocupados, yo…

_____

2. Si nosotros nos retrasamos (*are delayed*), nosotros…

_____

3. Si Uds. quieren conocer a mi amigo(a), él/ella…

_____

4. Si Uds. piensan que él/ella no es respetuoso(a), Uds.…

_____

5. Si yo no sigo sus reglas esta vez, yo…

_____

6. Si hay algún problema, nosotros…

_____

C. Puedes predecir la reacción de muchos de tus amigos. Completa las siguientes frases según tu experiencia personal con tus amigos.

  Modelo: Si están enojados con sus padres, mis amigos…
    Si están enojados con sus padres, mis amigos hablan con ellos.

1. Si uno de mis amigos se comporta de una manera antipática, nosotros…

_____

_____

2. Si mis amigos están muy preocupados por sus clases, ellos…

_____

_____

3. Si los padres de mis amigos les prohíben salir, ellos…

_____

_____

4. Si nosotros no podemos reunirnos después de las clases, nosotros…

_____

_____

5. Si ellos no aprueban (_pass_) los exámenes, ellos…

_____

_____

6. Si mis amigos y yo vamos a una fiesta juntos, nosotros…

_____

_____

7. Si uno de mis amigos no tiene dinero para salir a cenar, él/ella…

_____

_____

8. Si no los invito a salir durante el fin de semana, ellos…

_____

_____

D. Ahora usa las frases del ejercicio anterior para preguntarles a tus amigos si es verdad lo que tú predijiste y escribe una frase explicando si lo que predijiste resultó ser verdad o no.

> **Modelo:** Si Uds. estuvieran enojados con sus padres, ¿qué harían?
>
> *Es verdad. Si mis amigos estuvieran enojados con sus padres, ellos hablarían con ellos.*
>
> o
>
> *No es verdad. Si mis amigos estuvieran enojados con sus padres, ellos no hablarían con ellos.*

1. _____
2. _____
3. _____
4. _____
5. _____
6. _____
7. _____
8. _____

¿Te equivocaste mucho en tus predicciones?

E. Uno de tus vecinos ha desaparecido. Hacía varios días que él/ella actuaba de manera un poco rara y hoy te dicen que nadie puede encontrarlo(la). ¿Qué pasará? (*What could be happening?*). Usa el futuro de seis de los verbos a continuación para escribir seis preguntas que harías.

> **Modelo:** encontrar
> *¿Lo encontrarán pronto?*

decir	poder
estar	saber
haber	salir
hacer	ser
huir	tener

1. _____
2. _____
3. _____
4. _____
5. _____
6. _____

F. Imagina que te encuentras en las siguientes situaciones. ¿Cómo reaccionarás? Usa el futuro de los verbos entre paréntesis para escribir las preguntas que te harás.

Modelo: Cuando llegas a la esquina, el autobús escolar ya salió. (llegar)
¿Llegaré tarde?

1. Alguien toca a la puerta. (ser)

_____

2. Ves un cuadro que te gusta mucho y quieres comprarlo. (valer)

_____

3. El cielo está nublado y hace mucho viento. (llover)

_____

4. Te levantas para ir a la escuela. Ha nevado mucho y las calles están muy peligrosas. (haber)

_____

5. Asistes a una conferencia. Es muy aburrida y ya hace dos horas que el señor habla. (terminar)

_____

6. La profesora le hace una pregunta a una de tus compañeras. Ella parece muy nerviosa. (saber)

_____

7. Tu mejor amigo, José, ha estado enfermo y esta tarde tus hermanos van a dar una fiesta. (venir)

_____

8. La madre de uno de tus amigos va a hacer el examen de conducir hoy. Tú la has ayudado pero no sabes cómo va a salir. (salir)

_____

G. Tú y algunos de tus amigos van a una reunión en otra ciudad. Ellos tienen muchas preguntas y tú tienes pocas respuestas. Lee las siguientes preguntas que te hacen, luego escribe una frase usando *quién sabe…* y el futuro.

Modelo: ¿Cuánto vale el billete?
¡Quién sabe cuánto valdrá el billete!

1. ¿Cuándo llega el tren?

_____

2. ¿A qué hora llegamos a San Juan Capistrano?

_____

3. ¿Quién nos espera en la estación?

_____

4. ¿A dónde vamos después de llegar?

_____

5. ¿Quiénes se reúnen con nosotros por la mañana?

_____

6. ¿Qué tenemos que discutir?

_____

7. ¿Qué hacen después de la reunión?

_____

8. ¿Cuándo regresan las otras personas a casa?

_____

Negative and Affirmative Words and Expressions

Negative and affirmative words

The most common Spanish negative is *no*. In order to make a sentence negative, *no* is regularly placed either before the verb that it negates or, in compound tenses and the progressive forms of tenses, before the auxiliary.

Ana Luisa no tiene televisor.
Ana Luisa does not have a TV set.

No ha visto el programa.
She has not seen the program.

Genaro y Sandra no están escuchando.
Genaro and Sandra are not listening.

When a verb is preceded by one or more object pronouns, the pronouns are placed between the *no* and the verb.

Jacinto no me lo compró.
Jacinto did not buy it for me.

Other affirmative and negative words are:

Affirmative	Negative
algo *something, anything*	nada *nothing, not anything*
alguien *someone, somebody, anyone, anybody*	nadie *no one, nobody, not anyone, not anybody*
alguno(a) *some, someone, any*	ninguno(a) *no, no one, none, not any, not anybody*
algunos(as) *some, any, several*	
siempre *always*	nunca *never, not ever*
	jamás *never, not ever*
también *also, too*	tampoco *neither, not either*
o *or*	ni *neither, nor, not either*
o... o... *either... or...*	ni... ni... *neither... nor...*

Here are some things to keep in mind when using these affirmative or negative words:

• The personal *a* is required when *alguien* or *nadie* is the direct object of the verb.

—**¿Conociste a alguien? —No, no conocí a nadie.**
—*Did you meet anyone? —No, I did not meet anyone.*

- *Ninguno(a)* is used only in the singular form.

  —¿Viste algunas películas? —No, no vi ninguna.
  —*Did you see any films? —No, I didn't see any.*

- When used in front of a masculine singular noun, *alguno* and *ninguno* are shortened to *algún* and *ningún*.

  —¿Tienes algún enemigo? —No, no tengo ninguno.
  —*Do you have any enemy? —No, I do not have any.*

- The personal *a* is required when any form of *alguno* or *ninguno* refers to a person and is the direct object of a verb.

  —¿Conociste a alguno de los primos de Ana? —No, no conocí a ninguno de ellos.
  —*Did you meet any of Ana's cousins? —No, I did not meet any of them.*

- If *no* or another negative word precedes the verb, all following words that have affirmative and negative forms must be used in their negative form.

  No he visto ninguna película.
  I have not seen any film.

  Nunca voy a ningún cine de la ciudad con nadie.
  I never go to any theater in the city with anyone.

- Both *nunca* and *jamás* mean *never*, but *jamás* is more emphatic. When used in a question, both *jamás* and *nunca* mean *ever*, and their use implies that a negative answer is expected.

  —¿Has visto jamás a un bebé más dulce? —No, nunca (jamás).
  —*Have you ever seen a sweeter baby? —No, never. (not ever)*

- In the same way that *también* is used to express agreement with an affirmative sentence, *tampoco* is used to express agreement with a negative sentence.

  Elena practica el piano todos los días. Yo también (practico…).
  Elena practices the piano every day. I do too.

  Alejandro nunca hace ejercicios. Yo tampoco (hago ejercicios).
  Alejandro never exercises. I don't (exercise) either.

- The negatives *nadie, nada, ninguno, nunca,* and *jamás* are used:

a. after *que* in comparisons.

  Elena habla más que nadie.
  Elena talks more than anyone.

  José y Marta bailaron mejor que nunca.
  José and Marta danced better than ever.

b. after the prepositions *sin* (without) and *antes de* (before).

  Salí sin nada.
  I left without anything.

  Antes de hacer nada, habla con tus amigos.
  Before doing anything, talk to your friends.

Ejercicios

A. Armando y Matilde hablan sobre la reunión a la que asistió Matilde. Completa la conversación con la palabra entre paréntesis.

—¿Fuiste a la reunión _____¹ (*either*) con Juan _____² (*or*) con Cristóbal?

—No, no fui _____³ (*neither*) con Juan_____⁴ (*nor*) con Cristóbal.

—Pero... ¿Conocías a _____⁵ (*someone*) allí?

—No, no conocía a _____⁶ (*nobody*).

—_____⁷ (*Always*) has sido muy independiente.

—No, no _____⁸ (*always*), pero _____⁹ (*never*) me gusta pedirle favores a _____¹⁰ (*no one*).

—Y... ¿qué hiciste después de la reunión?

—_____¹¹ (*Nothing*) de particular. Fui a la recepción que hubo después.

—¿Fuiste sola _____¹² (*also*)?

—Claro. No conocía a _____¹³ (*no one*) allí _____¹⁴ (*neither*).

—Bueno, pero estoy seguro de que hablaste con _____¹⁵ (*some*) de los participantes.

—Al principio no hablé con _____¹⁶ (*no one*) pero después _____¹⁷ (*something*) estupendo ocurrió. _____¹⁸ (*Someone*) me presentó a varios chicos y nos divertimos mucho.

—¡Qué bien! Me alegro de que lo hayas pasado bien.

B. Contesta a las siguientes preguntas en forma negativa. Usa *nada, nadie, ninguno,* etc. en tus respuestas.

1. ¿Qué haces los fines de semana?

   _____

2. Tus amigos, ¿participan en alguna actividad especial también?

   _____

3. ¿Visitas a alguien?

   _____

4. ¿Te quedas en casa siempre?

   _____

5. ¿Haces algo con tus amigos?

   _____

6. ¿Encuentras a algunos de tus amigos en su casa cuando los llamas por teléfono?

   _____

7. ¿Hay mucha gente en tu casa?

_____

8. ¿Vienen algunos de tus amigos a visitarte?

_____

9. ¿Hubo alguna actividad especial el fin de semana pasado?

_____

10. ¿Qué prefieres hacer, quedarte en la cama todo el día o salir a dar un paseo?

_____

C. Hortensia está un poco negativa hoy. No quiere estar en la clase de música y cada vez que le hacen una pregunta responde en forma negativa. Responde a las preguntas en el negativo como si fueras Hortensia. Trata de usar varias palabras negativas en cada frase.

1. ¿Sabes bailar algún baile moderno?

_____

2. ¿Te gustan algunos de los bailes étnicos?

_____

3. ¿Conoces a alguien en la compañía de baile?

_____

4. ¿Salen tus amigos y tú a bailar siempre?

_____

5. ¿Qué baile te gusta más, el tango o el merengue?

_____

6. ¿Te gusta cantar también?

_____

D. ¡Qué negativo! Tu amigo Leonardo está muy negativo hoy. Expresa las siguientes ideas en español para que el nuevo estudiante de intercambio comprenda lo que dice Leonardo.

1. You will never find it.

_____

2. I don't understand it either.

_____

3. No one is coming to the meeting.

_____

4. I never run better than anyone.

_____

5. My grades in mathematics are worse than my grades in English.

_____

_____

Some affirmative and negative expressions

Affirmative expressions		Negative expressions	
en alguna parte	*somewhere*	en ninguna parte	*nowhere*
de alguna manera	*somehow*	de ninguna manera	*(in) no way*
		ni siquiera	*not even*
		ya no	*no longer*
		todavía no	*not yet*
		no... todavía	*not... yet*

¿Has comido? Todavía no (he comido).
Have you eaten? Not yet.

Ejercicio

Celeste habla con Jaime sobre su relación con Diego. Ellos eran novios pero ahora las cosas no andan muy bien. Responde a las preguntas usando la información en inglés.

1. ¿Has visto a Diego en alguna parte? (*nowhere*)

_____

_____

2. Tienes que hablarle de alguna manera. (*no way*)

_____

_____

3. ¿Todavía lo quieres? (*no longer*)

_____

_____

4. ¿Le has dicho que no quieres volver a verlo? (*not yet*)

_____

_____

5. Estoy seguro de que te ha llamado por teléfono. (*not even once*)

_____

_____

pero, sino, sino que

Both *pero* and *sino* can be translated into English as *but*. However, they are not interchangeable.

Pero generally means *but nevertheless*.

> **No me gusta estudiar pero estudio mucho.**
> *I do not like to study, but (nevertheless) I study a lot.*

Sino is used to contradict a preceding negative statement. It is equivalent to the English *but rather* or *but on the contrary*.

> **Julio no estudia física sino química.**
> *Julio does not study physics but (rather he studies) chemistry.*

> **La señora Casanova no es pobre sino rica.**
> *Mrs. Casanova is not poor but (on the contrary she is) rich.*

Note that *sino* is used to contrast equivalent parts of speech (e.g., two nouns, *física/química*, two adjectives, *pobre/rica*, etc.)

If clauses containing different conjugated verbs are contrasted, then *sino que* is used.

> **No se conformó con un sándwich sino que se comió dos.**
> *He was not content with one sandwich but (rather) he ate two.*

Ejercicios

A. Pilar está tratando de adivinar ciertas cosas sobre su amigo Teodoro. Cada vez que dice algo, Teodoro le responde que no es verdad y le dice la verdad. Usa el modelo como guía.

> **Modelo:** ¿Eres indiscreto?
> *No, no soy indiscreto sino discreto.* o
> *No, no soy indiscreto sino que guardo todos los secretos.* o
> *No, no soy indiscreto pero a veces hablo demasiado.*

1. ¿Te gustan las comedias en la televisión?

   _____

   _____

2. Eres aficionado a los deportes, ¿verdad?

   _____

   _____

3. ¿Siempre estás contento?

_____

_____

4. ¿Ayudas a tus amigos con sus tareas?

_____

_____

5. ¿Prefieres a las chicas morenas?

_____

_____

6. ¿Vas mucho a los conciertos?

_____

_____

7. ¿Lees muchas novelas de ciencia ficción?

_____

_____

8. Estoy segura de que eres muy romántico, ¿no?

_____

_____

B. Lee el siguiente párrafo sobre los planes que tenía Diego para ir de vacaciones. Las cosas no salieron como él quería. Completa lo que dice con _pero, sino_ o _sino que_.

Yo quería ir de vacaciones _____1 no pude. El agente de viajes me dijo que

no fuera a México _____2 a Brasil. Mis padres no querían que me sentara

en la playa todo el día _____3 aprendiera y practicara el español.

Hice varias llamadas al agente _____4 él no pudo encontrar ningún hotel

en Puebla. Tampoco había hoteles buenos en ninguno de los pequeños pueblos que

tanto me gustan _____5 un gran hotel en Ciudad México. Yo he estado en

la capital varias veces _____6 no me gusta estar entre tanta gente y tanto

tráfico. No quería estar en un lugar ruidoso _____7 en un lugar tranquilo.

Después de tantos problemas mis padres me convencieron de que no fuera

_____8 me quedara aquí.

Ejercicios de resumen

A. Los derechos (*rights*). Los derechos de los ciudadanos son un tema que se debate mucho. Responde a las siguientes preguntas usando las palabras en la lista. Expresa tus opiniones personales.

algo	ni... ni...
alguien	ningún
algún	ninguno(a)
alguno(a)	nunca
nada	siempre
nadie	tampoco

1. ¿Tenemos el derecho de expresar nuestras opiniones libremente?

   _____

2. ¿Pueden Uds. hacer lo que quieren en su casa?

   _____

3. Los pobres, ¿tienen algunos de los derechos que tienen los ricos?

   _____

4. ¿Se preocupa algún político por tus derechos?

   _____

5. ¿Quiénes en el gobierno tienen derecho a imponer (*impose*) sus ideas?

   _____

6. ¿Hay algo que puedas hacer para ayudar a los que no tienen derechos en el mundo?

   _____

7. ¿Alguna persona debe discriminar a otra por razones de raza o de edad?

   _____

8. ¿Quién decide los derechos de los ciudadanos? ¿la corte o el congreso?

   _____

9. Los prisioneros no tienen ningún derecho, ¿verdad?

   _____

10. ¿Cuándo se pueden violar los derechos de una persona?

   _____

B. Piensa en un país donde los ciudadanos no tienen muchos derechos. Escribe frases con las palabras a continuación expresando lo que se puede o no se puede hacer. Algunos de los temas que puedes discutir son: la libertad de palabra (*freedom of speech*), la libertad de los medios de comunicación, el derecho de estar en contra del sistema político, los derechos de la mujer en ese país, etc.

de ninguna manera	ni… ni…
en ninguna parte	ni siquiera
jamás	nunca
nadie	todavía no

1. _____
2. _____
3. _____
4. _____
5. _____
6. _____
7. _____
8. _____

C. Miguelina es miembro del equipo de béisbol de su escuela. El último partido que tuvieron fue un pequeño desastre. Completa su descripción con *pero, sino* o *sino que* para completar lo que sucedió.

Le dije que iba a llegar a las tres _____[1] no pude llegar hasta las cinco. No fue que me quedara dormida _____[2] el tráfico estaba pésimo. A esa hora, llamé a Rita _____[3] no estaba en casa. Su madre, Alicia, me dijo que Rita no quería que viniera a su casa _____[4] fuera directamente al estadio. Cuando llegamos, vi a casi todos los del equipo _____[5] Hortensia no había llegado. Al último momento no pudimos pedirle a Sarita que jugara _____[6] a Mirella. Mirella estuvo lista en unos minutos _____[7] estaba un poco nerviosa porque hacía varios meses que no practicaba. Al otro equipo no le hacía falta una jugadora _____[8] tres. Nadie estaba muy contento _____[9] jugamos de todas maneras. El entrenador no quería que este partido fuera una competencia _____[10] fuera otra oportunidad para practicar con otro equipo.

Adjective Clauses and Relative Pronouns

Adjective clauses

An adjective clause is a group of words that modifies a noun or a pronoun and is introduced by a relative pronoun (*that, which, who, whom*). The person or thing that is modified by the adjective clause is called the antecedent.

In the sentence *I know a woman*, the noun *woman* can be described with an adjective: *I know a bilingual woman.*

> **Conozco a una mujer.**
> *I know a woman.*
> **Conozco a una mujer bilingüe.**
> *I know a bilingual woman.*

In the examples above, the noun *woman* could also be described with an adjective clause: *I know a woman who is fluent in two languages.* In this last sentence, *woman* is the antecedent, *who* is the relative pronoun and *who is fluent in two languages* is the adjective clause.

> **Conozco a una mujer que domina dos lenguas.**
> *I know a woman who is fluent in two languages.*

Ejercicio

Antes de empezar a repasar los pronombres relativos, lee las siguientes frases y subraya el grupo de palabras en cada frase que funciona como un adjetivo.

1. Conozco a una mujer que sabe hablar varias lenguas.

2. Éste es el chico que conocí el año pasado.

3. Encontré los libros que estuve buscando todo el día.

4. Juan José, quien fue conmigo a Mérida, no disfrutó mucho del viaje.

5. El apartamento por el cual pagamos mucho alquiler, no es muy grande.

6. Esas chicas, de quienes te hablé ayer, son las amigas de mi hermana.

The relative pronoun *que*

Que, meaning *that*, *which*, *who*, or *whom* is the most common relative pronoun in Spanish. Within the adjective clause, *que* may function as:

1. the subject (representing people or things) of the verb in the clause.

   La mujer que me entrevistó me pidió mi curriculum vitae.
   The woman who interviewed me asked for my résumé.

   Félix tiene el disco que ganó el premio.
   Felix has the record that won the prize.

2. the object (representing people or things) of the verb in the clause.

   El gerente que llamé no estaba en la oficina.
   The manager (whom) I called was not in the office.

   La fotocopiadora que compraron no me gusta.
   I don't like the photocopier (that) they bought.

Note that although the relative pronoun may sometimes be omitted in English (as in the examples above), it cannot be omitted in Spanish.

3. the object (referring only to things) of the prepositions *a*, *con*, *de*, *en*.

   El programa de que te hablé es muy complicado.
   The program about which I spoke to you is very complicated.

Ejercicios

A. En la clase de inglés los estudiantes leyeron un libro de un autor muy popular. Luego algunos fueron a la librería para comprar otros libros del mismo autor. Aquí está lo que dijeron ellos pero hay mucha repetición. Combina las siguientes frases para formar una sola. Usa el pronombre relativo *que*.

Modelo: Discutimos un libro muy interesante. El libro está en la lista de best-séllers.
Discutimos un libro muy interesante que está en la lista de best-séllers.

1. Fuimos a la nueva librería. La librería está cerca de mi casa.

   _____

2. Entramos en la librería. Allí venden libros a descuento.

   _____

3. El vendedor nos ayudó mucho. Él estaba muy bien informado.

   _____

4. Encontramos varios libros. Los libros fueron escritos por el mismo autor.

   _____

5. Hablamos del autor por una hora. El autor es muy popular ahora.

_____

6. Pusieron otros libros sobre el mismo tema en un estante. El estante estaba muy desorganizado.

_____

B. Tú le quieres escribir una carta a un(a) chico(a) de Costa Rica que viene a pasar un mes en tu casa. Le quieres dar toda la información posible sobre tu familia. Escribe seis frases en las que describas a tu familia con el pronombre relativo _que_. Usa el modelo como guía.

Modelo: _Tengo un hermano que es muy amable. Él va a una escuela que está cerca de mi casa._

1. _____

_____

2. _____

_____

3. _____

_____

4. _____

_____

5. _____

_____

6. _____

_____

The relative pronoun quien (quienes)

Another important relative pronoun is _quien (quienes)_, which refers only to people. The main use of _quien_ and _quienes_ is after the prepositions _a_, _con_, _de_, and _en_.

Los alumnos de quienes te hablé llegan esta tarde.
The students of whom I spoke to you (I spoke to you about) arrive this afternoon.

Quien and _quienes_ are also used with the personal _a_ when they are the direct object of the verb. _Que_ often replaces _a quien_ and _a quienes_ in this situation.

La actriz que (a quien) vimos hizo un papel magnífico.
The actress whom we saw played the role wonderfully.

Ejercicio

Ricardo y sus amigos van de camping. Lee sobre sus preparativos antes de ir. Completa las frases con la preposición apropiada y el pronombre relativo *quien* o *quienes*.

Modelo: Ricardo tiene la lista de varias personas que no han pagado las entradas al Parque Nacional. Antes de salir necesitamos el dinero *de quienes* no han pagado.

1. Su primo viene con nosotros al camping. Ayer estaba en la escuela con él. Ése es el chico _____ vimos ayer.

2. Vamos a compartir el coche con unos chicos. Yo llamo a los chicos _____ vamos a compartir el coche.

3. No sé a quién invitar. ¿Puedo invitar _____ yo quiera?

4. Estoy pensando en los chicos que conocimos en la fiesta ayer. Pensé _____ yo podría invitar pero no recuerdo su nombre.

5. Delia insiste en que sus hermanitos vayan. Ella no puede insistir _____ van a ir.

6. Podemos contar con (*to count on*) las personas que fueron la última vez. Así que contaremos _____ fueron la última vez.

The relative pronouns *el cual* and *el que*

El cual (la cual, los cuales, las cuales) and *el que (la que, los que, las que)* are used:

1. after prepositions other than *a*, *de*, *con*, and *en* when referring to things (see *Estructuras básicas*, Lesson 3, [page 479,] for a list of the most common prepositions).

La tienda, cerca de la que (la cual) vivimos, es grandísima.
The store near which we live is very large.

2. to refer back to the first of two possible antecedents. *Que* and *quien(es)* are used to identify the closest antecedent.

El hermano de Juan, el que (el cual) trabaja en Nuevo México, llegó anoche.
Juan's brother, who works in New Mexico, arrived last night.

In the sentence above, Juan's brother works in New Mexico and he arrived last night.

El hermano de Juan, quien trabaja en Nuevo México, llegó anoche.

In this sentence, on the other hand, it is Juan who works in New Mexico (and his brother arrived last night).

Tu vecindario. Tu amigo llega de Costa Rica y quieres hablarle de tu vecindario para que él sepa donde están los diferentes lugares. Usa el modelo para describir los lugares en tu vecindario. Escoge seis.

Modelo: *La heladería de mi padre, la que está en la esquina, es muy buena.*
La carnicería, en que compramos el pollo, es muy cara.

1. el banco

_____

_____

2. las bodegas

_____

_____

3. la peluquería

_____

_____

4. la línea de metro

_____

_____

5. el hospital

_____

_____

6. el parque

_____

_____

7. los autobuses

_____

_____

8. las tiendas de video

_____

_____

Añade dos lugares que están en tu vecindario pero que no aparecen en la lista.

_____

_____

The indicative in adjective clauses

The verb in the adjective clause is in the indicative when the antecedent refers to a person or thing whose existence is known to the person making the statement.

> **Mi hermano vive en un apartamento que da al mar.**
> *My brother lives in an apartment that faces the water.*

If the antecedent is a person, and it is the direct object of the verb, it must be preceded by the personal *a*.

> **Conozco a una familia que quiere comprarlo.**
> *I know a family that wants to buy it.*

Ejercicio

Federico habla con sus amigos sobre su padre y su trabajo. Usa las palabras a continuación para escribir frases completas sobre lo que él dice. Recuerda que debes usar el pronombre relativo *que* en las frases.

1. mi padre / trabajar en una compañía / ser muy generosa con los empleados

_____

_____

2. los empleados / admirar a los jefes / ser flexibles

_____

_____

3. la oficina / estar en el edificio / estar en la plaza

_____

_____

4. mi padre / almorzar en el restaurante / haber en el edificio

_____

_____

5. para ir a la oficina / él / tomar el metro / pasar por mi escuela

_____

_____

The subjunctive in adjective clauses

The verb in the adjective clause is in the subjunctive when the antecedent is indefinite or negative and refers to no particular person or thing.

> **Hace años que busco unos zapatos que sean cómodos y bonitos.**
> *I have been looking for shoes that are comfortable and pretty for years.*

> **No conozco ninguna tienda que venda zapatos cómodos y bonitos.**
> *I don't know any store that sells pretty and comfortable shoes.*

> **No hay ninguna tienda que venda esos zapatos.**
> *There is no store that sells those shoes.*

Note that, when the antecedent is not a specific person, you must use the indefinite article, and the personal *a* is omitted.

> **Necesitan una persona (un hombre, una mujer) que quiera ser astronauta.**
> *They need a person (a man, a woman) who wants to be an astronaut.*

However, when the pronouns *alguien, nadie, alguno(a, os, as)*, and *ninguno(a)* (when referring to people) are the direct object of the adjective clause, the personal *a* <u>is</u> required.

> **¿Conoces a alguien que puedas recomendar?**
> *Do you know anyone whom you can recommend?*

> **No, no conozco a nadie que quiera ser astronauta.**
> *No, I don't know anyone who wants to be an astronaut.*

Ejercicios

A. Víctor está tratando de organizar un grupo de amigos para hacer trabajo voluntario en un vecindario donde viven muchos ancianos que no pueden limpiar las calles, los parques, etc. Usa las palabras a continuación para escribir las preguntas que él hace. Luego contéstalas en forma negativa.

> **Modelo:** ¿?haber / otras personas / hacer este tipo de trabajo
> *¿Hay otras personas que hagan este tipo de trabajo?*
> *No, no hay otras personas que hagan este tipo de trabajo.*

1. ¿?conocer / alguien / poder ayudarnos a limpiar el vecindario

_____

_____

No, _____

2. ¿?haber una asociación / organizar a grupos con este propósito

_____

_____

No, _____

3. ¿?buscar (tú) / personas / saber pintar

_____

_____

No, _____

4. ¿?necesitar (nosotros) / un camión / venir a buscarnos por la mañana

_____

_____

No, _____

5. ¿?no haber nadie / querer acompañarnos

_____

_____

No, _____

B. Dolores y Martín hablan sobre computadoras. Completa el diálogo con el presente de subjuntivo del verbo entre paréntesis.

—¿No compras ninguna revista que _____[1] (tener) anuncios de tiendas de computadoras?

—No, no hay ninguna tienda que _____[2] (haber) puesto anuncios hoy.

—Pregúntale a tus padres si hay tiendas que _____[3] (tener) ventas especiales este fin de semana.

—Le pregunté a mi padre pero él no ha visto ningún anuncio para una tienda que _____[4] (vender) computadoras. ¿Qué quieres comprar?

—Busco una computadora que _____[5] (tener) por lo menos 64MB de memoria.

—¿Necesitas una computadora que _____[6] (poder [tú]) conectar a la televisión?

—Sí, necesito una que también _____[7] (traer) un módem.

—¿Por qué? No conoces a nadie que _____[8] (poder) recibir correo electrónico.

—¡Claro! Todos mis amigos lo hacen.

—Bueno, espero que encuentres lo que buscas.

C. Agustín tiene muchos pasatiempos pero coleccionar sellos es su pasatiempo favorito. Aquí tienes algunas de las cosas que él dice. Escribe frases completas usando las ideas a continuación. Puedes usar las frases a la derecha en cualquier orden que sea lógica. Recuerda que tienes que escoger entre el subjuntivo o el indicativo.

1. Encontré una edición que…	**a.** salir durante la Segunda Guerra Mundial
2. Yo no tengo sellos que…	**b.** valer menos de cien pesetas
3. ¿Conoces algún sello que…?	**c.** aumentar en valor en el futuro
4. ¿Hay alguien que…?	**d.** honrar a Simón Bolívar
5. ¿No tienes tú ningún sello que…?	**e.** tener algún error
6. Buscamos un coleccionista que…	**f.** coleccionar sellos de Italia
7. Rosa tiene un sello que…	**g.** tener en mi colección también
8. Conozco a una chica que…	**h.** poseer muchos sellos raros
9. Yo siempre intercambio sellos que…	**i.** valer más de cien dólares
10. Quiero comprar unos sellos que…	**j.** vender colecciones extranjeras

1. _____

2. _____

3. _____

4. _____

5. _____

6. _____

7. _____

8. _____

9. _____

10. _____

The relative pronouns *lo que* and *lo cual*

> When the antecedent is an idea, a statement, or a situation (rather than simply a noun or a pronoun), the relative pronoun *lo que* (or, less frequently, *lo cual*), meaning *which*, is used to sum up the preceding idea, statement, or situation.
>
> **El gerente no habla español, lo que (lo cual) me preocupa.**
> *The manager does not speak Spanish, which worries me.*

When referring to an idea, statement, or situation that is not stated but is understood, *lo que* (but not *lo cual*) is used, meaning *what* (*that which*).

> **Lo que dices no es verdad.**
> *What you are saying is not true.*

Remember that *lo cual* cannot substitute for *lo que* when the idea, statement, or situation has not been stated previously in the sentence.

> **Me gusta lo que compraste.**
> *I like what you bought.*

Ejercicio

Jacinto está hablando de su clase de geografía. Completa lo que él dice con *que*, *lo que* o *lo cual*.

1. No comprendí _____ dijo la profesora.

2. Ya terminé el informe para la clase, _____ me alegra mucho.

3. El libro _____ me recomendaste me ayudó mucho.

4. Antonio me prestó sus apuntes (*notes*) de la clase, _____ va a ayudarme a estudiar.

5. Quiero sacar una buena nota en esta clase, _____ le encantará a mis padres.

The relative adjective *cuyo, cuya, cuyos, cuyas*

The relative adjective *cuyo* (*cuya, cuyos, cuyas*) relates back to either people or things and corresponds to the English *whose* (*of which*). As is true of all possessive adjectives in Spanish, it agrees in gender and number with the things possessed and not with the possessor.

> **El hombre cuya computadora tengo trabaja en una agencia de viajes.**
> *The man whose computer I have works in a travel agency.*

> **Vivimos cerca de unas montañas cuyos picos están cubiertos de nieve.**
> *We live near some mountains whose peaks are covered with snow.*

Ejercicio

Es el día de la graduación de Santiago. Su madre está muy orgullosa. Ella le da información a sus parientes sobre las personas, los lugares, etc. que Santiago ha conocido durante sus años en la universidad. Completa las frases con la palabra equivalente a *whose*.

1. Ése es el chico _____ hermana fue compañera de Santiago.

2. Éste es el edificio en _____ laboratorios él hizo los experimentos.

3. Allí está el parque _____ árboles Santiago y sus amigos estudiaron para la clase de biología.

4. La música que vamos a oír fue escrita por la chica _____ hermanas están sentadas allí.

5. Allí está el profesor _____ clase fue la favorita de Santiago.

6. El discurso, _____ tema Santiago no quiso discutir, va a ser fenomenal.

7. Les presento a Georgina _____ tías fundaron la universidad.

8. Aquí tienen la dirección del hotel en _____ restaurante va a tener lugar la recepción.

Ejercicios de resumen

A. La última película que viste. Responde a las siguientes preguntas sobre la última película que viste. Usa el pronombre relativo *que* para unir las ideas.

1. ¿Cómo es la película que viste?

   _____

2. ¿Cuál es tu opinión sobre los actores que hicieron el papel principal (*played the main characters*)?

   _____

3. ¿Valió la pena el dinero que pagaste para ver la película?

   _____

4. ¿Cuál fue la parte que te gustó más?

   _____

5. ¿Qué piensas de la manera en que terminó la película?

   _____

B. Imagina que vas a dar una fiesta a la cual vas a invitar a algunos de tus amigos. Usa las frases a continuación como punto de partida para expresar algunas de las ideas que quieres compartir. Usa *a, con* y *de* junto con *quien/quienes* para completar las frases. Luego termínalas de una manera original.

1. La chica _____ yo te vi anoche _____

2. Los chicos _____ yo había invitado a la fiesta _____

3. El guitarrista _____ te hablé _____

4. El hombre _____ yo saludé _____

5. Los chicos _____ tú vienes a la fiesta _____

C. Muchas veces cuando hablamos no damos suficiente información y las personas pueden interpretar mal las cosas. Usa los pronombres relativos *el/la cual, el/la que, los/las cuales, los/las que, quien,* y *quienes* para dar más información sobre los temas a continuación.

   Modelo: El libro de mi hermana…
   El libro de mi hermana, el cual leí anoche, es muy interesante. o
   El libro de mi hermana, quien estudia en la universidad, es muy interesante.

1. El esposo de mi hermana…

   _____

2. Los parientes de mi madre…

   _____

3. Los tíos de mi padre…

   _____

4. El mejor amigo de mi hermana…

   _____

5. La novia de mi hermano…

   _____

6. Las sobrinas de mi padre…

   _____

D. Uno de tus amigos quiere expresar ciertas ideas en español pero no sabe algunas de las palabras. Completa sus frases expresando las ideas entre paréntesis en español.

1. Mi madre tiene un horno microondas sin _____
   (*[without] which she can't live*).

2. Ella quiere comprar una lavadora con _____
   (*[with] which she can wash her laundry*).

3. Ése es el refrigerador en _____
   (*[in] which we are going to put the meat*).

4. ¿Es moderna la estufa de tu madre en _____
([on] which you always cook)?

5. Ésa es la tienda de aparatos eléctricos hacia _____
([to] which we were going).

E. Deseos. Es probable que hayas soñado con muchas cosas que quisieras tener.
Usa la lista a continuación para expresar lo que sería ideal para ti.

Modelo: *Busco un radio portátil que pueda grabar también.*

1. una computadora

_____

2. un(a) novio(a)

_____

3. un lugar para ir de vacaciones

_____

4. un trabajo de verano

_____

5. un coche

_____

6. unas clases

_____

7. unos amigos

_____

8. unos pantalones

_____

9. unos zapatos

_____

10. una bicicleta

_____

F. Uno de tus amigos te pide consejos. Él tiene problemas con su novia. Completa las
frases de una manera original. Usa *lo que* y la expresión entre paréntesis para hacer un
comentario.

Modelo: Le grito mucho a ella. (estar haciendo)
Lo que estás haciendo es imperdonable.

1. Le dije a ella que no le tenía confianza (*didn't trust her*). (decir ayer)

_____

2. Ella me pidió una explicación por mis acciones. (querer)

_____

3. Nunca hablamos de nuestros problemas. (deber hacer)

_____

4. Ella me quiere mucho. (ser importante)

_____

5. Pensamos asistir a la misma universidad. (tener que hacer)

_____

G. Más información, por favor. Imagina que quieres darle información a un amigo sobre tus preferencias musicales. Usa los adjetivos relativos _cuyo, cuya, cuyos_ y _cuyas_ para completar las frases y dar más información.

    Modelo: Los grupos musicales…

        Los grupos musicales cuyos miembros vienen de diferentes países cantan unas canciones fantásticas.

1. Mi grupo favorito…

_____

2. Mi cantante favorita…

_____

3. La música rock…

_____

4. La música clásica…

_____

5. Los compositores clásicos…

_____

6. El último disco compacto…

_____

H. Los editores del periódico de lenguas extranjeras han hecho ciertos comentarios sobre el próximo número (_issue_). Traduce lo que dijeron al español.

1. We are looking for an editor (_redactor_) who can correct the articles.

_____

2. The Spanish restaurant that is near the school wants to place an ad (_anuncio_) in the newspaper.

_____

3. Is there anyone who can help us get more ads?

_____

4. We need a Japanese student who can correct these articles.

_____

5. The French students about whom I spoke to you have not finished the poems.

_____

6. The authors whom we interviewed sent us their picture.

_____

7. What Tomás said about the show is not true.

_____

8. Jaime wrote an article that is going to be controversial.

_____

9. This is the artist whose drawings we will use.

_____

10. The pages on which we put the crossword puzzles are completed.

_____

11. The teacher who is going to help us is in the cafeteria now.

_____

12. With whom did you verify the data (_datos_) in this article?

_____

Resumen de la unidad

Ejercicios creativos para escribir y para conversar

Los siguientes ejercicios van a ayudarte a poner en práctica los conceptos de esta unidad. Es buena idea que uses el espacio después de cada ejercicio para hacer apuntes (listas de palabras, expresiones, etc.) que te ayuden a expresar las ideas. Debes escribir la versión final de los ejercicios para escribir en tu cuaderno.

A. ¿Qué buscas en tu vida? Lo ideal es muy difícil de encontrar pero siempre se puede soñar. En el ejercicio E (página 397) escribiste sobre algunas cosas que te gustaría tener. Ahora tienes que expresar el mismo tipo de ideas pero sobre tu futuro. Di por lo menos dos cosas para cada uno de los temas a continuación. Usa un pronombre relativo en tus respuestas.

Cuando sea mayor, quisiera tener…

1. un(a) esposo(a)…

_____

_____

2. una familia…

_____

_____

3. una carrera…

_____

_____

4. un estilo de vida…

_____

_____

5. unos amigos…

_____

_____

6. una casa…

_____

_____

B. Imagina que trabajas para una agencia de empleos. Hay varios puestos que necesitan anunciar y es tu trabajo escribir los anuncios. Usa las ocupaciones de la lista para escribir un anuncio para cada una. Explica lo que se busca, lo que se necesita, etc.

1. profesor(a) de español

_____

_____

2. secretario(a)

_____

_____

3. abogado(a)

_____

_____

4. electricista

_____

_____

5. carpintero(a)

_____

_____

6. traductor(a)

_____

_____

C. Ahora tienes la oportunidad de predecir el futuro de algunos de tus compañeros de clase. Escoge a tres personas de diferentes signos del zodíaco y escribe cuatro frases sobre lo que el futuro les traerá. Puedes predecir acerca de sus estudios, su trabajo, sus relaciones amorosas, su situación financiera, etc. Recuerda que debes usar el tiempo futuro.

_____

_____

_____

_____

_____

_____

Ahora léele tus predicciones a cada compañero. Discute con él o ella la razón por la cual ves estos eventos en su futuro. Él o ella te hará preguntas sobre lo que dices.

D. Trabajas para la campaña de un político muy preocupado por el bienestar (*well-being*) de los ciudadanos. Usa las frases a continuación para decir lo que él o ella hace o hará en estas situaciones.

1. Si hay muchas personas que no tienen casa…

_____

2. Si los jóvenes están usando drogas…

_____

3. Si aumenta el crimen…

_____

4. Si el transporte público no funciona bien…

_____

Ahora usa las frases a continuación para decir lo que él o ella haría en estas circunstancias.

5. Si pudiera darles más oportunidades a los jóvenes…

_____

6. Si se empeoraran los conflictos raciales…

_____

7. Si las escuelas no tuvieran éxito…

_____

8. Si pudiera construir más parques en las ciudades…

_____

E. Piensa en algunas cosas que podrán ocurrir en el futuro. Escribe cinco preguntas indicando tus conjeturas sobre el futuro.

Modelo: *¿Volverá alguien a la luna?*

1. _____

2. _____

3. _____

4. _____

5. _____

Ahora hazles las preguntas a varios de tus compañeros de clase y discute con ellos sus opiniones sobre las ideas que expresaste en las preguntas.

F. Tienes ciertas ideas muy firmes acerca de lo que nunca harías. Usa las palabras a continuación para discutir en grupos de tres o cuatro estudiantes tus ideas sobre las convicciones religiosas, políticas o éticas que tienes. No tienes que usar todas las palabras de la lista pero trata de usar todas las que puedas.

de ninguna manera	ningún
jamás	ninguno(a)
nada	nunca
nadie	tampoco
ni… ni…	ya no
ni siquiera	

Luego organicen las ideas expresadas en el grupo para presentárselas al resto de la clase.

_____

_____

_____

_____

_____

_____

_____

Unit 11

For a review of the future tense, the use of negative and affirmative words in main clauses, *pero / sino / sino que*, the use of the indicative and subjunctive in adjective clauses, and relative pronouns, visit http://www.phschool.com. Once you get to the Foreign Languages section, follow the instructions on the Web page.

Unit 11 Table of Contents

Objectives

In this unit you will be able to:

- Express time, manner, purpose, or intention of an action
- Express proviso or restriction of an action
- Make direct statements of fact
- Ask direct questions
- State desires, emotions, feelings, and judgments
- Give direct and indirect commands

The following grammar points will help you accomplish these objectives:

Adverbial clauses

In Unit 10 you studied adjective clauses, groups of words that act as adjectives (modifying a noun) and which are introduced by a relative pronoun (i.e., *que*).

> **El río que cruzaron es muy hondo.**
> *The river that they crossed is very deep.*

In this lesson you will study adverbial clauses. An adverbial clause is a group of words that acts as an adverb (modifying a verb) and is introduced by a connecting word (called a conjunction). The adverbial clause shows time, manner, purpose or intention, proviso, or restriction of an action.

The indicative in time clauses

Some common conjunctions that introduce time clauses are:

cuando	*when*	hasta que	*until*
después (de) que	*after*	mientras	*while*
en cuanto	*as soon as*	tan pronto como	*as soon as*

The indicative is used after these conjunctions if the action has taken place or is stated as a routine.

> **Cuando terminé el trabajo, volví a casa.**
> *When I finished the job, I returned home.*
> **En cuanto llegaron a la playa, Elena y Marta almorzaron.**
> *As soon as they arrived at the beach, Elena and Marta ate lunch.*
> **Cuando Cristóbal visita a sus abuelos, lo llevan al museo.**
> *When Cristobal visits his grandparents, they take him to the museum.*

In the examples above, all of the actions have either taken place or routinely take place: I finished the work, Elena and Marta arrived at the beach and Cristobal's grandparents routinely take him to the museum when he visits them.

Ejercicio

Los miembros del grupo de jazz están ensayando (*rehearsing*) pues quieren participar en un concierto. Completa el siguiente párrafo en el cual Jorge describe los ensayos con el presente de indicativo del verbo entre paréntesis.

Caterina siempre quiere estar lista y empieza a practicar tan pronto como

ella _____ [1] (llegar) al auditorio. En cuanto los otros miembros

_____ [2] (llegar), ellos _____ [3] (poder) empezar el ensayo. Ella

organiza la música mientras otros miembros _____ [4] (afinar) (*to tune*) sus

instrumentos. Así todos están listos cuando el director _____ [5] (entrar).

Cuando alguien _____ [6] (cometer) un error algunos van a otra sala y prac-

tican más. Pasan muchas horas practicando hasta que _____ [7] (tocar [ellos])

la pieza correctamente. Después de que el director _____ [8] (estar) satisfe-

cho, siempre los invita a tomar helado. Pero antes de salir él les _____ [9]

(sugerir) algunos ejercicios que pueden hacer en casa para practicar más.

The subjunctive in time clauses

> The subjunctive is used after the following conjunctions (note that these are the same conjunctions covered in the previous section) when the action of the adverbial clause has *not* been completed at the time indicated by the main clause (it is to take place at an indefinite future time and is, therefore, uncertain).
>
> | | | | |
> |---|---|---|---|
> | cuando | *when* | hasta que | *until* |
> | después (de) que | *after* | mientras | *while* |
> | en cuanto | *as soon as* | tan pronto como | *as soon as* |
>
> **Cuando termine el trabajo, volveré a casa.**
> *When I finish the job, I will return home.*
>
> **En cuanto lleguen a la playa, Elena y Marta almorzarán.**
> *As soon as they get to the beach, Elena y Marta will have lunch.*
>
> **Cuando Cristóbal visite a sus abuelos, lo llevarán al museo.**
> *When Cristobal visits his grandparents, they will take him to the museum.*
>
> In the examples above, none of the actions have taken place: I have not finished the work, Elena and Marta have not arrived at the beach, and Cristobal has not gotten to his grandparents' house.
>
> *Antes (de) que* (before) is another conjunction that introduces time clauses. It is different from the other conjunctions you have learned in that it *always* requires the subjunctive. Notice that the action it introduces is always in the future in relation to the action of the main verb.

Joaquín siempre prepara la cena antes de que Elena llegue a casa.
Joaquín always prepares dinner before Elena gets home.

Josefina terminó su proyecto antes de que su jefe regresara.
Josefina finished her project before her boss returned.

Remember that when there is no change in subject, *antes de* is always followed by the infinitive.

Josefina siempre termina su proyecto antes de almorzar.
Josefina always finishes her project before having (she has) lunch.

Ejercicios

A. Miguelina regresa a su casa después de haber pasado su primer año en la universidad. Ha aprendido mucho y quiere volver a tocar con el grupo de jazz con el cual tocaba antes. Éstos son algunos de sus planes para el futuro. Completa su descripción con el presente de subjuntivo del verbo entre paréntesis.

En cuanto ella _____ [1] (llegar), va a llamar a todos los miembros del grupo. Tan pronto como ellos _____ [2] (poder) reunirse, ellos van a seleccionar un nuevo repertorio. Ella encontró unas piezas muy buenas que a ellos les gustarán mucho. Cuando ellos _____ [3] (reunirse), ella les va a contar sobre su año en la universidad y antes de que ellos _____ [4] (empezar) a creer que ella quiere ser la directora del grupo, ella les dirá que sólo quiere ser miembro del grupo y que Jorge puede seguir siendo el director mientras él _____ [5] (querer). Pronto tendrán la oportunidad de tocar en un concierto. Todo va a salir bien. Después de que ellos _____ [6] (practicar) por unos días, estarán listos para el público.

B. Para asegurarte de que comprendiste el ejercicio A, responde brevemente a las siguientes preguntas en inglés.

1. When is Miguelina going to call all the members of the group?

_____

_____

2. When are they going to select a new repertoire?

_____

_____

3. When is she going to tell them about her year in the university?

_____

_____

4. When is she going to tell them that she only wants to be a member of the group?

_____

_____

5. How long can Jorge be the director of the group?

_____

_____

6. When will they be ready for the public?

_____

_____

Summary: the indicative and subjunctive in time clauses

In summary...

1. _antes de que_ is always followed by the subjunctive.

2. all the conjunctions listed on pages 404 and 405 can be used with either the indicative or the subjunctive mood. They are followed by the subjunctive when they introduce an action that may take place at an indefinite future time (and is therefore uncertain). They are followed by the indicative when the action is stated as a fact either because it has already taken place or because it is habitual or routine.

Look carefully at the following examples:

Llamo a Sonia cuando ella llega. (_habit → indicative_)
I call Sonia when she arrives.

Llamé a Sonia cuando ella llegó. (_statement of fact → indicative_)
I called Sonia when she arrived.

Llamaré a Sonia cuando llegue. (_possible future action → subjunctive_)
I will call Sonia when she arrives.

Can you translate the expressions in parentheses into Spanish?

Siempre esperamos _____
(_until the bus arrives_)

Ayer esperamos _____
(**until the bus arrived**)

Esperaremos _____
(**until the bus arrives**)

You would translate the above expressions as follows:

Siempre esperamos hasta que llega el autobús.

Ayer esperamos hasta que llegó el autobús.

Esperaremos hasta que llegue el autobús.

Ejercicios

A. Lee las siguientes frases sobre lo que Tomás y sus amigos hacen y determina si deben usar el indicativo o el subjuntivo. Subraya la forma correcta del verbo entre paréntesis.

1. Tan pronto como yo (llego / llegue) a casa, haré mis tareas.

2. En cuanto Guillermo (llamó / llame), fui a buscarlo.

3. Mientras ellos (terminan / terminen) el informe, yo siempre arreglo los estantes.

4. Cuando yo (saludo / salude) a Gustavo, él me sonríe.

5. Le daré el dinero, después de que ella me (traerá / traiga) los calcetines.

6. Julián va a esperarme en la esquina hasta que yo (me bajaré / me baje) del autobús.

B. Gerardo y José van a las montañas por lo menos una vez al mes. Les gusta hacer planes pero nunca pueden hacerlos hasta el último momento pues Gerardo nunca sabe si tiene que trabajar. Completa la conversación que tienen por teléfono con la forma del verbo entre paréntesis en el indicativo o el subjuntivo según el contexto.

—¿Sabes si podemos ir al campo este fin de semana?

—Todavía no sé. Lo sabré cuando yo _____ [1] (regresar) a casa y

_____ [2] (ver) si tengo trabajo este fin de semana. ¿Por qué no hace-

mos planes y yo te llamo en cuanto _____ [3] (escuchar) los mensajes

en mi contestador?

—Bien, yo llamaré al hotel tan pronto como nosotros _____ [4] (termi-

nar) de hablar, por si acaso (*just in case*).

—Buena idea. Recuerda que la semana pasada cuando llamamos a varios hoteles

no había habitaciones. En esa área tan pronto como _____ [5]

(comenzar) el verano, va mucha gente de la ciudad a pasar los fines de

semana.

—Es verdad. La última vez yo llamé e hice una reservación en cuanto nosotros

_____ 6 (hacer) los planes, pero cuando llegamos sólo había habita-

ciones sin aire acondicionado.

—Sí, fue un lío (*it was a mess*). Espero que no pase otra vez. Y tú, tuviste que

bajar y subir en más de diez hoteles mientras yo _____ 7 (esperar) en

el coche. ¡Y qué calor hacía!

—No te preocupes, después de encontrar un hotel, lo pasamos muy bien.

—Claro, no quisiste salir después de que nosotros _____8 (entrar) en la

habitación.

—Bueno, espero que tengamos mejor suerte este fin de semana. Y si tenemos

dificultad no pararemos hasta que _____ 9 (haber) un cuarto en un

buen hotel.

—Oye, ya sabes que me puedes llamar antes de que tú _____ 10 (salir)

de tu casa por la mañana si hay algún inconveniente.

—Sí, ya lo sé. Tú eres muy comprensivo. Si no me ves cuando _____ 11

(llegar) a la estación de autobuses, espera hasta que yo _____ 12

(llegar).

—Estupendo. Hasta pronto.

The subjunctive to express the purpose or intention of an action

The subjunctive is used in clauses that express the purpose or intention of an action. Common conjunctions that introduce clauses that express the purpose or intention of an action are:

a fin de que	*in order that*	de manera que	*so as, so that*
para que	*in order that*	de modo que	*so as, so that*

The subjunctive is always used with *a fin de que* and *para que* because these conjunctions, by their nature, cannot introduce a statement of fact.

La profesora explica para que (a fin de que) comprendamos.
The teacher explains so that we will understand. (we may or may not understand)

Remember that when there is no change in subject, the preposition *para* is followed by the infinitive.

Nosotros escuchamos a la profesora para comprender.
We listen to the teacher in order to understand.

De modo que and *de manera que* can be followed by the indicative or the subjunctive. When *de modo que* and *de manera que* express a purpose or intention, they are similar in meaning to *para que* and *a fin de que* and are also followed by the subjunctive.

Hablen Uds. en voz alta de manera (modo) que yo los oiga.
Talk in a loud voice so that I can hear you. (in spite of your efforts I may not hear you)

However, when *de modo que* and *de manera que* express the result of an action, they are better translated as *so* and are followed by the indicative.

Andrés y Ana hablaron en voz alta de modo (manera) que todos pudimos oírlos.
Andrés and Ana talked in a loud voice so (the result was) that we all managed to hear them.

Ejercicios

A. Tus abuelos se resisten a aceptar los avances tecnológicos. Tú les quieres explicar las ventajas (*advantages*) de ciertas cosas que en tu opinión ellos necesitan. Completa las siguientes frases de una manera lógica.

> **Modelo:** Uds. necesitan un control remoto para que ninguno de los dos…
> *Uds. necesitan un control remoto para que ninguno de los dos tenga que levantarse.*

1. Abuelo, necesitas un coche para que tú…

_____

_____

2. Uds. necesitan un teléfono celular de manera que yo…

_____

_____

3. Abuela, necesitas un horno microondas a fin de que Uds…

_____

_____

4. Uds. tienen que comprar una videocasetera de modo que nosotros…

_____

_____

5. Uds. necesitan una computadora para que abuela…

_____

_____

B. Cristina es muy complaciente. Todos nos beneficiamos de sus acciones. Completa las siguientes frases con el pretérito del verbo entre paréntesis. Ten en cuenta (*Keep in mind*) que la segunda parte es <u>el resultado</u> de las acciones de Cristina.

1. Antes de salir para la oficina Cristina hizo café de modo que nosotros

   _____ (desayunar) temprano.

2. Nos había dejado unos bocadillos para el almuerzo de manera que nosotros no

   _____ (tener) que hacerlos.

3. Le escribió una nota a Santiago de manera que él _____ (recordar) todo
   lo que tenía que hacer hoy.

4. A ti te dejó la ropa en la silla de modo que tú no _____ (pasar) mucho
   tiempo decidiendo lo que te ibas a poner.

5. A mí me dejó una nota de manera que yo _____ (sacar) la ropa de la
   lavadora.

The use of the subjunctive to express a proviso or restriction

Certain conjunctions introduce clauses that establish a proviso or restriction
of an action. Since they cannot introduce a statement of fact, these conjunctions are always followed by the subjunctive. Some of the more common
ones are:

a menos que	*unless*	sin que	*without*
con tal (de) que	*provided that*	en caso de que	*in case*

No iré al baile a menos que vayas conmigo.
I will not go to the dance unless you go with me.

Pedro nunca sale sin que su madre le dé un beso.
Pedro never goes out without his mother giving him a kiss.

Remember that the infinitive is used after the preposition *sin* when there is
no change of subject.

Me quedé sin ir al baile.
I was left without going to the dance.

Ejercicio

Hoy la madre de Alejandro le pide que la ayude y le dice que debe llevar el coche a
la escuela. Completa lo que dice su madre con el verbo entre paréntesis.

—Alejandro, lleva el coche en caso de que tú _____ ¹ (tener) que

recoger a Cecilia en la escuela. Yo creo que voy a poder recogerla a menos que

el jefe me _____ ² (pedir) que trabaje tarde. Si llevas el coche, podrás ir directamente a la escuela de Cecilia de tu escuela. Además dicen que va a llover y si vas en coche podrás buscarla sin _____ ³ (salir) del coche. Y yo sé que te gusta ir a la escuela en coche, pero no te acostumbres, te lo presto solamente con tal de que me _____ ⁴ (ayudar) esta tarde.

Summary: The uses of the indicative and the subjunctive in adverbial clauses

Here is a summary of the uses of the indicative and the subjunctive in adverbial clauses introduced by a conjunction. You will need to take careful note of this information.

1. Adverbs followed by the indicative or the subjective depending on context:

Adverb	Mood and Context
cuando después de que en cuanto hasta que mientras tan pronto como	+ *indicative (to express a fact/routine)* + *subjunctive (to express a possible future action)*
de manera que de modo que	+ *indicative (to express the result of an action)* + *subjunctive (to express a purpose or intention)*

2. Adverbs always followed by the subjunctive:

Adverb	Context	Mood
antes de que	*(to express a possible future action)*	
a fin de que para que	*(to express a purpose or intention)*	+ *subjunctive*
a menos que con tal que sin que en caso de que	*(to express a proviso or restriction)*	

Ejercicios

A. Teresa está en Madrid y espera que su amiga venga a pasar unos días con ella. Usa la información a continuación para escribir ocho frases sobre lo que ella le dice a Susana por teléfono.

Iré al museo	tan pronto como	(ir) a la sala donde está *Guernica*
Tú tendrás que hacer reservas	a fin de que	nosotros (haber) visitado todos los museos
No compraremos nada	antes de que	tú (llegar) a Madrid
Nos quedaremos en Madrid	en cuanto	(hacer) menos calor
Yo no iré al aeropuerto	de modo que	nosotros (poder) ir a Segovia
Visitaremos Toledo	a menos que	(haber) gangas
	sin que	mamá (ir) de compras
	hasta que	tú (decirme) cuándo llegas
	mientras	
	cuando	

1. _____

2. _____

3. _____

4. _____

5. _____

6. _____

7. _____

8. _____

B. Lee cada una de las siguientes situaciones. La primera situación está casi completa, sólo tienes que escribir la forma correcta del verbo entre paréntesis. En las otras situaciones tienes que usar la imaginación para completarlas de una manera creativa.

1. Consuelo se encuentra a Ramón en el pasillo. Ellos hacen planes para esa noche.

—¿A dónde vamos esta noche después de que Uds. _____ ª (salir) del trabajo?

—Pensamos ir al Café Metropolitano para que Adela _____ ᵇ (conocer) a Guillermo.

—Yo puedo encontrarme con Uds. allí cuando yo _____ ᶜ (terminar) todo lo que tengo que hacer.

—No llegues tarde. La última vez, tuvimos que esperarte por una hora y cuando tú _____ ᵈ (llegar) ya estábamos listos para _____ ᵉ (regresar) a casa.

—Lo siento. Pero ese día llegó el electricista y no pude salir hasta que él _____ ᶠ (irse).

—Bueno. Aquí tienes el teléfono del Café en caso de que tú _____ ^g

(tener) algún problema.

—Ojalá que mamá me deje ir pues últimamente en **cuanto yo** _____ ^h

(volver) de la escuela, ella me pide que la ayude a **preparar la cena.**

—Espero que no tengas que ayudarla hoy. No **salgas sin que ella** _____ ⁱ

(saber) dónde vas a estar.

—Así lo haré. Después del problema que tuve la última vez, **nunca saldré sin**

_____ ^j (decir) a dónde voy.

2. Andrés llama a Leonardo porque quiere ir al centro con él.

—¿Cuándo vienes a buscarme?

—Voy a buscarte en cuanto yo _____ ^a

—Bien, te esperaré de manera que nosotros _____ ^b

—Buena idea. Me gustaría ir al centro también. Estaré en la casa a las tres, a menos

que yo _____ ^c

3. La madre de Bernarda la llama por teléfono. Ella está estudiando en casa de
Sandra.

—¿A qué hora vas a regresar a casa?

—Un poco más tarde mamá, tan pronto como nosotros _____ ^a

—Recuerda que tienes que regresar antes de las cinco para _____ ^b

—Sí. Aunque no me gusta ir al dentista iré hoy a fin de que él _____ ^c

—De acuerdo. Yo te llevo al dentista y mientras tú _____ ^d ,

yo iré de compras.

—Bien, pero no te tardes. La última vez, él me atendió tan pronto como yo

_____ ^e

4. Inés habla con Pedro. Ella y Tito fueron a un concierto.

—Ayer Tito y yo esperamos más de una hora para escuchar el concierto en el parque. Regresamos muy tarde porque nos quedamos en el parque hasta que

_____ ^a

—¿Y qué hicieron mientras Uds. _____ ^b?

—Conversamos un poco. Cuando llegamos no había mucha gente. Nos sentamos

cerca del escenario de modo que nosotros _____ ^c Siem-

pre es buena idea llegar antes de que la gente _____ ^d

—¡Claro! Luego pudimos ir a pedirles autógrafos a los músicos sin que la policía

_____ ^e

-quiera compounds

There is a group of indefinite relative expressions that are formed by adding *-quiera* to a relative pronoun or adverb. These are:

adondequiera	*wherever*	cuandoquiera	*whenever*
comoquiera	*however*	dondequiera	*wherever*
cualquier(a) + noun	*whatever* + noun	quienquiera	*whoever*
cualquiera	*whatever*		

The subjunctive is used with these words when uncertainty is implied.

Comoquiera que vayas, Elena irá.
However you (may) go (be it by car, plane, etc.), Elena will go.

Juan acepta cualquier coche que le den.
Juan accepts whatever (any) car they (may) give him (be it a Volks-wagen, Ford, Peugeot, etc.).

The indicative is used with these words when referring to something known.

Felipe siempre se sienta dondequiera que yo me siento en la clase.
Felipe always sits wherever I sit in class.

Adondequiera que iban mis padres, mis hermanos iban.
Wherever my parents went, my brothers used to go.

Ejercicio

Eloisa habla con su amigo Patricio. Ellos van a salir y hablan sobre sus planes pero parecen estar un poco indecisos. Completa el diálogo con el verbo entre paréntesis. Recuerda que como hay incertidumbre (*uncertainty*) sobre lo que ellos discuten, debes usar el subjuntivo.

—¿Me pongo el vestido azul?

—Ponte cualquier vestido que te _____ [1] (gustar). ¿Y a dónde vamos?

—Iremos adondequiera que tú _____ [2] (decir).

—Bien. Entonces, vamos a la fiesta en la escuela de Joaquín. ¿Puede venir quien-quiera que _____ [3] (comprar) una entrada?

—Por supuesto. En estas fiestas siempre dejan entrar a quienquiera que _____ [4] (pagar).

—Espero que Tomás no se enoje con Celia esta vez. Él siempre la critica como-quiera que ella _____ [5] (vestirse).

—Es una lástima. Tomás siempre busca cualquier excusa que le _____ [6] (permitir) pelear con Celia. Es una relación imposible.

The subjunctive vs. the indicative with *aunque*

The subjunctive is used with *aunque* (even if) when expressing doubt or uncertainty about an event or situation, or when an action is yet to happen.

Aunque tenga tiempo libre, no lo pasaré con él.
Even if I have free time (I'm not sure I will), I will not spend it with him.

The indicative is used with *aunque* (even though, although) when an event or situation is presented as factual.

Aunque tengo tiempo libre, no lo pasaré con él.
Although (it is a fact that) I have free time, I will not spend it with him.

Ejercicio

Lee las situaciones a continuación para determinar qué modo (subjuntivo o indicativo) vas a usar. Luego complétalas con el verbo entre paréntesis.

1. Pedro, necesitas un coche. Aunque tú nunca me _____ (pedir) dinero, yo te lo prestaré. Sé que te hace falta aunque tú _____ (ser) demasiado orgulloso para decírmelo.

2. Hace diez días que Antonio está enfermo. Aunque tú _____ (ir) a visitarlo varias veces la semana pasada él se quejó mucho. Mañana debes ir a verlo aunque tú _____ (tener) que salir temprano de la oficina.

3. El año pasado aunque _____ (hacer) mucho frío pudimos plantar muchos vegetales en el jardín. Este año plantaremos más aunque nosotros no _____ (saber) cómo va a estar el tiempo.

4. Juan acaba de empezar a aprender japonés y no quiere ver la nueva película japonesa. Aunque él no _____ (entender) bien el japonés, debe ver la película. Aunque yo no _____ (comprender) mucho cuando empecé a estudiarlo, aprendí mucha cultura viendo las películas.

The subjunctive with *tal vez* and *quizás*

The subjunctive is used with the adverbs *tal vez* and *quizás* (perhaps) when expressing uncertainty.

Tal vez (Quizás) sus padres le hayan comprado un coche de último modelo.
Perhaps her parents bought her a late model car. (but I doubt it)

When a high degree of probability is implied, the indicative may be used with the adverbs *tal vez* and *quizás* (perhaps).

Tal vez (Quizás) le compraron un coche de segunda mano.
Perhaps they bought her a used car. (it's likely)

Ejercicio

Aunque siempre hacemos planes nunca sabemos lo que va a ocurrir. Lee las siguientes situaciones, luego escribe frases sobre lo que piensas hacer. Usa *tal vez* o *quizás* para escribir frases según el grado de incertidumbre (*uncertainty*).

Modelo: Tú has terminado todo lo que tenías que hacer.
Quizás / Tal vez me siento a escuchar música.
o
Quizás / Tal vez me siente a escuchar música.

1. Hace buen tiempo y no tienes que trabajar.

   _____

2. Tus padres van de vacaciones pero tú te quedas solo(a) en casa.

   _____

3. Has terminado todas tus tareas y quieres salir a divertirte un poco.

   _____

4. Tu mejor amigo(a) tiene boletos para un concierto muy bueno. Hace tiempo que quieres ver a ese grupo musical.

   _____

5. Quieres ir de vacaciones a la República Dominicana pero el billete de avión cuesta mucho.

   _____

Ejercicios de resumen

A. A uno(a) de tus amigos le encanta gastar todo su dinero comprando cosas que verdaderamente no necesita. Tú tratas de darle algunos consejos. Completa las sugerencias de una manera original.

Modelo: Deja todas las tarjetas de crédito en casa antes de que tú y tus amigos *vayan al centro.*

1. Siempre ve de compras con un amigo para que él/ella…

   _____

2. Si vas de compras, haz una lista de lo que verdaderamente necesitas de manera que…

   _____

3. Yo siempre salgo de una tienda tan pronto como…

_____

4. No vayas al centro comercial hasta que…

_____

5. Escucha a tus padres cuando ellos…

_____

6. Los vendedores son muy insistentes algunas veces. Tú debes salir de la tienda en cuanto ellos…

_____

7. Pon la mayor parte del dinero que ganas en una cuenta de ahorros a fin de que…

_____

8. No compres cosas que no necesitas a menos que…

_____

B. Reacciones. Ahora tienes la oportunidad de expresar tus ideas acerca de lo que tú haces o harás en ciertas situaciones. Responde a las siguientes preguntas usando una de las conjunciones entre paréntesis para expresar tus ideas.

> **Modelo:** ¿Qué haces cuando no sales bien en un examen? (tan pronto como, de manera que)
> _Estudio más tan pronto como llego a casa._ o
> _Estudio más de manera que salga mejor la próxima vez._

1. ¿Qué haces cuando no tienes dinero? (de modo que, tan pronto como)

_____

2. ¿Qué harás si uno de tus amigos se siente triste? (tan pronto como, sin que)

_____

3. ¿Qué harás si uno de tus amigos parece estar enojado contigo? (en caso de que, después de que)

_____

C. Algunos de tus amigos te hacen ciertas preguntas pero a ti no te importa mucho (*you don't care much*) lo que ni tú ni ellos hagan el día de tu cumpleaños. Escribe **tus** ideas usando las palabras entre paréntesis.

> **Modelo:** ¿Dónde pasarás tu cumpleaños? (dondequiera / decidir)
> *Lo pasaré dondequiera que Uds. decidan.*

1. ¿A quién debemos invitar a la fiesta? (cualquier(a) / querer)

_____

2. ¿Cuándo vas a hablar con Jaime? (cuandoquiera / poder)

_____

3. ¿A dónde vamos a cenar esa noche? (adondequiera / tener)

_____

4. ¿Cómo vamos a ir al restaurante? (comoquiera / decidir)

_____

5. ¿Qué regalos quieres? (cualquier(a) / comprar)

_____

D. La verdadera amistad no tiene límites, ¿verdad? Escribe tres frases en las que expreses lo que significa la amistad para ti. Usa la palabra *aunque* en tus respuestas.

> **Modelo:** *Aunque no nos veamos por muchos años, no dejaré de quererla.*

1. _____
2. _____
3. _____

E. ¿Posibilidades o no? Expresa algunas posibilidades sobre eventos que puedan ocurrir en el futuro. Usa *tal vez* y *quizás* para expresar tus ideas. Recuerda que si existe certeza (*certainty*) debes usar el indicativo, si no hay mucha certeza, entonces debes usar el subjuntivo. Escribe tres frases con el indicativo y tres con el subjuntivo.

1. _____
2. _____
3. _____
4. _____
5. _____
6. _____

A Review of the Indicative Mood

The indicative mood

Verbs indicate an action, a state, or an event. Spanish verbs have different forms to express distinctions of mood, tense, person, and number. Changes of mood, tense, person, and number are shown by adding particular endings to the stem of the verb.

The indicative mood is used to affirm, negate, or question what the speaker considers to be a part of his or her knowledge or reality. A verb used in the indicative mood states facts—things that (according to the speaker) either occur, have occurred or will occur in reality—or it asks direct questions about such things.

Mis amigos y yo fuimos a un campamento en el verano.
My friends and I went to camp in the summer.

A verb in the indicative mood can be used in a main clause as well as in a dependent clause.

Cuando voy al campamento, veo a mi amigo Juan que vive en Miami.
When I go to the camp, I see my friend Juan who lives in Miami.

The tense of the verb indicates the time of the action, state, or event. In Units 1–4, 9, and 10, you reviewed the following tenses of the indicative mood:

- the present tense

- four past tenses: the preterite, the imperfect, the present perfect, and the pluperfect

- the future tense

- the conditional and the conditional perfect tense

Remember that when conjugating regular verbs:

- the stem of most indicative tenses is formed using the infinitive without its infinitive ending (-*ar*, -*er*, -*ir*).

- the future and the conditional are formed using the entire infinitive as a stem.

- spelling changes are sometimes necessary to maintain pronunciation.

- many verbs are irregular in one or more indicative tenses.

If you have any questions about the conjugation of any of the indicative tenses that you have reviewed, go back to the in-depth review of that particular tense.

Ejercicio

Lee las siguientes frases y determina si tienen lugar en el presente, pasado o futuro. Luego tradúcelas al inglés.

	Presente, pasado o futuro
1. Ya hemos terminado de pintar toda la casa.	_____
2. ¿Vamos a reunirnos en mi casa esta noche?	_____
3. Anoche dormimos al aire libre en el campamento.	_____
4. Cuando salía temprano siempre me encontraba con Víctor.	_____
5. En unos meses la impresora (*printer*) para la computadora valdrá menos.	_____
6. Yo no conozco a Pedro pero sé que vive en San Isidro.	_____
7. Ellos nunca mienten.	_____
8. ¿Ya habías visitado las ruinas de Tulum?	_____
9. Si no hay agua, lavamos la ropa en el río.	_____
10. Eduardo no se siente bien desde esta mañana.	_____

The present tense

> Remember that although the action or state expressed by the present tense can be in progress at the time it is expressed (*Leo en este momento*), often the action or state has begun before and continues after it is expressed. Some such uses are the use of the present tense to express:
>
> **1.** habitual actions.
>
> **Me cepillo los dientes tres veces al día.**
> *I brush my teeth three times a day.*

2. the present intention to carry out a future action.

Adán va a Costa Rica este verano.
Adam is going to Costa Rica this summer.

3. the result of an assumption concerning the present.

Si David está en casa, habla por teléfono.
If David is at home, he is talking on the phone.

Ejercicios

A. Imagina que eres un reportero(a) para el periódico de tu escuela y que te han pedido que escribas un artículo sobre los hábitos de tus compañeros. Usa el presente de los verbos a continuación para escribir las preguntas que usarás durante la entrevista.

Modelo: levantarse temprano
¿Te levantas temprano? o
¿A qué hora te levantas?

1. acordarse de todas las responsabilidades

_____

2. despertarse a tiempo siempre

_____

3. pensar sobre la política

_____

4. dormir suficientes horas

_____

5. mentir algunas veces

_____

6. divertirse

_____

7. competir con tus amigos

_____

8. agradecer las buenas acciones de otros

_____

9. tocar algún instrumento musical

_____

10. graduarse en dos o tres años

_____

B. Como quieres incluir tus hábitos en la encuesta debes responder a las preguntas también. Responde a la preguntas que escribiste en el ejercicio anterior según tu experiencia personal.

1. _____
2. _____
3. _____
4. _____
5. _____
6. _____
7. _____
8. _____
9. _____
10. _____

C. ¿Qué haces en los próximos tres días? Usa los verbos a continuación para expresar lo que vas a hacer o no vas a hacer. Usa el presente y las expresiones *mañana*, *pasado mañana*, *el martes*, etc. para expresar las ideas.

dar	salir
empezar	venir
hacer	ver
ir	vestirse
nadar	

Modelo: *Voy al baile el sábado.*

1. _____
2. _____
3. _____
4. _____
5. _____

D. ¿Qué hacen tú y las siguientes personas en estas situaciones? Usa *si* y las palabras a continuación para escribir frases completas.

Modelo: nosotros / tener tiempo / nosotros / jugar en el parque
Si nosotros tenemos tiempo, jugamos en el parque.

1. yo / tener tiempo / yo / desayunar con mis padres

_____

2. mis padres / ganar bastante dinero / ellos / ir de vacaciones

_____

3. haber un examen / yo / estudiar con mis amigos

_____

4. Uds. / sonreírse / Uds. / sentirse mejor

_____

5. mi amigo(a) / tener dinero / él / contribuir a organizaciones benéficas

_____

6. yo / ofrecer ayuda a mis amigos / ellos / agradecer mi amabilidad

_____

7. yo / exigir / honestidad de mis amigos / nosotros / nunca tener problemas

_____

8. tú / empezar a estudiar temprano / tú / poder mirar la televisión luego

_____

E. Graciela está en su habitación escribiendo sus reflexiones en su diario. Completa lo que ella escribe con el presente de indicativo del verbo entre paréntesis.

Esta mañana yo me levanté demasiado temprano. Últimamente yo

_____ [1] (ponerse) nerviosa cuando yo _____ [2] (tener)

un examen y _____ [3] (acostarse) muy tarde. Algunas veces el desperta-

dor no _____ [4] (sonar) y por eso yo _____ [5] (llegar)

tarde a la escuela. Esta tarde yo _____ [6] (pensar) ir a comprar un des-

pertador nuevo y espero que Santiago pueda ir conmigo. Él _____ [7]

(tener) un despertador bueno que nunca le _____ [8] (dar) problemas.

Ahora yo _____ [9] (estar) sentada en mi habitación pensando en lo

que yo _____ [10] (ir) a hacer mañana. Mis padres siempre me

_____ [11] (decir) que _____ [12] (ser) bueno planear para

así no tener problemas. Yo les _____ [13] (decir) que cuando yo

_____ [14] (empezar) a planear mucho no _____ [15]

(divertirse) pues entonces _____ [16] (hacer) las cosas automáticamente

sin dejar oportunidad para las sorpresas.

Mis amigos nunca _____ [17] (planear) nada. Ellos

_____ [18] (huir) de la rutina. _____ [19] (Actuar [ellos])

como locos a veces pues nunca _____ [20] (recordar) lo que ellos

_____ [21] (tener) que hacer. Muchas veces nosotros

_____ [22] (reírse) cuando nosotros _____ [23] (comparar)

planes o mejor dicho, ellos _____ [24] (reírse) de mí pues aunque no me

_____ 25 (gustar) hacer planes, los hago. Yo siempre les

_____ 26 (dar) la razón. Yo no _____ 27 (mentir). La

influencia de mis padres _____ 28 (ser) obvia.

Mi día en la escuela hoy fue bastante monótono. Mi amigo Reynaldo siempre

_____ 29 (huir) de las responsabilidades. Hoy _____ 30

(continuar [él]) escondiéndose de su profesor de física. Él _____ 31

(construir) unos puentes maravillosos y el profesor le pidió que hiciera algunos mo-

delos para las clases elementales. Yo lo _____ 32 (conocer) muy bien y

_____ 33 (saber) que no ha hecho nada. _____ 34

(Seguir [yo]) diciéndole que un día él _____ 35 (ir) a tener problemas

si no _____ 36 (hacer) lo que _____ 37 (prometer [él]).

Bueno, ahora _____ 38 (acostarse [yo]) porque últimamente no

_____ 39 (dormir) bien. _____ 40 (Soñar [yo]) con cosas

extrañas y luego _____ 41 (despertarse) cansada. Algunas veces hasta

_____ 42 (caerse [yo]) de la cama.

The past tenses

The past tenses you have studied have differentiated uses:

1. the imperfect is used mainly to express continuance in the past. It
expresses what was habit or custom, describes the qualities of persons or
things in the past, and gives other background information (such as time,
age, weather, location, what was going on) in the past.

**El año pasado Josefina estaba en mi clase de español. Había treinta
estudiantes en la clase. Ella era la más estudiosa. Hacía la tarea
todos los días. Iba a la biblioteca mientras yo jugaba.**
*Last year Josefina was in my Spanish class. There were thirty students
in the class. She was the most studious. She used to do the homework
every day. She used to go to the library while I was playing.*

2. the preterite expresses a past state, event, or action as occurring (and ending) at a particular time (understood or stated) in the past. It serves to
indicate that an act began or ended.

Al final del año hubo un examen y Josefina sacó buena nota.
At the end of the year there was a test and Josefina got a good grade.

3. the present perfect tense denotes that a past action, state, or event took
place within a space of time that has not yet passed (such as the present day,
week, month, year, age, etc.).

Carolina y Nicolás han trabajado mucho este mes.
Carolina and Nicolás have worked a lot this month.

> **4.** the pluperfect is used to describe what had happened before a certain moment of time in the past. It is not only past, but prior to another event which is also in the past.
>
> **Ya habíamos comido cuando Miguel llegó.**
> *We had already eaten when Miguel arrived.*

Ejercicios

A. Felicia y Rosa hablan sobre sus experiencias cuando estaban en México. Completa el diálogo con el imperfecto del verbo entre paréntesis.

—¿Qué _____ ¹ (soler [tú]) hacer cuando no _____ ² (tener) que ir a la escuela?

—_____ ³ (Ir [yo]) a caminar por la ciudad y si _____ ⁴ (haber) una buena exhibición Hugo y yo _____ ⁵ (visitar) los museos.

—Cuando yo _____ ⁶ (estar) en Mérida, _____ ⁷ (dar [ellos]) unas conferencias de arte fantásticas en el museo. Siempre _____ ⁸ (ver [nosotros]) una película sobre los mayas y luego _____ ⁹ (discutir) las obras de arte.

—Todavía dan conferencias. Pero, los días en que yo _____ ¹⁰ (hablar) con gente que yo _____ ¹¹ (encontrarse) en la calle fueron los mejores días de mi semestre en México.

B. Juan José y Javier hablan sobre lo que sucedió ayer. Completa el diálogo con el pretérito del verbo entre paréntesis.

—¿Qué _____ ¹ (hacer [tú]) ayer? Yo te _____ ² (esperar) hasta las cuatro pero tú nunca _____ ³ (aparecer).

—Bueno, cuando yo _____ ⁴ (salir) de la clase de música, _____ ⁵ (tener) que ir a la zapatería. Ayer los zapatos se me _____ ⁶ (romper) y _____ ⁷ (caerse [yo]) durante la práctica de fútbol.

—Yo le _____ ⁸ (decir) a Georgina que algo te había sucedido pues siempre que planeamos encontrarnos, tú cumples.

—En el último partido yo _____ ⁹ (jugar) muy mal pues los zapatos me molestaban. _____ ¹⁰ (Ir [yo]) a la zapatería, luego _____ ¹¹ (estar) en la oficina de papá para recoger unos programas para la computadora. Como ya era tarde _____ 12 (recoger [yo]) los zapatos y

_____ 13 (venir) de nuevo a la escuela.

—Georgina y Pablo _____ 14 (divertirse) mucho pues _____ 15 (asistir) a un ensayo del grupo de teatro. _____ 16 (Vestirse [ellos]) de Romeo y Julieta y _____ 17 (pasar) la tarde bromeando con los actores.

—Sí, ellos me lo _____ 18 (decir) esta mañana pues cuando yo

_____ 19 (llegar) a la escuela ya ellos se habían ido.

—Bueno, tengo que ir a la librería. Aquí están los libros que yo

_____ 20 (recoger) para ti en la biblioteca. Buena suerte con el informe.

—Gracias, Juan José. Te lo agradezco.

C. Úrsula ha regresado de sus vacaciones y te pregunta lo que ha pasado en su ausencia. Usa el presente perfecto para decírselo.

1. Jorge / estar enfermo

_____

2. Orlando y Lisa / ver más de seis películas

_____

3. nosotros / leer varias novelas de misterio

_____

4. Diego / romper varias esculturas muy costosas

_____

5. yo / resolver ir a la escuela de verano

_____

D. Úrsula tiene otras preguntas para ti. Tú le explicas que todo había pasado antes de que ella fuera de vacaciones. Usa el pluscuamperfecto para expresar las ideas.

> **Modelo:** ¿Leíste el libro que te presté?
> *Claro, lo había leído antes de tus vacaciones.*

1. ¿Devolviste los videos que alquilamos?

_____

2. Los miembros del club, ¿escribieron las invitaciones para la reunión?

_____

3. Ricardo y Julio, ¿le dijeron a Marta lo que sucedió en la clase?

_____

4. ¿Buscaste la ropa que dejé en la tintorería (_dry cleaner_)?

_____

5. ¿Fueron Uds. a ver la nueva obra de García Márquez?

_____

E. Anoche Tina tuvo una experiencia muy extraña. Subraya la forma apropiada del verbo para completar su descripción de lo que le sucedió. Primero, es buena idea leer rápidamente toda la narración para tener una idea del contenido.

¿Qué (fue/era) eso que yo (veía/vi) en el parque? (Era/Fue) algo muy extraño. (Tuvo/Tenía) mucho pelo, dientes feroces y uñas largas. Los ojos (parecieron/parecían) lanzar tiros (_fire bullets_). Nunca (había visto/veía) nada así. Yo (había sabido/supe) inmediatamente que me (descubrió/había descubierto) entre los árboles donde yo (me escondí/me escondía). Yo (había temblado/temblaba) de miedo. (Había llegado/Llegaba) allí sin saber cómo. Y ahora (supe/sabía) que no (podía/pude) escapar.

Ahora continúa la descripción escribiendo la forma correcta del verbo entre paréntesis. Puedes usar el imperfecto, el pretérito o el pluscuamperfecto. Antes de completar cada párrafo, es importantísimo que lo leas cuidadosamente para tener una idea de lo que sucede.

Cuidadosamente la bestia _____ [1] (acercarse) a mí. Y de repente _____ [2] (sentir) que ya no _____ [3] (ser) la feroz bestia que yo _____ [4] (ver) unos segundos antes. Una sonrisa _____ [5] (aparecer) en su cara. Sí, _____ [6] (ser) una sonrisa. Me _____ [7] (dar [él]) la mano o por lo menos _____ [8] (extender) la mano como tratando de saludarme. Por unos segundos yo no _____ [9] (saber) qué hacer. ¿Y Roberto? ¿Dónde _____ [10] (estar) Roberto? De momento _____ [11] (sentir) que Roberto _____ [12] (acercarse). Él _____ [13] (huir) cuando _____ [14] (ver) aquel monstruo y ahora _____ [15] (acercarse) a mí. Los dos, _____ [16] (estar) como unas estatuas, inmóviles.

F. Ahora continúa el ejercicio sobre la experiencia que tuvo Tina para saber lo que verdaderamente sucedió.

De repente _____ [1] (tener [yo]) una idea. _____ [2] (Buscar [yo]) en mi bolsillo y _____ [3] (encontrar) unos caramelos que _____ [4] (comprar) el día anterior. Los _____ ⁵ (poner [yo]) en un banco que había cerca de nosotros. Cuando el animal los _____ ⁶ (coger), yo le _____ ⁷ (tocar) la piel. _____ ⁸ (Ser) suave. Por unos segundos, Roberto _____ ⁹ (seguir) temblando a mi lado. Le _____ ¹⁰ (decir [yo]) que no tuviera miedo y probablemente _____ ¹¹ (creer [él]) que yo me _____ ¹² (volver) loca. Después me _____ ¹³ (decir) que en mis palabras _____ ¹⁴ (oír) la serenidad con que yo _____ ¹⁵ (manejar) la situación y por eso _____ ¹⁶ (consentir) en tratar de hacerse amigo de aquel monstruo.

_____ ¹⁷ (Haber) un minuto de silencio mientras aquel animal _____ ¹⁸ (comer) los caramelos. Roberto _____ ¹⁹ (oír) un coche que _____ ²⁰ (acercarse). Yo no lo _____ ²¹ (poder) oír porque en aquel momento _____ ²² (tratar) de comunicarme con el animal. El tiempo _____ ²³ (pasar) y cada segundo _____ ²⁴ (parecer) que nosotros _____ ²⁵ (comunicarse) mejor. Yo _____ ²⁶ (empezar) a sonreír, le _____ ²⁷ (dar) la mano hasta que el animal _____ ²⁸ (extender) sus brazos y yo lo _____ ²⁹ (abrazar). En ese momento yo _____ ³⁰ (oír) gritar a Roberto. _____ ³¹ (Volverme) y vi que _____ ³² (estar [nosotros]) rodeados de más de diez animales, pero éstos se veían furiosos y en ese momento _____ ³³ (saber [nosotros]) que ellos _____ ³⁴ (venir) a rescatar a nuestro nuevo amigo.

—¡Tina! ¡Por qué gritas? ¿Qué te pasa?

_____ ³⁵ (Ser) mamá que _____ ³⁶ (oírme) gritar desde su cuarto y _____ ³⁷ (venir) a despertarme de la horrible pesadilla (*nightmare*) que yo _____ ³⁸ (tener).

The future tense

> The future is used:
>
> **1.** to express future actions, states or events.
>
> > **Iremos a las montañas este invierno.**
> > *We will go to the mountains this winter.*
>
> **2.** to express the result of an assumption concerning the future.
>
> > **Si hace calor, nadaremos en el mar.**
> > *If it is hot we will go swimming in the ocean.*

3. to wonder about or express a guess concerning an action, state, or event in the present or the future.

> —¿Qué tiempo **hará** este verano?
> —No sé, **hará** buen tiempo.
> —*I wonder what the weather will be like this summer.*
> —*I don't know, it will probably be nice.*

4. in indirect speech to report information about the future when the main verb (e.g., *decir*, *responder*, etc.) is in the present tense.

> **Dicen que el avión llegará con una hora de retraso.**
> *They say that the plane will arrive an hour late.*
> (Their actual words are "El avión llegará con una hora de retraso."
> ["The plane will arrive an hour late."])

But remember that an indirect command requires the use of the subjunctive mood.

> **Dicen que salgamos del avión.**
> *They say to leave the plane.*
> (Their actual words are "Salgan del avión." ["Leave the plane."])

Ejercicios

A. Agustín es un poco perezoso. Cada vez que le pides que él haga algo responde que lo hará luego. Contesta a las siguientes preguntas expresando lo que él dice.

> **Modelo:** Si le pido que me ayude, él dice que me (ayudar)…
> *Si le pido que me ayude, él dice que me ayudará la semana próxima.*

1. Cuando le pregunto cuándo me dará el dinero que me debe, él dice que me lo (dar)…

_____

2. Cuando le pido que ponga la mesa, él responde que la (poner)…

_____

3. Cuando le digo que tiene que terminar el trabajo para la escuela, él responde que él lo (terminar)…

_____

4. Si le pregunto si les ha escrito a sus abuelos, él me dice que les (escribir)…

_____

5. Si le digo que venga a ayudarme a limpiar mi cuarto, él me dice que (venir)…

_____

6. Si le pido que se vista mejor, él responde que él (vestirse)…

_____

B. ¿Qué harán tú u otras personas en las siguientes situaciones? Lee las ideas a continuación, luego escribe lo que tú o ellos harán.

1. Si hace buen tiempo, mis amigos y yo (ir)...

_____

2. Si no tenemos mucho trabajo, nosotros (salir)...

_____

3. Si mis padres llegan a casa temprano hoy, ellos (hacer)...

_____

4. Si tú les pides permiso a tus padres, este fin de semana tú (poder)...

_____

5. Si nieva mucho el invierno que viene, yo (esquiar)...

_____

C. Oyes a algunos de tus compañeros hablar sobre las noticias de anoche. Escribe una pregunta tratando de adivinar lo que probablemente sucederá.

> **Modelo:** Está nevando en las montañas. (haber / accidentes)
> _¿Habrá muchos accidentes?_

1. La Bolsa (_stock market_) bajará mucho esta semana. (perder / dinero)

_____

_____

2. La situación en muchos países del Medio Oriente (_Middle East_) se empeora. (haber / revolución)

_____

_____

3. Hay mucho descontento con los partidos políticos de Latinoamérica. (elegir / nuevos presidentes)

_____

_____

4. Ha disminuido el número de crímenes en muchas ciudades norteamericanas. (ser / seguras)

_____

_____

5 El congreso ha firmado una ley que les da más derechos a los inmigrantes. (poder / quedarse en los EE.UU.)

_____

_____

The conditional tense

The conditional tense is generally dependent upon a past tense (expressed or understood.) It is used:

1. to express what would (or would not) happen under certain (contrary-to-fact) conditions.

> **Iría a la fiesta, si tuviera un disfraz.**
> *I would go to the party, if I had a costume. (but I don't)*

2. to wonder about or express a guess concerning an action, state, or event in the past.

> **—¿Qué vestido llevaría? —No sé, llevaría el rojo.**
> *—I wonder what dress she wore? —I don't know, she probably wore the red (one).*

3. in indirect speech to report information when the main verb (such as *decir, responder,* etc.) is in a past tense; in other words, to indicate a future action, state, or event in relation to a moment in the past.

> **José me dijo que compraría un televisor de 50 pulgadas.**
> *José told me that he would buy a 50-inch TV set.*
> **(His actual words were "Compraré un televisor de 50 pulgadas."**
> *["I will buy a 50-inch TV set."])*

But remember that an indirect command requires the use of the subjunctive mood.

> **José me dijo que comprara un televisor de 50 pulgadas.**
> *José told me to buy a 50 inch TV set.*
> **(His actual words were "Compra un televisor de 50 pulgadas."**
> *["Buy a 50-inch TV set."])*

4. to make polite requests (with *deber, gustar, poder*).

> **¿Podría decirme dónde queda el Museo de Antropología?**
> *Would you tell me where the Museum of Anthropology is located?*

Ejercicios

A. Rigoberto le dice a Victoria lo que hará con el dinero si se gana la lotería. Luego Victoria se lo cuenta todo a Francisco. Cambia las siguientes frases según el modelo para expresar lo que Rigoberto dijo.

Modelo: Rigoberto: —Les daré dinero a los pobres.
Victoria: —Rigoberto dijo que les daría dinero a los pobres.

1. Rigoberto: —Iré de viaje.

Victoria: —_____

2. Rigoberto: —Llevaré a toda mi familia.

Victoria: —_____

3. Rigoberto: —Nunca gastaré todo el dinero.

Victoria: —_____

4. Rigoberto: —Contribuiré un poco de dinero a una organización benéfica.

Victoria: —_____

5. Rigoberto: —Pondré parte del dinero en el banco.

Victoria: —_____

B. Imagina que tú o las siguientes personas se encuentran en las situaciones a continuación y hay que tomar una decisión. Completa las frases de una manera original explicando lo que tú o estas personas harían.

1. Si un policía me acusara erróneamente, yo…

_____

_____

2. Si mis padres se enojaran conmigo, ellos…

_____

_____

3. Si tú no me dieras apoyo, yo…

_____

_____

4. Si tú decidieras ayudarme, mi madre…

_____

_____

5. Si tuviera que ir a la corte, tú…

_____

_____

C. Con cortesía se puede llegar muy lejos. Imagina que quieres que tus padres hagan ciertas cosas. Usa los verbos entre paréntesis para pedir lo que quieres cortésmente en una frase o en una pregunta.

Modelo: Deseo ir al cine esta noche.
Mamá, me gustaría ir al cine esta noche. o
Mamá, ¿podría ir al cine esta noche?

1. Quiero un coche del año. (gustar)

_____

2. Deseo ir de vacaciones a una isla remota. (gustar)

_____

3. Quiero comer un flan de postre. (poder)

_____

4. Denme más dinero esta semana. (deber)

_____

5 Mamá, quiero quedarme en casa de Diego hasta las once. (poder)

_____

D. Te enteras de lo que han hecho algunos de tus amigos durante el fin de semana y tú expresas algunas probabilidades relacionadas con lo que te dicen. Usa el condicional de los verbos entre paréntesis para expresar tus ideas.

> **Modelo:** Gilberto fue a ver la nueva película de horror. (dormir)
> _No dormiría bien esa noche._

1. Hugo y Pepita fueron a una fiesta en el museo de arte. (divertirse)

_____

_____

2. Benito peleó con su novia el sábado. (llegar tarde)

_____

_____

3. Mirta se cayó en el parque. (resbalarse)

_____

_____

4. Mi hermano y yo nos quedamos en casa todo el tiempo. (aburrirse)

_____

_____

5. Yo limpié mi cuarto. (cansarse)

_____

_____

The conditional perfect tense

> The conditional perfect is used to express what would (or would not) have happened under certain (contrary-to-fact) conditions
>
> **Yo habría ido a la fiesta, si hubiera tenido un disfraz.**
> _I would have gone to the party if I had had a costume. (but I didn't)_

Ejercicio

Siempre debemos aprender de nuestros errores. Lee las siguientes situaciones y di lo que las siguientes personas habrían hecho de manera diferente.

1. Si hubiera sabido que esa clase era tan difícil, yo...

_____

2. Si mis padres no hubieran sido tan estrictos, yo...

_____

3. Si no me hubiera quedado tan tarde en la fiesta, mis padres...

_____

4. Si tú no fueras tan sensible (*sensitive*), tú...

_____

5. Si todos fuéramos más amables, nosotros...

_____

6. Si yo hubiera llamado a mi mejor amigo(a) este fin de semana, él/ella...

_____

A review of the subjunctive mood

The subjunctive mood expresses uncertainty. It is used to express emotions, desires, and doubts. It is never used to make a direct statement of fact or to ask direct questions.

The subjunctive mood states the subjective attitude of the speaker, his or her desires, emotions, feelings, and judgments. It is most often used in a dependent clause introduced by *que*.

Es lástima que no hayas visto esa comedia.
It's a shame that you did not see that play.

No creí que fuera interesante.
I did not think that it would be interesting.

In Units 7–9 you reviewed the four tenses of the subjunctive mood: the present, present perfect, imperfect, and pluperfect subjunctive. The tense of the verb usually indicates the time of the action, state, or event. When determining the tense of the verb in the subjunctive mood, however, the time of the action (tense) of the main verb must also be considered. There is a particular sequence of tenses that should be followed.

Main verb	Dependent verb
present present perfect future command	present subjunctive *or* present perfect subjunctive

El presidente manda (ha mandado, mandará) que obedezcamos la nueva ley.
The president orders (has ordered, will order) us to obey the new law.

Él dice: «Mándeles que obedezcan la nueva ley.»
He says: "Order them to obey the new law."

Él espera (ha esperado, esperará) que la hayamos obedecido.
He expects (has expected, will expect) us to have obeyed it.

As you can see by the chart and examples above, the present subjunctive and the present perfect subjunctive depend on a main verb which is in the present, the present perfect, or the future indicative, or in a command form.

Main verb	Dependent verb
preterite imperfect pluperfect conditional conditional perfect	imperfect subjunctive *or* pluperfect subjunctive

El presidente mandó (mandaba, había mandado) que obede-ciéramos la nueva ley.
The president ordered (used to order, had ordered) us to obey the new law.

Él esperó (esperaba, había esperado) que la hubiéramos obedecido.
He expected (used to expect, had expected) us to have obeyed it.

La policía esperaría (habría esperado) que obedeciéramos (hubiéramos obedecido) la nueva ley también.
The police would expect (would have expected) us to obey (to have obeyed) the new law also.

As you can see by the chart and examples above, the imperfect subjunctive and the pluperfect subjunctive depend on a main verb which is in a past indicative tense (the preterite, the imperfect, or the pluperfect) or in the conditional or perfect conditional.

Ejercicio

Escoge la respuesta que complete las siguientes frases correctamente según el tiempo en el contexto de la frase.

1. Me alegro de que ___ con nosotros ahora.

a. estés   **c.** habías estado

b. estuvieras   **d.** hubieras estado

2. Dile a Gustavo que me ___ esa ropa mañana.

a. traiga   **c.** haya traído

b. trajera   **d.** hubiera traído

3. Lamento que Uds. no ___ mis consejos hasta ahora.

a. sigan   **c.** hayan seguido

b. siguieron   **d.** hubieran seguido

4. El profesor había insistido en que nosotros ___ temprano al día siguiente.

a. lleguemos   **c.** hayamos llegado

b. llegáramos   **d.** hubiéramos llegado

5. Será aconsejable que ellos no ___ nada impertinente en la reunión del viernes próximo.

a. digan   **c.** hayan dicho

b. dijeran   **d.** hubieran dicho

6. ¿Te preocuparías si yo ___ de un avión el sábado que viene?

a. salte   **c.** haya saltado

b. saltara   **d.** hubiera saltado

7. Rafael nos prohibía que lo ___ en la biblioteca.

a. busquemos   **c.** hayamos buscado

b. buscáramos   **d.** hubiéramos buscado

8. Habría visitado a Julio, si yo ___ que llegaba hoy.

a. sepa   **c.** haya sabido

b. supiera   **d.** hubiera sabido

Summary of the uses of the subjunctive

The uses of the subjunctive you have reviewed can be summarized as follows:

1. the subjunctive is used in noun clauses (clauses which can be the subject or the direct object of the verb):

a. after verbs expressing the desire of a person to cause *another* person or thing to act. The force of the desire can vary from very light (i.e., begging) to very strong (i.e., demanding).

> *El entrenador quiere que los jugadores practiquen todos los días.*
> *The trainer wants the players to practice every day.*

b. after expressions of emotion and feeling about a state, an event, or the action of *another* person or thing.

> *Yo sentí que tú tuvieras que irte.*
> *I was sorry that you had to leave.*

c. after impersonal expressions (*ser* + noun or *ser* + adjective) when there is a change in subject (unless the expression indicates certainty).

> **Es probable que Elena lo visite durante las vacaciones.** (*subjunctive*)
> *It's probable that Elena will visit him during the vacation.*
> BUT
> **Es seguro que él se alegrará de verla.** (*indicative*)
> *It is certain that he will be happy to see her.*

d. when the verb of the main clause denies—or expresses disbelief, doubt, or uncertainty about—a state, an event, or the action of *another* person or thing.

> *Ellos dudan que Federico haya sido muy inteligente.*
> *They doubt that Federico was very intelligent.*

2. the subjunctive is used in adjective clauses when referring to a person, thing, or idea which is either indefinite or negative.

> **Necesitaban un coche que tuviera aire acondicionado.**
> *They needed a car that had air conditioning.*

3. the subjunctive is used in adverbial clauses:

a. in time clauses when the action has not been completed at the time indicated by the verb in the main clause.

> **Tomás salió antes de que Teresa lo viera.**
> *Tomás left before Teresa saw him.*

b. in clauses that express the purpose or intention of an action.

> **Yo iré para que tú puedas ir.**
> *I will go so that you can go.*

c. in clauses that establish a proviso or restriction.

> **Te daré el dinero con tal de que consiga trabajo.**
> *I will give you the money provided I get a job.*

4. the subjunctive is used with *aunque* (even if) when expressing doubt or uncertainty about an event or situation or if an action is yet to happen.

> **Aunque sea guapo, mi hermana no saldrá con él.**
> *Even if he is handsome, my sister won't go out with him.*

5. the subjunctive is usually used with the adverbs *tal vez* and *quizás* (perhaps), but when a high degree of likelihood is implied, the indicative may be used.

> **Tal vez (Quizás) vaya a su casa mañana.**
> *Perhaps I will go to her house tomorrow. (but I doubt it)*
> **Tal vez (Quizás) voy a su casa mañana.**
> *Perhaps I will go to her house tomorrow. (it's likely)*

6. the subjunctive is used with *-quiera* compounds when uncertainty is implied.

> **Sara habla con cualquiera que hable español.**
> *Sara talks to anyone who may speak Spanish.*

7. the imperfect and pluperfect subjunctive are used in the *if* clause of contrary-to-fact conditions

> **Si se casara con él, sería muy feliz.**
> *If she were to marry him (but I doubt it), she would be very happy.*

8. the imperfect and pluperfect subjunctive are used in *como si* statements

> **Sandro camina como si supiera adonde va.**
> *Sandro walks as if he knows where he is going.*
> **Diego actuaba como si no hubiera dormido bien.**
> *Diego was acting as if he had not slept well.*

Ejercicios

A. Raquel le escribe a Rita porque acaba de recibir una carta de ella donde le dice que la viene a visitar. Completa la respuesta de Raquel con la forma correcta del verbo entre paréntesis. ¡Ojo! Algunas frases necesitan el indicativo.

Querida Rita,

Estoy encantada de que me _____ ¹ (escribir).

Me alegro de que tú _____ ² (estar) bien y de que

pronto _____ ³ (venir) a visitarnos. ¡Ojalá que

_____ ⁴ (hacer) buen tiempo cuando tú

_____ ⁵ (llegar)! En las últimas semanas ha llovido mucho.

Ayer, Juan me preguntó por ti. Él temía que tú no

_____ ⁶ (poder) venir a pasarte unos días con nosotros.

Él me pidió que yo _____ ⁷ (arreglar) el cuarto porque así

podríamos insistir en que tú _____ ⁸ (venir) para que tú

_____ ⁹ (ver) como hemos arreglado la casa. Él se pondrá

muy contento cuando él _____ ¹⁰ (saber) que ya has com-

prado el billete del tren.

Nosotros te sugerimos que _____ ¹¹ (traer) tu

traje de baño. Los padres de Juan nos han rogado que nosotros

_____ ¹² (ir) a visitarlos en la playa por unos días. Están

muy orgullosos de que Juan _____ ¹³ (conseguir) un puesto

tan bueno en la compañía. Los dueños buscaban un nuevo gerente (*manager*) que

_____ ¹⁴ (saber) hablar español porque ahora tienen mucho

negocio en Sudamérica. Es probable que _____ ¹⁵ (querer

[ellos]) tener una pequeña celebración. Esperamos que tú nos

_____ ¹⁶ (acompañar), a menos que tú

_____ ¹⁷ (preferir) quedarte en la ciudad y visitar algunos

museos. Cualquiera que _____ ¹⁸ (ser) tu decisión, no creo

que _____ ¹⁹ (haber) problema. Es cierto que a ellos les

_____ ²⁰ (gustar) verte, pero si quieres quedarte en la ciu-

dad hasta que nosotros _____ ²¹ (volver) del campo, no nos

importaría.

La semana pasada hablé con Rodolfo en caso de que él

_____ ²² (querer) venir también. Me preocupa que él no

_____ ²³ (llamar) todavía para confirmar sus planes. Es bueno que Uds. _____ 24 (conocerse) mejor. Yo sé que tú

_____ 25 (estar) un poco enamorada de él cuando vivías

aquí. Así es que lo invité sin que él _____ 26 (saber) que tú

venías. Si él _____ 27 (enterarse) de tu viaje, se pondría

nervioso y probablemente no vendría. Es un poco tímido. Es importante que él te

_____ 28 (ver) cuando él _____ 29

(llegar) para ver si se sorprende. Si se enfada, ya sabremos si está interesado o no.

    Bueno, Rita, te prohíbo que _____ 30 (comprar)

regalos para los niños. Ellos tienen de todo y sería mejor que

_____ 31 (ahorrar) el dinero de manera que

_____ 32 (contribuir) un poco a tus estudios. Aunque

yo _____ 33 (saber) que eres muy generosa, esta vez

no quiero que _____ 34 (provocar) una revolución con

todos los juguetes que siempre traes. Llámame antes de que el tren

_____ 35 (salir). Tan pronto como nosotros

_____ 36 (saber) que ya estás en camino, iremos a

la estación de trenes para buscarte. Parece mentira que nosotros no te

_____ 37 (ver) en tantos meses. Pero, es verdad que

nunca _____ 38 (olvidarse [nosotros]) de los buenos

amigos.

Hasta pronto,
Raquel

B. Lee las siguientes situaciones, luego escribe la forma correcta del verbo. Ten en cuenta que las situaciones ocurrieron en el pasado.

1. Susana habla sobre su amigo Jorge quien dejó muchos libros en su casa mientras él pintaba su cuarto.

   Ayer le dije a Jorge que _____ a (venir) a buscar sus libros. Hacía dos meses que estaban aquí. Sus padres insistieron en que él _____ b (pintar) su cuarto y por eso los dejó aquí. Era probable que él no _____ c (recordar) que estaban aquí. Me preocupaba que él no _____ d (salir) bien en sus exámenes sin los libros que necesitaba. Yo esperaba que él _____ e (llegar) antes de las dos pero no vino hasta las cuatro. Le rogué que _____ f (llevarse) todos sus libros. Ya no tengo espacio en mis estantes.

2. Marcos habla sobre los planes que tenían para visitar su casa de campo y lo que pasó con su amigo Julio.

   Fue extraño que Julio no _____ a (querer) acompañarnos a la casa de campo este fin de semana. Nos preocupó que _____ b (pedir) disculpas y que _____ c (excusarse) cuando nosotros sabíamos que no estaba diciendo la verdad. ¿Podría ser que no le _____ d (gustar) pasar tiempo con nosotros? Por fin, yo llamé a su mejor amiga y le supliqué que ella me _____ e (decir) lo que pasaba. Ella parecía un poco enojada. Le pedí que me _____ f (contar) si Julio estaba enojado o enfermo y me dijo que se había sorprendido de que nosotros no la _____ g (invitar). ¡Ellos eran novios! ¡Fue tonto que no _____ h (pensar) en invitarla! Yo le pedí disculpas y le rogué que nos _____ i (perdonar). Yo le expliqué que había sido nuestro error. Dijo que lo pensaría. ¡Ojalá que ella _____ j (comprender) que no lo hicimos a propósito!

3. Pilar habla sobre sus amigos Georgina y Alfredo. Ellos querían comprar un coche y se perdieron una venta especial muy buena.

Si Georgina y Alfredo _____ a (ir) a la venta de coches de este fin de semana, ellos habrían encontrado el coche ideal. Sus padres permitieron que ellos _____ b (comprar) un coche que no _____ c (ser) demasiado caro. Ellos habían hecho planes para ir a la playa con sus primos antes de que la compañía _____ d (anunciar) la venta. Yo les sugerí que les _____ e (pedir) excusas a sus primos y que ellos _____ f (venir) con nosotros. Nosotros sabíamos que era dudoso que sus primos _____ g (decidir) venir también. Además les recomendé que ellos _____ h (conducir) a la playa, _____ i (dejar [ellos]) a sus primos allí, y que luego _____ j (ir) a la venta. Les enojó mucho que sus primos no _____ k (estar) de acuerdo con ninguna de las alternativas. Sinceramente fue una lástima que no _____ l (poder) ir. Los coches estaban baratísimos.

4. Gilberto habla sobre su experiencia con el Internet y el éxito que tuvo la primera vez que trató de usar su módem.

Antonio me había recomendado que _____ a (conseguir) un módem para mi computadora. La semana pasada por fin lo compré. Yo sabía que aunque _____ b (ser) difícil aprender a navegar la «super carretera de la información», iba a aprender a hacerlo. Tenía miedo de que yo _____ c (perder) algunos de los programas que había instalado en la computadora. ¡Qué poca confianza! Leí todo el manual de modo que cuando esa tarde yo me senté enfrente de la computadora, sabía lo que estaba haciendo. Había hecho una lista de los pasos a seguir para saber qué hacer dondequiera que yo _____ d (querer) entrar. Úrsula me había dicho que iba a estar en su casa en caso de que

yo _____ ᵉ (necesitar) ayuda. Por fin, a las cuatro la llamé para darle la

buena noticia. Ya había podido comunicarme con muchas personas sin que ella

_____ ᶠ (tener) que ayudarme. Se alegró mucho de que yo ya le

_____ ᵍ (enviar) correo electrónico. Me dijo que le podía escribir con

tal de que no lo _____ ʰ (hacer) muy a menudo.

The imperative mood

The imperative mood is used to give direct affirmative and negative commands. Remember that:

1. With the exception of the affirmative *tú* and *vosotros(as)* forms, the forms of the imperative mood are the same as those of the present subjunctive.

> **¡Conteste Ud. el teléfono!**
> *Answer the telephone!*
>
> **¡Salgamos ahora!**
> *Let's leave now!*

2. The *tú* affirmative command is the same as the *él, ella* form of the present tense.

> **¡Apaga la computadora!**
> *Turn off the computer!*
>
> **¡Lee el periódico!**
> *Read the newspaper!*

But note the following exceptions:

decir → di	poner → pon	tener → ten
hacer → haz	salir → sal	venir → ven
ir → ve	ser → sé	

3. The *vosotros(as)* affirmative command is formed by replacing the final *-r* of the infinitive with *-d*.

> **¡Hablad despacio!**
> *Talk slowly!*

4. All negative commands are formed by placing *no* before the present subjunctive.

> **¡No traigan el libro mañana!**
> *Don't bring the book tomorrow!*

5. In negative commands, direct, indirect, and reflexive pronouns are placed immediately before the verb.

> **¡No se siente aquí, doctor!**
> *Don't sit here, doctor!*

6. In affirmative commands, direct, indirect, and reflexive pronouns are placed after the verb and attached to it. However, in the *vosotros(as)* form of reflexive verbs, the final *-d* is dropped before the reflexive pronoun is attached.

> **¡Siéntate!**
> *Sit down!*
>
> **¡Sentaos en la silla!**
> *Sit on the chair!*

7. When a direct, indirect, or reflexive pronoun is attached to the command form of a verb with two or more syllables, an accent mark is placed on the antepenultimate syllable (the syllable before the next-to-last).

> **¿Los televisores? ¡Cómpralos en una tienda de descuento!**
> *The television sets? Buy them at a discount store!*

Ejercicios

A. Imagina que estás en el cine y que oyes las siguientes conversaciones. Completa los diálogos con el mandato indicado.

1. —No veo nada desde aquí.

   —_____ (Sentarse [tú]) en la primera fila.

2. —¿Quieres comprar rositas de maíz (*popcorn*)?

   —Sí, _____ (darme [tú]) dinero.

3. —Esos chicos están hablando demasiado.

   —Por favor, _____ (callarse [Uds.]).

4. —Ya les dije que no hablaran.

   —_____ (Llamar [nosotros]) al gerente (*manager*).

5. —¡Qué película tan triste!

   —¡No _____ (empezar [tú]) a llorar!

6. —Esa señora lleva un sombrero muy grande.

   —Por favor, no _____ (sentarse [Ud.]) delante de mí.

7. —El aire acondicionado está muy fuerte. Tengo frío.

   —_____ (Ponerse [tú]) el suéter.

8. —Allí están Susana y Jorge.

   —¡Susana! ¡Jorge! _____ (Venir [Uds.]) acá.

9. —Ay, tengo las manos llenas de mantequilla.

   —_____ (Lavarse [tú]) las manos.

10. —No encuentro los caramelos en la cartera.

    —¡No _____ (hacer [tú]) tanto ruido!

B. Lee las siguientes frases y determina el modo (*mood*) en que están escritos los verbos subrayados. Escribe IND si el verbo está en el modo indicativo, SUB si está en el subjuntivo e IMP si está en el imperativo. Luego traduce las frases al inglés.

IND / SUB / IMP

1. Les pido que no <u>hablen</u> durante la presentación. _____

_____

2. Éstos son los artículos que <u>necesitarás</u> para la presentación. _____

_____

3. Él me dijo que tú no <u>cabrías</u> en el coche. _____

_____

4. Yo quería que <u>trajeras</u> tus discos compactos. _____

_____

5. Si <u>tuvieras</u> tiempo, ¿a dónde irías? _____

_____

6. <u>Siéntate</u> aquí y léeme el cuento. _____

_____

7. Ayer <u>anduvimos</u> por el barrio donde vive Isabel. _____

_____

8. En el autobús, siempre <u>me siento</u> detrás del chófer. _____

_____

Resumen de la unidad

Ejercicios creativos para escribir y para conversar

Los siguientes ejercicios van a ayudarte a poner en práctica los conceptos de esta unidad. Es buena idea que uses el espacio después de cada ejercicio para hacer apuntes (listas de palabras, expresiones, etc.) que te ayuden a expresar las ideas. Debes escribir la versión final de los ejercicios para escribir en tu cuaderno.

En cada uno de los ejercicios a continuación trata de usar por lo menos cuatro de las siguientes conjunciones.

a fin de que	de manera que	hasta que
a menos que	de modo que	mientras
antes de que	después de que	para que
con tal que	en caso de que	sin que
cuando	en cuanto	tan pronto como

A. Escribe una anotación en tu diario sobre un día típico en tu vida. Incluye algunas reflexiones sobre lo que haces diariamente, lo que hiciste en los últimos días y algunos de tus planes para el futuro.

_____

_____

_____

_____

_____

_____

_____

B. Describe el día ideal para ti y explica por qué es ideal. Comparte tu descripción con un(a) compañero(a) de clase; él/ella te hará preguntas sobre lo que tú dices.

_____

_____

_____

_____

_____

C. El periódico de la comunidad donde vives tiene una columna para las personas que necesitan consejos. Escribe una carta donde pides consejo sobre una situación o un problema que tengas. Explica la situación o el problema detalladamente para que la persona que da los consejos pueda comprender bien la situación.

_____

_____

_____

_____

_____

D. Se dice que los sueños revelan mucho sobre nuestra personalidad y nuestra vida.

1. Describe detalladamente por escrito un sueño que hayas tenido.

_____

_____

_____

_____

_____

2. Comparte la descripción que escribiste con un(a) compañero(a) de clase y pídele que interprete el significado del sueño.

3. Lee la descripción de tu compañero(a) y oralmente trata de interpretar el significado de su sueño. Según el tipo de sueño que sea, puedes discutir algunos de los siguientes temas:

- las preocupaciones de tu compañero(a)

- lo que él/ella debería hacer si se encontrara en la misma situación en la vida real

- lo que el sueño podría significar o lo que está tratando de decirle

_____

_____

_____

_____

_____

E. Uno de tus compañeros va a tener una experiencia por primera vez en su vida. Algunas experiencias entre las cuales él o ella puede escoger son: una estadía en un campamento de verano, un viaje a un país extranjero, su primer año en la universidad, un trabajo voluntario, etc. Aunque tú no te hayas encontrado en la misma situación, usa tu sentido común (*common sense*) para darle algunas ideas sobre lo que puede suceder y cómo debe actuar. Discutan las ideas y los consejos que tiene cada uno de Uds. sobre la experiencia. El (La) profesor(a) va a escoger a algunos estudiantes para que le presenten la discusión al resto de la clase.

_____

_____

_____

_____

_____

F. Quejas (*Complaints*). En tu escuela o comunidad es probable que haya ciertos problemas. Escribe una carta al periódico local en la que expreses tus quejas sobre un problema que te molesta. En tu carta ofrece algunas posibles soluciones para el problema.

_____

_____

_____

_____

_____

_____

_____

Estructuras básicas

Lesson 1

Nouns and articles

All Spanish nouns are either masculine or feminine. In order to remember the gender of a Spanish noun, it is helpful to learn it with its article (articles are the words *a*, *an*, and *the*).

The definite article

In Spanish the definite article has four forms, two singular and two plural:

Singular		Plural	
el	*the [masculine]*	los	*the [masculine]*
la	*the [feminine]*	las	*the [feminine]*

Here are some examples of Spanish nouns with their articles:

Singular	Plural
el libro	los libros
la pluma	las plumas

The feminine definite article is used with feminine nouns and the masculine definite article is used with masculine nouns. Note, however, that when the definite article immediately precedes a feminine noun beginning with stressed *a* or *ha*, the masculine singular article, *el*, is used instead of the feminine article *la*. (In the plural form, these nouns will use the feminine plural article, *las*.) Some common examples are:

el agua, las aguas   *the water(s)*
el águila, las águilas   *the eagle(s)*

el alma, las almas   *the soul(s)*

el arte, las artes   *the art(s)*

el hacha, las hachas   *the hatchet(s)*

el hambre   *the hunger*

No juegues con las hachas, te puedes cortar.
Don't play with the hatchets, you can cut yourself.

Because these nouns are still feminine, of course, they will continue to require feminine adjectives.

No me gusta el agua fría.
I don't like cold water.

Ejercicio

Cambia las palabras al plural o al singular.

1. el garaje _____
2. la ventana _____
3. el gato _____
4. los números _____
5. los telegramas _____
6. las almas _____
7. el sombrero _____
8. la puerta _____
9. las palabras _____
10. las hachas _____
11. la estación _____
12. el taxista _____

The indefinite article

The indefinite article also has two singular forms and two plural forms:

Singular		Plural	
un	*a, an* [*masculine*]	unos	*some, a few, several* [*masculine*]
una	*a, an* [*feminine*]	unas	*some, a few, several* [*feminine*]

Note that, again, as with the definite article, when the the indefinite article immediately precedes a feminine noun beginning with stressed *a* or *ha*, the masculine form, *un*, is used instead of *una*. (In the plural form, the feminine article *unas* is used.) In both the singular and the plural, these nouns will of course continue to require feminine adjectives.

Tengo un hambre espantosa.
I am extremely hungry.

En el cuadro hay unas águilas majestuosas.
In the picture there are some majestic eagles.

Plural formation

Remember that when a noun or adjective ends in a vowel, its plural is formed by adding an *-s*. When a noun or adjective ends in a consonant, its plural is formed by adding *-es*. The plural of nouns and adjectives ending in *-z* is formed by changing the *-z* to *-c* and adding *-es*.

> una mesa   unas mesas
>
> un avión   unos aviones
>
> un pez   unos peces

The plural of nouns that end in *-es* does not change.

> el miércoles   los miércoles

The plural of nouns and adjectives that end in a stressed *-és* is formed by dropping the accent and adding *-es*.

> un inglés   unos ingleses
>
> un hombre cortés   unos hombres corteses

Ejercicios

A. Cambia el artículo definido al indefinido.

1. las calles   _____
2. los trenes   _____
3. el castillo   _____
4. las camas   _____
5. la nube   _____
6. los ascensores   _____
7. las flores   _____
8. la esquina   _____
9. las cortinas   _____
10. el boleto   _____

B. Cambia los sustantivos y los artículos al singular o al plural.

1. un amigo   _____
2. unos trajes   _____
3. unas legumbres   _____
4. un mapa   _____
5. unas águilas   _____
6. unas universidades   _____
7. unos crucigramas   _____
8. unas fotos   _____
9. unas manos   _____
10. un fantasma   _____

Gender of Spanish nouns

Because there are no rules for determining the gender of Spanish nouns, the gender of most nouns must be learned separately. There are, however, a few aids that can be used in determining the gender of Spanish nouns:

1. word ending (how the noun ends)

2. meaning (what the noun means)

3. formation (how the noun is formed)

Careful study of the following guidelines and examples will help you better use these aids:

1. Using word ending to determine gender

a. Nouns ending in -*o* are generally masculine.

Notable exceptions are *la mano* (hand) and *la radio* (radio).

La foto and *la moto* are not the exceptions but shortened forms of *la fotografía* and *la motocicleta.*

b. Nouns ending in -*a* are generally feminine.

Notable exceptions are *el día* (the day), *el mapa* (the map), and a number of words ending in -*ma*, such as:

el clima	*the climate*	el problema	*the problem*
el crucigrama	*the crossword puzzle*	el programa	*the program*
el drama	*the drama*	el síntoma	*the symptom*
el fantasma	*the ghost*	el sistema	*the system*
el idioma	*the language*	el telegrama	*the telegram*
el poema	*the poem*	el tema	*the theme*

Note, however that nouns ending in -*ista* have the same form for the masculine and the feminine.

el artista / la artista   *the artist*

el dentista / la dentista   *the dentist*

el periodista / la periodista   *the journalist*

el taxista / la taxista   *the taxi driver*

el telefonista / la telefonista   *the telephone operator*

el violinista / la violinista   *the violinist*

c. Nouns ending in -*ad*, -*ud*, -*umbre*, -*ie*, -*sión*, and -*ción* are feminine.

la estación	*the season, station*	la libertad	*the liberty, freedom*
la expresión	*the expression*	la salud	*the health*
la juventud	*the youth*	la serie	*the series*
la legumbre	*the vegetable*	la universidad	*the university*

Remember that nouns that end in *-sión* or *-ción* lose the accent when they are plural.

       la expresión   *las expresiones*

d. Nouns ending in *-aje* are masculine.

el garaje	*the garage*	el personaje	*the character (in a novel)*
el pasaje	*the passage*	el traje	*the suit, dress*

Ejercicio

Escribe el artículo definido correspondiente. Luego cambia las primeras siete palabras al plural y las últimas siete al singular.

	ARTÍCULO	**PLURAL**
1.	_____ personaje	_____
2.	_____ composición	_____
3.	_____ historia	_____
4.	_____ telefonista	_____
5.	_____ tema	_____
6.	_____ serie	_____
7.	_____ ilusión	_____

	ARTÍCULO	**SINGULAR**
8.	_____ poemas	_____
9.	_____ síntomas	_____
10.	_____ motos	_____
11.	_____ problemas	_____
12.	_____ trajes	_____
13.	_____ libertades	_____
14.	_____ pasiones	_____

Gender of Spanish Nouns *(continued)*

2. Using meaning to determine gender

a. Nouns that refer to males are masculine:

el león   *the lion*   el rey   *the king*

b. Nouns that refer to females are feminine:

la actriz   *the actress*   la gallina   *the hen*

c. Many masculine nouns ending in *-o* change the *-o* to *-a* to form the feminine. This is especially true if the noun denotes a relationship.

el abuelo *the grandfather*	la abuela *the grandmother*
el cocinero *the cook (male)*	la cocinera *the cook (female)*
el hijo *the son*	la hija *the daughter*
el vecino *the neighbor (male)*	la vecina *the neighbor (female)*

d. The names of the letters of the alphabet (*las letras*) are feminine: *la efe, la hache, la eñe,* etc.

e. The names of the numbers (*los números*) are masculine: *el seis, el quince, el veinte,* etc.

f. The names of the days of the week (*los días*) are masculine: *el domingo, los domingos, el lunes, los lunes,* etc.

g. The names of the languages (*los idiomas*) are masculine: *el español, el inglés, el chino,* etc.

Ejercicio

Escribe el artículo definido correspondiente.

1. _____ padre		**6.** _____ hombre	
2. _____ bailarina		**7.** _____ doctora	
3. _____ alemán		**8.** _____ doce	
4. _____ eme		**9.** _____ tía	
5. _____ carpintero		**10.** _____ sábado	

Gender of Spanish nouns (continued)

3. Using word formation to determine gender

In Spanish, compound nouns are formed by combining words that can also be used separately (e.g., the verb form *lava* + the noun *manos* form the compound noun *lavamanos*). There are not many compound nouns in Spanish. Most of them are masculine. Some of these are:

el/los abrelatas	*the can opener(s)*
el/los lavamanos	*the washstand(s)*
el/los lavaplatos	*the dishwasher(s)*
el/los paraguas	*the umbrella(s)*
los quehaceres	*the chores (not usually used in the singular)*
el/los rascacielos	*the skyscraper(s)*
el/los tocadiscos	*the record player(s)*

Notice that these nouns do not change their form in the plural; what shows that they are plural is the use of the plural article (singular: *el paraguas*; plural: *los paraguas*).

Ejercicios

A. ¿Qué necesitas? Lee las frases a continuación y escribe lo que necesitas. Usa el artículo indefinido en tus respuestas.

1. Para abrir las latas necesito _____.

2. Para tocar los discos necesito _____.

3. Para protegerme del agua necesito _____.

4. Para lavarme las manos necesito _____.

5. Para lavar los platos necesito _____.

B. Las siguientes frases aparecieron en la sección de política de un periódico de Los Ángeles. Completa las frases con el artículo definido correspondiente.

1. _____ hambre sigue siendo _____ problema más grave en muchos países en vía de desarrollo.

2. _____ sistemas políticos de Latinoamérica muestran _____ estabilidad necesaria para mejorar _____ problemas de la sociedad.

3. _____ presidente les dio _____ mano a _____ ministros después de firmar _____ acuerdo entre los dos países.

4. _____ juventud puede luchar para que _____ presos políticos (*political prisoners*) obtengan _____ libertad.

5. _____ rascacielos son un símbolo de _____ cooperación entre

   _____ arquitectos y _____ sistema existente.

6. _____ programa de intercambio ha permitido que _____

   bailarinas participen en _____ competencias a nivel internacional.

7. Han invitado a _____ periodistas para que participen en _____

   serie de conferencias que tendrá lugar en _____ universidad

   _____ jueves próximo.

8. _____ salud de _____ ciudadanos sufre porque muchos de

   _____ enfermos no hablan _____ idioma y no comprenden

   _____ seriedad de _____ epidemia.

Uses of the definite article

The definite article (*el*, *la*, *los*, *las*) is used in Spanish, as in English, to refer to a particular person, thing, or idea in a specific context.

> **El problema del medio ambiente es mundial.**
> *The environmental problem is worldwide.*

There are some important differences between English and Spanish in the use of the definite article, however. For example, in Spanish:

1. The definite article is used before titles (but not with *don*, *doña*, *san*, *santo*, and *santa*) when one is not speaking directly to the individual.

> **La doctora Pérez es muy competente.**
> *Dr. Pérez is very competent.*

But: **Doña Berenice es dominicana.**
> *Doña Berenice is Dominican.*

When directly addressing the individual, the article is not used.

> **Buenos días, Dra. Pérez. ¿Cómo está Ud.?**
> *Good morning, Dr. Pérez. How are you?*

2. The definite article is often used instead of the possessive when speaking about a person's own parts of the body or clothing that a person is wearing.

> **Tomás se rompió el brazo y no puede ponerse la camisa.**
> *Tomás broke his arm and cannot put on his shirt.*

3. The definite article is used before any noun used in a general sense to represent an entire species or class.

> **Los cuadros abstractos son interesantísimos.**
> *Abstract paintings are very interesting.*

> **Los perros son animales fieles.**
> *Dogs are faithful animals.*

Los mexicanos hablan español.
Mexicans speak Spanish.

4. The definite article is used before any abstract noun (a noun that represents not a visible object but an abstraction).

Déme la libertad o déme la muerte.
Give me liberty or give me death.

El amor es ciego.
Love is blind.

5. The definite article is used after a preposition. When the prepositions *a* and *de* are followed by *el*, they form the contractions *al* (*a + el*) and *del* (*de + el*).

Voy a la iglesia todas las semanas.
I go to church every week.

Pedro está en la escuela.
Pedro is in school.

La escuela está cerca del mercado.
The school is near the market.

Note, however, that the definite article is omitted when the noun *la casa* (the house) is used to mean *home*.

¿Vas a casa ahora?
Are you going home now?

6. The definite article is usually used before:

a. the four cardinal points.

el norte	*North*	el este	*East*
el sur	*South*	el oeste	*West*

b. the names of the days of the week and seasons of the year (except after the verb *ser*) and with the days of the month (except when dating letters, e.g., *Acapulco, 10 de junio de 2001*).

Hoy es lunes. Salí de Nueva York el sábado.
Today is Monday. I left New York (on) Saturday.

No me gusta el invierno. Regresaré el 25 de abril.
I don't like winter. I will return (on) the 25th of April.

7. The definite article is used with the names of some countries, cities, and states. Some common ones are:

la Argentina	*Argentina*	la India	*India*
el Brasil	*Brazil*	el Japón	*Japan*
el Canadá	*Canada*	el Paraguay	*Paraguay*
la China	*China*	el Perú	*Peru*
el Ecuador	*Ecuador*	El Salvador	*El Salvador*
la Florida	*Florida*	el Uruguay	*Uruguay*
la Habana	*Havana*		

Nowadays, the article can also be left out with the names of countries. However, *El Salvador* is always used with its article.

8. The definite article is used with the names of languages (except immediately after the verb *hablar* and the prepositions *de* and *en*).

> **El japonés es importante para los negocios.**
> *Japanese is important in business.*

> **Hablamos francés en la clase de francés.**
> *We speak French in French class.*

> **La novela está escrita en español.**
> *The novel is written in Spanish.*

9. The definite article is used with adjectives to replace nouns that have already been mentioned.

> **Compré el vestido rojo. No me gustó el azul.**
> *I bought the red dress. I did not like the blue one.*

10. The definite article is used with nouns of rate, weight, and measure.

> **Juan pagó dos dólares la libra.**
> *John paid two dollars a pound.*

> **Los guantes cuestan seis dólares el par.**
> *The gloves cost six dollars a pair.*

(Note that English uses the indefinite article in this situation.)

Ejercicio

Completa las siguientes situaciones con el artículo definido correspondiente. En algunos casos tendrás que usar la contracción *al* o *del*. Si no se necesita un artículo, escribe una *X*.

1. Samuel está en una recepción con la familia Villareal.

—Samuel, ¿dónde está _____ ᵃ abrigo de _____ ᵇ señora Villareal?

—No sé, mamá. Voy a preguntarle _____ ᶜ señor Villareal.

—_____ ᵈ Sr. Villareal, ¿sabe Ud. dónde están _____ ᵉ abrigos?

—Sí, en _____ ᶠ cuarto detrás _____ ᵍ escenario donde tocan _____ ʰ músicos.

—Gracias, ahora los busco, mamá.

2. Beatriz habla con Pedro sobre su viaje a Cuba.

—Beatriz, ¿vas a _____ ᵃ Habana _____ ᵇ mes próximo?

—Sí, pienso ir con _____ ᶜ profesores de _____ ᵈ universidad.

—¡Qué bien! Oye, hoy es _____ ᵉ viernes y todavía no tienes pasaporte.

—Voy a _____ ^f oficina de pasaportes mañana. Hoy tuve que ir _____ ^g hospital a visitar a Hugo porque se rompió _____ ^h brazo.

—¿Vas a llevar _____ ⁱ cámara de vídeo?

—No, es muy pesada. Voy a llevar _____ ^j cámara fotográfica.

3. El señor Alcalá habla con una de sus vecinas.

—_____ ^a señor Alcalá, ¿cuánto pagó por _____ ^b zanahorias?

—Dos dólares _____ ^c docena.

—¡Qué baratas!

—Sí, las compré en _____ ^d tienda nueva que está _____ ^e norte de _____ ^f panadería.

—Mañana voy a pasar por allí. _____ ^g diez de este mes regresa mi hijo y sólo come _____ ^h vegetales frescos.

—Bueno, hasta luego. Tengo que llegar a _____ ⁱ casa temprano.

Uses of the indefinite article

Here are some of the rules governing the usage of the indefinite article in Spanish (note that, again, there are some differences between Spanish and English usage).

1. The indefinite article is generally not used following *ser* to express a nationality, profession, occupation, religious, or political group.

> **Josefina es cubana.**
> *Josefina is Cuban.*
>
> **El señor Aznar es abogado.**
> *Mr. Aznar is a lawyer.*
>
> **Los García son demócratas.**
> *The Garcías are democrats.*

Note, however, that the indefinite article *is* used when the nationality, profession, etc. is qualified by an adjective.

> **Josefina es una cubana muy simpática.**
> *Josefina is a very nice Cuban.*
>
> **El señor Aznar es un gran abogado.**
> *Mr. Aznar is a great lawyer.*
>
> **Los García son unos demócratas leales.**
> *The Garcías are loyal democrats.*

2. The indefinite article is not usually used in an impersonal expression (*ser* + noun).

> **¿Es costumbre servir frijoles con la comida?**
> *Is it the custom (customary) to serve beans with the meal?*

3. The indefinite article is not used with any form of the following words:

otro *another*

cien *a (one) hundred*

ciento *a (one) hundred*

mil *a (one) thousand*

medio *a half*

Me gustan los bocadillos. Quisiera otro.
I like sandwiches. I would like another (one).

Antonio necesita mil dólares.
Antonio needs a thousand dollars.

María Cristina compró una libra y media de azúcar.
María Cristina bought a pound and a half of sugar.

Note that, as with the definite article, *uno* (but not *un*), *una*, *unos*, and *unas* can be used with adjectives to replace a noun that has already been mentioned.

Si necesitas unos zapatos blancos, ¿por qué te pruebas unos negros?
If you need white shoes, why are you trying on black (ones)?

Ejercicio

En el siguiente párrafo Felipe escribe sobre la vida de su amiga Marina aquí en los Estados Unidos. Completa el párrafo con el artículo indefinido apropiado. Si no es necesario, escribe una *X*.

Marina es _____ [1] argentina. Hace tres años que vive en New Jersey. En la Argentina ella era _____ [2] doctora muy conocida. Ahora trabaja en _____ [3] despacho (*office*) de abogados. Es _____ [4] secretaria porque todavía no puede trabajar en _____ [5] hospital ni tener _____ [6] oficina en los EE.UU. Está estudiando mucho porque quiere tener su licencia para algún día abrir su propia oficina con _____ [7] otro doctor argentino que conoce. Según ella la mitad de las personas que vienen de _____ [8] otros países no puede sacar la licencia porque no sabe hablar inglés. Ella pagó _____ [9] mil dólares por _____ [10] curso de inglés intensivo y ahora lo habla bastante bien. Por ahora, es _____ [11] buena secretaria y para mí _____ [12] buena amiga.

The neuter gender

Although you have learned that Spanish nouns have only two genders, masculine and feminine, there is also a neuter form of the definite article, *lo*, which is used before adjectives and past participles to express their use as abstract nouns.

Lo importante es practicar mucho.
The important thing (what is important) is to practice a lot.

Lo hecho no se puede cambiar.
What's done cannot be changed.

Ejercicio

Usa el adjetivo o participio pasado y el artículo neutro *lo* para expresar una opinión sobre cada una de las frases a continuación.

Modelo: Genoveva está desesperada porque no tiene dinero.
(importante / tener paciencia)
Lo importante es tener paciencia.

1. Sandra gasta mucho dinero. (bueno / ahorrar dinero)

   _____

2. Consuelo no tiene muchos amigos. (necesario / salir a menudo)

   _____

3. Tengo que encontrarme con Julio antes de las doce. (complicado / llegar a tiempo)

   _____

4. El artículo del periódico contiene muchas mentiras. (mejor / no leerlo)

   _____

5. Diego conduce demasiado rápido. (difícil / hablar con él sobre eso)

   _____

The cardinal numbers

0 cero	10 diez	20 veinte
1 un(o), una	11 once	21 veintiuno, veintiuna
2 dos	12 doce	22 veintidós
3 tres	13 trece	23 veintitrés
4 cuatro	14 catorce	24 veinticuatro
5 cinco	15 quince	25 veinticinco
6 seis	16 dieciséis	26 veintiséis
7 siete	17 diecisiete	27 veintisiete
8 ocho	18 dieciocho	28 veintiocho
9 nueve	19 diecinueve	29 veintinueve

30 treinta	300 **trescientos, trescientas**
40 cuarenta	400 **cuatrocientos, cuatrocientas**
50 cincuenta	500 **quinientos, quinientas**
60 sesenta	600 **seiscientos, seiscientas**
70 setenta	700 **setecientos, setecientas**
80 ochenta	800 **ochocientos, ochocientas**
90 noventa	900 **novecientos, novecientas**
100 ciento (cien)	1.000 mil
101 ciento uno (una)	
102 ciento dos	
200 doscientos, doscientas	

2.000	dos mil
100.000	cien mil
200.000	doscientos (doscientas) mil
1.000.000	un millón (de + *noun*)
2.000.000	dos millones (de + *noun*)
1.000.000.000	mil millones (de + *noun*)

Here are a few things to keep in mind when using cardinal numbers:

1. The numbers 16 through 19 and the numbers 21 through 29 are sometimes written as three words each:

> diez y seis
>
> diez y siete
>
> diez y ocho
>
> diez y nueve
>
> veinte y uno
>
> veinte y dos
>
> veinte y tres
>
> veinte y cuatro
>
> veinte y cinco
>
> veinte y seis
>
> veinte y siete
>
> veinte y ocho
>
> veinte y nueve

Note that no accents are needed when these numbers are written as three words.

2. the conjunction *y* (and) is used regularly only in the following numbers:

a. the numbers between 16 and 19, and between 21 and 29, when the numbers are written as three words (see above): *diez y seis* (16), *veinte y nueve* (29), etc.

b. The numbers between 31 and 39, 41 and 49, etc., up to 99: *treinta y cuatro* (34), *setenta y ocho* (78), etc.

3. *Mil millones* (1.000.000.000) is the way to say *a billion* in Spanish. *Un billón* is a trillion.

4. Counting by hundreds is not used in Spanish above nine hundred; beyond that counting is by thousands and hundreds.

> mil quinientos   *fifteen hundred*
>
> seis mil ochocientos   *sixty-eight hundred*

5. The word *o* (or) is written with an accent when it is used between figures, in order to avoid confusion with the number *zero* (0).

> **Leí 2 ó 3 páginas.**
> *I read 2 or 3 pages.*

6. The article *un* is used with the noun *millón*. When another noun follows *millón*, the preposition *de* must be placed between *millón* and the noun that follows it:

un millón de habitantes   *a million inhabitants*

But remember that *un* is not used before *cien, ciento,* or *mil*:

cien cintas   *a (one) hundred tapes*

mil problemas   *a (one) thousand problems*

7. The number *ciento* changes to *cien* when it is immediately before nouns or in front of *mil* or *millones (de)*:

cien casas (edificios)   *a hundred houses (buildings)*

cien mil casas (edificios)   *one hundred thousand houses (buildings)*

cien millones de casas (edificios)   *one hundred million houses (buildings)*

8. With the exception of *uno* and numbers ending in *-cientos* or *-cientas*, cardinal numbers do not change when used with masculine or feminine nouns.

cuatro muchachos / muchachas   *four boys / girls*

cuarenta caballos / vacas   *forty horses / cows*

mil edificios / casas   *a thousand buildings / houses*

cincuenta y seis periódicos / revistas   *fifty-six newspapers / magazines*

9. *Uno* (the same word as the indefinite article reviewed in Lesson 1 of this unit) and numbers ending in *uno*:

a. change to *un* before a masculine noun.

un espejo   *a (one) mirror*

veintiún libros   *twenty-one books (note written accent)*

treinta y un coches   *thirty-one cars*

b. change to *una* before a feminine noun.

una bruja   *a witch*

veinte y una camas   *twenty-one beds*

treinta y una sillas   *thirty-one chairs*

c. change to *un* before nouns which begin with a stressed *a* or *ha*.

un hada madrina   *a fairy godmother*

veintiún águilas   *twenty-one eagles (note written accent)*

10. The ending *-cientos* changes to *-cientas* before feminine nouns.

doscientos cincuenta libros   *two hundred and fifty books*

doscientas veinte computadoras   *two hundred and twenty computers*

> **11.** *Ciento* and *mil*, when used as collective nouns, change to *cientos* (hundreds) and *miles* (thousands). When another noun follows *cientos* or *miles*, the preposition *de* must be placed before the noun:
>
> **Miles usan esa medicina.**
> *Thousands use that medicine.*
>
> **Hay cientos de personas aquí.**
> *There are hundreds of people here.*
>
> **12.** When writing numerals in Spanish, a period is often used when a comma is used in English. However, nowadays a comma is being used more, especially in commercial practice.

Ejercicios

A. El negocio de Felipe va muy bien. Cada día vende más de cada tipo de ropa en su tienda. Escribe en palabras los números de la cantidad que vende de cada artículo de vestir.

El mes pasado Felipe vendió…   Este mes ya ha vendido…

6	_____	impermeables	7	_____	impermeables
13	_____	faldas	14	_____	faldas
16	_____	pantalones	22	_____	pantalones
33	_____	sombreros	48	_____	sombreros
51	_____	blusas	56	_____	blusas
62	_____	camisas	66	_____	camisas
77	_____	corbatas	89	_____	corbatas
99	_____	pañuelos	100	_____	pañuelos

B. Responde a las siguientes preguntas según tu experiencia personal.

1. ¿Cuántos estudiantes hay en tu escuela?

_____

2. ¿Cuántos profesores hay?

_____

3. ¿Cuántas clases tienes que tomar cada semestre?

_____

4. ¿Cuántos chicos y cuántas chicas hay en tu clase de español? ¿Cuántos estudiantes hay en total?

_____

5. Aproximadamente, ¿Cuántas aulas (*classrooms*) hay en tu escuela?

_____

C. Escribe en palabras los números a continuación. Recuerda que en algunos casos necesitas hacer algunos cambios a causa de la palabra que aparece después del número.

  1. 100 árboles _____

  2. 330 sillas _____

  3. 21 periódicos _____

  4. 61 águilas _____

  5. 1 isla _____

  6. 71 ventanas _____

  7. 100.000 pesetas _____

  8. 1.200 flores _____

  9. 41 lámparas _____

10. 550 luces _____

11. 2.400 tiendas _____

12. 1 alma _____

D. ¿Cuántos habitantes tenían los siguientes países en 1999 según un informe de las Naciones Unidas? Escribe en palabras el número de habitantes de los siguientes países de habla española.

1. Costa Rica: 3.500.320 _____

2. Puerto Rico: 3.736.788 _____

3. Honduras: 5.816.438 _____

4. Bolivia: 7.593.694 _____

5. Cuba: 11.699.154 _____

6. Argentina: 35.219.450 _____

7. España: 39.674.288 _____

8. México: 92.718.543 _____

Arithmetic operations and fractions

The names of the mathematical operations in Spanish are:

sumar   *to add*   multiplicar   *to multiply*

restar   *to subtract*   dividir   *to divide*

The arithmetic symbols used for the four operations ($+$, $-$, $\times$, $\div$) and for equality ($=$) are expressed in Spanish as:

y / más   *plus*

menos   *minus*

por   *multiplied by / times*

dividido por   *divided by*

es   *equals (when answer is less than two)*

son   *equals (when answer is two or more)*

Look at how the following problems would be expressed in Spanish:

$4 + 2 = 6$ Cuatro y (más) dos son seis.

$6 - 2 = 4$ Seis menos dos son cuatro.

$4 \times 2 = 8$ Cuatro por dos son ocho.

$8 \div 2 = 4$ Ocho dividido por dos son cuatro.

The following are some common fractions (*quebrados*):

$\frac{1}{2}$ un medio   ($1\frac{1}{2}$, $2\frac{1}{2}$ … = uno y medio, dos y medio …)

$\frac{1}{3}$ un tercio   ($\frac{2}{3}$, $\frac{3}{3}$, $\frac{4}{3}$ … = dos, tres, cuatro, … tercios)

$\frac{1}{4}$ un cuarto   ($\frac{2}{4}$, $\frac{3}{4}$, $\frac{4}{4}$ … = dos, tres, cuatro, … cuartos)

$\frac{1}{5}$ un quinto   ($\frac{2}{5}$, $\frac{3}{5}$, $\frac{4}{5}$ … = dos, tres, cuatro, … quintos)

$\frac{1}{6}$ un sexto   ($\frac{2}{6}$, $\frac{3}{6}$, $\frac{4}{6}$ … = dos, tres, cuatro, … sextos)

$\frac{1}{7}$ un séptimo   ($\frac{2}{7}$, $\frac{3}{7}$, $\frac{4}{7}$ … = dos, tres, cuatro, … séptimos)

$\frac{1}{8}$ un octavo   ($\frac{2}{8}$, $\frac{3}{8}$, $\frac{4}{8}$ … = dos, tres, cuatro, … octavos)

$\frac{1}{9}$ un noveno   ($\frac{2}{9}$, $\frac{3}{9}$, $\frac{4}{9}$ … = dos, tres, cuatro, … novenos)

$\frac{1}{10}$ un décimo   ($\frac{2}{10}$, $\frac{3}{10}$, $\frac{4}{10}$ … = dos, tres, cuatro, … décimos)

Other expressions that might be useful when doing math are:

por ciento   *percent*

el porcentaje   *the percentage*

When expressing percentages in Spanish, the article *un* or *el* is generally used in front of the figure.

> **Esta blusa tiene un diez por ciento de descuento.**
> *This blouse has a ten-percent discount.*
>
> **El diez por ciento no es bastante, quiero el veinte por ciento.**
> *Ten percent is not enough, I want twenty percent.*

Ejercicios

A. Escribe en palabras las siguientes operaciones aritméticas.

1. 12 + 6 = 18 _____

2. 8 × 9 = 72 _____

3. 56 ÷ 8 = 7 _____

4. 100 − 33 = 67 _____

5. 460 + 512 = 972 _____

6. 1.000 ÷ 20 = 50 _____

7. 695 × 3 = 2.085 _____

8. 3.574 − 2.112 = 1.462 _____

9. $\frac{1}{3} \times 20 = 6\frac{2}{3}$ _____

10. $3\frac{1}{2} + \frac{1}{5} = 3\frac{7}{10}$ _____

11. $\frac{3}{6} - \frac{1}{6} = \frac{1}{3}$ _____

12. $\frac{1}{4} \times \frac{2}{5} = \frac{1}{10}$ _____

B. Traduce las siguientes frases al español.

1. What's ten percent of seventy five?

_____

2. Today, all the computer programs cost fifty percent less.

_____

3. I want a thirty percent discount.

_____

4. Twenty five percent of the students did not go on the trip.

_____

5. The interest that you (*Ud.*) have to pay with this credit card is eighteen percent.

_____

The ordinal numbers

primero (primer), primera

segundo, segunda

tercero (tercer), tercera

cuarto, cuarta

quinto, quinta

sexto, sexta

séptimo, séptima

octavo, octava

noveno, novena

décimo, décima

Notice that the masculine ordinal numbers from *cuarto* to *décimo* are used to form the fractions you have already reviewed.

Here are some things to keep in mind when using ordinal numbers:

1. Ordinal numbers agree in gender and number with the nouns they modify.

Los primeros juegos olímpicos fueron en Grecia.
The first Olympic Games were in Greece.

Voy de vacaciones la tercera semana de junio.
I am going on vacation the third week in June.

2. Ordinal numbers may precede or follow the noun.

El capítulo séptimo / El séptimo capítulo es más interesante.
The seventh chapter is more interesting.

3. *Primero* and *tercero* drop the final -*o* before a masculine singular noun.

El primer (tercer) episodio es más violento que el cuarto.
The first (third) episode is more violent than the fourth.

4. When using both a cardinal and an ordinal number, the cardinal number precedes the ordinal number in Spanish (note that in English, the ordinal number precedes the cardinal).

Tenemos que leer los tres primeros capítulos.
We have to read the first three chapters.

5. Ordinal numbers are usually used only through *tenth*. Beyond that, the cardinal numbers are usually used following the noun.

¿Cómo sería el primer siglo?
I wonder what the first century was like?

¿Cómo será el siglo veintiuno?
I wonder what the twenty-first century will be like?

6. With the names of rulers, the definite article is omitted before an ordinal number in Spanish.

> **Isabel II (Isabel Segunda)**   *Elizabeth the Second*
> **Alfonso XIII (Alfonso Trece)**   *Alphonse the Thirteenth*

7. Ordinal numbers are abbreviated by adding the last syllable to the number, varying it according to gender and number.

> 1ro, 1ra, 1^{ros}, 1^{ras}
>
> $2^{do/a(s)}$
>
> $3^{ro/a(s)}$
>
> $4^{to/a(s)}$
>
> $5^{to/a(s)}$
>
> $6^{to/a(s)}$
>
> $7^{mo/a(s)}$
>
> $8^{vo/a(s)}$
>
> $9^{no/a(s)}$
>
> $10^{mo/a(s)}$

It is also possible to abbreviate them by simply adding *-o, -a, -os, -as.*

> **Iremos el 1ro ($1°$) de enero.**
> *We'll go on January 1st.*

Ejercicios

A. Completa las siguientes frases con el número entre paréntesis. Usa el artículo y el número ordinal.

> **Modelo:** Es _____ (3) canal (*channel*) que pones.
> *Es el tercer canal que pones.*

1. Me gustó _____ (9) grado.

2. Tenemos que leer _____ (1) capítulo.

3. La oficina está en _____ (10) piso.

4. La clase de física es _____ (1) clase del día.

5. _____ (5) lección es muy difícil.

6. _____ (2) día no salimos del hotel.

7. Hay que entrar por _____ (4) puerta.

8. _____ (3) escena de la obra de teatro es muy violenta.

B. Traduce las expresiones entre paréntesis al español.

1. Yo vi la _____ (*third part*) de la obra de teatro.

2. En el _____ (*twentieth century*) el mundo cambió mucho.

3. A este libro le faltan las _____ (*first five pages*).

4. _____ (*Alfonso XII*) era el hijo de _____ (*Isabel II*).

5. _____ (*Juan I*) fue rey de Aragón.

6. Mi hermanito terminó el _____ (*third grade*).

Dates

Here are some useful things to remember about dates:

- The days of the month, with the exception of the first (*el primero*) are expressed in Spanish by the cardinal numbers, preceded by the definite article *el*.

  La independencia de los Estados Unidos se celebra el cuatro de julio.
  U.S. independence is celebrated on July fourth.

- The preposition *de* is used to connect the day with the month and the month with the year.

  El cuatro de julio de 1776 es la fecha de la independencia de los EE.UU.
  July fourth, 1776 is the date of U.S. independence.

- In dating letters, the definite article is omitted.

  Nueva York, 18 de julio de 2003
  New York, July 18th, 2003

In order to find out the date, some of the questions that can be asked in Spanish are:

¿Cuál es la fecha?	Es el diez y ocho de julio.
¿A cómo estamos?	Estamos a diez y ocho de julio.
¿A cuántos estamos?	Estamos a diez y ocho de julio.

Notice that the answer is phrased to conform to the question that was asked.

Ejercicios

A. Escribe las fechas a continuación en español.

1. December 14, 1953

_____

2. January 29, 2005

_____

3. April 1, 1610

_____

4. June 3, 1812

_____

5. September 30, 1469

_____

B. Escribe la pregunta que se hizo para recibir las siguientes respuestas.

1. — _____

—Estamos a cinco de mayo.

2. — _____

—Es el doce de febrero.

Telling time

In order to find out the time of day, some of the questions that can be asked in Spanish are:

¿Qué hora es?
What time is it?

¿Qué hora tiene Ud.?
What time do you have?

The hour or time of day is expressed by the verb *ser* and the cardinal numbers, preceded by the feminine definite article.

Es la una.
It is one o'clock.

Son las dos.
It is two o'clock.

Notice that the verb *ser* and the article are in the singular if they are followed by *una*. They are in the plural if they are followed by any other number.

Remember that noon is *mediodía*, and midnight, *medianoche*.

When talking about time before or after the hour, use *y* to express the time between the hour and the half hour, *menos* to express the time between the half hour and the hour.

> **Son las dos y diez.**
> *It is ten minutes after two.*
>
> **Son las dos menos diez.**
> *It is ten minutes to two. (one fifty)*

The quarter and half hour are expressed as follows:

> y cuarto   *a quarter after (past)*
> y media   *half (thirty) past*
> menos cuarto   *a quarter to*

A.M. and P.M. are expressed as follows:

> de la mañana   *A.M.*
> de la tarde   *P.M.*
> de la noche   *P.M.*

With the time, the preposition *a* is used to express *at*.

> **¿A qué hora estarás en tu oficina? A las nueve de la mañana.**
> *At what time will you be in your office? At nine o'clock in the morning.*

The expression *en punto* means *sharp, on the dot.*

> **Llegué a las cinco en punto.**
> *I arrived at five o'clock sharp.*

Here are some other expressions that you may find useful for talking about the time of day.

- To describe actions:

> temprano   *early*
> tarde   *late*
> a tiempo   *on time*
> **Llegamos a la fiesta temprano (tarde, a tiempo).**
> *We got to (arrived at) the party early (late, on time).*

- To describe people or things:

> adelantado(a)   *early (or fast, when used with reloj [watch/clock])*
> retrasado(a)   *late (or slow, when used with reloj [watch/clock])*
> **El reloj está adelantado.**
> **The watch (clock) is fast.**
> **El vuelo está retrasado.**
> **The flight is late.**

Notice that *adelantado* and *retrasado* are usually used with the verb *estar*.

A. ¿A qué hora haces las siguientes actividades? Usa frases completas para expresar tus ideas.

1. levantarte durante la semana

_____

2. almorzar de lunes a viernes

_____

3. despertarte los fines de semana

_____

4. salir de la escuela los viernes

_____

5. volver a casa los lunes

_____

B. Escribe en palabras las siguientes horas en frases completas incluyendo las expresiones correspondientes a *A.M.*, *P.M.*, *noon* y *midnight*.

1. 7:00 A.M. _____

2. 12:00 noon _____

3. 1:23 P.M. _____

4. 8:45 P.M. _____

5. 10:30 A.M. _____

6. 12:00 midnight _____

C. Tomás va a hacer un viaje de negocios por avión. Quiere ser puntual. Traduce al español lo que ocurre.

Tomás wants to arrive early. He leaves his house at six o'clock sharp. As usual, the bus that goes to the airport is late. He thinks that planes never leave on time. Today, the plane is early and he is going to be late because there is too much traffic.

_____

_____

_____

_____

_____

_____

tiempo/rato/vez

In addition to the word *hora*, which represents time on a clock, Spanish has several other nouns which can be translated as *time*. Each one of them has a particular use. Some ways of translating the noun *time* are *tiempo*, *rato*, and *vez*:

- *tiempo* is time in its most general sense. It represents a space (length) of time.

  ¿Tienes tiempo para ir a la biblioteca?
  Do you have time to go to the library?

  (Remember that *tiempo* also means weather, in other contexts.)

- *rato* is similar to *tiempo* in its use, but generally represents a shorter space of time. It is usually translated as *a while*.

  Puedo ir un rato.
  I can go for a while (short time).

- *vez* is a point of time which is part of a series. The plural of *vez* is *veces*.

  Yo fui a ver la película una vez pero mis amigos fueron varias veces.
  I went to see the film once but my friends went several times.

  Esta vez, pagas tú.
  This time, you pay.

Ejercicio

Ignacio oye la siguiente conversación en un autobús en Nueva York. Traduce la conversación al español para que un chico que no sabe hablar inglés comprenda lo que pasa.

—I can't stay with you, but I will visit you for a while.

—_____

—Why don't you have time to stay longer?

—_____

—I have arrived late twice this month and my mother doesn't like it.

—_____

Prepositions and Prepositional Phrases

Prepositions

Prepositions usually express the relationships between things in time or place (i.e., when? where?).

> **Cenaremos antes de la función.**
> *We'll have dinner before the show.*
>
> **Te espero delante del restaurante.**
> *I will wait for you in front of the restaurant.*

Prepositions must be followed by a noun, a pronoun, an adverb, or a verb in the infinitive form.

The most common prepositions are:

a   *at, to*
ante   *before [in the presence of]*
bajo   *under [often not actual location]*
con   *with*
contra   *against*
de   *of, from*
desde   *from, since*
durante   *during*
en   *in, into, on, at [location]*
entre   *between, among*
excepto   *except*
hacia   *towards [denotes direction]*
hasta   *to, up to, as far as, until [with time]*
para   *for**
por   *for**
según   *according to*
sin   *without*
sobre   *on, over, about*
tras   *after*

Antonio camina por aquí sin camisa.
Antonio walks around here without a shirt.

Esta camisa es de él.
This shirt is his.

Juan lo hace todo excepto cocinar.
Juan does everything except cooking.

*For a more detailed explanation of the uses of *para* and *por*, see pages 480–486 in this Lesson.

Ejercicio

El siguiente incidente le ocurrió a Ignacio hace unos días. Completa el párrafo con la palabra entre paréntesis en español.

Ignacio corrió _____ 1 (*up to*) la esquina. Mientras descansaba

_____ 2 (*against*) la pared, vio a dos chicas _____ 3 (*between*) dos

coches. Aparentemente ellas corrían detrás de un hombre que chocó

_____ 4 (*against*) su coche _____ 5 (*with*) el suyo. Por fin, ellas lo

alcanzaron y hablaron _____ 6 (*with*) él. Él les habló _____ 7

(*from*) su coche. _____ 8 (*According to*) él, no fue culpa (*fault*) suya. Nadie

había visto nada _____ 9 (*except*) Ignacio. Empezó a caminar

_____ 10 (*towards*) ellas _____ 11 (*on*) la acera para ofrecerles su

ayuda. Ahora ellas tienen que aparecer _____ 12 (*before*) un juez.

Compound prepositions

Many adverbs can also be used as prepositions. You probably use these adverbs often when speaking Spanish. How many of the following adverbs do you recognize? Check off the ones you recognize and translate them into English.

además _____

antes _____

cerca _____

debajo _____

delante _____

dentro _____

después _____

detrás _____

encima _____

enfrente _____

fuera _____

lejos _____

Use the following chart to check the meaning of those adverbs you did not recognize:

Adverbs		Adverbs used as prepositions	
además	*besides, in addition*	además de	*besides, in addition to*
antes	*before [time, order]*	antes de	*before [time, order]*
cerca	*near(by), close*	cerca de	*near, close to*
debajo	*under, beneath*	debajo de	*under, beneath*
delante	*before, in front [place]*	delante de	*before, in front of*
dentro	*inside, within*	dentro de	*inside, within*
después	*after [time, order]*	después de	*after [time, order]*
detrás	*after, behind [place]*	detrás de	*after, behind [place]*
encima	*on, on top, over*	encima de	*on, on top of, over*
enfrente	*opposite, in front*	enfrente de	*opposite, in front of*
fuera	*outside, out, beyond*	fuera de	*outside of, beyond*
lejos	*far, distant*	lejos de	*far from, distant from*

Look again closely at the lists above. Notice that when adverbs are used as prepositions, they require the use of *de* to connect them with the object that follows them.

Compare the following examples:

Sentences using adverbs	Sentences using adverbs as prepositions
Mi casa está cerca.	Mi casa está cerca de la escuela.
My house is nearby.	*My house is near school.*
Vamos a comer después.	Vamos a comer después de la conferencia.
We are going to eat later.	*We are going to eat after the lecture.*

Ejercicio

El conejo de Rosa siempre anda por toda la casa. Usa los dibujos a continuación para expresar donde está.

1. 2. 3.

4. **5.** **6.**

1. _____

2. _____

3. _____

4. _____

5. _____

6. _____

Prepositional phrases

Some common prepositional phrases are:

a causa de   *on account of, because of*

a pesar de   *in spite of*

acerca de   *about, concerning*

al lado de   *next to, beside*

alrededor de   *around*

en vez de   *instead of*

frente a   *opposite to, across from*

junto a   *close to, near (next) to*

Hay flores alrededor de la casa.
There are flowers around the house.

Ejercicio

Usa las siguientes expresiones para escribir frases originales.

a pesar de	al lado de
acerca de	alrededor de
además de	en vez de

1. _____

2. _____

3. _____

4. _____

5. _____

6. _____

The prepositions *por* and *para*

Although the prepositions *por* and *para* can both have similar translations in English (i.e., both can be translated with the English word *for*), they are not at all interchangeable. Each has a variety of different meanings which depend on the context. As a general rule of thumb, *por* refers to the reason or source of an action and *para* refers to the destination or purpose of the action.

The uses of the preposition *para*

Para is used:

1. to indicate the particular use for which something is intended:

    Esa caja es para los juguetes.
    That box is for the toys.

    La mente es para pensar.
    The mind is for thinking.

2. to indicate the destination for which someone is headed or something is intended:

    Salgo para la casa de campo a las tres.
    I am leaving for the country house at three.

    Los guantes son para mi abuela.
    The gloves are for my grandmother.

3. with an infinitive to express purpose (in which case it is translated as *to, in order to*):

> **Para barrer, necesito una escoba.**
> *In order to sweep, I need a broom.*

4. to indicate a point of time in the future, at or by which time something will be fulfilled (i.e., a deadline):

> **Tendré los libros organizados para las diez.**
> *I will have the books organized by ten o'clock.*

> **Las entradas son para el concierto del sábado.**
> *The tickets are for Saturday's concert. [at that time they must be used]*

5. to indicate a comparison of inequality (in which one element is different from what is expected):

> **Para verano hace demasiado frío.**
> *For summer it is too cold.*

Ejercicios

A. Imagina que estás jugando con un compañero de clase. Él o ella tiene que adivinar (*guess*) lo que tú describes. Escribe una frase explicando el uso o el propósito de los siguientes objetos.

> **Modelo:** el lápiz
> *Se usa para escribir.* o
> *Es para escribir.*

1. la calculadora

_____

2. el módem

_____

3. el bolígrafo

_____

4. el teléfono

_____

5. las tijeras (*scissors*)

_____

6. el monopatín (*skateboard*)

_____

B. ¿Para dónde van? Completa las siguientes frases de una manera original.

Modelo: El tren partió…
El tren partió para la Florida muy tarde.

1. Por la mañana yo salgo…

_____

2. Mis padres salen del trabajo y vienen…

_____

3. Después de las clases, mis amigos van…

_____

4. Durante los fines de semana nosotros salimos…

_____

5. El vuelo número 305 parte…

_____

C. Explica para quién son ideales los siguientes regalos.

Modelo: un aire acondicionado
Un aire acondicionado es ideal para mis tíos que viven en Puerto Rico.

1. una docena de rosas

_____

2. un sillón cómodo

_____

3. un suéter de lana

_____

4. unos discos compactos

_____

5. un anillo de oro

_____

D. ¿Qué se necesita para hacer las siguientes actividades?

Modelo: escribir una novela
Para escribir una novela se necesita inspiración y tiempo.

1. coser (*sew*)

_____

2. jugar al béisbol

_____

3. viajar alrededor del mundo

_____

4. salir bien en las clases

_____

5. conducir un coche

_____

E. ¿Para cuándo esperas hacer o completar las siguientes actividades?

    Modelo: completar los preparativos del viaje
          Espero completar los preparativos del viaje para el sábado próximo.

1. limpiar tu cuarto

_____

2. terminar un proyecto importante en la escuela

_____

3. graduarte de la escuela secundaria

_____

4. obtener un buen trabajo

_____

5. ganar mucho dinero

_____

F. Usa las palabras a continuación para expresar algo inesperado sobre las ideas.

    Modelo: un chico tan joven / cocinar
          Para un chico tan joven cocina muy bien.

1. una ciudad tan grande / estar bastante limpia

_____

2. un atleta en buena forma / cansarse rápido

_____

3. unos turistas extranjeros / hablar bien el inglés

_____

4. un tocadiscos barato / oírse bien

_____

The uses of the preposition *por*

Por is used:

1. to indicate the length of time during which an action takes place or continues (*for, during*):

Me prestó el coche por dos días. (por la mañana, etc.)
He lent me the car for two days. (in (during) the morning, etc.)

2. to indicate the place through or along which movement takes place:

El gato salió de la casa por la ventana.
The cat left the house through the window.

¡Pasa por el mercado y compra una docena de huevos!
Go by the market and buy a dozen eggs!

3. to indicate the manner or means by which something is done:

La señora Pérez siempre paga las cuentas por correo.
Mrs. Pérez always pays the bills by mail.

Todos escuchamos la noticia por televisión.
We all heard the news on (by way of) TV.

4. to indicate the reason or motive for an action:

No he ido a ver la película por miedo.
I haven't gone to see the film out of (because of) fear.

Estudié medicina por mis padres.
I studied medicine for my parents (for their sake).

5. to indicate a substitution (*instead of*):

Como Juan tiene la pierna rota, yo corrí por él.
Since Juan has a broken leg, I ran for him. (in his place)

6 to indicate an exchange of one thing for another:

Pedro pagó mil dólares por la computadora.
Pedro paid a thousand dollars for the computer.

Le di las gracias por el regalo.
I thanked her for the gift.

7. to indicate a unit of measure or number (*per, by the*):

Los claveles se venden por docena.
The carnations are sold by the dozen.

Jacinta corre cinco millas por hora.
Jacinta runs five miles per hour.

8. to indicate the agent by whom something is done:

La novela *Como agua para chocolate* fue escrita por Laura Esquivel.
The novel *Like Water for Chocolate* was written by Laura Esquivel.

For a more thorough review of this usage, see Unit 4, Lesson 2, pp. 151–152.

9. after verbs such as *ir, venir, mandar, enviar, volver, regresar, preguntar,* etc., to indicate the object of an errand or a search:

Fue por el médico (el correo, la leche, etc....).
He went for the doctor (the mail, the milk, etc....).

Siempre me preguntan por ti.
They always ask me about you.

10. before an infinitive to indicate what remains to be done:

Nos quedan seis capítulos por terminar.
We have six chapters to finish.

11. to form certain idiomatic expressions:

por aquí   *around here*

por casualidad   *accidentally*

por desgracia   *unfortunately*

¡por Dios!   *Good heavens!*

por ejemplo   *for example*

por eso (por consiguiente)   *therefore*

por favor   *please*

por fin   *finally*

por la (mañana / tarde / noche)   *in the (morning/afternoon/evening)*

por lo general (común)   *generally*

por lo visto   *apparently*

por nada (= de nada)   *you are welcome*

por (primera, última, etc.) vez   *for the (first, last, etc.) time*

¡por supuesto!   *of course!*

por todas partes   *everywhere*

Note that neither *por* nor *para* is used with the following verbs:

buscar   *to look for, (search for), seek*

esperar   *to wait for, await*

pedir   *to ask for, request*

In Spanish, these verbs take the direct object (in other words, they take no preposition at all):

Tomás y Antonio están buscando trabajo.
Tomás and Antonio are looking for work.

Esperaron al director de la compañía toda la mañana.
They waited for the director of the company all morning.

Querían pedirle un puesto.
They wanted to ask him for a job.

Other uses of prepositions

Other uses of prepositions are reviewed in this book, in the following places:

- the use of the infinitive after a preposition (Unit 4, Lesson 1, p. 119)

- verbs that require a preposition before an infinitive (Unit 4, Lesson 1, pp. 126–127)

- the use of the preposition *de* to express origin, possession, and material (Unit 4, Lesson 2, pp. 142–143)

- the use of the preposition *con* + noun (i.e., *con cuidado*) to modify a verb as equivalent to an adverb (e.g., *cuidadosamente*) (Unit 5, Lesson 1, p. 170)

- the personal *a* (Unit 6, Lesson 1, pp. 210–212)

- pronouns that follow prepositions (Unit 6, Lesson 3, pp. 227–228)

Ejercicios

A. ¿Por cuánto tiempo haces las siguientes actividades todos los días?

Modelo: hacer ejercicios
Hago ejercicios por una hora y cuarto.

1. cepillarte los dientes

_____

2. ayudar a tus padres

_____

3. hablar por teléfono

_____

4. bañarte

_____

5. estudiar español

_____

6. escuchar música

_____

B. Tú y tus parientes necesitan algunas cosas esta tarde. ¿Por dónde pasan para conseguirlas?

   Modelo: Tu hermano quiere un vídeo. (tienda de vídeos)
              Mi hermano pasa por la tienda de vídeos.

1. Tu madre necesita un pollo. (carnicería)

_____

2. Tú tienes que comprar un litro de leche. (supermercado)

_____

3. Tu primo necesita dinero. (banco)

_____

4. Tu hermana quiere comprar unas flores. (florería)

_____

5. Tu hermanito necesita unos cuadernos. (papelería)

_____

C. ¿Por dónde es mejor hacer las siguientes actividades?

   Modelo: salir de casa / puerta principal
              Es mejor salir de casa por la puerta principal.

1. dar un paseo / avenida

_____

2. mandar el coche / barco

_____

3. montar en bicicleta / parque

_____

4. conducir un coche / campo

_____

D. ¿Cómo haces las siguientes actividades?

> **Modelo:** comprar unos espejuelos de sol (*sunglasses*)
> *Compro unos espejuelos de sol por catálogo.*

1. recibir las últimas noticias

_____

2. enviar una carta al extranjero (*abroad*)

_____

3. ponerte en contacto con el doctor

_____

4. preguntar la hora de una película

_____

5. viajar al extranjero

_____

E. Explica la razón o motivo por el cual hiciste o no hiciste las siguientes actividades.

> **Modelo:** ir a la piscina
> *Fui a la piscina por no pasar tanto calor.*

1. no llegar tarde a tu casa

_____

2. no ir a una película de horror

_____

3. comer muchos dulces

_____

4. no comprar los zapatos

_____

5. no montar en la montaña rusa (*roller coaster*)

_____

F. ¿Cómo puedes ayudar a las siguientes personas? Di quién va a hacer la actividad por la otra persona.

> **Modelo:** Cristina no puede ir al concierto esta noche. (Tomás)
> *Tomás puede ir por ella.*

1. A Juan no le gusta hablar en público. (yo)

_____

2. Celeste no tiene dinero para comprarle un regalo a su hermano. (Hugo)

_____

3. Tu amigo necesita ir de compras pero no tiene tiempo. (Inés y Rosa)

_____

4 Yo no puedo ayudar a Gerardo con la tarea de física. (tú)

_____

G. ¿Qué intercambiaron (*exchanged*) las siguientes personas?

   Modelo: yo / pagar cinco dólares / el viaje en taxi
   Yo pagué cinco dólares por el viaje en taxi.

1. yo / dar tres dólares / la camiseta

_____

2. Genaro / pagar mil dólares / el coche

_____

3. tú / darle las gracias / su trabajo en el centro para ancianos

_____

4. ellos / intercambiar tres cintas / el disco compacto

_____

H. ¿Por quién o quiénes fueron hechas las siguientes actividades?

   Modelo: el coche / arreglar / el mecánico
   El coche fue arreglado por el mecánico.

1. La Ilíada / escribir / Homero

_____

2. los vestidos / diseñar / Oscar de la Renta

_____

3. los crímenes / investigar / el detective

_____

4. el pararrayos (*lightning rod*) / inventar / Benjamin Franklin

_____

5. el maratón / completar / cinco mil personas

_____

I. Lee las situaciones a continuación, luego usa la información entre paréntesis para expresar quien hizo las actividades.

Modelo: Gilberto está enfermo. (su hermana / ir / las medicinas)
Su hermana fue por las medicinas.

1. Olvidé los libros en la biblioteca. (mi amigo / volver / los libros)

_____

_____

2. Isabel tocó a la puerta de Gisela. (Isabel / venir / la grabadora)

_____

_____

3. La lavadora se rompió. (mi madre / mandar / el electricista)

_____

_____

4. Hace días que el profesor busca a Domingo. (el profesor / preguntar / él)

_____

_____

5. Cecilia dejó sus zapatos de tenis en casa. (su hermano / regresar / ellos)

_____

_____

J. ¿Qué nos queda por hacer todavía? (*What's still left to do?*)

Modelo: dos ejercicios / hacer
Nos quedan dos ejercicios por hacer.

1. tres aerolíneas / llamar

_____

2. un perro / alimentar (*to feed*)

_____

3. cinco ventanas / limpiar

_____

4. tres camisas / planchar

_____

5. una tarjeta postal / escribir

_____

K. Traduce las expresiones entre paréntesis al español.

1. _____ (*They are looking for*) sus mochilas.

2. _____ (*For example*), tres más cinco son ocho.

3. ¡_____ (*Of course*)! Yo iré contigo al partido.

4. _____ (*Generally*) no salgo durante la semana.

5. Vi a Juanita _____ (*accidentally*) en el centro.

6. Tomás, ayer te busqué _____ (*everywhere*), ¿dónde estabas?

7. _____ (*Finally*) terminé todo el trabajo que tenía.

8. ¿Por qué no le _____ (*request*) tú perdón a Luis?

9. Anoche fui al teatro _____ (*for the first time*).

10. _____ (*Apparently*) tienes mucho dinero. Todos los días llevas ropa nueva.

11. Esta mañana tuvimos que _____ (*to wait for*) media hora para entrar en el metro.

12. Tú eres tan amable, _____ (*therefore*) te quiero mucho.

L. Bárbara habla con su amiga Juliana sobre el cumpleaños de su tío Ramón. Completa lo que ella dice con la preposición *por* o *para*.

Esta mañana me acordé de que necesito pasar _____ [1] la tienda hoy. Tengo que encontrar un regalo _____ [2] mi tío Ramón. El domingo próximo es su cumpleaños. Él cumple sesenta años. _____ [3] su edad, él luce (*looks*) muy bien. Creo que voy a comprarle un libro de crucigramas _____ [4] cuando esté aburrido. Él es muy simpático y siempre me da las gracias _____ [5] los regalos que le doy. No tengo mucho dinero, por eso espero no pagar mucho _____ [6] ellos. Oye, creo que a mi tío le gustaría verte allí. ¿Por qué no vienes a mi casa el domingo _____ [7] la tarde? Si quieres traer algo, pasa _____ [8] el mercado y compra algunos refrescos. Entra _____ [9] la puerta de la cocina porque quiero darle la sorpresa.

M. Abelardo le escribe una nota a Victoria porque últimamente ellos han tenido problemas. Completa la nota con la preposición *por* o *para*.

Querida Victoria,

Ayer no te llamé _____ [1] miedo. Fui a la florería _____ [2] comprar dos docenas de rosas. Pagué cincuenta dólares _____ [3] las rosas que te envié. _____ [4] lo visto, no te gustaron porque nunca me diste las gracias _____ [5] ellas. _____ [6] una chica que dice que me quiere tanto, tú no lo has demostrado. El jueves salgo _____ [7] Santiago _____ [8] unas semanas. Voy _____ [9] trabajar allí. Yo había comprado unos boletos _____ [10] la obra de teatro que empieza la semana próxima. Te los enviaré _____ [11] correo. Son _____ [12] el lunes. Si quieres, cuando yo vuelva nos podemos reunir _____ [13] hablar sobre nuestra relación. Todavía me quedan tres informes _____ [14] terminar pero quería escribirte unas líneas antes de partir. Si mis amigos preguntan _____ [15] mí, les puedes decir que regresaré _____ [16] la fiesta de fin de año.

Hasta pronto,
Abelardo

Direct questions

There are two types of direct questions that one can ask: yes/no questions and information questions.

1. Yes / No questions

In Spanish, the usual word order in a yes / no question is: verb + rest of predicate [if any] + subject [if stated]

> **¿Arregló la computadora Carolina?** **¿Fue difícil el arreglo?**
> *Did Caroline fix the computer?* *Was the repair difficult?*

However, it is also possible to ask this type of question simply by putting question marks at the beginning and end of a statement. The questions above could be stated as:

> **¿Carolina arregló la computadora?**
> *¿El arreglo fue difícil?*

If one expects an affirmative answer to a yes / no question, it is possible to ask a question by adding either *¿verdad?* or *¿no?* to a statement.

> **Carolina arregló la computadora, ¿no?**
> *Carolina fixed the computer, didn't she?*
> **El arreglo fue difícil, ¿verdad?**
> *The repair was difficult, wasn't it?*

2. Information questions

In an information question, there is a particular piece of information that is sought. The following interrogative words and expressions are used to ask information questions:

qué	*what*	¿Qué compraste?
qué + [noun]	*which (what) + [noun]*	¿Qué coche compraste?
por qué	*why [reason]*	¿Por qué lo compraste?
para qué	*why [purpose]*	¿Para qué lo necesitas?
quién / quiénes	*who*	¿Quién te lo vendió?
de quién / de quiénes	*whose*	¿De quién es la tarjeta que usaste?
cuál / cuáles	*which*	¿Cuál es la marca (*brand*)?
cuándo	*when*	¿Cuándo te lo darán?
dónde	*where*	¿Dónde lo usarás?
adónde	*where [+ verb of motion]*	¿Adónde irás?
de dónde	*from where [origin]*	¿De dónde es esa marca?
cuánto	*how much*	¿Cuánto cuesta?
cuántos / cuántas	*how many*	¿Cuántos coches necesitas?
cómo	*how*	¿Cómo lo pagarás?

Remember that interrogative words always have a written accent.

Some other important things to remember are:

- *¿por qué?* is used to find out the *reason* for an action.

> **—¿Por qué compraste un coche?**
> **—Porque lo necesito.**
>
> *—Why did you buy a car?*
> *—Because I need it.*

- *¿para qué?* is used to find out the *purpose* of an action.

> **—¿Para qué compraste un coche?**
> **—Para ir al campo los fines de semana.**
>
> *—For what purpose did you buy a car?*
> *—In order to go to the country on weekends.*

- with verbs of motion (i.e., *ir, venir*, etc.), *¿adónde?* is used to ask *¿where?*

> **—¿Adónde vas los fines de semana?**
> **—A la piscina.**
>
> *—Where do you go on weekends?*
> *—To the pool.*

- *¿qué?*, *¿cuál?*, and *¿cuáles?* can all be used with the verb *ser*, but they generate different types of information:

a. *¿qué?* is used with the verb *ser* when asking for a definition or an identification.

> **—¿Qué es esto?**
> **—Es un disquete.**
>
> *—What is this?*
> *—It is a diskette. (identification)*

> **—¿Qué es un diskette?**
> **—Es un disco de computación.**
>
> *—What is a diskette?*
> *—It is a computer disk. (definition)*

b. *¿cuál? / ¿cuáles?* is used with the verb *ser* in other situations (i.e. when choosing among several possibilities).

> **¿Cuáles son tus discos compactos favoritos?**
> *Which (What) are your favorite compact disks?*

- *¿cuál? / ¿cuáles?* is also used with verbs other than *ser* when asking someone to make a choice among several possibilities:

> **¿Cuáles de sus novelas has leído?**
> *Which of her novels have you read?*

Note, however, that when it is directly followed by a noun, the English word *which?* is translated as *¿qué?*

> **¿Qué novela te gustó más?**
> *Which novel did you like the most?*

Indirect questions

In addition to the two types of direct questions, there are also indirect questions, which are introduced by verbs such as *saber* and *preguntar*.

No sé quiénes vienen a la fiesta.
I don't know who is coming to the party.

Le pregunté a Isabel por qué no quería ir.
I asked Isabel why she did not want to go.

Note that interrogative words require a written accent in both direct and indirect questions.

Ejercicio

¿Cuál es la pregunta? Lee las siguientes situaciones, luego escribe una pregunta lógica usando las palabras subrayadas como guía.

Modelo: —¿*Dónde compraste las sandalias?*
—Las compré <u>en el centro comercial</u>.

La mamá de Georgina le hace muchas preguntas sobre sus nuevas sandalias.

1. —¿_____?
   —Las sandalias son <u>de cuero</u> (*leather*).

2. —¿_____?
   —Voy a poner las sandalias <u>en el armario</u>.

3. —¿_____?
   —Las sandalias costaron <u>más de cuarenta dólares</u>.

4. —¿_____?
   —<u>No, no sé cómo</u> voy a pagar la cuenta.

5. —¿_____?
   —Las sandalias más caras son <u>las que compró Rosario</u>.

6. —¿_____?
   —Necesito las sandalias <u>para ir al baile del sábado</u>.

Un amigo te hace muchas preguntas sobre la temporada (*season*) de fútbol.

7. —¿_____?
   —Vamos <u>al Estadio Roberto Clemente</u>.

8. —¿_____?
   —El último partido de este año va a ser <u>este fin de semana</u>.

9. —¿_____?

   —Los miembros de nuestro equipo tienen que ganar <u>seis</u> partidos.

10. —¿_____?

    —Orlando jugó <u>como un campeón</u> en el último partido.

11. —¿_____?

    —<u>Sí</u>, yo también jugué muy bien.

12. —¿_____?

    —<u>Son los jueces</u> (*judges*).

Exclamations

The use of *¡qué!* in exclamations

Qué is used in exclamations of emotion or feeling.

1. with adverbs and adjectives, meaning *how!*

   ¡Qué bien canta Plácido Domingo!
   How well Placido Domingo sings!

   ¡Qué bonita es esta ciudad!
   How pretty this city is!

2. with nouns, meaning *what!*

   ¡Qué suerte tienes!
   What luck you have!

When an adjective follows a noun in an exclamation, *tan* or *más* usually precedes the adjective:

   ¡Qué computadora más (tan) rápida!
   What a fast computer!

The use of *¡cuánto!, ¡cuánta!, ¡cuántos!,* and *¡cuántas!* in exclamations

---

Cuánto, cuánta, cuántos, and *cuántas* can also be used in exclamations.

1. with verbs, when *¡cuánto!* usually means *how!* (but it can also mean *how much!*)

   ¡Cuánto habla tu hermano!
   How (much) your brother talks!

   ¡Cuánto sabe el bebé!
   How much the baby knows!

> **2.** with nouns, where *¡cuánto!* and *¡cuánta!* mean *how much!* and *¡cúantos!* and *¡cuántas!* mean *how many!*
>
> > **¡Cuánta lluvia cae!**
> > *How much rain is falling!*
> >
> > **¡Cuánto dinero gastas!**
> > *How much money you spend!*
> >
> > **¡Cuántos libros hay en esta biblioteca!**
> > *How many books there are in this library!*
> >
> > **¡Cuántas vidas se han perdido en la guerra!**
> > *How many lives have been lost in war!*

Ejercicio

¿Qué dirías en las siguientes situaciones? Lee las situaciones, luego escribe una exclamación con *qué, cuánta, cuánto, cuántos* o *cuántas*. Usa la imaginación y varía tus respuestas.

1. Bruce Springsteen es mi cantante favorito.

_____

2. Ricardo sólo tiene doce años y ya sabe álgebra.

_____

3. Milagros se ganó una beca (*scholarship*) para estudiar en la Argentina.

_____

4. Gilberto lee una o dos novelas por semana.

_____

5. Mi papá trabaja doce horas al día.

_____

6. Ese disco compacto contiene toda la enciclopedia.

_____

7. Hace dos días que está nevando.

_____

8. Elena tiene treinta pares de zapatos.

_____

9. El viaje de aquí a Washington tarda cinco horas.

_____

10. Hace seis horas que no como.

_____

Interjections

Both English and Spanish use words as exclamations to indicate strong emotions. Some of these words have no meaning beyond the emotion they communicate; for example:

¡Oh!   *Oh! [surprise]*

¡Ah!   *Ah! [admiration]*

¡Ay!   *Oh! Ow! Alas! [pain]*

¡Ay de mí!   *Woe is me!*

¡Eh!   *Hey! [to attract attention]*

¡Huy!   *Ouch! [pain, shock]*

¡Puf!   *Ugh! [aversion]*

Sometimes the command form (formal and / or familiar) of verbs is used to express emotion. Some common examples of this are:

¡Anda!   *Go on! [incredulity or encouragement]*

¡Oye!, ¡Mira!   *Listen here!, Look here! [to attract attention]*

¡Quítate! ¡Quítense!   *Let me be!*

¡Vamos!   *Come (on)! [conciliatory]*

Some nouns and adjectives are also used in this manner:

¡Alto!   *Halt!*

¡Bravo!   *Bravo!, Good!*

¡Cuidado!   *Look out!*

¡Fuego!   *Fire!*

¡Hombre!   *Man! [emphasis]*

¡Socorro!   *Help!*

¡Ojo!   *Watch out!*

Some popular exclamations are euphemisms which are used to avoid profane terms. Two common expressions of frustration are:

¡Caramba!   *Gosh darn!*

¡Caray!   *Gosh darn!*

The use of words such as *Dios, Jesús,* and the like in exclamations is not considered improper in Spanish. (However, they would seldom be translated literally into English.) Some common expressions of this type are:

¡Dios mío!   *My goodness! Dear me!*

¡Gracias a Dios!   *Thank goodness!*

¡Jesús!   *Oh, heavens! Bless you! [after a sneeze]*

¡Por Dios!   *For goodness' sake!*

¡Válgame Dios!   *Heaven help me!*

¡Virgen santa!   *Oh, mercy!*

Ejercicio

Reacciones. Lee las situaciones, luego escribe una interjección apropiada para la situación expresando dolor, sorpresa, etc. En algunos casos puedes usar más de una interjección.

> **Modelo:** Pilar está cruzando la calle y hay mucho tráfico.
> *¡Ojo! Allí viene un coche.*

1. Estas muy preocupado(a) porque Ismael no ha llegado y ya son las doce. Por fin, él llega.

_____

2. Susana no está prestando atención en la clase. La profesora la llama.

_____

3. Pablo ha recibido el primer premio (*prize*) en el concurso de poesía.

_____

4. Ya cerraron el supermercado y se te olvidó comprar lo que tu mamá te pidió.

_____

5. Tus amigos te están molestando mucho y ya estás muy enojado(a).

_____

6. Diego estaba corriendo por el pasillo y se cayó.

_____

7. Cristina perdió todo su dinero en el metro.

_____

8. Humberto está cocinando y hay mucho humo en la cocina.

_____

Stress and Accentuation Rules

1. A word ending in any consonant (except -*n* or -*s*) is stressed on the last syllable.

   as-cen-**sor**   ciu-**dad**   ca-pi-**tal**

2. A word that ends in a vowel or in -*n* or -*s* is stressed on the next-to-last syllable.

   be-**lle**-za   ca-mi-**na**-ron   re-**vis**-tas

3. If the word does not fall into either of the two groups above, the stress is shown with a written accent on the stressed vowel.

   cons-truc-**ción**   **fá**-bri-ca   pi-**rá**-mi-de

4. *¿Cuál?, ¿Quién?, ¿Cuándo?, ¿Qué?, ¿Cuánto?, ¿Cómo?,* and *¿Dónde?* carry accents when they are used as question words, but not when they are used as conjunctions or relative pronouns.

   —**¿Cuándo** regresaste de Chile?   ***When*** *did you return from Chile?*

   —Regresé **cuando** terminé el trabajo.   *I returned **when** I finished the job.*

   ¿Qué estás haciendo?   ***What*** *are you doing?*

   Lola me dijo **que** estaba enferma.   *Lola told me **that** she was sick.*

5. Demonstrative adjectives are not accentuated, but demonstrative pronouns carry a written accent. Although it is no longer obligatory to accentuate the demonstrative pronouns, for the purpose of this book and in exams such as the AP, you should accentuate them.

   Quiero **esa** revista y **aquélla**.   *I **want** this magazine and **that one**.*

6. Adverbs that end in -*mente* retain the accent of the adjective form from which they were formed.

   Ese problema es **fácil.**   *That problem is **easy**.*

   Ellas hacen todo **fácilmente.**   *They do everything **easily**.*

7. You should also keep in mind the following words because the written accent is used to differentiate their meaning.

   La maestra habla **sólo** español en la clase.   *The teacher speaks **only** Spanish in the class.*

   Yo hice el trabajo **solo.**   *I did the job **alone**.*

Ese regalo es para **mí**.	*That present is for **me**.*
¿Dónde pusiste **mi** libro?	*Where did you put **my** book?*
Hugo no es mi hermano; **él** es el primo de Serafín.	*Hugo is not my brother; **he** is Serafín's cousin.*
¡Escribe en **el** cuaderno!	*Write in **the** notebook!*
Nosotros le dijimos que **sí**.	*We told him **yes**.*
Si tienen tiempo, nos visitarán.	***If** they have time, they will visit us.*
Yo no **sé** nada.	*I don't **know** anything.*
Por favor, Salvador, ¡**sé** amable!	*Please, Salvador, **be** kind!*
Los niños **se** levantan temprano.	*The children **get up** early.*
Por favor, **dé** las llaves al portero.	*Please **give** the keys to the doorman.*
Ese avión viene **de** San Francisco.	*That plane comes **from** San Francisco.*

Verb Charts

Verbos regulares

Verbos de la primera conjugación: -ar
Gerundio: hablando

Infinitivo: hablar
Participio pasado: hablado

Tiempos simples

Indicativo

Presente	Imperfecto	Pretérito	Futuro	Condicional
hablo	hablaba	hablé	hablaré	hablaría
hablas	hablabas	hablaste	hablarás	hablarías
habla	hablaba	habló	hablará	hablaría
hablamos	hablábamos	hablamos	hablaremos	hablaríamos
habláis	hablabais	hablasteis	hablaréis	hablaríais
hablan	hablaban	hablaron	hablarán	hablarían

Subjuntivo

Presente	Imperfecto	
hable	hablara	hablase
hables	hablaras	hablases
hable	hablara	hablase
hablemos	habláramos	hablásemos
habléis	hablarais	hablaseis
hablen	hablaran	hablasen

Imperativo

Afirmativo	Negativo
habla (tú)	no hables
hable (Ud.)	
hablemos	
hablad (vosotros)	no habléis
hablen (Uds.)	

Tiempos compuestos

Indicativo

Presente perfecto	Pluscuamperfecto	Futuro perfecto	Condicional perfecto
he hablado	había hablado	habré hablado	habría hablado
has hablado	habías hablado	habrás hablado	habrías hablado
ha hablado	había hablado	habrá hablado	habría hablado
hemos hablado	habíamos hablado	habremos hablado	habríamos hablado
habéis hablado	habíais hablado	habréis hablado	habríais hablado
han hablado	habían hablado	habrán hablado	habrían hablado

Subjuntivo

Presente perfecto	Pluscuamperfecto	
haya hablado	hubiera hablado	hubiese hablado
hayas hablado	hubieras hablado	hubieses hablado
haya hablado	hubiera hablado	hubiese hablado
hayamos hablado	hubiéramos hablado	hubiésemos hablado
hayáis hablado	hubierais hablado	hubieseis hablado
hayan hablado	hubieran hablado	hubiesen hablado

Verbos de la segunda conjugación: -er
Gerundio: *aprendiendo*

Infinitivo: *aprender*
Participio pasado: *aprendido*

Tiempos simples

Indicativo

Presente	Imperfecto	Pretérito	Futuro	Condicional
aprendo	aprendía	aprendí	aprenderé	aprendería
aprendes	aprendías	aprendiste	aprenderás	aprenderías
aprende	aprendía	aprendió	aprenderá	aprendería
aprendemos	aprendíamos	aprendimos	aprenderemos	aprenderíamos
aprendéis	aprendíais	aprendisteis	aprenderéis	aprenderíais
aprenden	aprendían	aprendieron	aprenderán	aprenderían

Subjuntivo

Presente	Imperfecto	
aprenda	aprendiera	aprendiese
aprendas	aprendieras	aprendieses
aprenda	aprendiera	aprendiese
aprendamos	aprendiéramos	aprendiésemos
aprendáis	aprendierais	aprendieseis
aprendan	aprendieran	aprendiesen

Imperativo

Afirmativo	Negativo
aprende (tú)	no aprendas
aprenda (Ud.)	
aprendamos	
aprended (vosotros)	no aprendáis
aprendan (Uds.)	

Tiempos compuestos

Indicativo

Presente perfecto	Pluscuamperfecto	Futuro perfecto	Condicional perfecto
he aprendido	había aprendido	habré aprendido	habría aprendido
has aprendido	habías aprendido	habrás aprendido	habrías aprendido
ha aprendido	había aprendido	habrá aprendido	habría aprendido
hemos aprendido	habíamos aprendido	habremos aprendido	habríamos aprendido
habéis aprendido	habíais aprendido	habréis aprendido	habríais aprendido
han aprendido	habían aprendido	habrán aprendido	habrían aprendido

Subjuntivo

Presente perfecto	Pluscuamperfecto	
haya aprendido	hubiera aprendido	hubiese aprendido
hayas aprendido	hubieras aprendido	hubieses aprendido
haya aprendido	hubiera aprendido	hubiese aprendido
hayamos aprendido	hubiéramos aprendido	hubiésemos aprendido
hayáis aprendido	hubierais aprendido	hubieseis aprendido
hayan aprendido	hubieran aprendido	hubiesen aprendido

Verbos de la tercera conjugación: -ir
Gerundio: viviendo

Infinitivo: vivir
Participio pasado: vivido

Tiempos simples

Indicativo

Presente	Imperfecto	Pretérito	Futuro	Condicional
vivo	vivía	viví	viviré	viviría
vives	vivías	viviste	vivirás	vivirías
vive	vivía	vivió	vivirá	viviría
vivimos	vivíamos	vivimos	viviremos	viviríamos
vivís	vivíais	vivisteis	viviréis	viviríais
viven	vivían	vivieron	vivirán	vivirían

Subjuntivo

Presente	Imperfecto	
viva	viviera	viviese
vivas	vivieras	vivieses
viva	viviera	viviese
vivamos	viviéramos	viviésemos
viváis	vivierais	vivieseis
vivan	vivieran	viviesen

Imperativo

Afirmativo	Negativo
vive (tú)	no vivas
viva (Ud.)	
vivamos	
vivid (vosotros)	no viváis
vivan (Uds.)	

Tiempos compuestos

Indicativo

Presente perfecto	Pluscuamperfecto	Pretérito perfecto	Futuro perfecto	Condicional perfecto
he vivido	había vivido		habré vivido	habría vivido
has vivido	habías vivido		habrás vivido	habrías vivido
ha vivido	había vivido		habrá vivido	habría vivido
hemos vivido	habíamos vivido		habremos vivido	habríamos vivido
habéis vivido	habíais vivido		habréis vivido	habríais vivido
han vivido	habían vivido		habrán vivido	habrían vivido

Subjuntivo

Presente perfecto	Pluscuamperfecto	
haya vivido	hubiera vivido	hubiese vivido
hayas vivido	hubieras vivido	hubieses vivido
haya vivido	hubiera vivido	hubiese vivido
hayamos vivido	hubiéramos vivido	hubiésemos vivido
hayáis vivido	hubierais vivido	hubieseis vivido
hayan vivido	hubieran vivido	hubiesen vivido

Indicativo	Presente	Imperfecto	Pretérito	Futuro	Condicional	Subjuntivo Presente	Subjuntivo Imperfecto	Imperativo Afirmativo	Imperativo Negativo
andar	ando	andaba	anduve	andaré	andaría	ande	anduviera / anduviese		
andando	andas	andabas	anduviste	andarás	andarías	andes	anduvieras / anduvieses	anda	no andes
andado	anda	andaba	anduvo	andará	andaría	ande	anduviera / anduviese	ande	
	andamos	andábamos	anduvimos	andaremos	andaríamos	andemos	anduviéramos / anduviésemos	andemos	
	andáis	andabais	anduvisteis	andaréis	andaríais	andéis	anduvierais / anduvieseis	andad	no andéis
	andan	andaban	anduvieron	andarán	andarían	anden	anduvieran / anduviesen	anden	
caber	quepo	cabía	cupe	cabré	cabría	quepa	cupiera / cupiese		
cabiendo	cabes	cabías	cupiste	cabrás	cabrías	quepas	cupieras / cupieses	cabe	no quepas
cabido	cabe	cabía	cupo	cabrá	cabría	quepa	cupiera / cupiese	quepa	
	cabemos	cabíamos	cupimos	cabremos	cabríamos	quepamos	cupiéramos / cupiésemos	quepamos	
	cabéis	cabíais	cupisteis	cabréis	cabríais	quepáis	cupierais / cupieseis	cabed	no quepáis
	caben	cabían	cupieron	cabrán	cabrían	quepan	cupieran / cupiesen	quepan	
caer	caigo	caía	caí	caeré	caería	caiga	cayera / cayese		
cayendo	caes	caías	caíste	caerás	caerías	caigas	cayeras / cayeses	cae	no caigas
caído	cae	caía	cayó	caerá	caería	caiga	cayera / cayese	caiga	
	caemos	caíamos	caímos	caeremos	caeríamos	caigamos	cayéramos / cayésemos	caigamos	
	caéis	caíais	caísteis	caeréis	caeríais	caigáis	cayerais / cayeseis	caed	no caigáis
	caen	caían	cayeron	caerán	caerían	caigan	cayeran / cayesen	caigan	
conducir	conduzco	conducía	conduje	conduciré	conduciría	conduzca	condujera / condujese		
conduciendo	conduces	conducías	condujiste	conducirás	conducirías	conduzcas	condujeras / condujeses	conduce	no conduzcas
conducido	conduce	conducía	condujo	conducirá	conduciría	conduzca	condujera / condujese	conduzca	
	conducimos	conducíamos	condujimos	conduciremos	conduciríamos	conduzcamos	condujéramos / condujésemos	conduzcamos	
	conducís	conducíais	condujisteis	conduciréis	conduciríais	conduzcáis	condujerais / condujeseis	conducid	no conduzcáis
	conducen	conducían	condujeron	conducirán	conducirían	conduzcan	condujeran / condujesen	conduzcan	

	Present	Imperfect	Preterite	Future	Conditional	Present Subj.	Imperf. Subj. (-ra)	Imperf. Subj. (-se)	Commands	
dar dando dado	doy das da damos dais dan	daba dabas daba dábamos dabais daban	di diste dio dimos disteis dieron	daré darás dará daremos daréis darán	daría darías daría daríamos daríais darían	dé des dé demos deis den	diera dieras diera diéramos dierais dieran	diese dieses diese diésemos dieseis diesen	da dé demos dad den	no des no deis
decir diciendo dicho	digo dices dice decimos decís dicen	decía decías decía decíamos decíais decían	dije dijiste dijo dijimos dijisteis dijeron	diré dirás dirá diremos diréis dirán	diría dirías diría diríamos diríais dirían	diga digas diga digamos digáis digan	dijera dijeras dijera dijéramos dijerais dijeran	dijese dijeses dijese dijésemos dijeseis dijesen	di diga digamos decid digan	no digas no digáis
estar estando estado	estoy estás está estamos estáis están	estaba estabas estaba estábamos estabais estaban	estuve estuviste estuvo estuvimos estuvisteis estuvieron	estaré estarás estará estaremos estaréis estarán	estaría estarías estaría estaríamos estaríais estarían	esté estés esté estemos estéis estén	estuviera estuvieras estuviera estuviéramos estuvierais estuvieran	estuviese estuvieses estuviese estuviésemos estuvieseis estuviesen	está esté estemos estad estén	no estés no estéis
haber habiendo habido	he has ha hemos habéis han	había habías había habíamos habíais habían	hube hubiste hubo hubimos hubisteis hubieron	habré habrás habrá habremos habréis habrán	habría habrías habría habríamos habríais habrían	haya hayas haya hayamos hayáis hayan	hubiera hubieras hubiera hubiéramos hubierais hubieran	hubiese hubieses hubiese hubiésemos hubieseis hubiesen		
hacer haciendo hecho	hago haces hace hacemos hacéis hacen	hacía hacías hacía hacíamos hacíais hacían	hice hiciste hizo hicimos hicisteis hicieron	haré harás hará haremos haréis harán	haría harías haría haríamos haríais harían	haga hagas haga hagamos hagáis hagan	hiciera hicieras hiciera hiciéramos hicierais hicieran	hiciese hicieses hiciese hiciésemos hicieseis hiciesen	haz haga hagamos haced hagan	no hagas no hagáis

Infinitivo / Gerundio / Participio	Indicativo Presente	Imperfecto	Pretérito	Futuro	Condicional	Subjuntivo Presente	Subjuntivo Imperfecto		Imperativo Afirmativo	Imperativo Negativo
ir	voy	iba	fui	iré	iría	vaya	fuera	fuese		
yendo	vas	ibas	fuiste	irás	irías	vayas	fueras	fueses	ve	no vayas
ido	va	iba	fue	irá	iría	vaya	fuera	fuese	vaya	
	vamos	íbamos	fuimos	iremos	iríamos	vayamos	fuéramos	fuésemos	vamos	no vayamos
	vais	ibais	fuisteis	iréis	iríais	vayáis	fuerais	fueseis	id	no vayáis
	van	iban	fueron	irán	irían	vayan	fueran	fuesen	vayan	
oír	oigo	oía	oí	oiré	oiría	oiga	oyera	oyese		
oyendo	oyes	oías	oíste	oirás	oirías	oigas	oyeras	oyeses	oye	no oigas
oído	oye	oía	oyó	oirá	oiría	oiga	oyera	oyese	oiga	
	oímos	oíamos	oímos	oiremos	oiríamos	oigamos	oyéramos	oyésemos	oigamos	
	oís	oíais	oísteis	oiréis	oiríais	oigáis	oyerais	oyeseis	oíd	no oigáis
	oyen	oían	oyeron	oirán	oirían	oigan	oyeran	oyesen	oigan	
poder	puedo	podía	pude	podré	podría	pueda	pudiera	pudiese		
pudiendo	puedes	podías	pudiste	podrás	podrías	puedas	pudieras	pudieses		
podido	puede	podía	pudo	podrá	podría	pueda	pudiera	pudiese		
	podemos	podíamos	pudimos	podremos	podríamos	podamos	pudiéramos	pudiésemos		
	podéis	podíais	pudisteis	podréis	podríais	podáis	pudierais	pudieseis		
	pueden	podían	pudieron	podrán	podrían	puedan	pudieran	pudiesen		
poner	pongo	ponía	puse	pondré	pondría	ponga	pusiera	pusiese		
poniendo	pones	ponías	pusiste	pondrás	pondrías	pongas	pusieras	pusieses	pon	no pongas
puesto	pone	ponía	puso	pondrá	pondría	ponga	pusiera	pusiese	ponga	
	ponemos	poníamos	pusimos	pondremos	pondríamos	pongamos	pusiéramos	pusiésemos	pongamos	
	ponéis	poníais	pusisteis	pondréis	pondríais	pongáis	pusierais	pusieseis	poned	no pongáis
	ponen	ponían	pusieron	pondrán	pondrían	pongan	pusieran	pusiesen	pongan	
querer	quiero	quería	quise	querré	querría	quiera	quisiera	quisiese		
queriendo	quieres	querías	quisiste	querrás	querrías	quieras	quisieras	quisieses		
querido	quiere	quería	quiso	querrá	querría	quiera	quisiera	quisiese		
	queremos	queríamos	quisimos	querremos	querríamos	queramos	quisiéramos	quisiésemos		
	queréis	queríais	quisisteis	querréis	querríais	queráis	quisierais	quisieseis		
	quieren	querían	quisieron	querrán	querrían	quieran	quisieran	quisiesen		

Infinitive / Participles	Present	Imperfect	Preterite	Future	Conditional	Present Subjunctive	Imperfect Subjunctive (-ra)	Imperfect Subjunctive (-se)	Commands
saber / sabiendo / sabido	sé / sabes / sabe / sabemos / sabéis / saben	sabía / sabías / sabía / sabíamos / sabíais / sabían	supe / supiste / supo / supimos / supisteis / supieron	sabré / sabrás / sabrá / sabremos / sabréis / sabrán	sabría / sabrías / sabría / sabríamos / sabríais / sabrían	sepa / sepas / sepa / sepamos / sepáis / sepan	supiera / supieras / supiera / supiéramos / supierais / supieran	supiese / supieses / supiese / supiésemos / supieseis / supiesen	sabe / sepa / sepamos / sabed / sepan — no sepas, no sepáis
salir / saliendo / salido	salgo / sales / sale / salimos / salís / salen	salía / salías / salía / salíamos / salíais / salían	salí / saliste / salió / salimos / salisteis / salieron	saldré / saldrás / saldrá / saldremos / saldréis / saldrán	saldría / saldrías / saldría / saldríamos / saldríais / saldrían	salga / salgas / salga / salgamos / salgáis / salgan	saliera / salieras / saliera / saliéramos / salierais / salieran	saliese / salieses / saliese / saliésemos / salieseis / saliesen	sal / salga / salgamos / salid / salgan — no salgas, no salgáis
ser / siendo / sido	soy / eres / es / somos / sois / son	era / eras / era / éramos / erais / eran	fui / fuiste / fue / fuimos / fuisteis / fueron	seré / serás / será / seremos / seréis / serán	sería / serías / sería / seríamos / seríais / serían	sea / seas / sea / seamos / seáis / sean	fuera / fueras / fuera / fuéramos / fuerais / fueran	fuese / fueses / fuese / fuésemos / fueseis / fuesen	sé / sea / seamos / sed / sean — no seas, no seáis
tener / teniendo / tenido	tengo / tienes / tiene / tenemos / tenéis / tienen	tenía / tenías / tenía / teníamos / teníais / tenían	tuve / tuviste / tuvo / tuvimos / tuvisteis / tuvieron	tendré / tendrás / tendrá / tendremos / tendréis / tendrán	tendría / tendrías / tendría / tendríamos / tendríais / tendrían	tenga / tengas / tenga / tengamos / tengáis / tengan	tuviera / tuvieras / tuviera / tuviéramos / tuvierais / tuvieran	tuviese / tuvieses / tuviese / tuviésemos / tuvieseis / tuviesen	ten / tenga / tengamos / tened / tengan — no tengas, no tengáis
traer / trayendo / traído	traigo / traes / trae / traemos / traéis / traen	traía / traías / traía / traíamos / traíais / traían	traje / trajiste / trajo / trajimos / trajisteis / trajeron	traeré / traerás / traerá / traeremos / traeréis / traerán	traería / traerías / traería / traeríamos / traeríais / traerían	traiga / traigas / traiga / traigamos / traigáis / traigan	trajera / trajeras / trajera / trajéramos / trajerais / trajeran	trajese / trajeses / trajese / trajésemos / trajeseis / trajesen	trae / traiga / traigamos / traed / traigan — no traigas, no traigáis

Indicativo

	Presente	Imperfecto	Pretérito	Futuro	Condicional
valer	valgo	valía	valí	valdré	valdría
	vales	valías	valiste	valdrás	valdrías
valiendo	vale	valía	valió	valdrá	valdría
	valemos	valíamos	valimos	valdremos	valdríamos
valido	valéis	valíais	valisteis	valdréis	valdríais
	valen	valían	valieron	valdrán	valdrían
venir	vengo	venía	vine	vendré	vendría
	vienes	venías	viniste	vendrás	vendrías
viniendo	viene	venía	vino	vendrá	vendría
	venimos	veníamos	vinimos	vendremos	vendríamos
venido	venís	veníais	vinisteis	vendréis	vendríais
	vienen	venían	vinieron	vendrán	vendrían
ver	veo	veía	vi	veré	vería
	ves	veías	viste	verás	verías
viendo	ve	veía	vio	verá	vería
	vemos	veíamos	vimos	veremos	veríamos
visto	veis	veíais	visteis	veréis	veríais
	ven	veían	vieron	verán	verían

Subjuntivo

Presente	Imperfecto	
valga	valiera	valiese
valgas	valieras	valieses
valga	valiera	valiese
valgamos	valiéramos	valiésemos
valgáis	valierais	valieseis
valgan	valieran	valiesen
venga	viniera	viniese
vengas	vinieras	vinieses
venga	viniera	viniese
vengamos	viniéramos	viniésemos
vengáis	vinierais	vinieseis
vengan	vinieran	viniesen
vea	viera	viese
veas	vieras	vieses
vea	viera	viese
veamos	viéramos	viésemos
veáis	vierais	vieseis
vean	vieran	viesen

Imperativo

Afirmativo	Negativo
vale	no valgas
valga	
valgamos	
valed	no valgáis
valgan	
ven	no vengas
venga	
vengamos	
venid	no vengáis
vengan	
ve	no veas
vea	
veamos	
ved	no veáis
vean	

Verbos con cambios en el radical

Verbos de la primera y de la segunda conjugación (–ar y –er): o → ue

Indicativo

	Presente	Imperfecto	Pretérito	Futuro	Condicional
contar	cuento	contaba	conté	contaré	contaría
	cuentas	contabas	contaste	contarás	contarías
contando	cuenta	contaba	contó	contará	contaría
	contamos	contábamos	contamos	contaremos	contaríamos
contado	contáis	contabais	contasteis	contaréis	contaríais
	cuentan	contaban	contaron	contarán	contarían
volver	vuelvo	volvía	volví	volveré	volvería
	vuelves	volvías	volviste	volverás	volverías
volviendo	vuelve	volvía	volvió	volverá	volvería
	volvemos	volvíamos	volvimos	volveremos	volveríamos
vuelto	volvéis	volvíais	volvisteis	volveréis	volveríais
	vuelven	volvían	volvieron	volverán	volverían

Subjuntivo

Presente	Imperfecto	
cuente	contara	contase
cuentes	contaras	contases
cuente	contara	contase
contemos	contáramos	contásemos
contéis	contarais	contaseis
cuenten	contaran	contasen
vuelva	volviera	volviese
vuelvas	volvieras	volvieses
vuelva	volviera	volviese
volvamos	volviéramos	volviésemos
volváis	volvierais	volvieseis
vuelvan	volvieran	volviesen

Imperativo

Afirmativo	Negativo
cuenta	no cuentes
cuente	
contemos	
contad	no contéis
cuenten	
vuelve	no vuelvas
vuelva	
volvamos	
volved	no volváis
vuelvan	

Otros verbos: acordarse, acostarse, almorzar, apostar, colgar* , costar, demostrar, doler, encontrar, jugar* , llover, mover, mostrar, probar, recordar, rogar* , soler, sonar, soñar, torcer* , volar

*Requires additional spelling changes

Verbos de la primera y de la segunda conjugación (–ar y –er): e → ie

Indicativo

	Presente	Imperfecto	Pretérito	Futuro	Condicional
pensar	pienso	pensaba	pensé	pensaré	pensaría
	piensas	pensabas	pensaste	pensarás	pensarías
pensando	piensa	pensaba	pensó	pensará	pensaría
	pensamos	pensábamos	pensamos	pensaremos	pensaríamos
pensado	pensáis	pensabais	pensasteis	pensaréis	pensaríais
	piensan	pensaban	pensaron	pensarán	pensarían
entender	entiendo	entendía	entendí	entenderé	entendería
	entiendes	entendías	entendiste	entenderás	entenderías
entendiendo	entiende	entendía	entendió	entenderá	entendería
	entendemos	entendíamos	entendimos	entenderemos	entenderíamos
entendido	entendéis	entendíais	entendisteis	entenderéis	entenderíais
	entienden	entendían	entendieron	entenderán	entenderían

Subjuntivo

Presente	Imperfecto	Imperfecto
piense	pensara	pensase
pienses	pensaras	pensases
piense	pensara	pensase
pensemos	pensáramos	pensásemos
penséis	pensarais	pensaseis
piensen	pensaran	pensasen
entienda	entendiera	entendiese
entiendas	entendieras	entendieses
entienda	entendiera	entendiese
entendamos	entendiéramos	entendiésemos
entendáis	entendierais	entendieseis
entiendan	entendieran	entendiesen

Imperativo

Afirmativo	Negativo
piensa	no pienses
piense	
pensemos	
pensad	no penséis
piensen	
entiende	no entiendas
entienda	
entendamos	
entended	no entendáis
entiendan	

Otros verbos: apretar, atravesar, calentar, cerrar, comenzar*, confesar, despertar(se), empezar*, encender, entender, gobernar, negar*, nevar, perder, regar*, sentar(se), temblar, tender, tropezar*

*Requires additional spelling changes

Verbos de la tercera conjugación (–ir) o → ue → u

Indicativo

	Presente	Imperfecto	Pretérito	Futuro	Condicional
dormir	duermo	dormía	dormí	dormiré	dormiría
	duermes	dormías	dormiste	dormirás	dormirías
durmiendo	duerme	dormía	durmió	dormirá	dormiría
	dormimos	dormíamos	dormimos	dormiremos	dormiríamos
dormido	dormís	dormíais	dormisteis	dormiréis	dormiríais
	duermen	dormían	durmieron	dormirán	dormirían

Subjuntivo

Presente	Imperfecto	Imperfecto
duerma	durmiera	durmiese
duermas	durmieras	durmieses
duerma	durmiera	durmiese
durmamos	durmiéramos	durmiésemos
durmáis	durmierais	durmieseis
duerman	durmieran	durmiesen

Imperativo

Afirmativo	Negativo
duerme	no duermas
duerma	
durmamos	
dormid	no durmáis
duerman	

Otro verbo: morir

Verbos de la tercera conjugación (–ir): e → ie → i

Indicativo

mentir / mintiendo / mentido	Presente	Imperfecto	Pretérito	Futuro	Condicional
mentir	miento	mentía	mentí	mentiré	mentiría
	mientes	mentías	mentiste	mentirás	mentirías
	miente	mentía	mintió	mentirá	mentiría
mintiendo	mentimos	mentíamos	mentimos	mentiremos	mentiríamos
	mentís	mentíais	mentisteis	mentiréis	mentiríais
mentido	mienten	mentían	mintieron	mentirán	mentirían

Subjuntivo

Presente	Imperfecto	
mienta	mintiera	mintiese
mientas	mintieras	mintieses
mienta	mintiera	mintiese
mintamos	mintiéramos	mintiésemos
mintáis	mintierais	mintieseis
mientan	mintieran	mintiesen

Imperativo

Afirmativo	Negativo
miente	no mientas
mienta	
mintamos	
mentid	no mintáis
mientan	

Otros verbos: advertir, arrepentir(se), consentir, convertir(se), divertir(se), herir, preferir, referir, sentir, sugerir

Verbos de la tercera conjugación (–ir): e → i

Indicativo

pedir / pidiendo / pedido	Presente	Imperfecto	Pretérito	Futuro	Condicional
pedir	pido	pedía	pedí	pediré	pediría
	pides	pedías	pediste	pedirás	pedirías
pidiendo	pide	pedía	pidió	pedirá	pediría
	pedimos	pedíamos	pedimos	pediremos	pediríamos
	pedís	pedíais	pedisteis	pediréis	pediríais
pedido	piden	pedían	pidieron	pedirán	pedirían

Subjuntivo

Presente	Imperfecto	
pida	pidiera	pidiese
pidas	pidieras	pidieses
pida	pidiera	pidiese
pidamos	pidiéramos	pidiésemos
pidáis	pidierais	pidieseis
pidan	pidieran	pidiesen

Imperativo

Afirmativo	Negativo
pide	no pidas
pida	
pidamos	
pedid	no pidáis
pidan	

Otros verbos: competir, concebir, despedir(se), impedir, reír(se)*, repetir, reñir, seguir, servir, sonreír*, vestir(se)

*Accent needed on the *í* (in the present tense)

Verbos de cambio ortográfico

-gar g → gu delante de e

Verbo	Indicativo	Subjuntivo
	Pretérito	Presente
llegar	llegué	llegue
	llegaste	llegues
	llegó	llegue
	llegamos	lleguemos
	llegasteis	lleguéis
	llegaron	lleguen

Otros verbos: colgar*, navegar, obligar, pagar, rogar*, jugar*

*Stem-changing in the present

-gar g → gü delante de e

Verbo	Indicativo	Subjuntivo
	Pretérito	Presente
averiguar	averigüé	averigüe
	averiguaste	averigües
	averiguó	averigüe
	averiguamos	averigüemos
	averiguasteis	averigüéis
	averiguaron	averigüen

Otro verbo: apaciguar

-ger, -gir g → j delante de a y o

Verbo	Indicativo	Subjuntivo
	Presente	Presente
proteger	protejo	proteja
	proteges	protejas
	protege	proteja
	protegemos	protejamos
	protegéis	protejáis
	protegen	protejan

Otros verbos: coger, dirigir, escoger, exigir, recoger, corregir*

*Stem-changing in the present and preterite

-guir gu → g delante de o y a

Verbo	Indicativo	Subjuntivo
	Presente	Presente
seguir*	sigo	siga
	sigues	sigas
	sigue	siga
	seguimos	sigamos
	seguís	sigáis
	siguen	sigan

Otros verbos: conseguir*, distinguir, perseguir*, proseguir*

*Stem-changing in the present and preterite

-cer, -cir después de una vocal c → zc delante de a y o

Verbo	Indicativo	Subjuntivo
	Presente	Presente
conocer	conozco	conozca
	conoces	conozcas
	conoce	conozca
	conocemos	conozcamos
	conocéis	conozcáis
	conocen	conozcan

Otros verbos: agradecer, aparecer, establecer, merecer, obedecer, producir*, ofrecer, conducir*, deducir*, introducir*, traducir*

*Irregular in the preterite

-cer, -cir después de una consonante c → z delante de a y o

Verbo	Indicativo	Subjuntivo
	Presente	Presente
vencer	venzo	venza
	vences	venzas
	vence	venza
	vencemos	venzamos
	vencéis	venzáis
	vencen	venzan

Otros verbos: convencer, esparcir, torcer*

*Stem-changing in the present

-aer, -eer i (no acentuada) → y entre vocales

Verbo	Indicativo Pretérito	Subjuntivo Imperfecto
creer	creí	creyera
	creíste	creyeras
	creyó	creyera
creyendo	creímos	creyéramos
	creísteis	creyerais
creído	creyeron	creyeran

Otros verbos: leer, poseer, caer*
*Irregular in the present (1st person)

-uar u → ú

Verbo	Indicativo Presente	Subjuntivo Presente
actuar	actúo	actúe
	actúas	actúes
	actúa	actúe
	actuamos	actuemos
	actuáis	actuéis
	actúan	actúen

Otros verbos: acentuar, continuar, efectuar, graduar(se), situar

-zar z → c delante de e

Verbo	Indicativo Pretérito	Subjuntivo Presente
comenzar*	comencé	comience
	comenzaste	comiences
	comenzó	comience
	comenzamos	comencemos
	comenzasteis	comencéis
	comenzaron	comiencen

Otros verbos: abrazar, almorzar*, cruzar, empezar*, gozar, alcanzar, avanzar, cazar, lanzar
*Stem-changing in the present

-iar i → í

Verbo	Indicativo Presente	Subjuntivo Presente
enviar	envío	envíe
	envías	envíes
	envía	envíe
	enviamos	enviemos
	enviáis	enviéis
	envían	envíen

Otros verbos: ampliar, criar, enfriar, guiar, variar, confiar, desviar, fiar(se)

-car c → qu delante de e

Verbo	Indicativo Pretérito	Subjuntivo Presente
buscar	busqué	busque
	buscaste	busques
	buscó	busque
	buscamos	busquemos
	buscasteis	busquéis
	buscaron	busquen

Otros verbos: comunicar, explicar, indicar, sacar, tocar, platicar, atacar, colocar, dedicar

-eir pierde una e

Verbo	Indicativo Pretérito	Subjuntivo Imperfecto
reír*	reí	riera
	reíste	rieras
	rió	riera
riendo	reímos	riéramos
	reísteis	rierais
reído	rieron	rieran

Otros verbos: sonreír*, freír*
*Stem-changing in the present

-uir **i** *(no acentuada)* → **y** *entre vocales (menos* **-guir***)*

Verbo	Indicativo		Imperativo	Subjuntivo	
	Presente	Pretérito		Presente	Imperfecto
huir	huyo	huí		huya	huyera
	huyes	huiste	huye	huyas	huyeras
	huye	huyó	huya	huya	huyera
huyendo	huimos	huimos	huyamos	huyamos	huyéramos
	huís	huisteis	huid	huyáis	huyerais
huido	huyen	huyeron	huyan	huyan	huyeran

Otros verbos: construir, concluir, contribuir, destruir, instruir, sustituir